红/十/字/文/化/丛/书

池子华总主编

中国红十字运动史料选编
（第二十辑）

池子华　商东惠　主编

合肥工业大学出版社

图书在版编目(CIP)数据

中国红十字运动史料选编. 第二十辑/池子华,商东惠主编. --合肥:合肥工业大学出版社,2025.(红十字文化丛书). --ISBN 978－7－5650－6670－2

Ⅰ. D632.1

中国国家版本馆 CIP 数据核字第 2025QQ3350 号

中国红十字运动史料选编（第二十辑）

池子华　商东惠　主编

责任编辑	孙南洋	
出版发行	合肥工业大学出版社	
地　　址	(230009)合肥市屯溪路 193 号	
网　　址	press. hfut. edu. cn	
电　　话	人文社科出版中心:0551－62903200	
	营销与储运管理中心:0551－62903198	
开　　本	710 毫米×1010 毫米　1/16	
印　　张	23	
字　　数	388 千字	
版　　次	2025 年 1 月第 1 版	
印　　次	2025 年 1 月第 1 次印刷	
印　　刷	安徽联众印刷有限公司	
书　　号	ISBN 978－7－5650－6670－2	
定　　价	68.00 元	

如果有影响阅读的印装质量问题,请与出版社营销与储运管理中心联系调换。

《红十字文化丛书》总序

150 年前，高举人道主义旗帜，旨在促进人类持久和平的红十字运动在欧洲兴起并迅速走向世界。100 多年来，红十字会为世界和平与发展做出的巨大贡献有目共睹，因而日益受到世界各国、各地区的欢迎，已发展为与联合国、奥委会并称的世界三大国际组织之一。究其原因，乃其所奉行的七项基本原则——也是红十字文化的内核——涵盖了世界上各种不同文化的共同点，能为文化和制度不同的国家和地区所接受，故而具有强大的生命力。

100 年前，红十字运动东渐登陆中国。在其中国化的发展过程中，红十字会不断吸取中国传统文化的精髓，茁壮成长，逐步形成了"人道、博爱、奉献"的文化内涵，并成为中华文化的瑰宝之一。

百余年来，红十字运动在波澜壮阔的实践中积累了丰富的经验，也留下了许多教训。经验与教训需要上升为理论；也只有理论才能更好地指导红十字事业持续、健康发展。学界、业界对此都进行了持续的关注。

2005 年 12 月 7 日，苏州大学社会学院与苏州市红十字会携手合作，成立全国首家红十字运动研究中心，旨在通过学界和业界的联合，推动和加强红十字运动的理论研究，探究红十字运动中国化的过程与特色，凝练红十字文化价值，探求红十字运动在构建国家软实力和促进中华民族伟大复兴中的地位与作用。同年 12 月 9 日，中国红十字会总会也提出："确定一批研究课题，组织专家学者开展对国际红十字运动及中国红十字运动的深入研究。"[①] 由此，学界、业界共同开展了对红十字运动的学术研究与理论探讨。

多年来，红十字运动研究中心除通过专业网站（http：//www.hszyj.net）

---

① 中国红十字会总会：《关于加强和改进宣传工作的意见》，红总字〔2005〕19 号。

发布和交流学界、业界动态外，已出版研究成果数十部；帮助一些地方红十字会建立与高校的合作，搭建平台，共同开展研究；举办了首届红十字运动与慈善文化国际学术研讨会；培养了一批专门研究红十字运动的生力军；积累了大量的学术资料。中心主要研究人员还借助在各地讲学的机会，传播重视红十字运动研究的理念。正是在红十字运动研究中心的引领之下，红十字运动研究在中华大地上呈现出生机勃勃的发展态势，并取得了丰硕的成果，"新红学"① 呼之欲出。仅以 2011 年为例，各地以纪念辛亥革命 100 周年为契机，纷纷整理、编辑出版了地方红会百年史；有的红会还与高校合作组建相关研究中心，等等②。通过这些方式，有力地推动了红十字运动研究向更深更广的方向发展。

当今世界正处于大发展大变革大调整时期，多极化、全球化深入发展，科学技术日新月异，各种思想文化交流交融交锋更加频繁，文化在综合国力竞争中的地位和作用更加凸显。2011 年 10 月 18 日，党的十七届六中全会通过的《中共中央关于深化文化体制改革推动社会主义文化大发展大繁荣若干重大问题的决定》，提出要推动社会主义文化大发展大繁荣。11 月 7 日，教育部发布了《高等学校哲学社会科学繁荣计划(2011—2020 年)》，强调要大力提升高等学校人才培养、科学研究、社会服务、文化传承创新的能力和水平。12 月 7 日，全国人大常委会副委员长、中国红十字会会长华建敏在中国红十字会九届三次理事会上提出："要深化理论研究，充分挖掘红十字文化内涵，推进红十字文化中国化，广泛传播人道理念，在全社会推动形成良好的道德风尚。"③ 红十字"文化工程"已然成为红十字会总体建设目标之一④。进一步加强与拓展红十字运动理论研究，尤其是对红十字文化中国化的研究，已成为历史与现实的呼唤。

① 在 2009 年 4 月于苏州大学召开的"红十字运动与慈善文化"国际学术研讨会上，红十字运动研究中心主任、江苏红十字运动研究基地负责人、苏州大学教授池子华指出，经过 100 多年波澜壮阔的实践发展和学术界呕心沥血的开拓性研究，在人文社科领域构建一门"新红学"——红十字学，条件已经具备，时机已经成熟。见池子华：《创建"红十字学"刍议》，《中国红十字报》2009 年 4 月 17 日。

② 池子华、郝如一：《2011 年红十字理论研究之回顾》，《中国红十字报》2012 年 1 月 3 日。

③ 《中国红十字会九届三次理事会召开》，《中国红十字报》2011 年 12 月 9 日。

④ 池子华：《"文化工程"应成为红十字会总体建设目标之一》，《中国红十字报》2009 年 12 月 11 日。

有鉴于此，红十字运动研究中心继续发挥高等学校与业界合作的优势，汇聚研究队伍，科学选题，出版一套《红十字文化丛书》，弘扬有利于国家富强、民族振兴、人民幸福、社会和谐的思想和精神，凸显红十字文化在中国文化园地中的地位，使红十字文化在神州大地上更加枝繁叶茂，促进中国红十字事业可持续发展，推动红十字文化的国际交流。

　　《红十字文化丛书》的出版，得到了中国红十字基金会、江苏省红十字会、苏州大学社会学院、上海市嘉定区红十字会、浙江省嘉兴市红十字会、江苏省盐城市盐都区红十字会等单位的鼎力支持，也得到红十字国际委员会东亚地区代表处及中国红十字会总会的关心和指导，在此谨致衷心感谢。

池子华

2012 年 6 月于苏州大学

前　　言

《中国红十字运动史料选编》是红十字运动研究中心推出的大型资料汇编，本书是这一系列中的第二十辑。该书的时间断限为1947年5月至12月，在此期间，中国红十字会除继续着力开展组织建设、贫病救济、基金筹募等诸项工作外，于安全宣传、国际交流方面亦有出色表现。该资料辑主要依据中国红十字会主办的《红十字月刊》杂志，从中辑录中国红十字运动的相关史料。

本书辑录原则如下：

一、已出版的资料选编如中国红十字会总会编的《中国红十字会历史资料选编（1904—1949）》，红十字运动研究中心编的《〈申报〉上的红十字》《〈大公报〉上的红十字》《〈新闻报〉上的红十字》《红十字在上海资料长编》及中国红十字运动史料选编第三、四、六、七辑等，如有重复，原则上不再收录。但对于前述诸书中仅收录极少部分内容的个别文章，为保证其完整性，本书仍全文照录。

二、辑录资料依据内容分为专题论综、分会园地、青年红友、康乐文勺、内外动态、杂俎六个专题。每个专题内，除个别内容为阅读方便而前后衔接外，其余均按时间先后顺序排布，且每条资料后注明资料来源。

三、辑录的资料按原意分段并按现行规范进行标点。对于前后顺序颠倒的词语，直接进行改正；对于明显的错字，在"（　）"中进行纠正；对于缺漏之字，在"［　］"中予以注明；对于模糊不清之字，则以"□"表示；但原文本身有误、无从核对之处，只好仍旧，或留有遗憾。

需要说明的是，本书是集体劳动的结晶，其中，商东惠负责资料搜集、校对、统稿，戴少刚、潘林林负责资料整理、校对。全书由池子华审稿、定稿。由于编者水平有限，错漏之处所难免，还请读者批评指正。

目　录

专题论综

分会园地

青年红友

康乐文匀

内外动态

杂　俎

专题论综

红十字会护理工作的分析

袁可尚

作者曾在本刊第八期报告过世界各国红十字会的护理事业，以为红十字会的护理事业，不外下列诸项：

（1）登记并征集护士以应军事及其他紧急时期的需要；

（2）专业护士的训练；

（3）毕业护士的进修训练；

（4）护士辅佐人员（如助理护士 Assistant nurse 及义务辅助护理人员 Voluntary nursing Auxiliary or Voluntary nursing Aide）之训练与组织。

（5）公共卫生护理与特殊护理人才的训练（家庭护理不仅为一种护理服务，且具有卫生教育的意义，故各国红十字会均特别注意）。

（6）联合其它护理机构改善护士之生活与地位。

兹欲补叙红十字会对于各种护理工作的原则和趋势，以为研究红十字会护理的参考。

一、登记并征集护士

红十字会登记并征集护士，以应军事当局与战时号召动员之需，原为红十字会之普通任务，如美国红十字会于第一次大战期间为军队介绍服务之护士两万人，第二次大战达七万五千人。其他各国如澳大利亚、德国、法国、苏联、希腊、荷兰、比利时、瑞士、瑞典、日本等红十字会，几乎普遍担任此一任务。不过在英国爱尔兰等红十字会，是以训练义务服务队队员为战时服务于伤病救护之需，美国红十字会于第二次世界大战结束之后，亦可能不再为军事当局担任登记征召护士的工作，故就原则上说，这项普遍的为军事当局登记及征召护士的工作，将因各国军医的发展而逐渐缩小或改变其方式。一九二九年红联护理顾问委员会关于此点决议如下：

"顾问委员会以为在军事当局未能维持适当的受过充分训练的护士备用人员以应战争发生时之需要以前，各国红十字会应根据日内瓦公约之规定办理登记工作，此项登记护士预备人员即于履行灾难时政府所予红十字会之使命，亦自有其需要。顾问委员会建议凡合于红十字会标准之受过充分训练之护士，不论系红十字会或其他护士学校所训练者，均宜予以登记并劝导参加登记，顾问委员会建议国际红十字委员会与红联鼓励各国红十字会尽其可能以获得正式护士文凭（即国家所颁之护士文凭）为登记护士预备人员之最低标准。"（一九二九年建议第五号）

"顾问委员会建议凡红十字会护士被征为陆海军服务者，各国红十字会应为此辈护士获得军官之地位。"（一九二九年建议第六号）

因灾难疫病发生及战时民间防护，需要护士之性质亦与军事需要，同等迫切，故红十字会之登记护士，亦同为民间紧急情况而服务。例如印度、土耳其、南美各国，红十字会均有灾难服务护士之登记，英国于一九三九年成立中央紧急委员会组织民间护士人员预备队，其辅助护理人员，均经由红十字会征训而来。美国红十字会有灾难护理科，主持灾难护理事业，而登记预备人员，则系分会之工作。自一九四五年五月二十五日停止为军队登记护士后，今后各地分会所拟登记之护士，则为应付灾难及民间紧急之用。故顾问委员会于一九二四年曾有如下之决议：

"各国红十字会应将全国合格护士予以登记，俾本国于战争灾难及疫病发生时征召服务。"（一九二四年建议第五号）

"各国红十字会应于需要时征召非红十字会自办护士学校之学生护士，故应将所有可以动员之护士，一律先予登记。"（一九二四年建议第四号）

二、专业护士的训练

公私医药教育发达的国家，红十字会多不举办护士学校，其举办特殊护士训练的红十字会，亦系提倡示范协助政府的性质，就现状言，除了少数红十字会如英美、加拿大、澳大利亚等完全没有护士训练工作，大多数的欧亚非、南美国家的红十字会，均曾办理或仍有护士训练学校。所以历次护理顾问委员会均主张提高红十字会护士学校的训练标准，使与国立护士学校相等，毕业学生亦同样领受国家文凭，并将红十字护士名词，以给予正式毕业护士为限，以资正名。

"各国红十字会如其本国之护士学校体制尚未建立，应尽量根据红联护理顾问局所将草拟之计划与课程，设法鼓励高度标准的护士学校之发展。"（一九二四年建议第三号）

"本委员会对于各国红十字会登记及训练护士之标准化,既有所建议,同时对于过去各国红十字会并未受过充分训练之护士成绩,亦殊感钦慰,并建议彼等仍可享受红十字护士之权利与名义。自今以后,凡应紧急之需于短期内训练完成之护助人员应即标明为义务协助队或其相当名称,在已登记的红十字护士之下工作。"(一九二四年建议第六号)

　　"今后红十字会仅应将红十字护士给予正式护士学校毕业之学生,此等学生至少受二年连续而全时的训练,但以三年训练包括医院各部门实习为合理想。"(一九二四年建议第七号)

　　"红十字会所设立之护士学校,报名条件需符合入学标准或其同等条件,而其年龄应限制在十八岁以下。训练标准应包括理论与实习三年,包括初步训练,内外科、儿科与产科实习,心理学与传染病研究及至少四个月之公共卫生护理训练。(一九二五年建议第三号)

　　"吾人均知若干国家至今尚无护理学校,或虽有而其数量不甚多,但其需要充分训练之护士,则颇为迫切。顾问委员会对于在以上情形中积极发展高度标准护士学校之若干红十字会,甚表钦佩,并赞同红联促进各国红十字会对于此种学校之协助;惟顾问委员会建议红联于鼓励创办此等红十字护士学校以前,应饬护理部,将该国之情况予以调查,俾护理教育之完善发展能收到确切之效果。顾问委员会以为,如各国红十字会在基础稳固并与国内护理、医药、卫生各界有良好关系之条件下力能办理高度标准之护士学校者,红联可鼓励其发展。除此之外,并建议红联应鼓励各国红十字会引起公私机关设立护士学校,并与此等护士学校合作发展高度标准之护理职业。"(一九二九年建议第四号)

　　"为避免混淆及误解起见,顾问委员会建议护士一词仅限于指称受过充分训练之护士应用,此类护士在训练期间,或在护士学校毕业以前,曾受内外科及儿童护理理论及实习训练者也。本委员会前曾建议此项训练应包括三年。而其他辅助工作者应另定称谓。"(一九二九年建议第五号)

　　国际护士协会教育委员会斯蒂华女士(Miss I. Stewart)之报告,《护士学校之教育纲领》发表后,护理顾问委员会以此书主张护士教育应完善而适度,故决议介绍各国红十字会参考利用,并建议国际红十字委员会及红联,将其原则提出于十四次国际红十字大会,以便采择为各国红十字护士学校发展之准绳。

三、毕业护士的进修训练

　　红十字会毕业护士进修训练之目的,为养成护士学校或护士活动界的师资或管理的领导人才，如在德国比利时，红十字会的护士进修班均在两国内首先创办，其他各国如日本印度等红十字会均常常设班训练。红联为鼓励若干后进国家的护士，得在国外进修俾回国发展护理教育起见，远在一九二〇年即已开办国际进修班，一九三四年并将此项工作移交南丁格尔国际基金会办理，护理顾问委员会对此多所鼓励：

"顾问委员会热切希望红十字护士之职业标准继续不断有所改进。认为：……以奖金给予红十字护士使之作专门研究，其效果甚大，希望红联继续作此努力，并敦促各国红十字会作同样努力，以使护士们因此可能更有良好之贡献。"（一九三三年建议第三号 B）

"顾问委员会极力赞成各国红十字会以奖学金或访问研究互相合作，并以为此种合作之增加，最为有利于以红十字精神为人民服务之护理事业。"（一九三七年建议第二号）

顾问委员会对于伦敦国际护理进修班之决议亦多，兹选择二则，以概一般：

"鉴于红联在白德福学院与护士学院合组国际进修班贡献之价值，顾问委员会强调此项进修班应予继续并予发展，希望各国红十字会将最优秀之学生保送该校，俾能吸收训练之最好结果并将其原则实施于其本国。"（一九二八年建议第二号）

"顾问委员会对于伦敦进修班，至感重视。因红联与国际护士协会之合作，进修班乃得在南丁格尔基金会的永久机构下维持不辍，此种国际合作及忠于红十字会所代表之理想的精神，委员会表示满意，且寄予期望。"（一九三三年建议第三号 A）

牛津会议时，对于红联继续设立奖学金及各国红十字会间之交换学生研究，亦各有议决案。

四、护士辅佐人员之训练与组织

红十字会训练组织护士辅佐人员之意义及需要，历次顾问委员会均有肯定之建议：

"顾问委员会以为一国仅有少数受过充分训练之护士者，实有需训练护士辅佐人员以备紧急情况发生时担任护士之助手，且此项训练亦为红十字会之正常责任。故委员会之建议除鼓励各国红十字会多方协助护士人才之养成及登记为备用人员外，应同时养成辅佐人员并于必要时登记之。"（一九二九年建议第五号）

"顾问委员会闻悉一九三四年于东京举行之第十五次国际红十字大会将有护理委员会之设，甚感满意。委员会鉴于灾难救济问题之重要，将以《灾难救济工作中之护士及护士辅助人员之职责》报告一篇送大会讨论。并希望另一报告《训练灾难救济工作之护士及护士辅助人员》亦能同时送达。"（一九三三年建议第六号）

一九四六年牛津会议除建议义务服务仍当为辅助人员之确立原则外，并建议义务护士辅助人员之训练标准，应予统一：

"理事会建议红联秘书处应研究护士辅佐人员教育纲领中之主要部分并鼓励各国红十字会采用共同标准。"

五、公共卫生护理与特殊护理人才的训练

特殊护理包括健康访视、农村及偏僻区护理、学校护理、工业护理、家庭护理、儿童福利护理、战时护理等，均可包括于广义的公共卫生护理之内。各国红十字会的公共卫生护理事业（见本刊第十四期《各国红十字会的公共卫生护理事业和社会服务》一文）已经相当发展，故一九二四年、一九二九年之顾问委员会均有下列建议之通过：

"在现有公共卫生工作及其本国政府公私机关需要红十字会合作推进卫生事业之各国红十字会，公共卫生护理之改进与发展，应为其主要工作纲领之一部分。"（一九二四年建议第一号）

鉴于各国公共卫生护理之需要，顾问委员会以为各国红十字会单独或与政府合作设立公共卫生服务处，暨增加公共卫生护士人数，均与各国公共卫生之促进可有重大贡献。顾问委员会以为此一重要工作应由受充分训练之公共卫生护士担任之，但在前项护士特殊缺乏或为数过少，而公共卫生工作之需要又十分迫切之若干国家，暂时利用训练不足之人员，仍为不可或免之需要。顾问委员会承认此项需要之事实，惟为防止损害公共卫生工作之高度标准计，应事先采取必要措施，尤以下列各项应特殊注意：

（1）应以最大力量、最大效率促进适量有充分训练之护士之培植；

（2）以公共卫生护士担任辅佐人员之训练与监督，应与护士学校及护士协会共同办理；

（3）此种辅佐人员应由卫生辅助人员（Health Aide）称之；

（4）训练与利用此种辅助人员均应限于最短时间，并应视为一种紧急措施。（一九二九年建议）

至于其他特殊护理，顾问委员会亦间多决议，限于篇幅，不再译出。

六、改善护士生活与地位

红联对于改善一般护士地位与生活，如确立护士之地位、保障护士

之健康，均有所努力，护理顾问委员会亦屡次有所建议，兹举例如下：

"各国红十字会应诚挚努力使本国民众明悉护士对于国家生活之重要，改进护士教育，鼓励妇女进入护士学校并改善护士之经济及社会地位。"（一九二四年建议第二号）

一九二八年国际红十字大会决议，大会请各国红十字会与护士服务机关合作研究改良护士工作情况（工作时数、假期、疾病、薪给、住宿、老年及疾病保险、老年恤金、老年护士栖息院所等），一九四三年牛津理事会亦有下列两项决议：

"理事会承认各国卫生业务之急遽展开护士地位之重要及适度数量之护士之必需保证，建议各国红十字会于必要时应与护士协会共同努力促成护士立法（包括护士之地位、工作情况）之通过。"

"理事会希望红联继续设立一笔经费，推行患病护士之协助工作。"

总之，红十字会的护理工作，因为红十字会本身的特殊使命为救济紧急情况下的受难者，故护士之登记征召和训练辅佐人员成为普遍的重要任务，同时亦因为红十字会平时的使命为协助政府及公私卫生机关防止疾病、增进健康，所以护理人员的训练进修、护理工作的推进扩展，均成为红十字会的工作。护士是红十字会的主要人员，所以红十字会对于改善护士生活与地位，亦最为注意。

（原载《红十字月刊》1947 年第 17 期，第 6-9 页）

护理和社会服务的交流

陈履平

护士的地位，站在医生和病人中间，她是医生和病人的联系者。传统的护士，因为在医院内部工作（亦即医院护士），她虽直接而经常和病人接近，传达医生的意思，给予病人以必要的便利和看护，但她是医生的隶属者，是医院的一员，所以她的使命还是以贯彻单纯的医疗目的为主。但是科学进步，人们一方面知道了治病不如防病的道理，同时亦以为治疗疾病除了单纯的治疗以外，还需注意到社会的心理的种种因素。因之一方面有公共卫生护士的产生，一方面护士开始接受社会服务的训练。尤其是公共卫生护士和福利机关如托儿所、养老院、营养站的机关护士，必须要把社会服务和医药知识的技术和观念，等量的培植，方使她所负的责任能够有所成就。因此我们在护士训练节目中看得出下列两种趋势：

（1）在学生护士的训练中，社会学社会服务和心理学已成为必修课程。

（2）在毕业护士的进修训练中，对于社会服务有关课程，其重视的程度且更超过前者，有些先进国家且特设毕业护士进修学校，专门灌输社会服务知识，造就社会服务师资及行政人才。

本文就毕业护士进修班之社会服务训练，举几个实际的例子，以为同人介绍。

一、法国的中央进修班及红十字会的医药社会人员训练

1. 缘起及组织

一九四二年七月十一日及八月十日，法国卫生部先后公布了两项办法，前者系训练社会协助者的师资人才，后者系训练医院护士的师资人才。凡在社会工作或护士学校毕业，服务该事业三年，年龄在二十八岁以上者均可报名入学。该校为法国一〇九个专业训练学校（社会工作及护士学校）所组设之协会所管理，其最高机构校政会（Administrative Council）有不少法国护士界知名人物参加在内。校政会下之管理委员会包括各医院、福利机关之代表，护士学校校长暨中央护理与社会服务局局长，请求入学者均经管理委员会介绍推荐至校长，并由校长向原毕业学校及原服务机关如医院、福利机关等查询其学业与服务成绩。该班经费除由协会所属各校每校缴费三百法郎，每一学员缴费一千法郎，卫生部津贴十一万法郎外，总教官之一部分薪给，并由卫生部负担。

2. 课程及训练

每班定期三个月，每年举办二班，或三班，每班收容学生十五至二十名，第一班训练社会协助师资人才，于一九四四年四月十八日开始，七月五日结束，入班者十四人，毕业得证书者十一人。将来拟增加收容外国学生。其实习地点，多在巴黎及其他地方之医院及福利机关，除一般理论课程外，第一班学生所选专门研究如下：

（1）研究学校中教员与管理者之地位者三人；

（2）研究社会工作学生之实地训练者一人；

（3）研究如何推进防痨工作者一人；

（4）研究年轻毕业社会工作者之领导及其工作之组织者二人；

（5）研究青年娼妓之社会调查者一人；

（6）研究工业住宅制度有关社会服务者一人；

（7）研究如何推动各省公共协助服务者一人；

（8）研究如何联系工业福利工作者与家庭访问者一人；

（9）研究农村社会服务工作之组织者一人；

（10）研究儿童法庭社会服务组织者一人；

医院护士师资训练班定期兴为六个月，理论课程包括护理史（如医理事业之将来、医药业史与护理发展之关系、职业团体之重要等）、职业伦理（护士对医生之地位与责任、护士与医院当局之关系、护士长与病人之地位与责任、心理学、病人心理学、教育法、自我表现法）、行政（机关管理行政、秘书处、管理部、卫生及医院法规、医院与社会服务之关系、对于医院职员之社会责任）、高级医学（内外科专科）等四大类，实习课程亦包括行政、技术、医院技术及学校行政等。法国卫生部此项措施将使护士学校及护理事业渐趋完善，其于护士与社会服务之凝化为一体，自然促进不少。

法国红十字会为应公私福利机关的要求，亦有医药社会文书干事训练班之设，入班学生限于毕业护士及红十字会之医药社会协助人员及经红十字会特别允许之少数社会服务学校第三年学生及红十字医药社会协助人员训练班学生。训练时间八个月，每周两下午，每一下午三小时，自修时间规定与上课时间同，课程包括速写、打字、拟稿、管卷及处理个案记录、会计、实习两个月，分在红十字会总会及其他机构举行。结业考试除各种文书工作外，尚须缴呈论文两篇，一篇为实习报告，一篇为医药社会论文，及格者由红十字会发给文凭。

法国红十字会为护士进修及造就特殊护士人才起见，有专门护士训练或进修班之设，如一九四三年五月三日创办之儿童护士学校，系为养成儿童护士，分为三组，第一组收容毕业护士及有训练之社会服务人员，毕业后可任儿童护士之师资及主管人才，受训一学期，听讲卅二课，实习九十次。其中二十次系作烹饪实习。第二组收容中学毕业年［龄］在十八至三十岁间之妇女，毕业后将得在儿童机关担任工作，第三组收容一般妇女训练一年，使之可任辅佐儿童护士。又如该会所设之马赛殖民地护士学校，亦系收容毕业护士而予以补充训练，其课程方面除医药护理外，包括有儿童福利、殖民地行政、社会服务（土著家庭及其个别人口、需要、协助机关之研究）种族学、殖民地史、职业伦理学，实习包括家庭护理、妇科、儿童及社会服务等。法国红十字会自一九四四年十二月增设北非服务处，对于北非方面社会服务及护士之训练，亦有努力。如在阿尔几（及）利亚，红十字会原设三个诊所及教学中心，现已合并为一，其中一个为训练公共卫生护士、医院护士、医药社会协助者及土著助产士之中心，一个训练神经外科工作者，一个则收容毕业护士，进受儿童福利之训练。又在磨（摩）洛哥红十字会设立六个医药社会协助者训练中心。

二、德国的公共卫生福利人员和护士进修学校

德国的社会工作学校训练三类人才：公共卫生人员、儿童福利人员、社会经济人员。凡进入社会工作学校之学生，须已有护士或儿童护士一年服务之经验，或已经有关各科之毕业考试者，入校第一年为理论课程，大部分为社会工作课程，其他则为历史、政治经济、教育、心理等课，一年后，分两期，讲授应用问题，每期三个月，第一期在中央及地方医疗服务机关讲授，第二期在国家社会党之社会服务中心讲授。讲授完毕予以考试，考试后实习一年，始被认为专门社会工作者。就公共卫生工作者而论，其所授课程为卫生立法、社会卫生、遗传及种族问题等。以上三种专门人员之训练，所授理论课程则一，惟应用讲授各有专化而已！根据一九三四年七月三日之法令，国家医疗服务机构之主管人员，指导公共卫生人员担任卫生检查（传染之防止）、优生（包括婚姻咨询）、民众卫生教育、学校卫生、妇孺福利、防痨防止性病及对于残疾疯癫病人之协助等工作，社会服务中心协助公共卫生人员办理妇孺救济、家庭卫生运动、工业社会服务等。

一九二六年，德国红十字会首先在柏林举办护士长进修学校以资造就护士学校及护理界之主管行政人才。训练期间，为基本训练一年，实习二个月，此外，又设短期班，计分三种，二至六天者一种，一至六星期一种，六个月以内一种，专门收容护士长、护士教员及行政工作人员，以增加其职业训练、职业伦理及一般文化程度。

三、瑞典、丹麦、瑞士等国的护士进修班

瑞典护士进修班，每班定期五个月，每两年举办一次，凡有志担任护士长、护士教员、护理机关之主持人者，均得受此训练。其课程包括：教育原理（幼儿学、护士学校课程、编排教学方法、口腔卫生）、心理学及伦理（心理学、伦理学、心理卫生、心理治疗）、公民教育（政治经济、社会学、社会保险）、行政管理学（预算、商品购买、应用化学、营养等）、会议常识、历史（护理业、国际组织、近代化护士学校、遗传和教育、两性问题、机关访问、报告、演讲等）。

丹麦 Aarhus 大学于一九三八年设护士进修班，分为儿童福利护士、学校护士、工业护士、防痨护士等组，每组受训九个月，各组课程中均

包括有社会服务、社会学等。

瑞士红十字会与护士协会于洛桑开办护士长训练班，其课程包括护士职业、心理分析、护士与病人、护士个人生活、护理事业史、社会及心理卫生问题等。

英国红十字会所设社会服务训练班分为下列三组，每组每星期听授一次，或每两星期一次，集中训练约需时三星期。

第一组：家庭及社区生活之概况研究（英国之今日与昔日、中央及地方政府、私人社会服务团体）；

第二组：在校及离校后之教育，儿童及健康及社会服务、遗弃问题；

第三组：健康与疾病、医院病人之社会服务、住宅、工作情况、社会协助与保险。

日本红十字会所设之护士长训练班定期一年，课程内容包括红十字精神、职业伦理、妇孺卫生、学校及职业卫生、卫生法规与统计、社会协助及社会保险、家庭管理、政治经济、音乐艺术运动及一种外国文字等。

以上所举不过是举个例子，但是护理事业和社会工作的渗透交流，成为医药社会服务事业中的一种重要现象，已经说得明明白白了。我们以为，将来医药社会事业必将大部分由毕业护士担任，而在学生护士训练中，社会服务有关课程亦势必增重其分量无疑。一九四六年红联秘书处调整内部组织，其原有之护理部改称为护理与社会服务部，同时牛津会议有下列两议案：

"理事会希望红十字护士及义务协助者之训练中，应包括社会课程。"

"理事会建议各国红十字会医院文书馆及医院福利事业之研究包括于工作纲领内"，于此更可见护理与社会工作之交流与融汇了。

（原载《红十字月刊》1947 年第 17 期，第 10–12 页）

红联护理部与南丁格尔国际基金会

郝连栋

红十字会国际联合会秘书处现设卫生、救济、护理及红十字青年等四个主要业务部门，卫生部包括急救工作，护理部包括社会服务。一九三四年红联与国际护士协会共同发起组设南丁格尔国际基金会。两者对于红十字会护理事业，关系最为密切，愿为一并介绍。

一、红联护理部

红联护理部担任红联经常计划中有关伤病救护工作问题之研究及设计，如红十字会护理人员之征调、训练以及服务情况诸问题，均特别为护理部所注意。该部特别任务为鼓励各国红十字会提高其护士训练，俾使各国红十字会之护士，均能获得正式护士文凭。护理部工作虽不完全以红十字会护士为对象，但其活动皆由各国红十字会实行。第一次大战结束，许多国家的公共卫生事业，极需高级护士，以为护士领袖，推进护理事业，故红联于一九二○年与贝德佛女子学院、护士专科学校及英国红十字会合作在伦敦设立公共卫生护理进修班，一九二四年增设护理行政与护士学校教员训练班，一九三六年后，又添设家庭个案工作的专门研究科目。这许多进修班在伦敦开办之初，大部分学生的学费和旅费系由红联担负，但其后多由各国红十字会负担保送学生的旅费、膳费和学费。一九三四年红联以此种训练班之管理与组织移交南丁格尔国际基金会办理。该会系由红联与国际护士协会共同发起，为纪念南丁格尔而设。惟红联仍继续以若干名奖学金给予各国之护士。截至一九三九年，四十六个国家三百四十六个学生曾入伦敦进修班受训。一九三九年基金会工作因战争爆发，暂行停顿。红联护理部除供给一年期的进修训练外，并以数周或数月的研究旅行机会，供给护士、医师、社会服务工作者及红十字会人员利用，俾各种特殊科目，获得进修训练。该部并为全程护士训练设有奖学金十二名。对于若干国红十字会缺乏资金而有资助护士学校行政人员及师资之必要者，红联并供给薪金，如阿尔邦（巴）尼亚、罗马尼亚、拉脱维亚、意大利均曾受此协助。一九二四年红联成立护理顾问委员会，最初每年开会一次，其后会议未能经常举行，一九三六年改为每两年至少开会一次。战前最后一次会议系于一九三七年举行，战争期间会议停开，至一九四六年二月间始行重开。顾问委员会主要任务系向红联建议有关护理问题，此类问题，顾问委员会认为应由各国红十字会研究并予以注意，护理部的许多工作亦系根据顾问委员会的建议。一九三七年红联与国际红十字委员会共同发起在巴黎召开专家委员会，研究救济机构及护士与义务协佐者在救济机构的地位，对于战争灾难期中护士和义务协佐者的责任，有所建议，这种种建议都送各国红十字会利用。因应拉丁美洲若干国家之请，护理部从事《护士学校之组织》之研究，此项研究系以斯蒂华女士一九三四年提出，

［以］国际红十字会的报告为根据，并将《护士学校教育方案》译成西班牙文送拉丁美洲各国红十字会参考，并与美国红十字会合作，促进各该国之护理事业。一九四〇年第四次泛美红十字大会开会，护理部对其议事纲要上护理部分提出备忘录，该会通过的议决案都是红联慎重研究所提出的，同时为促成人民的卫生习惯及推展各阶层的卫生设施，红联护理部鼓励拉丁美洲各国红十字会举办家庭护理训练班，并训练护士担任此种训练班的教师。这次战争发生后，若干国家之护士不能在其本国获得工作，红联为之介绍国外工作者亦有数起。一九四一年下列各项书籍经护理部研究汇编问世，《空中护理服务》《公共卫生护士与社会工作者训练》及《护士学校教员与行政人员训练》是也。该年护理部除以资料供给西班牙、美国、法国、厄瓜多尔红十字会外，该部主任汉煦女士并应德国红十字会之邀，赴法德奥视察，又应法国红十字会之邀，两次赴维琪视察。自战事发生，伦敦进修班停顿，惟本年下半年护理部仍以另外两名奖学金给予罗马尼亚红十字会，在瑞士进修。一九四二年上半年汉煦女士赴瑞士红十字会视察，出版《红十字会公共卫生护理及社会服务》一书，并将《美红会家庭护理手册》译成西班牙文。八月《家庭卫生及病者护理》一书出版。红联本年在匈牙利红十字护士学校设奖学金一名，担负三年全部学费。汉煦女士于七月间赴美国及拉丁美洲各国，至翌年上半年复绕道加拿大、英国爱尔兰返日内瓦。一九四三年七月《红十字护士通讯者》首期出刊，护理部并鉴于各国对于儿童护士之需要，搜集资料，开始研究。一九四五年一月起杜维亚（Miss Marjorie Duvillard）女士被任为泛美部顾问，担任与泛美各国联络工作，同时因鉴于各国护士因战时工作之烦（繁）重，健康损失甚大，除一面通知各国红十字会应彼此互相救助外，并在红联设立一种护士医药社会协助计划，获得澳大利亚、巴西、英国、印度、爱尔兰及纽西兰各国红十字会之热烈支持。据一九四五年秋季报告，享受此项协助者，有比利时护士八人、法国护士六人，已在瑞士享受定期六个月之休养，希腊护士五人，则在其本国休养，同时预计再接收荷兰护士三人、意大利护士六人、巨哥斯拉夫护士八人，给予六个月之休养权利，护理部并协助瑞士红十字会护之捐送袜子予法国护士，因瑞士护士发起收养护士运动，该部曾以无家可归之法籍护士二十人名单开交瑞士护士界。一九四五年下半年，欧洲秩序大致恢复，护理部与各国红十字会间的关系更见密切，九月间汉煦女士出席伦敦之南丁格尔国际基金会之管理委员会及国际护士协会之非正式大会，顺道访问英国、法国两国红十字会，十一月

间又赴比利时参加比利时护士大会，顺道赴海牙访问荷兰红十字会，并应英国军事当局之请，赴德国视察，与英美驻军及联总讨论难民护理人员问题。同时杜维亚女士在其任职之一年内，亦曾访问拉丁美洲各国，因伊之努力，拉丁美洲各国之护士，获得被选派赴美国作二三个月研究访问之机会。一九四六年二月护理顾问委员会召开战后首次会议，同年七月红联第十九次理事会在牛津开会，和平时期之护理工作方针，于是确定，并将本部改为护理与社会服务部。

二、南丁格尔国际基金会

南丁格尔女士不仅是一位全能的护士，而且是一位先驱，一位组织工作者，在整个世界的卫生和社会事业上充满了影响。一九三四年由红十字联合会和国际护士协会的提倡，创设了南丁格尔国际基金会（Florence Nightingale International Foundation），树立并维持国际间对于南丁格尔的永久纪念。同年红联将伦敦进修班的支配管理权移交给基金会后，基金会之工作目标便是以奖学金或是其他方法赠给进修班内继续深造的护士，并予各国选出最优秀的护士以补充教育之机会。奖学金数目大致为每年二百五十磅，或多或少则由全体大会决定。除此以外，基金会之各工作项目包括辅助护士职业团体，以所有必需用品供给护士教育中心和学校，并且加以指导。基金会在法律限制下可以购房产及地产，不论在英国或是在其他国家皆可接受动产和不动产的捐赠或遗赠。基金会为达到上述目的，可以将不动产抵押或出售。

南丁格尔国际基金会的最高机构是全体大会。包括有国际护士协会代表五人，红联代表五人，以及赞协基金会的国家而设立有南丁格尔纪念委员会的代表二人，此二人中一人必须为护士。全体大会每两年至少开会一次，负全责处理基金会的一切会务。大会下设一管理委员会，在全体大会休会期间管理一切会务。管理委员会包括国际护士协会代表三人，英国护士协会代表三人，英国红十字会代表二人，合作推行计划之各教育单位代表一人或数人，毕业同学会代表一人，皆由全体大会任命。管理委员会的权利亦由全体大会授给，并可附设各种小组委员会，研究指定项目。许多国家皆设立有南丁格尔纪念委员会，工作是收集基金，广做宣传，以便与基金会合作推行一般计划。各国纪念委员会可以向全体大会提供所有认为有益的建议。基金会的基金保管是委诸于基金保管人负责，保管人的数目不可超出五人亦不可少过三人，由全体大会任免。伦敦韦（威）斯特敏斯特银行是最主要的保管人之一。

因为一九三九年欧洲战争爆发，基金会的活动暂时停顿，到一九四四年初，临时办公处在伦敦开始办公，显示出工作的新征象。并由临时管理委员会处理全体大会开幕以前期间的会务。其下附设二小组委员会，即组织小组委员会及教育小组委员会，前者研究基金委托保管的变更，后者研究战后过渡期间教育问题，在交通允许情况下，临时管理委员会最主要的工作是加强与各国南丁格尔纪念委员会间之联系，并且征询彼等以及国际护士协会、红联等有关基金保管、基金的接受，以及将来的教育政策诸项意见。

过去二十年许多国家内护士教育皆有显著变更，尤以近五年来战争更促增了更多的变更。自从一九二〇年红联最初创办国际护士进修班以来，护士进修研究的机会已增多改进。许多国家的护士要求特别的技术训练，以备国内复兴之用，来自英国外国留学生协会、红联及其他国家纪念委员会的奖学金在一九四四年已开始赠发。迄止一九三九年最后一次全体大会时，曾在廿一个国家设有南丁格尔纪念委员会，但到一九四四年临时委员会仅能与下列国家取得联络：新西兰、加拿大、美国、印度、南非、爱尔兰及瑞典，这些国家的纪念委员会有些已重新组织成功，有些正在组织中。到一九四六年全体大会后被重新承认的有澳大利亚、捷克和美国三国之纪念委员会。最近一次全体大会召开于一九四六年九月十一日，计开会三日，会中进行一九四六年到一九四八年度之新选择，玛丽·兰比女士（Miss Mary I. Lambi）由红联提名当选为全体大会主席。汉煦女士（Miss Y. Hantsh）当选为管理委员会主席。此次全体大会讨论从一九三九年到一九四六年止历年来的会务，并决定以后两年的计划。大会最主要决议是："南丁格尔基金会应研究其组织、任务、行动及措施。此研究由被指定之一人或数人负责，并由七人顾问委员会协助，此七人中之二人应为红联之代表"。

（原载《红十字月刊》1947 年第 17 期，第 12–14 页）

护士的职业

陈贵静

"护士"在一般人的眼光中，以为是和一个庸仆式的一般的职业，她的职业，她的责任不过是为病人洗洗澡，梳梳头，喂喂饭，送送药，拿拿便盆，铺铺床……就完了。更有一般人以为护士就是医师的助手，帮医师搬搬药盘，递递纱巾棉花，更有的人以为病了只要有钱，就可以任意的找一个护士为她或他专门服侍，可以舒适方便，其实这种思想与看法，完全是错误的观念！殊不知护士有她光荣的历史，健全的组织，与神圣的任务，在现代的社会中是一种极重要的工作。

护士鼻祖佛罗伦斯南丁格尔女士，她是意大利诞生的英国人，是生长在一个很富有的家庭中，过着很舒适的生活的。当一八五一年俄国和英法协约军在克里米亚发生战争时，英国伤病士兵因无医药，更无专人负责护理，以致死亡的不计其数，当时南丁格尔女士即离开了富有的家庭！抛弃了舒适的生活，去参加战地服务，尽力改善伤病士兵的环境及营养，昼夜周旋于呻吟的士兵之间，经过了南女士精心的护理，士兵的死亡率即从此大减，所有的士兵无不感谢南女士之恩惠，英国各界亦多捐款建立护士学校，以纪念南丁格尔女士，所以南女士不仅在增进物质幸福的妇女活动史上得到最光荣的名誉，同时在自我牺牲的服务立场上，亦获有最光荣的历史。

我国护士职业，也有近六十年的历史，在一八八八年福州开始成立护士学校，训练护士人材（才），于一九〇二年在广州、汉口、重庆设立护士学校，至今全国各地已有一百八十余校，毕业护士有六千余人，在一九〇八年组织中华护士学校，编订护士学校教材，审查护士资格，举行护士会考等，现改组中国护士学会，会址设于首都。全国各大都市，如上海、北平、广州、汉口、重庆、贵阳等地均设分会，以资联系。护士职业问题，护士职业经过了多次的改进，已由无组织而社会不重视的情况之下，一跃而为国家建设最重要最伟大的事业了。

护士的工作是很严格的，既复杂又繁重，必须具有相当智识程度，受过相当期间的专门护士教育的人才能够担任。普通学校护士的资格至少初中毕业，再经过三四年的护士专门训练，更有高中毕业再经过三四年的护士专门训练的，现在很普遍的已列入大学院系，而且还设立研究班、院、所等为护士进修。

做一个护士，不但要有专门的学识，而且要有健康的体格，优美的品行道德，和有牺牲的精神。莎士比亚诗翁说"像一个护士很仁慈，很敬爱，很殷勤，很温柔，很诚实，很机巧的心，能如病者之欲望……"真的，护理工作是必须要有健康的体格与优美的品德，方能胜任愉快的！

现在国内已毕业之六千余位护士，除少数派赴国外进修或考察之外，多半均分布在医院、公共卫生机关和军队里，现在把各种护理工作情形简略的介绍于后：

在医院内担任护理工作的护士：凡是住过医院的人，都知道一天二十四小时中病人的一切安全休养和一部份（分）的治疗工作，全放在护士的肩上，许多人以为有了病只要打针、开刀、吃药就能好，可是并没有想到比打针、开刀、吃药更重要的一种工作，就是护理，如病人的休息饮食、清洁、睡眠等，尤其在患伤寒痨病，或其他慢性病的时候，并不是打针吃药可以治得好的，必须护士精心护理才能痊愈。在医院的护士更有一种重要的使命，就是病人的卫生教育工作，我们常常遇到病人问，"我是生的什么病？""我为什么会生这种病？""我的病会不会好？"等等的问题，这时我们就可以详详细细的为之解答，使他们得了这次的病以后知道发病的原因，和预算的方法，在这个时候灌输卫生教育是最好的机会。

所以在医院内工作的护士，不单是护理病人，促其恢复健康，而且使病人得到一些普通的疾病常识，也是很有意义的。

公共卫生机关工作的护士，多半是担任预防疾病健康教育的工作，医院护士重要的工作，是使病人恢复健康，公共卫生护士重要的工作，是防人〔使〕不病，这二种护士工作，可以说是异途同归，均负有保全人类健康的目的。

我国目前死亡率占全世界最高纪录，在平均人寿最低的情势之下，若欲复兴民族，宏立国基，非先有健康的国民，是不能有健康的国家，欲国民健康，非从防病工作着手不可，所以公共卫生护士整天的向学校里、工厂里或社会团体里以及家庭里奔跑，其主要的工作目的，是如何使一般人明了关于预防疾病和保持健康的常识，以及日常的卫生习惯等，完全侧重于健康教育的工作，所以美国公共卫生专家温斯洛说："公共卫生事业必须注重卫生教育才容易实行，这种教育工作以公共卫生护士去作（做）最容易收效，因为与社会人民接触的机会最多的缘故。"

在军队里的护士，多半担任战时的救护及改良营养环境卫生等等军护工作，上面已经讲过当克里米亚战争时，南丁格尔女士已为近代护士在战地服务的先驱，证明了军护工作的重要，我国这次抗战，也有许多娇养于都市的护士加入了红十字会，跑到出生入死的战场上去服务，不但救护了无数的伤病士兵，而且也演成了很多可歌可泣壮烈牺牲的故事，为中国护士职业留下了一页光荣的历史。

说到这里，我们可以确定护士的职业是促进病人从速恢复健康，灌输卫生教育，预防疾病，保障人民健康，负有复兴民族伟大的使命。

（原载《红十字月刊》1947 年第 17 期，第 15–16 页）

红十字会随时为人服务

Lecerett Saltonstall（张超　译）

——美国麻萨却塞州的州长为美红会一九四七年募捐向社会呼吁捐输，其言曰："无论你们是为了红十字会曾经帮助过你们在军队中的友好而慷慨解囊，还是为了它曾在家庭失火事件中帮助过你们的邻居而热诚捐输，这都没有关系。你们捐款给红十字会，就是帮助那些苦难的人们，无论他们是谁，你们是在帮助你们的邻居和你们自己——甚至于整个的人类。"我们谨以这句话送给响应捐助本会筹募事业基金的人士。

因为我是美国麻萨却塞州的州长，而且有三个儿子和一个女儿服役于军队，所以非常熟悉战时美国红十字会对于美国军人的功绩。但是由于麻州所发生的几件事情，我更忘不了红十字会在国内所尽同等重要的责任，虽则我们在战时很易漠视这一点。

一九四二年十一月中的一个星期六晚上，一般寻欢作乐的人们成千地挤塞在波士顿最大的一个夜总会中，突然四周的墙壁发出一片热气，半空中旋转着一圈火焰，一阵刺鼻的臭气直钻进他们的鼻孔。原来椰林夜总会失火了。一部份（分）坐在桌旁的游客，未及起立，即行昏倒，其余的一齐奔向他们熟悉的那个出口——旋转门去。不到一刻，便有几百个游客倒在他的前面，有的已经死掉，有些则已奄奄一息。只有少数游客经窗户和别的出口逃了出去，死亡和重伤的有七百人以上。

就在这个时候，我看到了红十字会的服务精神。他们会同了州立和市立的救济机关，一起出动从事救济。在几分钟内，红十字会便开来了三十九辆救护车，在拥挤的急救病房内，二百二十三个护士紧张地工作着，分别准备病床，测量体温，使用冷压定绷带（Cold Compress 按即勒紧患处之布带）。

因为我是这一州的州长，所以对于椰林夜总会惨案的打击和死亡者亲属的哀痛不无同感。但是由于全部救济机关的热心救济，我已感到万分光荣。自经这一夜以后，我对于红十字会在全国救济事业中的各种活动便明白地得到认识。当齐苏里、伊里诺斯、阿肯色斯、沃克拉哈马以及坎萨斯等州遭到飓风吹袭，哈脱佛特城发生竞技场大火和大西洋城发生惊人的旅馆火警，而死伤累累的时候；当飓风吹袭东部海岸，损毁了四万座建筑的时候；当洪水泛滥西部各州河流，冲失了无数牲畜和生命的时候——在这些以及其他较小的无数次不幸事件中，"红十字会随时为人服务"，照顾伤者，供应食物、衣服和毛毯，并为他们从事输血。

现在，红十字会正在继续为美国的退伍和现役军人，陆海军或退伍军人医院中的病人，以及占领军和驻在美国军队中的军人们服务。他们正以输血、急救和预防的措置，难民救济和其他活动，而正在继续为美国热心服务。

美国红十字会为要展开一九四七年度的工作，拟向全国人民募集六千万美金的经费，无论你们是为了红十字会曾经帮助过你们在军队中的友好而慷慨解囊，还是为了它曾在家庭失火事件中帮助过你们的邻居而热诚捐输，这都没有关系。你们捐款给红十字会，就是帮助那些苦难的人们，无论他们是谁，你们是在帮助你们的邻居和你们自己——甚至于整个的人类。

末后，希望你们慷慨解囊，希望你们踊跃捐输！（译自本年四月号《读者文摘》）

（原载《红十字月刊》1947 年第 18 期，第 15 页）

红十字会与灾害救济

杨宝煌

护士的始祖南丁格尔报导（道）了克里米亚战争中伤病的惨状，三年之后，红十字会的创始者涂南氏，亲历意法战场，目睹沙法立诺战场上在十五小时的鏖战下，死伤了四万多人，但并没有任何救死抚（扶）伤的设备。涂南氏描述了当时的情况，同时更提出了一个建议，"每个文明国家组织一个志愿的永久机构，在战争的时候，无分国别的从事救护工作"。这个人道主义运动的警钟，很快的响澈（彻）了世界，于是在一八六三年举行了日内瓦国际会议，创立了红十字会。

当《沙法立诺回忆录》第三版的时候，涂南氏补充了他的意见，说明了红十字会在战争之外的工作，"当疾病流行或者遭受水灾火灾等灾害的时候，这种组织（指红十字会），也就可以展开广泛的医疗和救济。"

揭开历史，人类普遍地连续地遭受着灾害。灾害过处，千万生灵为之涂炭，无数财产因之毁灭，遍野曝尸，不忍卒睹。有的受了伤，染了病，呻吟待治，有的奄奄一息，嗷嗷待哺。灾害所加于人的损害与不幸，并不亚于战争。从人道主义的立场，红十字会终于担起了灾难救济的崇高任务。

红十字在战时救护之外，也担当了灾害救济的工作，在六七十年的历史中，人们的脑海里已奠下了不可磨灭的印象。由于灾害次数的频繁，以及红十字会工作良好的表现，使人们一有灾害便连（联）想起红十字会来。

红十字会〔之〕所以能顺利担负灾害救济的任务，固然由于人道主义的潜力，揭起工作者正义的同情，而技术工作人员的储备更是一个有利的条件。原来救治伤病是救灾中的一个重要项目，需要有经验的医师、护士和急救人员，而红十字会经常地储有这些技术人员，只需略加训练，便可以成为灾害救济中的优良的工作者，所以许多国家的红十字会都成了灾害救济的重要机构。

一、红十字会灾害救济之地位

红十字会虽然成为各国灾害救济之重要机构，但在各国所处的地位仍视各该国家之情形而有所不同。

从一八八一年开始，美国红十字会便成为美国的一个法定救灾机构了。一八八一——一九四〇年六月，这五十九年里曾救济国内外大小灾变二千六百四十起，共用美金一亿四千四百万元。一九三一至〔一九〕四一年，每年平均救济灾难一百三十八次。国会准许设立状中规定："继续在平时推进全国性及国际性之救济事业，并应用救济方法借以减轻因疫病、饥荒、火灾、水灾及其他全国性灾害所造成之苦难，更计划与执行防止上述各种灾害之办法。"从上面的救灾数字已可看出美国红十字会救灾工作的重要性，而从国会准许设立状的规定，更可以知道美国政府所赋予红十字会灾害救济的责任。美国红十字会秉此规定，确定下述的救灾工作方针：各地分会训练救灾人员，于灾害发生，官方救护和救济未到达前，给予紧急救济；筹划与官方及私人团体合作；经常研究国内各种灾害及其预防方案。美国政府极力支持美国红十字会从事救灾工作，但经费方面得自民间者远较得自政府为多。

保加利亚红十字会，不论平时与战时，一遇灾变，均有权组织有效之救济机构。法律上曾有如下的规定：内政部和卫生部，或由内政部设立之机构，负责管理监督所有福利团体；红十字会及其属会有特权处理灾害救济，其他福利团体仅在红十字会之领导与控制之下进行灾害救济。

此规定亦包括所有福利团体之联合机构，及急救队之组织等，均需获得红十字会之同意或准许，不论人才与物质均需与之合作。根据规定，假若福利人员，愿从事于灾害救济中之医药义务服务及义务救济工作者，必须报告红十字会。此足证保加利亚政府人民对红十字会之信任，因之，她是国内处理灾害救济之绝对权威，而红十字会的救灾方针，也就是保加利亚的救灾政策了。

意大利红十字会之灾害救济，常与军队取得联络，并随时准备迅速地赶赴灾区，从事救护、住屋、食物等紧急救济。中央机构在适当地点准备一切必需之设备。

所以红十字会在各该国灾害救济中的地位，显然有所不同，有的成为国家法定的主要救灾机构，国家授以大权处理一切，有的则处于协助政府的地位，与国内其他各慈善机关及私人团体共同分担灾害救济的工作。不过，无论红十字会在国内救灾工作的地位如何，红十字会救灾工作总需要获得政府的授权或同意，并需要政府及其他机构及人民团体的密切合作。

二、灾害救济中红十字会之工作范围

据我们的研究，大多数红十字会均受政府赋予灾害救济之职权，然则红十字会之灾害救济是否包括了政府救济的全部责任呢！我们知道这是绝对不然的。这一点非常重要，让我们来加以检讨。

我们知道救济工作的项目很多，广义地讲，灾害的预防亦应包括在内。预防救济，例如消防之于火灾，水利之于江河泛滥，医院之于疫疬。当灾害尚未形成的时候应多多准备，这种预防工作，可以避免灾害之发生，即或发生亦可减轻其严重性。他如气象设备之完密，造林保土之实施，建筑安全之加强，暨环境卫生之改良等等，自均为政府的责任，红十字会不与其事。灾害之救济及为灾害救济之种种准备，如直接救济中对于伤病的急救、运送、医治，灾民食物的供给，住所的安排以及必需的衣着救济，这些工作固然政府也需注意，而一般地都由红十字会来担任。至于房屋之重建，家具之补充以及职业辅导等，这些复员工作多属政府的工作，在政府力量不足的时候，红十字会也可以尽力协助或者受命担负起这任务。政府赋予红十字会者固为此，红十字会自动参加救济亦宥于此。至于灾区残物的清除，社会治安的破坏，经济生活的崩溃，教育事业的停顿，以及公共卫生机关等之救济与复员，甚至灾区赋税之豁免，地方之重建等等，这些都该是政府的工作了。

换句话说，政府对于人民在灾害发生的时期中，并不改变他应有的法律责任，应该和平时一样保护人民的生命、健康、财产与福利，对于大众已损失的财富应予以补偿及抚恤。所以政府之从事灾害救济不仅是为了同情、正义和人道，而更因为国家经济的不容长期混乱，社会秩序之不容长期纷扰，政治法令不可长期被阻碍的缘故。一旦灾害发生，政府非但在道义上有此义务，而且在法律上有此责任，担当起救济的任务，应该迅速的会商实施有效适当而合理的工作。

约略的说，红十字会的灾害救济的对象是受灾的个人与家庭，政府救济的对象是灾区里所有的人民。今试举其项目之不同：

红十字会灾难救济的项目

一、协助地方政府
1. 发出灾害警告
2. 协助自愿疏散者离开灾区
3. 协助灾民搬运财产
4. 急救和救护工作

二、紧急救护
1. 供给医药、护理及医院治疗
2. 供给食物
3. 供给住所
4. 供给衣着

三、紧急服务
1. 运送灾民
2. 运送救济物资
3. 维持救济之交通
4. 福利调查
5. 家庭需要之调查

四、家庭之复员救济
1. 短期之给养
2. 医药、护理及医院治疗
3. 住屋之修理或重建

4. 家具之补充

　　5. 农业及其他职业协助

五、对于个人及家庭之劝告及指导

　　政府在灾害救济中的工作是：

（一）保护人民之生命财产

　　1. 宣布当前危机

　　2. 强逼疏散

　　3. 抢救与急救

　　4. 维持社会秩序及法律威信

　　5. 消防

　　6. 指明危险房屋及危险区域

　　7. 公共卫生——供水、细菌、控制传染病

　　8. 尸体之掩埋

　　9. 运输之管制

（二）经常服务（视需要酌为伸展）

　　1. 福利与健康

　　2. 公共机关

　　3. 运输

　　4. 交通

　　5. 清除公共场所中之残余物

　　6. 抢救主人不明之财产

　　7. 检查房屋安全

（三）修复公共产业

　　1. 公共建筑

　　2. 排水道

　　3. 水源

　　4. 道路及公路

　　5. 其他公共物

三、红十字会灾害救济之合作

　　红十字会由于她的经验以及经常周密的准备，所以能在灾害一旦发生的时候便能开展工作，因为这种优势，红十字会即使未经政府特别授权，也往往成为灾害救济团体的重镇。但是无论是救济准备工作，如人才的训练，器物的储备，以及经费的征集，暨实地的救济工作，红十字会仍在需要其他团体和地方人士一致的合作。

上面已经举出，红十字会的灾难工作，很明显的，红十字会虽然担起这任务，但绝不是她本身力量所能完全担负的，有的工作与其他团体合作可以更完善更有效，有些项目必须与其他团体合作始能完成。

　　以交通为例，若大批灾民必须撤退，正常交通或已部分或整个地遭受破坏，红十字会应尽力协助灾民获得运输公司或私人团体之免费运输，或仅付极少之费用。为此，红十字会应求得马车、船只、铁路、汽车和飞机等各交通技术界之合作，这种交通之维持，除了运送灾民、运送伤病之外，也为了救济人员及物资之紧急运输。

　　如以飞机为例，灾难发生之初需要飞机实地侦查，运送医师、护士及救灾工作人员，输送食物、医药等救济物品，运输伤病，这些工作若以飞机来完成，单从速率一项而论，可以使灾黎早日得到医治和救济，可以减少灾害的损失，减轻灾民的痛苦。此外隔绝灾区的联络，灾区的空中消毒等也需要飞机来完成。但是这一项工作红十字会必须求得军事当局、交通界以及私人航空家的合作，非但在灾难中需要他们的合作，就在平时也需要密切联络，详细研讨。因为灾难往往突然发生，所以红十字会应邀请空军、航空公司及航空专家、政府代表、医师等有关方面人士组织一机构，该机构予以周密之计划，并接受红十字会之请求，担负起灾难救济的空中工作。

　　其他任何救灾的工作，红十字会亦都需要和其他公司团体合作。

　　救灾的本身工作以外，红十字会愿与其他有关团体从事工作人员之训练，如当地之急救人员及救济人员等，而且应与其他独立之组织，如童子军、妇女会等，联系而从事具有公众服务意义的基本训练。

　　同时灾民对于红十字会在灾害中解除痛苦，拯救生命，予以极大的期望，所以事先对于灾害救济应有妥善的准备，灾难一经发生，红十字会便应与地方各界联络，就地组织救济机构。这委员会，一方面要能代表大多数人民之意向，痛痒相关，对症下药，使救济工作发挥最高之效率，一方面要有征募物资之能力，成为捐献的先导，群起响应，使救济物资不告匮乏，可以做紧急救济的措施。同时需要热心公正，遴选有力干员在适当的调度下从事救济，加强工作效率，对救济物品及步骤，做合理公允的分配与处理，使人民信服，毫无怨尤。所以这一机构最好罗致当地有权力、孚众望、热心公正的人士，红十字会的救济工作，也必须在这个委员会合作之下，始能有效地达成她的工作使命。

　　红十字会是一个人道的服务团体，她以博爱助人的立场，对于灾害救济自有她道义上的责任。红十字会在国家的救灾工作中显然有重要的地位，国家有法律的责任要拯救灾害，所以亦愿有力机构共负重任，而红十字会也极愿在政府的便利下，进行救灾工作。

（原载《红十字月刊》1947年第19期，第1-4页）

论 工 赈

俞敏良

中国目前尚有大多数人民生活需要救济，同时中国现在更有许多公共工程以及农工业水利都需要建设。工赈就是要利用大量需要救济的人力来进行这些工程，所以工赈仍是今后中国社会救济事业的一种重要途径。

就原则论，工赈不属红十字会灾害救济范围以内。红十字会的紧急救济以供给食物、衣服、住所及医药护理服务为限，善后救济，以个别家庭的需要为对象。惟在中国，灾害如此频仍，小规模的工赈，在我们红十字会办理灾害救济时，未始不可考虑。作者此文阐述工赈之意义与特性，甚为简括，可资我们参考，仅向作者志（致）谢并愿读者注意。

一、工赈的含义

工赈是一种工程，又是一种社会事业。有人问，到底工赈是"工"还是"赈"？既然是劳动所得，就不该算是"赈"；但另一方面说，一种工程特别雇用难民，或专为救济而设，这又不能不算是"赈"了，所以工赈是工程与赈济间的一种复杂技术。

"以工代赈"是工赈的一种解释。工赈既是消极的救济，又是积极的建设。"寓善后于救济"又是工赈的另一种解释。在一个地方有了需要工作的人力，有了可以利用的物资，就可以开始一个工赈的设计。以社会救济的立场说，工赈的中心是在于工人的赈济；工程本身的成就倒是次要的目标，因为工程的设计不过用为救助人的工具，甚至于工程的成就也应该是为增加人民生活的福利。

二、中国工赈之史的发展

普通人都以为工赈制度是由外国传来的，其实中国古代早就实行工赈了，现在举几个显著的例子：

战国时晏子以三年民工建筑，赈济当时饥荒。

"齐梁公子之时饥，晏子请为民发粟，公不许，当为路寝之台，晏子令吏重其贷，远其兆，徐其日……三年台成，而民振，故上悦乎游，民足乎食。"（注一）

唐代李频以官穀修建当时六门堰以救荒年。

"李频迁武功，有六门堰廞废百五十年，方岁饥，频发官仓，庸民浚渠，按故道斳水溉田，穀以大稔。"（注二）

宋神宗时以筑城赈三万八千人。

"熙宁八年夏，吴越大旱，赵清献公儆民完城四千一百丈，为工三万八千，计佣与钱粟。"（注三）

明万历时更大规模动各种工赈以救荒年。

"万历间御史钟化民救荒，令各府州县查勘该动工役，如修学、修堤、潴（浚）河、筑堤之类，计工招募，以兴工作，每日给米三升，借急需之工，养早腹之众。公私两利。"（注四）

清代就已经正式采用"以工代赈"辞了。

"乾隆廿五年直属有司有应修河道沟渠等工，将上年截留北仓漕米所存十万石，作为修浚河渠，以工代赈之用。"（注五）

民国以来，最先办工赈者要推华洋义赈会所发动的工赈，或称农赈。当时西北大旱（旱），华洋义赈会召集难民开凿泾渭渠，周围一五〇〇亩都得到灌溉。

民国廿年江淮大水，国民政府组织水灾救济委员会，设立工赈处，延聘国内外水利专家指导。各灾区更设工赈局，各区分若干段，每段分十团，每团置监工，团分（廿）排，每排雇灾工卅（廿）五人。总计受救济之灾工约一百十一万人，以美国贷麦三十万吨充为工粮。

民国卅四年抗战胜利，联合国及行政院救济总署及全国各省区十五分署，均大规模进行各种工赈设计，其中以水利部门范围最大，计全国大小工程，已达一百卅余起，而以黄河、长江、江汉、珠江、淮河、白河六大堵口复堤工程为最大，参加江防工赈之难民计一百五十余万人。其次则为修复铁路、公路，修建民屋，市政工程，以至于女工缝制冬赈寒衣各种手工业设计。卅五年度一年计配发工粮二一四、一〇六吨，工资国币六、二一八、八五〇、五三二元。今年一月行总在沪举行全国工赈会议，决定本年度救济业务几乎全部集中于工赈，而逐渐停止直接救济（Direct Relief）。本着"天助自助者"的原则，使受赈者能运用其技能或劳力，而谋自立（力）更生。

三、工赈的特性

上面已经提到工赈的含义，但工赈发展到最近，根据它的理论基础，还不只是救济和工程两件事的联合，而且它的特性是和整个社会经济有关。

（1）工赈的设计性——工赈，是包含多样的工作设计（Work Relief Project）。它可能是集合许多不同技术工人来共同完成一件有用的设计，同时可能是联合各机关的活动而成为合作的整体设计。这一种设计也许是现有机关所没有尝试过的或是政府还没有力量顾及的，或是一种需要改进的工程或社会工作。工赈的设计既然是合作的，多样的，能适应社会需要并增加社会安宁的，所以它也就不必须与原有的农工商各业或原有机关的业务冲突、重复，或作无调的竞争；反之还可以补充其不足。

工赈设计并不是永久性的职业。但工赈可以维持被救济者情绪生活的常态，使随时便于接受一种正式职业。工赈，可以增加职业的机会，因为工赈的目的也就是使参加工赈者随时得以恢复正常生活，返到原来职业的岗位上去。

（2）工赈的生产性——工赈，不但减少直接救济的浪费，而且能使消费的救济物资成为生产的"资本"。工赈不但使工人个人受益，并且可增加社会财富。工赈在生产方面，同合作制度、民生主义同样的成为社会经济的中间制度。但这种"生产的救济"，千万不要让它变成一种"包工盈利"的企图，而使工赈变质。

"生产的救济"之另一重意义是"同工同酬"。对工人不能因为是工赈，而减低他应得的报酬。这样才可以使工人维持自尊心，并继续担负家庭经济的责任。例如工人得到以面粉代工资外，还思顾到他的卫生医药、教育娱乐、家庭赡养，以至于整个工人生活之改善。工赈生产所获得的利益，应归给参加工赈的人民。

总之，今日的工赈除负起紧急救济和完成物资建设的双重责任外，更应该是促进社会安全和增加人民福利的具体设计。

注一：见《晏子春秋》

注二：见《新唐书·李频传》

注三：见《宋史·食货志》

注四：见《康济录》

注五：见《筹济篇》

（原载《红十字月刊》1947年第19期，第13—14页）

人人有帮助红十字会之义务
——为中国红十字会筹募事业基金运动作

沈 怡

红十字会秉一贯服务社会博爱人群之宗旨，战时不避劳瘁，不避艰险，致力于军民之救护，平时见义勇为，一片热忱，于救灾恤邻、扶伤省疾之外，复为儿童、妇女、青年而工作，其栖栖惶惶若不可终日者，所为何来？为人群谋福利，为社会谋安全，期共登于和平康乐之境耳。

中国红十字会自创立迄今，已有四十三年之历史。战时工作偏重医药救济，尚含消极性之慈善观念，然受惠者已不在少，抗战期间，以全力从事军民之救护，血汗交织，艰苦卓绝，救治军民达一千六百万人，其贡献于国家者殊大。胜利复员之后，另开工作环境，以积极性、保育性与集体性之一般社会服务为主体，两年来广设各地分会，推行不遗余力。现已成立分会百五十余处，并于各重要地区分设医院诊所、服务站、儿童营养站、图书阅览室，暨其他社会服务事业，其为人群福祉、社会安全而努力之成绩，昭然在人耳目，前途发展，未可限量。

夫和平康乐之域乃人人一致之跂（祈）求，如何促使其实现，原为人人分内之职责。红十字会为人人而服务，故人人有帮助红十字会之义务。中国红十字会创办如许庞大事业，而其所需之巨额经费历来仰赖于会员会费之征收与公私机关之协助，迄无固定之经济基础，故虽备受民众之爱护，政府之扶助与友邦之支持，而始终无力自给自足。为谋未来事业之发展，其需要筹集基金以资运用，而期待人人之帮助者自甚殷切。惟红十字会为一人民团体，其要求民众之捐输，不欲丝毫之勉强。各国红十字会皆以其事业之成绩获致民众之同情，借以募集巨大基金，其事业之发皇愈大，则民众之爱护愈深，人人皆知有帮助红十字会之义务，斯红十字会之理想乃有实现之可期。中国红十字会不于复员之初即发起筹募事业基金运动，而延至今日方始举行者，盖欲以两年来之社会服务成果，使社会人士增加认识，引致其自愿尽帮助之义务，而今日筹募事业基金运动之举行，实亦为人人帮助红十字会之无上良机。

论语有云："士不可以不弘毅，任重而道远。仁以为己任，不亦重乎？死而后已，不亦远乎？"红十字会之工作发之于人，且不惜舍生以求仁，斯语最足以喻其服务之精神。凭此精神之发扬，未有不能获普遍之同情者。红十字会之事业，无日不在进展中，同情红十字会者，亦当如论语所云"进，吾往也"。踊跃输将，尽力促进此一伟大工作之完成。异时红十字会旌旗到处飘扬，世界和平，人类康乐，则今日之助人者时即自助，国人其将闻风而兴起乎？企予望之。

（原载《红十字月刊》1947 年第 20 期，第 1 页）

慷慨解囊捐助红会

金宝善

中国自古即重救恤之事，《礼运》讲述大同，矜寡孤独废疾者皆有所养，乃"博爱"之义；《洪范》标举师政，除残禁暴，乃"恤兵"之义，此二者，即红十字会工作之主要目标也。

中国红十字会创始于日俄之战，至今已具四十三年之历史，在此数十年中，一本其"博爱恤兵"之宗旨，从事其伟大仁慈之工作。吾人试思每一战役，救千万之伤残于痛苦之地；每一时疫，拯千万之病患于呻吟之中；每一灾难，援千万之灾黎于流离颠沛、饥寒困顿之境，此皆红十字会之丰功伟绩，不待详书，实已予吾人以至深至善之印象矣。笔者有感于此种神圣可敬之工作，特有二义欲一陈之：

（1）过去救恤事业，中外一致，皆系消极之工作，如战争、灾难、饥馑、时疫之发生，重在事后之救恤，未尝在未发之前预防之。近年自英国首创社会安全之说后，举世文（闻）明，国家非但注重消极的社会救济工作，且进而注重积极的社会福利之事业。红十字会之业务，近年亦有此转变，如中国红十字会迩来所定之服务对象，广及于儿童、妇女、荣军与平民；所定之服务范围，广及于灾难、伤害、贫困、疾病与愚弱；所定之服务目的，广及于保健、乐育、安生、助人与益世。由此观之，红十字会之工作即为社会安全之工作，亦即人类社会赖以维系发达之不二途径，其任务既如此重大，其业务自更加广泛，而其所需开辟财源，实至殷切。

（2）中国自古虽重救恤之事，但每系发自圣君贤相之慈行，或为仁人善士之义举，固未尝有一健全制度使人遵循，而一般民众，每因本身生活之穷困，甚难分其余力以济人，故愈当战乱灾荒之际，人人愈觉自危，自顾不暇，其对于受苦较甚之同胞，虽有同情之心理，往往不克发为同情之行动。

（3）惟是近代人群关系密切，一人之饥寒，一人之病痛，一人之灾难，皆足影响全社会之安宁，皆足阻碍全社会之进步。以此凡安享社会生活之人，对于每一不幸者，实应寄予"己饥己溺"深切之同情与援助。凡视人类患难如切身者，然后人类安乐方可共享。今后人类之互助合作既日臻重要，中国同胞固当发挥我祖先仁爱之传统，恢复古代救恤之精神，共策社会安全之大业。

（4）总上所言，中国红十字会任务既如此重要，业务既如此广泛，过去虽每遇灾患，皆能勉赴事功，但主其事者，自不胜临时乞助之苦。据悉中国红十字会过去尚多国外经济之援助，今后因求自立，外援日少，吾人咸知"经费为事业之母"，笔者用代呼欲并虔诚祈祷全国同胞，慷慨仁义，共襄善举！社会幸甚！国家幸甚！

（原载《红十字月刊》1947 年第 20 期，第 2 页）

红十字会与社会服务

谢徵孚

红十字会是一种世界性的组织，自从一八六三年瑞士人亨利涂南氏（Henry Dunant, 1829—1910）创议组设，到今天不过八十多年的历史，全世界已有六十一个红十字会，据最近的报告，全世界已有红十字会会员八千七百五十万人之多了。许多人但知道红十字会是个战时救护伤兵的机构，或者仅认它是个医药救济机构，或者是个国际慈善团体，却不知道它从第一次世界大战以后，无论在战时平时，都已充分发挥了社会服务团体的功能。

第一次大战以前，各国红十字会的主要任务，还是救护战场上的伤兵和病兵。我们知道，为救护战场上的伤病兵，国际间曾于一八六四年订立第一次日内瓦公约（普通亦称红十字公约），一九〇六年又将第一次日内瓦公约修订补充，是为第二次日内瓦公约。这二次日内瓦公约都允许各国正式成立的红十字会得于战时辅佐军医当局担任伤病兵的救护，条约上对于红十字会从事救护并有尊重保护的规定。红十字会国际组织中，有一个历史最久、完全中立的日内瓦国际红十字委员会，其主要责任便是监视各国于战时履行日内瓦公约的规定，虽然没有强制干涉的权力，但其道义及公论的力量，是很见效的。一九二九年第三次日内瓦公约又签订了，这一次新公约不但对于救护伤病兵有了更适宜更圆满的约束，并且对于敌国战俘的待遇，也有了极其人道的规定。第二次世界大战发生前，日内瓦国际红十字委员会本已准备邀请各国商订第四次新公约，把战时被拘禁、被放逐及被施以强迫劳动以及一切因战争而罹难的平民保护和救济问题，如流浪民众之救济、难民安全区之设立，特别是老弱妇孺之安置，都拟列入公约，与原有之伤病兵救护、战俘救济，一样成为国际间共同遵守的约定。虽不幸第四次公约尚未签订（此项新公约已于本年四月间由国际红十字委员会召集十二国政府专家会议议定草案，预定明年春间再开外交会议，交各国正式签订）。而大战已行爆发，但经国际红十字委员会的努力，经与交战各国个别磋商，成立许多协议，获得不少谅解，在过去第二次世界大战期间，亦已做了不少平民救济工作。第一次大战结束后，欧洲各国复员救济，各国红十字会在当时应此空前使命而成立的各国红十字会的国际联合会（一九一九年在日内瓦成立）领导之下，确实贡献甚多。第二次世界大战结束，联合国成立善后救济总署，各国红十字会亦为强有力的合作与辅助机构。故第二次世界大战以后，世界各国红十字会的工作，不但已从原来的伤病兵救护，做到战俘救济，而且做到一切战争灾难平民的救济了。战俘和平民救济，固然纯粹是社会服务工作，即伤病兵救护，亦因政府军医事业的发展，各国红十字会亦多已放弃前方救济，而另行担任伤病军民的医药社会服务工作了。譬如医院疗养院里的娱乐服务、职业训练、病榻服务等等，差不多都由红十字会人员担任。诸如营养补助、特别矫治、紧急输血、特殊护理、病人家属接待、代书信件、代购用品、致送慰劳品，红十字会的工作内容，益形充实。由这一点说，红十字会在战时已是一个社会服务团体，若就红十字会的国际地位和条约保障论，它比其他社会服务团体为更具优越的条件。

上面说过第一次世界大战以来，红十字会的战时服务已比原来的扶防救死扩展甚多。现在再就平时工作观察，亦复有此趋势。第一次大战以前，各国红十字会均以紧急救护及紧急救护所需人才设备材料的储备为主要的工作。所谓紧急救护，除了上面所说的战时救护以外，还包括有灾害及疫疠救护。红十字会为担负起各种紧急救护的使命，必须训练医务、护理、急救及其辅佐人员，开设医院诊疗所，设立资料库，维持运输及救济设备，以备临时必需之用。所以平时工作除灾害疫疠救济之外，尚有若干医疗机构的存在和服务训练组织的举办。就救灾防疫看，它被人们认为一个国际慈善团体；就医疗事业看，它又被认为一个医药救济机构。一九一九年红十字会国际联合会成立以来，红十字会的平时工作便被确定为补助公私医药及社会服务机关，防止人类的疾病，促进人类的健康，避免或减轻人类一切可能遭受的苦难了。在这个新的启示之下，各国红十字会是以各种医药社会服务工作为其工作纲领，例如美国红十字会目前工作以灾害救济军人服务（包括在役及退伍军人暨其家属之各种医药及社会服务）及健康服务（包括护理服务、营养服务、水上安全、急救及意外防止）为中心训练各种义务工作人员，开设各种训练班，据一九三九年至一九四六年美国红十字会的报告，每年为该会服务而不支薪的义务工作人员，平均都在四百万人以上。英国红十字会战后工作，遍重各种医药社会服务，主要的有医院社会服务、居家残废者救济、一般社会服务及急救服务。英红会亦有义务工作者的训练和组织，不但提高了一般民众的服务能力，而且完成了红十字会的服务贡献。又全世界六十一个红十字会中，有红十字青年训练的达四十个以上，全世界红十字青年会员达三千一百五十万人。红十字青年除享受康乐活动外，并经常接受红十字会的服务训练和健康知识的灌输。全世界红十字青年的誓言为"我生为服务"，对于服务人群，具有极深的信念。总而言之，近三十年来的红十字会，其中心工作与其他公私社会服务机关一样，正同为人类福利而努力。

中国红十字会是世界红十字会的一环，自从一九〇四年设立，一九一二年获得日内瓦国际红十字委员会的承认设立，一九一九年加入红十字会国际联合会为会员，历年于灾害救济、战时救护、医药救济及各种慈善工作，都已充分表现仁爱热烈的精神。抗战期间，救护军民二千六百万人，尤其卓著成绩。自从一九四五年被选为红十字会国际联合会的副主席以来，国际声望日隆，除了促进国内民众的福利，为其当然的任务外，同时将在国际间为我民族及国家争取光荣与地位。复员以来，该会已整理恢复暨新设立之分会达一百五十余处，会员人数二十余万人，除医疗服务单位四十余个外，新兴服务事业如儿童营养站、乡村服务站、医院图书馆及青年康乐事业如露营、交谊、阅览等，均已积极推进。将来服务人群，造福社会，前途益见光明，我们希望社会人士热烈援助红十字会，早观厥成。

（原载《红十字月刊》1947 年第 20 期，第 3-4 页）

亨利涂南呼吁组设伤兵救护团体①

杨宝煌

　　杨君宝煌曾将亨利涂南的《沙法利诺回忆录》（美国红会一九三九年英译本）移译，其英译序（美红会前任主席达维序），业经译载于本刊第十六期。因为涂南原文大部分描写当时的战争惨酷情形，恐不合本刊读者的兴趣，所以我们仅将该书最后结论发表在此。本文即自英译本八〔十〕五页开始，至九十五页止，编者并加以《亨利涂南呼吁组设伤兵救护团体》的题目。这是篇红十字会历史文献，请读者注意。

　　为什么我（著者自称）叙述这些悲痛的情景，激起读者痛苦的情绪呢？为什么我似乎得意地絮（叙）说这些悲痛的情形，把这些事情若有所变地说个全部底细呢？

　　这是个应当提出的问题，但是我可以提出另一个来答复。

　　在和平及安宁的时期，是不是可能组织一个救济团体，以使充分合格的义务工作者救护战争中的伤兵？

　　因为"和平之友社"的希望和理想，正像圣保罗长老（Abbe de St. Perre）之梦，以及茜龙伯爵（Count de SeBon）的高尚理想，同样地无法实现；

　　因为我们可以引证一位大思想家的话，"人类已经到了彼此并无仇恨而大相残杀的阶级，以同归于尽为无尚（上）的光荣和最高的艺术"；

　　因为根据麦司托的约色夫伯爵（Count Joseph de Maistre）的报告"战争是神圣的"一句话，确实成了大家的信仰；

　　又因为新的恐怖的杀人方法正与日俱增，人们正以此为坚毅工作的好对象，因为大多数正在军备竞争的欧洲强国对于残杀工具的创造者正在大加赞许和鼓励；

　　最后又因为欧洲各国思想上之各种征状，正指示着未来战争之远景，看来今后战争迟早不可避免。

　　基于上面种种看法，为什么不利用在一个比较和平而安定的时间研究并尝试解决这一个无论从人道和宗教立场看都是深切的、世界性的、无限重要的问题呢？

---

　　① 编者注：本文所说"亨利涂南"为"亨利·杜南"。

我可以断言，人们一旦开始为这共同旨趣而思索时，必有比我更能干更适当的人士来从事此一问题之讨论与写作。同时也不难明了，为要达到此项目的，第一步，当使该项观念普遍灌输于欧洲各国的皇室，并使一般贵族权臣予以注意，以及能为人类痛苦而感动的人们有所认识与同情。

此种团体一经成立，并能永久存在后，其平时自无多少工作可做，但仍应经常存在，以备战争发生时之需要。这团体非但应得到各该国政府之善意合作，战事发生时尤应由交战国当局取得特权及便利，借以完成实际有效之工作。

因此，本团体必须将本国有声望有地位之人士，延致为管理机构之委员，并以每一个人民为呼吁对象，他们将纯以仁慈为怀划出时间为此慈善工作而出力。这种工作包含救护与救济，凡有战争进行之战地救护与救济（得到军事当局的合作，必要时须取得军事当局之支持并应受其指示），并继续在医院中看护伤病者，直到他们完全复元（原）。

这种工作，自动参加者比强迫参加者更易推进，有很多的人，一旦自觉他们可以效力于人，深信彼等可以有益于人，并得到政府当局统予的鼓励与便利时，即使自出费用，亦必乐意，并为此种特殊的慈善工作效力一个短时期。在这样一个被称为冷酷而自私的时代，这又是多么大的力量，使人们具有如此高尚仁慈的心理和侠义精神，面临着与军人所遭受的同样危险，为和平而自愿参加，为救护他人而自我牺牲呢？

历史上不少例子可资证实此种自我牺牲之事实，只需举二三个例子，就足以说明。一五七六年，米兰大主教圣查利·白罗米罗（Saint Charles Borromeo Archbishop of Milan），正当鼠疫弥漫的时候，从他主教区的一地到米兰去，冒着传染的危险，从事慰问与救济的工作，难道这事不真实吗？同样在一六二七年弗烈宝立柯·白罗米欧（Fredelico Borromeo），也曾经这样做过。还有凯斯托毛隆的主教拜仁斯（Beshop Belzunce de Castle Moron）于一七二〇年和一七二一年间在马赛鼠疫蔓延中尽力救护的英勇，使他成为知名的人物。

以后又有约翰胡华民（John Howard）遍游欧洲，访问监狱，使染病院及医院促进卫生改革。一七〇九年，他因为住在克里米亚鼠疫区里，从一个农人身上染到鼠疫而不幸病亡。

目生考（Besancon）地方的修道女马斯（Sister Marth）因在一八一三和一八一五年间，救护联合军及法军的伤兵，而博得盛誉。在她之前另有一位修女白秀南（Sister Barbe Schaner）因为一七九〇年在费拉堡（Freiburg）救护侵入其本国的敌军伤兵及本国战士亦曾赢得了美誉。

但我愿特别提出本时代的两个例子，均发生于近东的战争中，但对于我们所讨论的问题更有密切的关系。在克里米亚，正当善心的修女们看护着伤病的法军时，俄罗斯和英国的军队也热烈地欢迎从东北两方由二个善心的妇人所领导的二支仁厚的看护队。我们知道战争爆发后不久，俄罗斯大公爵赫伦·保罗娜夫人（Grand Cuchess Helen Pawjowna of Russia）即华敦堡的嘉绿蒂公主（Princess Charlotte of Wtrterrburg）后来为密启尔大公爵的未亡人（Widow of the Grand Ducke Michall），率领了近三百个妇女离开了圣彼得堡到克里米亚医院当护士，使成千成万的俄罗斯军人获得恩惠（注一）。

另一方面是南丁格尔女士，她对于英格兰医院及欧洲重要的救济事业及慈善机构都很熟悉，她抛弃了安乐富足的生活，投身致力于慈爱工作。她应美国陆军部长薛逊南·汉堡德爵士（Lord Sidnery Herbert）之紧急请求，赴近东看护英国士兵，其时南丁格尔早已享有盛名，并不踌躇，担负着这项自知为国王所同意的艰巨工作。一八五四年十一月，她带了卅七个英国妇女赴君士坦丁堡和司寇塔（Scutari），当她们到达的时候，便马上看护在英寇门（Lakermann）战场受伤的弟兄。一八五〇年，施丹娄女士（Miss Stanley）带了五十位妇女参加工作，因此南丁格尔女士能分身赴白拉克拉伐（Balaclava）视察当地的医院。在这漫长的日子里，她热情兴奋为人类的苦痛而工作，这种崇高伟大的牺牲精神真是无人不晓的（注二）。

历史上像如此伟大牺牲的工作，真不知有多少，但大多数并未传闻，或为人所遗忘！同时多数是徒劳了，他们只是孤独的努力，缺乏有组织的同情者的集体支持。

假若在沙法利诺时期已经成立了一个国际性的救护团体，假若有志愿工作者于七月廿四、廿五、廿六三天里，在凯斯铁林（Castigline）或在那三天先后的勃莱斯（Brescia）以及孟图（Mantua）、维绿娜（Verona）等地方服务，他们又将有多少无限价值的工作可以完成！

此时我们也不能设想，在星期五和星期六那样可怖的黑夜的战场里，当无数伤者忍受最大的痛楚和饥渴时，发出痛苦的号泣和由衷的祈祷时，一批积极热诚而又勇敢的救护者会无所贡献的！

假使伊森堡（Isenburg）王子和许多不幸的军人，当他们失去知觉倒卧在血泊中的时候，立刻就被人救护的话，王子今日绝不会仍受痛苦，因为他在卧下无人救助的时候，他的创伤变得严重而危险多了。假使不因他的马而使他被人偶然在尸堆中发现的话，当然他也和其他受伤的人一样，因为没有救助而死亡了。像他一样的上帝所创造的人的死亡对于他家庭的毁灭，正与对死亡者的本身一样严重。

我们不要以为凯司铁林的可爱的少女以及仁慈的妇人们，她们曾热心地工作，给予救助，使创伤失形但仍有痊愈可能的许多人，从死亡里得救。她们所能为的只是少数的很小的救济，战地里所需要的不单是弱而无智的妇人，同时正需要和善、有经验、能干、坚毅而已组织了的男子，与她们一起工作，陪同她们工作，这些男子并需有相当人数可以立刻展开有条不紊的工作。这样，许多本来很轻微的创伤不致于为后来的许多困难与感染所增剧，甚至死亡。

所以假使有足够的救护者，把在米杜拉（Medola）平原、荪·玛铁诺（San Maritino）涧底、福脱那山（Mount Fontana）陡坡以及沙法利诺上首小山地的伤兵加以救护的话，那情况又将如何不同！谁也不需要等到遥远的七月廿四日，度过那些悲愤交集惨痛无援的时间，而在这些时间里，培色玲（Beragliere）、幽伦（Uhians）和素爱浮斯（Zouaves）的可怜的人们，不顾他们的苦楚，挣扎着起来，徒然地以手示意想带封信给他们，以及在第二天便可能发生的惨剧——把活人连同死人埋在一起的事情，自然都不会发生的了。

假使比现时更好的伤病的改良运输已可以利用的话（注三），那末（么）一位防卫团的步兵轻机枪手就不需要在勃莱斯再受痛苦的外科切断手术了。这手术之所以必需，是因为军团的紧急救护车把他运到凯司铁玲的时候不小心而造成的，这人之所以没有和其他受手术者同样遭受不幸，只能感谢他自己身体的强壮。

当我们看到年青人残废的时候，有的少了一个膀子，有的去了一条腿，忧伤的回到家里去，我们难道对于我们的毫无努力，不及时救治，使本可治愈的创伤竟变成致命的事，不生悔恨和自艾吗？试想象，一般受伤的弟兄们，他们被凯司铁玲或者勃莱斯野战医院所摒弃，其中许多人即使用了他们本乡的语言也说明不了为什么有如此遭遇啊！假使有人能与他们同在，能够了解他们，安慰他们，他们临终还会以微弱的声音发出最后的憎恨与诅咒吗！（注四）

也不要以为有了勃莱斯人民和龙巴逊（Lombardy）镇人民所表现的热诚，就没有一种重要的工作可做了。诚然，任何世纪，从没有一次战争显示过这样仁慈的工作，而且有如此善良的精神，但是他们的牺牲、仁慈，做得全不适当，因为并不依据实际的需要。他们所做的，只为了同盟军而并不为奥（澳）大利人，这固然表示从被压迫解放出来人民的一种感谢的恩惠，但亦说明只是刹那的热情和仁慈。在意大利方面的确有很多勇敢的妇人，她们忍耐持久，毫不厌倦——但是很遗憾的，没有几个人有始有终的。大家渐渐地疲惫了，传染病把当初工作的人们吓退了，医护人员和看护们厌倦了，或者失望了，再也无法支持自己长期工作的愿望。

这种工作所需要的人并不是支薪人员，医院里的看护们，他们是为工钱而工作的，他们渐渐地变成粗鲁，或者因为憎恶放弃了他们的岗位，或者渐变为厌倦和懒惰。在另一方面非常需要紧急的救护，因为今天要救护的伤者不能挨到明天去救护（注五），假使错过了时机，将发生病患以致断送了病人的生命。所以经过政府及作战部队承认，而且予以支持，给予工作上的便利的，热忱而有训练、有经验的志愿服务者和志愿护士实在是非常需要的。军队中野战医院的人员常常不合要求，即使辅助人员增加了二三倍，他们依然是不合要求，这是一个普遍的情形，而唯一可能改进的方法是与社会合作。为达到改进的目的，就要与社会合作，这是不可避免的，而且永远不可避免的。这一种呼吁必须以每个国家的人民、每个阶级的人为对象，无论是世界上最无权力的人物也罢，最贫苦的劳工也罢，因为任何人均可能以不同的方法，就他们自己的范围及能力，推动这一件有价值的工作。这种呼吁要向世界上所有的妇女与男子——皇宫里的高贵的公主——善心的孤苦的女佣——可怜的孤独的愿将最后的力量帮助她邻居的福利的媚妇为对象。这一个呼吁应同时向将军和士兵，慈善家以及作家们提出，在作家们静静研究的时候，可以把他们的智慧，发表为有关大众问题的作品，尤其是说明每一个国家，每一个地区，每一个家庭都有关的问题，即无人敢大胆地说，他能永久不被牵入战祸。假使一个奥（澳）大利将军和一个法兰西将军能在普鲁士皇的课室里比肩同宴，谈笑自若，一如知己，那末（么）又将有什么事可以阻止他们对于如此有价值的问题提起了兴趣的分析和讨论呢？

在有些特殊情况下，例如当各国军事家们在高隆（Cologne）或者巧龙斯（Chalous）地方聚会，他们难道不愿利用这会议的方式，确立几条国际规则，订立不可侵犯的公约，一旦同意并签字，就可以成立欧洲各国救济伤兵的组织么？而更重要的，要使这公约事先同意签订，并采一致步骤，因为战事一旦开始，交战国彼此具有敌意，此后各方将均在自己有利的立场来判断有关的问题的（注六）。

此种组织为人道及文明所迫切要求。这是一个积极的责任，为实现此一责任，每一个有力人士之合作，每一个善良人士的合作，能保证这个组织之完成。一位对于士兵受伤愿意立刻救护的君主，他会反对这种组织吗？对于救护卫国有功的士兵应予国家的奖励，对于从事救护而保护公民性命的这批救济人员，政府会不给予保护吗？有哪一个对待部下亦如兄弟子侄般的长官和将军，不愿极力协助熟练的志愿服务者的工作的？有哪一个军事委员或者军医，对于一批有心人所组织的服务队，指挥既得当，工作又机智的协助，会不衷心感谢吗？（注七）

最后——在这进步而文明的时期，我们既不幸无法避免战争之发生，我们推进人道而文明的精神，从而阻止或减轻战争之恐怖，难道不是紧急的事情吗？

这种计划之大规模实行，当然需要大量经费，但却从不曾感到困难。在战时，人们均将立刻捐助整笔或各式各样的捐款，或者一经呼吁而零星捐助源源而来。当国士们正在苦斗之中，社会大众不会淡漠，不会不关心。总之，弟兄们在疆场所流的血，亦就是整个国家所流通的血液。所以关于这类困难的发生，是大可不必顾虑的，整个问题是在于充分准备，并将上项建议的救护团体切实组织起来（注八）。

假使各国现正施用的可怖的杀人新武器，可以缩短战争时间的话，那末（么）未来战争的更残酷、更惨烈，似乎也是另一个事实。而且在惊异的事变这样普遍的今天，战争在此隅或彼隅以最突然的最出意料之方式急遽出现，不也可能吗？这不又是使预防意外更为需要迫切的理由吗？

（注一）近东战争期间俄罗斯大帝亚力山大第二，曾于一八五四年至一八五五年的冬天，访问克里米亚医院。这伟大君主的善心，人道而慷慨的心灵，一向是很为人称道的。这次出巡，他所遇见的悲惨的景色，使他深深地感动，他立刻决定停战订立合约，再也不忍心去作继续的残杀，以使他无数人民遭受恐怖。

（注二）南丁格尔，黑夜里拿着一盏灯，在军医院极大的病房里行走，把每一个病人的情况记录下来，尽量供给他们所需要的东西并予以安慰，这种印象将深深印入病人及看见过的人的心里，她这种英勇神圣、自我牺牲的传统精神将永远存在于历史的记载中。

（注三）改良的运输工具可以阻止从火线到野［战］医院间时常发生之不测，因之可以减少断肢手术，这种手术本身是有些不忍，同时减少残废人数，间接减少政府残废年金的支出。

对于受伤者的运输问题，最近有若干医生特别从事研究，如爱比亚医师（Dr. Appia）创造一架简单轻便、有弹性的机械，可以避免振动，对于骨折尤其适用。玛□医师（Dr. Martres）也很有兴趣的注意到了这个问题，这正是一个我所提倡的救护团体应予研究的问题。

（注四）在意大利战争中，有几个士兵，并无任何伤病，纯因乡愁而致死亡。

（注五）意大利出征之初，还没有交战的时候，N夫人在一所日内瓦绘画室里，曾提出救护伤兵委员会的组织。在她所谈过的人中，许多认为她计划的实施时机尚未成熟，当时我禁不住就说："没有一个人受伤之前，谁会想到去做包裹伤口用的亚麻布呢？"但是当第一次会战发生之后，龙巴逊和维民夏（Venetia）的医院里亚麻布又将发挥多大的价值！这是我自己看见的事情，使我后来改变了我的观点，所以我愿将此事在此说明，我默祷上帝，人们现在接受我的提议，一定比我在一九五九年对付N夫人的提议，已有较深的欢迎。

（注六）比这种问题的意义显然较小的，现已常常召开，故工业、慈善、公共福利的国际组织现已成立，而科学家、法学家、农学家、统计学家、经济学家等大会亦已举行。

（注七）我们所讨论的这种慈善团体，对于经费浪费和违法的分配以及救济物资的糟蹋，应尽力避免。例如，在克里米亚战争中，俄罗斯妇女们所制的大批亚麻布，从圣彼得堡运到克里米亚去，其亚麻布包裹都走私到纸商那里，为他们自己利用去了。

（注八）荣誉的杜福将军（Gen Dufour）在一八六二年十月十九日善意地写信告诉我，"人们必须让他亲眼目击，你所给我的生动的例子，使我知道战场上的光荣是血泪和痛苦的代价。"这位著名的瑞士联邦政府的总司令并且继续说："让他们知道战争的辉煌的一方面，这是太容易了，也该让他们闭上眼睛静静想一想战争的悲惨的局面……你的报导（道）是一种极有意义的工作。""为使人们对于这个人道问题注意起见，你的论文真是充分达成了这个任务。从谨慎而透彻的考虑中，一定可以产生一个各国慈善家合作的解决方案。"

（原载《红十字月刊》1947年第20期，第5-8页）

中国红十字周史话

朱子会

一、前言

"红十字会的工作日（目）的是什么？红十字会办了些什么事业？"这是国人所须（需）要知道的问题，也是我们红十字会同人时刻想要宣告于各位同胞的。虽然，在文字间或语言中，我们对此问题已常作有系统的或个别的阐述与解答，但格（恪）于时间和空间的限制，能看到我们的文章或听到我们的话语，只是极少数之人士，大多数同胞，恐仍尚无所知。世界各国红十字会都于每年（月日各国不同）举行红十字日，或红十字周，或红十字月，将一年的工作，宣告国人，期以上工作争得国人同情，换得国人捐输，去继续发展红十字会的事业。我国红十字周，系于民国三十年，开始举行，到今年已经是第六届了。在战时虽受战争影响，未能全国普遍举行，但当时后方各地同胞由于红十字周之举行，加深其对本会之认识，以（从）而慷慨捐输，协助本会事业之推进，确有许多光荣之事实。然而，红十字会乃是为谋众人的福利，它的工作是取有钱有力者捐出的钱与力，用之于无钱无力之大众，它的自身，并未附有任何力量，只是凭借人类的同情心与善良的天性，为工作之动力，所以，在抗战期间历届红十字周中，不论是政府的高官或民间的贤老都一致响应，热烈赞助。自胜利复员以后，本会因鉴于广大社会之需要，事业之序列，已日渐推开，然用之既广，必须供者亦多，始克相济，展望灾难之人群，我们不得不呼吁厚衣丰食之同胞，一本过去之热忱，起作本会之支助。兹当本会筹募基金之际，第六届红十字周将要举行之时，特将各届红十字周热烈情形，纂列成篇，报导（道）于国人之前。

二、历届红十字周情形

（1）第一届红十字周于民国三十年元月一日至十日在全国各地同时举行。总会方面于二十九年十二月初即开始准备工作，将红十字周所需之工作大纲，征求会员章程，及各种宣传小册，分发各办事处，救护总队部及各地分会筹备进行；一面聘请总会全体理监事及各界名流担任征求队长，并聘行政院孔副院长庸之为征求队总队长，卫生署署长金宝善、军医署长卢致德为征求队副总队长，扩大征求会员。征求队组织既定，乃于二十八（九）年十二月二十七日，假重庆汇利大饭店招待重庆新闻界人士，计到大公报及中央通讯社等十四报社记者三十余人。由总会故秘书长潘小萼报告本会抗战期间之工作情形及举行红十字周之意义。次日，假座嘉陵宾馆宴请全体征求队队长，到有孔庸之、吴国桢、谷正纲、洪兰友、唐国桢等三十余人，有总会刘副会长鸿生、许理事世英等分别招待，并由孔副院长、谷正纲部长等分别演说，叙述抗战以来中国红十字会贡献国家功绩甚大，美国红十字会对中国抗战极表同情，援助药品在五百万美元以上，希望各界人士踊跃加入为会员，使中国红会事业将来与美国红十字会并驾齐驱。

三十年元月一日午后一时，第一届红十字周于重庆民权路新运总会礼堂正式揭幕。是日参加开幕式人士，除各位征求队长外，中央各部会均派有代表前来，共约百余人，重庆市政府并派乐队到场奏乐，会后举行茶会，临晚始散。揭幕之后即举行救护工作照片、模型、图表展览三天，展览物品，陈列一室，参观人士至为踊跃，三天之内，参观者达一万五千人，入会者四百余人。

元月三日午后六时，许理事世英在中央广播电台举行国语广播，题为《为什么举行红十字周》。晚九时，刘副会长鸿生复在国际电台举行英语广播，先播送马尼剌，而后放送美国。

元月十日午后一时，假国立实验剧院，举行游艺会，招待新入会会员，参加者千余人。游艺节目，有话剧《卫生列车》，名魔术家刘化影先生之新奇魔术，及本会救护工作影片、励志社电影新闻片等。

元月十三日印发特刊（该刊原定元旦出刊，因赶即不及延至十三日）五万份，随大公报附发，内容有孔副院长等题字，谷部长论文，以及总会正副会长文章。此外昆明朝报、成都快报、新中国日报、固始三民日报以及四川万县日报均于元月十日发行红十字周特刊，内容均颇可观，贵阳方面于元月三十日在中央日报发行特刊。

各地分会举办红十字周情形，亦颇热烈。昆明分会聘请龙云主席为征求队总队长，并电总会致敬。成都分会组织征募委员会，以张岳军主席为委员长。重庆分会亦组织征求委员会，以吴国桢市长为委员长，其余分会举行红十字周时间虽有先后，但成绩均极可观。

总计本届红十字周结果成绩，计征得各级会员一万六千九百零七人（总会征七、四七六人，分会征九、四三一人），收入会费及捐款共十六万七千七百三十一元（总会收四四、七五九元，分会收一二二、九七二元）。

（2）第二届红十字周于三十一年十月一日至十日在全国各地同时举行。重庆方面由总会与重庆市分会联合举行，于是日下午六时假夫子池新运服务所礼堂行开幕式。五时许各界来宾即已络（陆）续莅会，计到孔庸之先生、金楚珍先生、黄少谷先生、潘序伦先生、水祥云先生、朱学范先生、曹谷冰先生等及征求队长三百余人。

是日新运会所门前，本会扎一松彩牌坊，会场大门前悬一红布横额，上书"中华民国红十字会第二届红十字周开幕欢迎各界大会"。门前点缀既甚壮丽，室内布置亦极幽美，主席台上正中悬挂国父遗像及国旗，并以十面小型红十字旗以梯形分挂左右。四壁分贴醒目的标语，来宾席形如英文字母W，上覆白布，俟来宾一入会场，即觉充满红十字的光辉。

开会后，首由主席许静仁（世英）致开幕词，略谓：红十字会事业，为一种救世救人的新事业，惟吾国红十字会会员人数比外国少，抗战以来，援助我国红十字会者亦为友邦人士居多数，今天举行红十字周即是希望全国同胞能加入会员，以增强力量，蒋委员长曾指示抗战以后尚要极力办理救济工作，因此我国红十字会不但在战时负有重大使命，在抗战以后亦尚须努力。

继之，刘副会长鸿生报告本会半年来工作概况：分前线救护、后方医疗、救护病侨及组织分会四方面报告，并列举详细工作数字，最后并附带说明本届红十字周为减少征求入会手续，特添纪念会员一种。

次由卫生署金署长楚珍演讲，大意谓：我人因为工作关系与中国红十字会久有密切关系。中国红十字会在淞沪战争救护时已表现出空前的成绩，令人钦敬，后在南京创办一大规模医院，尤称中国最大的医院，嗣随战局演变，成立救护总队部，在长沙、在贵阳，业务日渐发展，红十字会工作人员在前方救护，不顾危险，此种英勇勤奋的服务精神，又令人深为钦敬，现在又建筑一大规模之重庆医院，将来开幕后对社会贡献甚大。红十字会过去有侨胞捐款援助，自太平洋战争发生后即告断绝，本人十分希望国人对于我国红十字会须多多帮助，希望人人身上都有红十字会的徽章，家家户户门前都有红十字会的标识，我们无论走到任何地方都可看到红十字的标识。

来宾中由重庆参议员李奎安先生代表致词后由刘副会长致答词即告散会。

在筹备期间王前会长正廷曾对新闻记者发表谈话如下："中国红十字会成立迄今已经三十九年，于去年起，始决定举行红十字周并规定每年一次，考诸世界各国红十字会，类似此红十字周者早已有之，例如美国红十字会每年十一月中举行红十字日，本日大总统亲向全国民众播音，音乐家电影明星均参加义务表演，盛极一时。回忆余出使美国时，曾目观此种盛况，极感兴奋，记得罗斯福大总统为红十字日播音曾云：'红十字会的标记是人人所爱的，因为红十字会不是为自己谋什么，是为人群服务的。在目前一片纷乱的世界中，红十字会的标记，确给我们唯一的一种希望。'美国红十字会事业之发达与红十字日之举行有莫大之关系。抗战以来，本会救护工作遍及全国，虽迭承友邦人士与各地侨胞以金钱与药物捐助，但为策事业百年大计，应普遍发动国内同胞之踊跃赞助。因此红十字周举行期内列有两项中心工作，即宣传与征求会员。本届预定征求纪念会员十万人，下年拟扩至一百万人，故红十字周之举行，狭义言之，乃推进会务，广义言之，实为人群谋福利。抑有进者，凡强盛的国家，该国的红十字会事业必甚发达，此可以美国为佐证。我国抗战以来，国际地位已跻于世界四强之林，故本会事业必须随国势强盛而力求发展，为人群谋更大之福利。本人盱衡当前局势，我国红十字会如步美国红十字会之后尘，实已具有客观的环境。"

本届红十字周，在宣传方面，除于开幕前夕假国际广播电台由刘副会长对国外作英语广播外，并与本会当时出版之会务通讯，特出专号，中央各机关长官均撰有宏文或题词，同时于开幕之日假大公报出版特刊，附（付）印五百小张，于会场分送，内容甚为精彩。

为加强宣传效果，本会特于期前约请渝市各著名球队举行篮球表演竞赛，并特制红十字杯银杯一只，赠予冠军以示纪念。球赛于十月七日在新运服务所球场举行，参加者为同心队、黑队、中央报队及军需署队等四队，比赛结果黑队荣膺冠军，由王常务理事晓范给奖。

第二届红十字周征求会员原以征足十万纪念会员（每个会员纳费五元）为目的，其余各级会员仍照旧章同时办理。此项工作，在期前总会已将纪念会员章据及宣传品等寄发各地分会，开幕之后，乃派工作人员分赴渝市各大商店接洽，委托征求纪念会员事宜，各方进行尚称顺利。结果，渝市各商店共代征纪念会员四、二六〇人，收入会费二一、二九五元。各征求队共征纪念会员六、九〇二人，其他各级会员二〇二人，收入会费四七、七六二元。各地分会征得纪念会员三、〇〇三人，其他各级会员一八五人，收入会费三七、九九五元。

第二届红十字周，各地分会举行大会者，计有昆明、贵阳、安康等数分会。昆明分会于十月一日举行，恰巧这时为昆明运动大会开幕之期，举行简单仪式以后，由分会救护队员及看护士分组宣传队，每队五人，分司收据徽章，手执宣传队小旗，出发口头宣传，每征得一个会员，即由宣传队队员将徽章插在会员衣襟上。各个宣传队因为是救护队员及看护士所组成的，所以又往运动场为运动大会担任救护工作，一而即分头在运动场内征求，当运动会散时，每个观众衣襟上差不多都插有小红十字徽章一枚，结果一万六千枚徽章，就这样很快的分散完尽。贵阳方面由救护总队部办理，适王前会长正廷因公到筑，乃由王前会长亲自主持，故本届红十字周较前热烈多多。九月二十日下午，招待各机关首长茶会，详述扩大征求会员之意义，当场聘定各机关首长三十余人，充征求队长。在举行期内，城内每一街角，均用红布树立，极为触目，十月十日，各大戏院每张戏票附收入会费一元，可谓别开生面。

本会会员人数，于二十九年时曾作一统计发表，共有各级会员一五九、四六五人，因档案留存上海，未运重庆，致各级会员无法分类统计。自二十九年总会迁到重庆，至三十一年底共征各级会员二三、一一八人（内名誉会员四九人，特别会员五一七人，正会员一二、九四八人，普通会员四、一八四人，青年会员五、四二〇人），加上二十九（年）以前所征会员共为一八二、五八三人。

（3）第三届红十字周于三十二年十月一日举行，重庆方面由总会主办，于九月三十日上午二时，假青年会招待重庆新闻界，到各报社记者十余人，由胡秘书长兰生亲自招待。宴后，胡秘书长发表谈话，大意云，本会现有分会九十一处，十个医疗大队，都在战区工作，在后方，则重庆有医院两所，诊疗所三个，贵阳有诊疗所两个，事业日趋发达，惟经费不敷甚巨，深望国内同胞，多多捐输。同日下午六时宴请征求队长，到征求队四十余人，杜副会长月笙、刘副会长鸿生均到会场亲为招待。

十月一日下午一时在新运服务所礼堂举行第三届红十字周开幕礼，到卫生署金署长楚珍、重庆市党部主委杨公达、贺市长耀祖及各界来宾等百余人，由刘副会长主席并即席致词，说明红十字周之意义以及本会工作概况。继由杨公达、金楚珍、温少鹤相继致词，勖勉全国同胞爱助红十字会。

本届红十字周，除依例举行开幕礼之外，并添国画展览义卖一事，由国画名家许士骐、张聿光等先生捐赠名画一百六十九件，于十月一日假青年会图书馆开始展览，展览五日，参观者甚多，布衣将军冯玉祥亦曾莅止。

宣传方面，除十月一日假大公报附出纪念特刊一中张外，并于《会务通讯》出行特辑，政府首长如孔祥熙、张治中、朱家骅、许世英、潘公展诸先生，均惠有题词，贺耀祖、胡定安等先生并撰赐宏文，而谢爽秋先生之《扩大人性战斗的阵容》一文，尤为知音之作，兹录其原文如次：

用仁爱去普照人类，这是人性的崇高表现，甩弃憎恨，用爱服务人类，操持人性，世界因此才存在温暖，才激发出创造。

红十字会的守则是"仁爱"，工作的中心是服务，它是"人性"的代表者，温暖的散放室，是人类向上的推动机。

在抗战这些日子中，我踏历过无数炮火的战场，我也亲历过许多被轰炸的城市，法西斯侵略者给人类历史涂上了那么多野蛮残酷的罪恶，这些罪恶推动人性走向毁灭。

中国红十字会肩负了抢救人性的责任，和抗战将士并肩的坚持着为争取"温暖"的斗争不间歇的尽了力。

每当配着红十字标识的朋友显现在我眼前的时候，我就生动的难以忘记的记起着法西斯魔手的罪恶，争取"人性"斗争的胜利也越发鼓舞着我。

扩大"人性"战斗的阵容吧，愿一切不愿被法西斯奴役的人们都渗入进红十字会的营垒吧！

贵阳方面，由本会救护总队部主办，于九月二十九日下午三时假贵阳招待所举行茶会招待各界，由总会周监事贻春亲任招待，到吴主席、何市长、各机关团体长官百余人，推请何市长及吴主席报告茶会意义，对于红十字会参加抗战救护工作，以及协助社会拯济疾苦，尤于贵阳市担任出国军人疾病诊疗、办理民众医药救济贡献至大，备致（至）推崇。继由救护总队部汤副总队长蠡舟，报告救护总队部在抗战六年半中努力前线救护及后方治疗工作的经过。继请吴主席训话，略谓：中国红十字会过去多赖盟邦红十字会协助，现在我国已跻四强之一，一切应反求诸己，中国红十字会应由中国同胞之精神力量合力发扬光大，继续红十字会已（以）往光荣之历史。同日上午十二时，并在贵阳招待所招待新闻界及东方、合群、华南足球队，及图云剧社全体人员。

十月二日，由救护总队部商借贵阳大戏院，于下午一至三时放映电影剧片《铁马》一场，并加入本会战时工作新闻片。同时图云剧社在贵州省党部大礼堂公演《重庆二十四时》话剧，观者甚众，亟收宣传之效果。

十月三日下午举行足球义赛，由东方足球队与合群、华南两队精锐混合编组的上海番港两队对赛，轰动全市，观者一千余人。

（4）第四届红十字周于三十三年十月一日总会与各分会同时举行，以扩大征求会员及募捐为中心工作。重庆区由总会主办，重庆市分会参与工作，自行扩大征求会员。事先总会印就大批工作大纲等文件，分寄各地分会。十月五日午后三时总会假青年会举行茶会招待重庆区征求队长及新闻记者。到中央党部秘书长吴铁城、卫生署署长金楚珍、国民参政会秘书长邵力子暨本会名誉副会长王正廷等四十余人，由蒋会长梦麟主席，首先报告会务概况，继之说明红十字周的意义。旋由王名誉副会长正廷、邵秘书长力子、金署长楚珍、李副议长奎安等先后致词，对于红十字周之举办，一致允为尽力推助，并提供很多珍贵的意见。

本届红十字周有一特色的举动，即为发表征求十万会员运动文，该文大意谓：抗战已至决定阶段，自湘桂战事发生，后方更有变为前方之可能，红十字会救护恤难的工作亦为繁重，红十字会不仅为伤兵之友，新兵之友，盟军之友，且为难胞之友。凡因兵灾兵祸所受损害之人群，红十字会莫不以"博爱"的襟怀予以救护与振（赈）济。惟以各国红十字会事业之庞大，组织之深密，能出之本身之力量，发挥本身之工作。但其基础之建立，则在于红十字会会员的身上。美国人民已有四分之一为红十字会会员，而我国红十字会会员，尚不及二十分之一，本身力量之如何微弱，已不待言。故本届红十字周，即以征求十万会员运动相号召，中枢首长，风从极众，尚企全国同胞一致闻风响应。

贵阳方面，自十月一日至七日由本会救护总队部假贵阳科学馆举办救护活动展览，并在大十字举行广播宣传，富有热力的红十字旗，遍挂街头，秋风秋雨中，给人无限的温暖。展览物品有照片，有模型，看过展览品的人们，都说这是工作的实况，是工作成绩最好的说明。

除救护展览外，同时为一般公务人员、学生、工人等举行健康检查，并试行健康保险制度，每个新入会会员，赠送健康福利券一张，在一年内可享受健康检查或疾病诊治，以是前往科学馆参观救护展览者每日达二千人，自动加入为会员者极多，成绩颇佳。

以上四届红十字周均在战时举行，以是征募的范围只在西南的几个大都市，所征会员虽没有达到我们所理想的数字，但经各界人士的协助与本会同仁的努力，自三十二年一月到抗战胜利为止，仍然征得各级会员四二、〇六九人，加上三十二年以前累计之会员数字共为二二四、六五二人。

（5）第五届红十字周，原应于三十四年十月一日举行，但时逢抗战胜利之初，政府忙于复员，本会亦积极准备还都，结果第五届红十字周乃改于三十五年十月一日举行，是时本会还都已有半年，新的工作，正配合复员后社会上的需要，向全国展开，期以新事业的成绩，挑起全国人民爱护红十字会的心弦。

三十五年十月十日是复员后的第一个国庆纪念，也是胜利后的第一个中国红十字周。国庆纪念的光辉，在内战的火焰下，已灭失光彩。而红十字周的热烈，反因贫困社会的需要而弥彰。

本届红十字周自十月一日至十日由总会领导各大都市分会同时举行，兹志活动情形如后：

南京方面：第一日（十月一日）为新闻日，由总会于《和平日报》发行特刊，并在《中央日报》《大刚报》，发刊专稿。第二日为广播日，由总会蒋梦麟会长、南京市分会沈慧莲会长于下午七时分别在中央广播电台和益世广播电台向全国广播。第三日为教师联谊日，下午三时在本会玄武湖服务站招待本市中小学校校长。第四日为康乐活动日，在玄武湖举行露营和其他体育活动，参加露营的是市立一中、市立二中、市立一女中和中华女中，各派出十人组成的小队。第五日为征募日，宣布各队征募的成绩。第六日为音乐日，下午八时在公馀联欢社中正堂举行郎毓英独唱会。第七日为妇婴运动日，下午三时在儿童营养站举行母亲会、儿童会，分发童衣。第八日为体格检查日，在南京市分会太平路诊所、新街口义诊所、陕园诊疗所举行健康检查。第九日为慰劳日，上午十时由南京市分会派人慰问陵园军警，下午三时慰问救济院的孤苦儿童，慰劳品为衣物和食物。第十日为庆祝国庆纪念日，派救护车随游行行列出动。

关于连日活动的情形，在本刊第十、十一、十二、十三期已有专文详尽的描写，且为时不远，景象尚新，此处不拟多费篇幅，惟尚有不能已于言者，即自本届红十字周举行以后，中国红十字会已步入一新的途境，尤以各地分会之卸去善堂性之外，已换上时代之新装，使全国人民对红十字会之需要更进一层，视为吾人所最感欣奋与惶悚的。

本届红十字周各地分会曾同时举行者，有上海分会、广州分会、北平分会、天津分会及武进分会等十数分会，情况之热烈，均为空前。

自胜利复员以后，至本年八月初为止，征得之各级会员，据统计所得，共为二六三、三八三人。兹列表如下：

团体会员　二七一人

名誉会员　一、六一三人

特别会员　一三、四八九人

普通会员　一〇八、六三〇人

青年会员　一三九、三［八］〇人

写到这里，我非常的自矜，因为一年的功夫，我们所征的会员已超过四十二年的总和，这还是我们的努力？抑［或］是国人对于红十字会的认识，日益加深以而热烈参加本会？这有待会员们的证明，不过我宁希望是后者的原因。

三、尾语

老年人和失意的人，都喜欢谈自己的过去，意在以回忆的甜酒来麻醉为现实所刺痛的心。我们话红十字周历史却正相反，但也不是以过去的光荣，点缀目前的事业。写历史是言喻褒贬，写红十字周史话是意有鼓励。再者走过的路，何处有荆棘，何处是坦途，只要一闭目就可了然自知。我们红十字会是救世救人事业，只有成功，不能失败，而成功失败的关键，就在会员人数的多寡，所以我们要历次举行红十字周，更要知道历次红十［字］周之得失如何？

秋节已临，第六届中国红十字周转眼即至。回忆既往，我们对于本届红十字周更要加力进行，保持历史的光荣，要继续创造出丰茂的成绩。希望全国分会一致奋起，在这兵乱不休的世纪，多创造一些和平的象征，多给人们一些幸福与光明的希望。

（原载《红十字月刊》1947 年第 20 期，第 9—13 页）

杜月笙先生大事记
——敬祝杜副会长六秩荣庆

八月卅日欣逢杜副会长月笙先生六秩荣庆，全国各界领袖及上海人士，都热烈参加祝庆。前一日晚间各界领袖及杜副会长至亲好友，公宴杜氏暖寿。设四十席，由章士钊致贺词，对杜副会长功绩，备致（至）推崇。卅日杜氏假座丽都花园，招待来宾，为节约起见，除备简单之席面外，并即席分送杜氏大事记一册。又全国梨园界为表示共庆起见，特举行名伶会串，义务演剧五天，将以全部所得，赈济灾民。本刊兹转载杜氏大事记，并补充杜氏近十余年来对于本会之贡献，以介眉寿。

先生以民国前二十四年，即逊清光绪十四年戊子，生于上海之浦东高桥。生而歧嶷，少怀大志，豪侠好义，根于天性。家本寒素，孤根堀（崛）起，非有尺寸之藉，而遭时多故。孟子所谓饿其体肤，苦其心志，劳其筋骨，行拂乱其所为，然后动心忍性，增益其所不能，非天之将降大任于斯人而先有以厄之耶？此先生之所以智无不照，理无不达，廓然大度，蔼乎人者，俨然有范文正先生忧后乐之怀。故论列先生六十年来之行谊，设如常人之敷陈一事一物，以相焜耀者，则转隘矣。第当揽揆之辰，申祝延之义，就同人耳目所能及，略举大概，备摛藻扬芬之助云雨。先生发轫于上海，而其时，正海禁初通，草莱初辟，既为不平等条约所束缚，区划为各国租界，一隅之地，政出多门，五方杂处，鱼龙曼衍，国法有所不行，政令有所不逮，人民之借以保障者，惟社会力量，而所以推动此力量者，岂非借于一二魁杰之士，有以惧其威力，伸其正义，而维其国权！其另一面，则以上海为中外交通之枢纽，南北之达道，商经政纬，为天下景从，近百年来，凡有大事，无不自上海始，如革命之成功，北伐之底定，要者利用上海形格势禁之环境，而胚胎于此，则辅之翼之，亦皆借于一二志士仁人之手。此上海之所以见重于寰中，而先生之所以脱颖于当时也。

民国十二年，卢齐战争之役，上海首当其冲。四乡居民。麇集租界，极颠沛流离之惨。

先生乃出而组织难民救济会，所以保全之者至众，十四年，发起联义善会，以拯济贫苦。

十六年，国军方奠定东南，而上海伏莽遍地，蠢然思动，一时人心未定，秩序纷然。先［生］以安定地方为重，与黄君金荣、张君啸林仗义执言，昭告国人，复默运机宜，不旬而反侧以宁。此则有造于党国之肇始也。

十八年，前法租界纳税华人会推为出席法公董局华董。越年，法商电灯电车公司，因待遇不公，将有全体总罢工之举。双方各走极端，政府迭派大员调停无效，几已陷于僵局。先生以电灯电车事业有关地方安宁，一面劝导工人顾全秩序，劝导之不足，则解私囊以赔补之；一面向法当局力为保证，解其压力，于是轩然大波，得以平定。法租界当局自是益信重先生，而劳工界亦自此奉先生为圭臬矣。

二十年，以国内水灾遍地，组织各省水灾急赈会、江苏水灾义赈会，其所全活之者至广。

迨九一八事起，不旋踵而一二八又猝发。我军英勇奋斗，先生念上海处全国经济之中心，交通之总纽，其胜其败，国之存亡系焉，立起与诸同志组织上海市民地方维持会，被推为副会长，一振臂而全市民众，不论男女老幼，咸攘臂起，供应军需粮食于前线，安定金融生活于后方，救护伤兵于弹雨之下，拯济难胞于水火之中，倡为救国捐，则捐款者纷沓而至，征集机车工具，则应召者争先恐后，且于救济维持之外，设为政治、外交、租借问题、航空事业、各委员会，盖先生谋远虑深，非仅为一时之维持地方已也，协定停战之后，地方维持会结束，改为地方协会，旋先生亦改任为会长，既倡设闸北平民教养院、淞沪纪念广慈院、农村改进委员会，办理上海市统计等，复设特种委员会，惩前毖后，为必要时之准备。而先生以航空为国防之首要，乃倡组中华航空救国会，且于航空宣传周，广布全国，为痛切之呼号，出资购机，以赠青年航空家孙桐岗，命名曰"月辉号"，赠机与飞行社者，曰"月文号"。此为先生致力抗战之始。

二十六年，华北风云险恶，上海地方协会立即联合上海市商会等组织上海市救护委员会为事前之准备，果不移时，而七七而八一三事变接踵，大祸之来，迫于眉睫，幸事前已有准备，得以措置裕如，至是益服先生之远见。政府既以决策为全面抗战，范围益巨，一面既力筹救济慰劳事宜，一面复任救国公债上海市市民劝募总队长，动员全市民众，而影响至于全国，支持淞沪战争，而致力及于全面。

迨国军西撤，先生亦毅然离沪，驻于港岛，其时政府先后播迁于汉渝，而先生亦奔驰靡已。上承最高统帅之指示，下集各方各面之意志，既指挥留沪同志组织工作机构，以策应抗战。政府亦简派先生为中央政治委员会常务委员兼第九区振（赈）济事务。而中国红十字会，先生已任为总会副会长，至是亦迁港工作，与振经（赈济）事宜，相辅而行。其地区，内则粤、贵、闽、湘、黔诸省，外则沦陷诸区，声施之被，且及于南洋群岛、印度、暹罗、缅甸侨胞所在之地。其所拯经流亡，扶植义民，汲引忠义，援救青年，或抢救于紧急俄顷之间，或规划为积极建设之际，各因地因时势而不同其措置。

汪逆既成立伪组织于南京，与敌人密定卖国条约，密不发表，终借先生之力，揭示于中外，使国际之变色，国人亦深义愤。而劝谏协从之士，导使复返于抗战阵线，则爱人以德，谋国以忠，亦两得之。行政院组织战时公债劝募委员会，聘先生为总会常务委员，先生密为策划，派员赴沪，推动劝募于敌伪环伺之下，沪人士感于先生之诚信，均密输巨金，以示拥护中央之意，行政院设上海统一委员会，特派先生统筹其事。盖其时先生对于［沦］陷区之所作为，皆能人之所不能，亦以补政府之所不逮。

迨太平洋事起，港岛陷敌，时先生赴渝，目击外援口岸尽被封锁，物资补充，益形艰难，则补救之方，不出于增加生产与抢购物资二者。既在渝创办纺织制粉等工业，在滇创造纸工业，复于卅一年十月，应西北军政当局之邀，遄赴大梁。先是民国十七年，陕北旱灾，先生与朱子桥将军广施赈济，全活无算，厚德在民，至是扶老携幼，焚香道左，争以一见颜色为荣。先生既至西安，与当局力筹开发，分别投资于各种工矿事业，西北毛纺厂遂于此时成立。惟工业之开展，必先求金融之活泼，于是金融事业如通商银行等，遂广及西南西北矣。而抢救物资，仍为当前济急之图，乃又筹设通济公司，于西北抢购巨量棉纱棉布，交国家统制机构，西北敌扰，则又转而东南，一如在西北时，抢购大量纱布，交东南战区，分供前线军服所需。

卅三年，敌人之侵湘桂也，劫杀满地，惨酷震天，一时流离失所者，凡百数十万人，湘桂难胞救济委员会之组织，先生实倡导而主持之。维持盟邦骈肩作战，敌人颓势已成，惟启胜利之门，必有待盟军之登陆，则东南又重于西南。而如何与登陆之盟军配合，如何不使隅之敌，为溃退时之破坏，庶以保全劫余仅存之元气。既利用沪日潜设之电台，窥伺敌情，指挥留沪人士，预为策动，而先生与戴雨农将军十年来苦心组训之江浙行动部属，及忠义救国军等地下部队，与伪军警之向先生输诚者，至是渐臻成熟。适领袖亦于官邸召见，而论驰赴东南，协助策反工作，配合盟军登陆，遂于卅四年六月二十五日，冒暑遄行，与戴将军及美海军梅乐斯将军会于贵阳，改驾航机，经芷江而至闽之长汀，由闽而赣，谒顾墨三将军于铅山长官部，留商大计者两日。遂转赴浙江淳安止焉。东南人士，闻先生东来，皆纷纷来会，或供给敌情，或自请效命。先生则与戴梅雨将军日夕筹划，方将次第施设，乃天相中国，顽寇遽以纳降闻矣。先生惊喜之余，转以事出仓卒（促），一切未及准备为虑，乃又苦心策划，对于中央军政力量未抵达前之种种问题，如伪军警之处置，伪币之流通，以及严防奸宄之乘机骚动，均周密策划，电陈主席，而以宽大和平为吁求，又与顾墨三将军两电往回，商讨治安、金融、粮食、接收等问题，而上海人士之欲见先生，亟亟若不可终日，先生乃八月廿八日离淳安，沿富春江而抵杭垣，各界挽留一日，于九月三日抵上海。

先生于廿七年仓皇出奔，暌离沪市已八易裘葛矣。以先生之寝馈不忘于上海，宜上海人士之于先生归来，举市若狂。先生虽事前力戒铺张，然不期而集车站者如潮而至，飚轮所经，万人翘趾，有失声而呼，感极而泣者。于是各界人士将谋盛大之欢迎，先生则以自惭无补时艰，转觉近乡情怯，分函各方，谆切辞谢。而抚缉流亡，绸缪牖户，又不禁如麻而起。迨中央接收大员，纷至沓来，即无役不就商于先生，而得其勋襄焉。

当时中外报章，撰论欢迎，有以为先生协助抗战，功勋灿然，今建国方始，如先生者，不当仍为在野之身，亦有以为八年乱离，辛劳备至，胜利归来，宜免裘养老，优游岁月。实皆未达先生之怀而两失之矣。盖先生湖海襟怀，睥睨轩冕，布衣雄世，无惭昔贤。而爱国之深，忧时之切，济人利物之殷，又岂能一日自逸耶。故迹（记）其生平，以推进社会力量佐政府，以扶导经济事业树国力，凡所领导之团体，主持之事业，可得而数焉：

如上海市地方协会，战前战时之贡献，既如上述，今当复员改选，自无以易尧，继续领导，益图进展。如恒社，则创于民国廿一年，以进德修业、崇道尚义、互信互助、服务社会、效忠国家为旨，经社会部立案，为各界所推崇，尤于抗战中贡献，成绩斑斑。八千子弟患难相从，声气应求，遍于寰内，今亦于沪市复员，恢复总社。如上海市参议会，以公意被选为议长，则逊谢不遑，退居议席。如上海市商会，则任为当务监察。如浦东同乡会，则以敬恭桑梓，自开始创立，兴建大厦，始终以常务理事主持会事。如中国红十字会，仍任为总会副会长。如沪南区救火联合会，任理事长。

其于教育事业：先曾创立正始义务小学。二十年秋，创立正始中学，开办经常等费，悉发私囊。二十四年，初高中学生毕业会考，为全市冠。法华镇校舍，可容千人，尤为私立学校所仅有。而管理之严，学风之淳，亦为此校所特具。抗战停顿，今亦恢复。

其于金融事业：则任中国、交通两银行董事，浦东银行董事长，国信银行董事长，亚东银行董事长。中国通商银行创于光绪二十三年，为吾国银行业之嚆矢，论其缔造之初，有关朝章掌故。至民国二十四年，发生挤兑风潮，外强中干，主持者乃乞先生出而维持，其时友好咸相劝阻。而先生以此行有历史关系，毅然出任董事长。经先生惨淡经营，并由政府加入官股，基础既固，乃益扩展，分支行遍于通都大邑。战时于渝都设行，将重心迁入，先生复自兼总经理，官商银行中，除四行两局外，于战时后方贡献之巨，首屈一指焉。中汇银行则为先生一手所创造，于民国十七年创议，十八年成立，以董事长兼总经理，至本年范围扩展，始摆脱兼总理职。

其于交通事业：则任全国轮船业公会理事长，上海市轮船公会理事长，招商局理事，大达轮船公司董事长，民生实业公司董事，上海市轮渡公司董事长。战后为争取海上航权，以杜外商侵入，领导全国，致力弥殷。

其于电气事业：则任华商电气公司董事长兼总经理，盖以电气属公用事业，故胜利归来，首先致力，得以复兴。

其于出版事业：则任申报、商报董事长，新闻报董事，中央日报常务董事，代理世界书局董事长，大东书局主席董事。主张正义，启瀹民智，为文化界之前锋。

其于造纸事业：则任华丰造纸厂董事长，民丰、云丰两公司董事。

其于面粉事业：则任华丰面粉厂董事长，第四区面粉业同业公会理事长。

其于纺织事业：则任中国纺织公司董事长，沙市纱厂董事长，两厂皆曾迁入渝都，为战时增加生产，贡献最巨。恒大纱厂董事长，利泰纺织公司董事长，荣丰纱厂董事长。荣丰为先生所发起创设，规模宏大，推为纺织业之巨擘。于游西北时，组织西北纺织厂，任董事长。惟纺织事业，不特有关民生，实国家之盛衰系焉，故先生于任中华民国机器棉纺织工业同业公会联合会董事长后，筹划全国纺织事业之进展不遗余力，借以建树国本。

其于渔业：则自民国十四年领导上海鱼商组织之敦和公所，后改为水鲜鱼行业公会，任主任委员，二十年，实业部倡组江浙渔业改进委员会，任主任委员。二十五年，实业部筹设上海鱼市场，组官商合办公司，任理事长。国家银行组渔业银团，聘为官方理事。胜利后，农林部组中华水产公司，派任副主任委员。上海鱼市场仍以先生主持擘画，得以复业。而上海规模最巨之洽茂冷气公司，亦任为董事长。

其于国货工业：则任大中华橡胶厂董事长，新华玻璃厂董事长，永兴化学工业社董事长，南洋兄弟烟草公司董事，亚浦耳电气厂常务董事，香港中国国货公司董事。盖挽回利权，非倡导国货工业不为功。

其于贸易事业：则中华实业公司、通济贸易公司，皆先生手创于战时首都，均自任董事长，今均已迁沪经营。

他若证券交易所，战前原为先生所主持。胜利后，财政、经济两部聘为上海市证券市场筹备委员会主任委员。旋上海市证券交易所组织完成，任为理事长。

又如经济建设，经济万端，而经济研究工作，尤为重要，乃创东方经济研究所，分设经济通讯社、图书馆、东方书店、印刷所等，研究各种专题，出版各种专著，先生任为理事长。凡上所列，仅举一隅，先生万方宗仰，不择壤流，故无论战时平时，无论天南地北，凡有大灾祲、大兴缮，上自政府之规划，下至地方之建设，几无役不与，无事不致力。至经济工矿事业，凡与国家经济计划相配合，与国民生计有裨益者，亦无一不参加，无一不倡导，虽罄南山之竹，亦何能尽焉。胜利以来，物价日高，民生日敝，主席宵肝（旰）忧勤，频电先生饬筹平定之策，先生亦夙夜不遑，虽于治标尽劝导之责，已曾收效一时，治本则谋纳游资于正轨，增农工之生产，然终以生寡食众，缓不济急，无补艰巨。先生转以自艾自责焉。

至先生自律之严，自奉之啬，不知者几不信焉。一楼寄迹，空膝差安。朝乾夕惕，恪慎恪恭，而北海开尊，座（坐）客常满，大扣则大鸣，小扣则小鸣，无不使其尽意而退，民国二十年，先生兴建家祠，落成展奠之辰，裙屐联翩，东南尽美，足以见先生孝思之笃，公子辈跻跻跄跄，或就学专门，或更负笈寰瀛，俱已各事所业，并为世称。于是知先生立身行事之有本有源矣。故世之仅以信言果行，豪侠好义，比之古之朱家郭解，抑何足以尽先生耶！今当先生花甲揽揆，康强逢吉，揆之寿人者必自寿，他日所以为国家社会福者，正未有艾，则本篇所敷陈，只先生生平史中之一页，而此日之比屋心香，更当为天下祷，非为先生一人之祷也。

（原载《红十字月刊》1947 年第 20 期，第 14–17 页）

杜副会长在本会服务史略

民国二十三年九月，经全国会员代表大会公选为理事，并由理事会推选为常务理事。同年十一月二十二日第一届第四次理事联席会议推选为副会长。

民国二十六年八月十三日淞沪大战爆发，杜副会长联合各团体组织上海市救护委员会，即行成立救护队十队，急救队十三队，临时救护医院二十四所，征集救护汽车九十八辆，并特约公私医院十六所。督促救护、输送、医疗等工作，共救护受伤居民四万四千三百九十八名。嗣又于京沪线、沪杭线一带，如松江、昆山、苏州、无锡、震泽、杭州、南京等地设立重伤医院，各院收治伤兵自二三百至三四千名不等。自首都沦陷后，本会各地工作人员大多退集汉口。杜副会长飞汉与政府当局商定救护方针，在汉成立临时救护委员会，组织救护总队部，当即设置医防队三十七队，后逐渐增加至一百七十八队，共有工作人员二千八百八十七人。迄抗战胜利，共救护军民二千六百万人。

二十七年春，总会理事室移港办公，由杜副会长主持，并设立总办事处。以接收外来物资，筹措全部救护事业经费，备极辛劳。

二十九年，总会移设重庆，杜副会长协助王会长儒堂主持会务，除办理前方救护工作外，并督促后方空袭救护、平民医疗等新工作。

三十一年，筹建重庆医院于高滩岩，设置病床三百只，各科设备齐全，为战时后方医院之冠。该院迄今仍在续办中。川民对之，称颂不止。

三十四年，抗战胜利后，杜副会长首先返沪，督促沪地复员工作，并加强上海市分会组织，推进各种社会服务工作。

（原载《红十字月刊》1947年第20期，第17页）

红十字会与急救服务

袁可尚

急救服务是红十字会的一种最基本的服务，这是因为红十字会第一个任务——救护伤病，是需要急救为其主要工作之故。没有一个红十字会不以训练急救人才、设立救护车服务为其主要工作的，多数国家红十字会且担任训练急救人员的法定责任和具有颁发急救证明书的权力。历次国际红十字大会和红十字会国际联合会的会议中，对于急救问题，至少就红十字会所应负的责任，几乎已经详细而广泛地讨论过了。第二次世界大战中，美洲各国的第四次泛美红十字会大会（一九四〇年十二月五日至十四日）在智利的圣地安哥通过一项决议案，建议各国红十字会应教授急救智（知）识及技术，组织红十字急救服务队。泛美红十字大会希望公路急救、水上安全等组织还应当积极推进充实，并且强调急救人员训练的重要性。最近红联第十九届理事会对于急救，尤其是公路急救，亦有所建议。因此我们特地出刊这个急救与安全服务特辑，以供各地同人的参考。

一、急救服务的各方面

我们知道红十字会的训练急救人员，并非在养成男女护士。急救人员是不许诊治疾病或配方给药的，急救人员的责任是在医生未到达前，在出事地点救护伤者病者；急救人员所应当知道的，不但为如何救生及如何处置以使受伤者将来容易复健，而且应该知道如何避免不当处理而不使病伤恶化。

急救训练普通均包括骨骼、筋肉、循环、消化及呼吸系统之简单知识，并包括最常常发生几种伤害如骨折、流血之知识。每一受训练者被授以如何以各种方法敷伤及如何合理地敷施石膏。此外对于人工呼吸，对于阻止伤处感染及运送伤病，亦为应受的一部分课程。上述急救知识，对于城市或乡村的一般失事，虽然已经够用，但是工业、矿山失事及若干游戏场所如泅水、赛马运动等，则仍嫌不足。如在矿业发达之国家，矿山急救可能减免许多平民之死亡，其急救知识特别须符合当地需要，对于灼伤及窒息尤须特别注意。故除人工呼吸外，如何善用氧气唧筒及特别救护器材，均为矿场急救人员之特殊训练。南非的土著矿工，经口头训练急救后，据闻成绩甚佳，有不少矿场，其百分之九十八以上的工人都已经受到了这种口头训练。其他工业如冶金业、建筑业，亦经由红十字会之协助而展开急救服务。此种措施大多与工业安全制度同时并进，因均以保障生命安全、避免意外伤害为宗旨也。德国红十字会与德国工业保险会社合作，推进工业劳动者的急救训练。建筑业协会自有流动影片机一座，轮流为工人映演急救工作。至于工业及矿场以外之急救工作，如美红会之家庭及农场急救，亦已举办有年，为急救服务特开一面。

此外，游戏场所之急救，自近代人类之生活内容，益趋野外活动以来，亦为各国红十字会所密切注意。如游泳场急救、海滩急救，许多红十字会均已先后举办。各国红十字会之救生训练，如流（游）泳方法之训练，如何接近并援救溺水人，不仅在学校中训练学生，且在学校外设班教授，同时并以各种救生器材供诸大众利用，此在美国红十字会提倡水上安全，尤见成绩。有些红十字会并组山上急救队，因其高度气候之特殊，其担架及运送，亦与寻常不同。一九三九年，在瑞士举行之第五次国际救生及急救大会，曾将各种急救服务，作大规模之展览。

第二次世界大战时期，因空袭之威胁，无论交战国及非交战国，对于急救训练更有大规模的推进。英国红会对于服务队及青年队员均加强急救训练，战争开始六个月，德国红会训练急救工作人员四十九万人，一年内服务达三、七五〇、〇〇〇次，美国红十字会的急救一书，三个月内销售三百万册，成为一最大销售书。据美红会统计，自一九三九年至四六年发出急救证书八百八十万张（八、八〇二、二七一），水上安全证书二百一十万张（二、一六七、〇三一），意外防止证书（五八、〇〇〇），三［者］共一千一百万张以上（一一、〇八二、一六一）。又据加拿大红会统计，一九三九——四五年受急救训练人数二、四一二人，一九四五年一年七七〇人，一九四五年设立公路急救站八一个。各国红会为推进急救训练，并有急救教练员之培植，对于教本之修改及补充读物之编印，均极努力。

据最近之研究，急救训练不但有实际之功用，且有心理上的收获。凡受过急救训练的人，对于救人和自救都有充分的自信力，因之减少很多的庸人自扰的悲剧。如此看来，红十字会之急救训练，诚应大大展开，借减无数生命的牺牲。

二、急救训练和组织

各国红十字会为贯彻各种急救服务，如战争灾害急救、工业矿业急救、公路及水上安全以及运动、游戏、农场、家庭等安全服务，均须首先组设训练班施以训练，训练了人才，又必须予以组织，方能发挥服务的力量。这种急救训练和组织的情形，各国红十字会都有他们独自的制度，兹为明了起见，特将英国、加拿大、法国、丹麦、荷兰、南非、瑞典各国的制度略作介绍：

英国之急救训练，圣约翰救护车协会实际肇其始。除红十字会外，尚有少数其他团体为政府所承认。惟此等团体，彼此亦互相承认，共同合作。

英国红十字会各地分会均办理急救训练班，每班设教师（医生）一人，教务员一人，并先期约定考试官一人。各地分会呈报之教师及考试官，均由总会核准登记，凡未经登记之人员，非经总会核准，不能担任教师及考试官。除标准急救课程得由主持之医师指定合格人员担任助教及实习指导，青年基本课程得由分会医务主任或服务队队长核准之合格服务队队员充任，简易课程得由持有急救毕业证书、曾受师资训练之人员担任外，一切急救训练班之教师，均应由核准之医师担任。

英国红十字会既慎选训练师资，故其所发毕业证明书，亦为政府所授权并承认。凡持有此项证明书者，得参加义务服务队及平民护理后备队工作，根据一九一一年之煤矿法，内务部亦承认红会所发之矿场急救证书。

英国红十字会的急救证书，分普通、中等、高级三种，其高级证书之获得者，并授以特殊臂章，以示其对于急救工作之胜任。其获得之条件如下：

1. 普通急救证书

参加此项考试之条件，年龄最低十六岁，参加标准急救课程（九课），或短期课程（六课）百分之七十，并受毕绷带实习。获得证书之分数最高为一百分（笔试六〇，口试二〇，实习二〇），得百分之五十者，授予普通急救证书。

2. 中等急救证书

参加二次考试得分百分之六〇者。

3. 高级急救证书

参加三次考试得分得百分之六十五者，得此证书后，得进受急救师资训练。

以外如经第四次考试，得分百分之七十五者，特别授予臂章，以资识别。

英国红会总会除供给教材（急救教科书、基本急救教科书、矿场意外教科书、急救问答、急救手册及讲授考试法规）外，并有急救设备及器材出购及出租，以供各地分会之用。凡加入义务服务队及青年服务队者，均须持有急救毕业证书方为合格。

加拿大的急救人员训练亦系由圣约翰救护车协会负责。凡由该会训练出来的人员，都由该会授予证书，可以加入军队救护及平民防护团工作。该国的妇女志愿服务团团员，亦规定需持有急救证书者始能加入。加拿大红十字会虽不担任此种军队救护及平民防护的急救人员的训练工作，但于一般青年及妇女仍有急救及家庭护理的训练，不过这种训练都不授给证书。在公路急救方面，红十字会是和圣约翰救护车协会合作的，早在一九三四年，即已沿着都浪多通蒙特里尔的公路上设置了二十二个急救站，每隔十英里即有急救站一处，由圣约翰救护车协会训练过的义务工作人员担任服务，由红十字会供给急救箱，而其费用及管理，均由汽车协会的省际联合会负责。公路急救经此试验，遂在其他各省陆续仿行。

法国红十字会总会认为急救训练为红十字会之重大教育节目，各地分会应循下列两途推进训练：一为设班训练，二为在学校或其他团体中训练急救人员。规定训练分为十课，每课理论与实习，均系循序渐进。每课训练完毕，均有考试。主考人二人或多人，由分会主席提名，经总会会长承认，但至少应有医生一人。考试的及格者，由分会呈请总会颁发毕业证书。此类毕业的急救人员，得任意加入下列各种特殊训练班，特殊训练班毕业考试及格，即在原毕业证书加盖卫生宣传、儿童福利宣传、初级社会服务、水上救生、山间急救、空中急救、平民防护急救等训练科名，即赋有两重资格。

（1）卫生宣传：包括五课，即皮肤及衣服卫生、空气及呼吸卫生、营养卫生、家庭卫生、儿童卫生。

（2）儿童福利宣传：已受急救训护之妇女得受本班受训，包括：

① 妊娠：卫生、检查、衣服、营养、小便检查。

② 产后：婴儿盥洗、眼睛保护、衣服及脐部敷扎。

③ 喂乳：母体喂乳、人工喂乳、牛乳、瓶子及橡皮奶头、食物之准备、第一次硬性食物之准备、衣服生长之检查。

④ 孩童：营养、卫生、学童、学校卫生。

⑤ 少年：基本需要、特殊卫生、发育期检查。

⑥ 病孩：如何妥善执行医生之指示，病童及虚弱儿童卫生。

（3）社会服务：包括：

① 社会罪恶：肺结核、酗酒及下降生育率之社会影响。

② 家庭法。

③ 社会保险、工业灾害。

④ 儿童及少年之保护，老年以及战争罹难者有关之法律。

⑤ 医药社会机构。

（4）水上救生：水上意外、救生。

（5）山间急救：爬山卫生（衣服营养等）、山上意外、山上疾病等之预防，山上急救及运送。

（6）空中急救：乘客急救、飞机场工作人员急救、飞行社会服务。

（7）平民防护急救：红十字会得与地方防护机构合作组织此种训练班。

根据一九三八年二月十日的政府命令，德国红十字会负责调节全德国的急救及救生人才及组织。关于训练方面，德国红十字会的萨马利顿，志愿协助者都需有廿课（每课二小时）的训练，讲授者除若干课目外，均由服务队队长担任，但考试及格并不授予证书。一九四一年，已设急救站一四、〇〇〇个，警报站二一、〇〇〇个。

德国红十字会与德国救护海航失事人员会合作，后者于一八六五年成立，现于沿北海及巴尔德海海岸一带设立救生站网，自一九三九年十月与红十字会商定由该会担任救生，红十字会之临近急救站，担任急救部分之责任，红十字会并代为训练该会会员，授以急救智（知）识。

工业急救方面，红十字会担任萨马利顿之训练，矿业方面亦如此，但红十字会普通并不过问此类萨马利顿之组织及运用。

丹麦红十字会的急救训练工作，亦称萨马利顿训练，早在一八八三年已经开始了，一八九一年以前已经开办过五十次。以后数年，虽然没有多少进展，但自一九二六年妇女服务队成立，萨马利顿训练，重又活跃起来。第二次世界大战后，此项训练逐年加强，一九三九年较一九二七年受训人数增加三倍，一九四〇年增加五倍。该会于一九〇二年即编印《急救》一书，同时并将此书摘要，散在每一急救箱之内，以备应用。一九四〇年统计已受过高级急救训练者达七二、六二五人。此外急救训练计有驾驶人员急救短期训练班（一九三六——四〇年训练四、〇〇〇人）、青年急救训练班（一九三八——四〇年开班一〇七次，人数近二、〇〇〇人）、水上救生训练班（一九三八——［四］〇年开班廿二次，训练四三七人）及人工呼吸实习训练（一九三八——四〇年举行三〇九次，参加人数二万人以上）等。急救服务的组织，有萨马利顿会（一九四〇年一四六个，会员九、五六〇人）、萨马利顿服务队（一九四〇年四六队，队员二六一〇人）、急救设备及器具方面，一九四〇年已有石炭酸设备四八个，救生站二一一个，急救站一四个，急救箱七三七个。急救箱大多数均放在学校，七三七个中，放在学校中的有六八八个。

根据一九一八年所订一九二三年修改的萨马利顿训练的规定，丹麦红会的训练须符合下列诸条件：

（1）萨马利顿的训练，其全程应包括初级训练（十二课，每课至少二小时）及高级训练（六课，每课亦至少二小时，包括讲授红十字会一课）

（2）总会及分会均得开班训练，担任教练者须为医师，但总会对于非医师而有充分急救知识并经医师或医药团体介绍之人，亦可承认其任教师之职。

（3）训练班收费与否，可由分会自定。

（4）训练教本须采用一本或一本以上为总会所认可之教科书。

（5）受训最低年龄为十五岁，每班最多不得超过卅人。

（6）高级训练应与初级训练相衔接，如需间隔，应力求缩短，受初级班训练至少四分之三以上者，始得升入高级班受训，但教师书面证明其已有初级训练之程度得例外之。

（7）考试由教师及专家两人，其中一人为医师，共同主持之。红十字会应派员参加监视。

（8）初级班毕业不进高级班者，授予受训证明书，高级毕业考试及格者给予毕业证明书。以上两项证书，均由分会会长或执行委员会以及教师共同签字。

（9）毕业学员得向丹麦红会购买并佩带红会所制之第四号肩章，肩章上应填明颁发年月，如肩章遗失，需公开声明后，始能补发。

（10）非红十字会团体，按照上项规定办理全程急救训练者，红十字会亦予承认，但仅办初级训练者，除少数外，均不承认。其受训及毕业两项证明书，均由红十字会执行委员会代表、办理训练班之团体主持人及教师共同签字。

关于特殊急救人员训练，如工厂、牧场等地，丹麦红十字会亦早在一九一八年开始注意了。在萨马利顿服务法上规定服务于特殊场合之人员，须由毕业急救人员再受进修训练者充任之。不过在工厂急救方面，丹麦另有一个工人萨马利顿协会的组织，根据一九四〇年的商议，彼此都互相承认，因之得到合作的利益。该会又与妇女协会合作，代为开办意外急救、家庭护理及儿童福利三种训练班，后两者红会免费供给担任教练之护士，前者则除酌收注册费四克郎外，总会对于经济困难之分会，并予以每一学生两克郎之津贴，旨在推展急救训练，保障生命安全。

荷兰的急救训练和组织，是由八九个团体共同办理的，荷兰红十字会的责任，是在公路急救、输血服务及补助的防空服务方面。数年前各团体商议了急救训练和标准的统一方法，并且实行了颁发统一的毕业证明书。

南非红十字会自一九一三年成立以来，即开始推行急救训练及服务。一九三八年的统计，训练欧籍矿场急救人员三、三七四人，又一般急救人员欧籍一、八六二人，又青年五〇六人。根据红十字会与各矿的协议，红十字会负责训练授予证书并倡导每年急救比赛，训练经费由厂方负责。

瑞典红会，普遍的在各种训练班教授急救知识。据一九一八至一九三九年的统计，受各种训练班的急救智（知）识［者］达一五〇、

○○○人。

从上面几个红十字会急救业务的比较中,我们知道除极少数红会不曾训练急救人员,或虽有急救训练而无权颁发急救证明书外,大多数红十字会均有急救训练和组织的责任。其范围从一般急救已经扩展到工厂、农业、矿业、海上、水上及山上的意外防止和急救,不过在工业和矿业急救方面,亦仍以训练为主,协助组织为辅而已!笔者个人对于法国红十字会的办法,使已受急救训练的人,同时接受其他各种训练,办法最为得当,以为值得我们效法。

(原载《红十字月刊》1947 年第 21 期,第 1-5 页)

公路失事和公路急救

章育正

据英国的统计,每一个月公路失事的有一万四千起,每小时总有四个孩童在路上受伤。英国红十字会有鉴于此,特有公路急救业务之实施,本文系英国忽丁汉爵士所撰,刊登于本年七月份之英红会季刊,对于红会之应提倡举办公路急救,有极适当的说明。

在报章杂志上和无线电中,常常强调着说平时公路上因失事而致的伤亡,远超过战时的伤亡,据统计,全英国公路上每月约有一万四千次的失事。

早在过去的六个月中间,英国红十字会就注意英伦和威尔士两处应该设立急救站的地点及其适当的范围问题,至于如何尽最善之努力使工作人员、设备和经费各方面能与其他适当机关和当局合作,建立有效的公路急救机构,也在考虑之列。

本问题的范围可从各郡警察总局的公路失事记录表来作决定。根据这类统计常常出事的主要危险地点,有六百个地方需要设立公路急救站,而有些镇市已经设有适当急救站者,还不计算在内。到现在为止,红会仅仅设立了六十三个急救站(占需要总数百分之十),如再加上红会会同圣约翰协会在几个主要地点设立的急救站,顶多也只占需要总数的百分之二十到二十五,而且全年各月的失事率虽是无甚差别,但是这些急救站只在夏季月份的星期天和例假才有活动。就现状论,目前除十五个郡已和警察局及圣约翰协会取得相当联络,而有了公路急救的措施，此外就仅有三分之一的郡对这种工作表示兴趣。

以红会如何推进公路急救为主题，一九四七年五月十三日英国红会总会召开了一个会议，出席参加会议的都是来自各郡对于公路急救特别有经验的人员，会议中发见（现）几郡对此工作不感兴趣。今年一月间，红会已将设计好了急救小屋的图样和说明寄送到各郡去了。设计这种急救小屋的用意，主要的有两点：第一、费用低廉，大家均可利用，俾能很快的在相同环境下推进急救服务；第二、假如需要的话，还能够随便移到另一个地方，使人们知道在交通日趋改进的今日，现在出事最多的地方，并不就是将来发生危险的地方。然而这种图样所定的屋子标准，也并不是一定要限定各郡分会非完全采用不可，他们自可自由决定当地所最合适的形式。

为了要使急救技术标准化、简易化，能使急救工作正确和快捷起见，红会出版了一部急救 A. B. C. 。这部急救 A. B. C. 是用涂蜡的纸板用大字印刷了钉在急救站的墙上的。

所以如果要防止公路上不断失事，公路急救站必须亟（及）早设立，理想的办法是给每一个人在学校接受急救的常识训练，给所有驾驶汽车的人以一张急救执照，使能在公路上携带急救的设备，而此设备及数量视车辆之大小与作用而定。去年十月，红十字会国际联合会开会时即有如此建议，但在这个理想尚未实现以前，实需红会多多设立急救站，并使急救事业更普及化。

假如急救站设立地点选择得当，如设在时常容易出事地的附近，或设在几个公共场所附近，如运动场、跑马场、赛跑场、游泳池、海滨或农场附近，那急救站工作人员多少总有些事做，不致会日日浪费他们的时间。更有人建议这些工作人员利用他们空间、时间去改良他们屋内的设备，或者去制造玩具和有关医院，和健康的器具。女职员可做缝纫工作，男的可做木作工作，附带的，有些急救站可作为一个药品借贷库，如 A. A. 及 R. A. C. 的公路巡逻队同样的在公路上做修理汽车的工作。虽然现今交通发达，汽车机器相当可靠，但是他们发现这种工作无论如何仍有继续办理的必要。

当总会开会时，考虑到展开公路急救工作有三个主要困难要去克服，就是金钱、职员和工作。英国红十字总会业已准备考虑分会请求拨款设立急救站的问题，惟拨款以每一治所之成绩为标准。职员问题，大部可由征求而来，如果公路急救小屋和急救站的设置引人、交通方便或者训练年轻小伙子工作效率高强的话，那么人的来源，不但容易，而且人数也不至太多了。

公路上的急救工作是一个公开最好的机会，来显示红会真正在干事、服务人员。最好男女混合编组，因为失事受伤者男女皆有，而且有的工作女的较男的更为适合。如果容易出事之危险地点偶在两郡交界处，其中一郡可能无足够之工作人员时，则必须注意设法连（联）合另一个郡的工作人员来共同管理一个急救站。

急救站形式的决定，须视急救可能需要之多寡及其距离医院的远近。步哨箱式的急救站可以普遍推行，因为一来它容易搬运，二来价格也低。步哨箱仅四十二磅，比较一百五十磅的一座小屋便宜的多。一个急救站如备有汽车，它的最大活动半径可达三至五里，地面平坦的话可能多到十里，急救工作第一条件在于快捷得当，所以必须将有关的电话号码用大红字印刷的很显著的张贴在电话亭上、A. A. 和 R. A. C. 的箱子上，使急救人员容易赶到出事地点。

假使红会将急救箱、急救袋分发公路上之警察 A. A. 或 R. A. C.，这种方法并不有利，因为供给这种用具，地方当局本已有力为之，而且如此做法亦将人情的服务和人与人的接触都抛弃了。但是人情的服务和接触，无论对伤者、伤者之亲属和朋友皆有很大意义。就红会说，这种人情的服务方式是红会服务的特色。

公路急救已被那些真正努力的红会分会确立了，而且他们已经有相当的成就，但是还是需要以恒心、热诚和克服困难的意志力去继续努力。

（原载《红十字月刊》1947 年第 21 期，第 6、7 页）

一个红十字青年服务团团员开始使用急救箱

南京市分会创办红十字青年服务团，不但是项新兴的事业，在中国红十字会史上也是划时代的新工作。

该团成立一年来举行过二十七次的集会，学习急救救护、公共卫生与社会服务，旅行、野餐、露营、游园和座谈会，亦曾举行多次，兹为纪念该团成立一周年起见，本刊特选载团员自述开始使用急救箱的短文一篇。

记得，一个炎热的夏天，在重庆澄江镇开了一个运动会，我们学校里亦由北碚赶去参加。运动员们经过长途跋涉，成绩固然得到第一，然而跌伤的同学实亦不少，当时离校太远，毫无救护办法，以致一位同学的伤口溃烂起来，二个多月始见好转，结果担（耽）搁了不少的课。当时我就想到，在这种情况下能有一种轻便的医药设备，小小的擦伤立刻治疗就没有问题了——谁想想我的希望就能实现。

去年十月我加入了红十字会南京分会主办的红十字青年服务团，经过几次精神讲话、医学常识座谈及急救训练后，我们每个学校单位的团员们都得到一个小小的急救箱，携带起来很方便。箱子虽小，但急救时所需的药品差不多都全备了，如骨折用的，晕厥用的，擦伤用的，重伤用的，应有尽有。领到学校后，我们立刻展开工作，根据上学期的统计，经我们救治得愈的实在不在少数。

内中有二位同学不幸手伤及骨，伤势非常严重，依靠救护设施予急救后，再送入医院，使他们少流不少血，小小的救护箱也得到了相当的代价。

转眼间又展开了一个新的学年，我们的学识也随着时日而增长，对于救护方面的知识与手术，也不像初进红十字会那样，什么都不了解。工作经验已使我们得到丰富的学识、纯熟的技能，但是我知道学问是无止境的，希望将来在救护方面能有更多的进展，俾能尽量发挥小小救护箱的功效。（叶公炘）

（原载《红十字月刊》1947 年第 21 期，第 7 页）

安 全 第 一

人生在世，第一大事，是维护自己一条性命，这条性命必须在安全中才能保持着。然而不遇到危险，不觉得自己生命之可爱可贵，更不觉得生命天天在探险，朝不保夕，而急需要安全。正像健康时不意识到疾病的苦楚，一旦患病了，方才感到健康的可爱可贵，而需要讲究卫生以保健康。近日飞机一连串失事，不论天气、飞机、驾驶人、交通器具和机场等条件不合，而总当归咎于"祸患出于疏忽！"

为什么祸患出于疏忽？因为没有把安全放在脑里，因为没有把安全放在第一，疏疏忽忽的便出人命大乱子。去春试验成功的消雾剂（Nofog），十五美金一包，为什么不用降落伞？为甚不装配？天气既然坏，机件没有检查，航机已超越保险年龄太久，为什么再要飞？岂非把人命作儿戏。自去年三月十七日戴笠专机焚烧以至今年一月五日沪平客机一二一号在青岛东北坠毁，一共失事十三回，死伤在二六七人以上。尤其是民族复兴节那一天上海机所演的惨剧，为民航机史上空前未闻。

本来，飞机的危险性倍于火车，四倍于公共汽车，偶然出事，自非难免，但不能如此之多。至于汽车肇祸，更属惊人，南京市口，成了虎口，令人痛心疾首。京市军用、民用汽车不过五千，较上海少十五倍，人口又少过上海三倍，马路比上海阔半倍至一倍半，可是车轮底下的冤鬼却多出三倍半。新岁以来集体的碾成肉饼的已有二处，这原因就是无经验和太疏忽，这都是安全的死对头！

意外伤亡的因素甚多，火，在中国也是件大灾害，不论城市乡间，往往一烧数家、数十家甚至数百家，人畜焚死，惨绝人寰。现今河干水浅，亟应谨防火灾。美国人民智（知）识程度高，防火没有周密，水源又丰富，但看他们报告，也是可怕。美国自一九〇〇年以来，二次世界大战内死亡人数为三八八、〇〇〇人，在这时期发生过二二、〇〇〇、〇〇〇次火烧，焚毙四五〇、〇〇〇人。战争中受伤者八八六、二一一人，而火伤者达六七五、〇〇〇人，经济损失为一五、〇〇〇、〇〇〇美金。我国若有统计数字，一定更高得你不相信。

学校应该是顶安全的地方吧，然而事实告诉你不尽然。最近南京市珠江路某市校小学一年级课室一部分坍塌，幸范围不大，未尝命中学生要害，仅送了五个儿童入医院，最侥幸的一个儿童是二条小辫子被砖瓦削走了，身体未受任何伤损。这个责任校长说来头头是道，因为没有钱，巧妇难为无米之炊。从主观的立场，他可以推得一干二净。

的确，学校各种活动的安全事宜，我们也很少想到，而体育活动上所受的意外伤亡每令人心惊肉跳，今请看学校安全情形。

学校意外伤亡地点	百分比	运动场意外伤亡原因	百分比
健身房和运动场	三五	各种有组织的竞戏	一〇
走廊和扶梯	二〇	运动器具	一五
其他	一八	足球	一五
劳作场所	一四	其他体育活动	一九
教室	一三	其他	四一

人类历史上大战小战，为的是保障安全，我们律法上要保障人权，争得头破血流，无非也为了安全，那么，我们天天有大批大批不应该死伤而死伤的，为什么不去求安全？为什么不把安全放在第一？近代文化引起了前世纪所无的各种危害生命的东西。工业机器、机动车辆、空中运输以及制造用的各种危险化学物品，这种新危险一齐的介绍入我们新时代，威胁着我们生命，即是一九一一至一九二七年间，美国汽车肇祸死亡人数已增至百分之一〇五〇了。现已踏入原子时代，危险性将更大，岂可再忽视安全。深盼新闻界、交通界、运输界、教育界等携手联合起来，从事安全组织，从事教育安全第一。

（原载《红十字月刊》1947 年第 21 期，第 8 页）

如何提倡水上安全训练
——红十字会工作技术之五

吴耀麟

一

远当本世纪初年之际，美国郎法娄 Wilbert E. Longfellow 方任普鲁维顿斯河滨记者，尝作 "Waterproofing America" 之梦，以指导人民学习游泳并学习救生技能为理想。彼献身致力其事，虽日有进展，仍有人微力轻之感。至一九一四年，彼始发现某一足以实现其理想之组织，盖即美国红十字会是也。

郎法娄于是年加入新组成之红十字会救生队二六七队，其时虽游泳之风并不普及，惟每年溺毙者仍有万人之谱！彼获得第一张救生证书，然今日赠发游泳与救生证书已及四百五十万张矣。而自美国红十字会之水上计划开始以来，溺毙者死亡率减低至半数，而人民以玩水为娱乐者，估计每年增八千万人之多！

经过三十三年继续不断之服务，郎氏于一九四六年十二月退休辞去美国红十字会水上安全部副主任之职，而此被誉为一代"水杰"之老人旋亦撒手仙逝。追维一九〇〇年代，此时尚无现代化之游泳池设备，人民苦无机会学习游泳，故溺毙时有所闻。浴于河畔，颇为危险，妇女衣服臃肿，不便游泳，与今日之新式泳衣设计，其简单几无处足容一红十字徽者不可同日而语。当时以缺少救生设备之故，救生员往往由侍者兼任，救溺之法，往往为"拳击下颚"，"旋转弄昏拉起"而已。郎氏目击心有所感，初以其业余致力于救生工作，苦心研究而成一卓越之游泳家，再从无数游泳家中学习获得丰富之水上智（知）识。故一九〇五年起已获"水杰"之称，任职美国救生队，迨后特别提倡佘否氏人工呼吸法，于任职红十字会后，利用急救训练及水上安全训练班，传授世人，活人无算。

"水为良友，亦为死敌"，郎氏常以此语警告后学，劝人加以克服利用，谆谆善诱，诲人不倦。其体重过二百七十磅，性情和蔼可亲，三十余载之成绩，为红十字会训练二万三千个水上安全指导员散布全国，深入民众。郎氏多才多艺，每作新鲜有趣之表演，故又被誉为"游泳界之莎氏比亚"（Shakespeare of Swimming），寓教授于游乐之中，备受大众欢迎。其足迹遍及全国，周游各分会与露营之处，退休前又获有"救生公公"（Grandoidman of Life Saving）之荣衔，其梦想已成事实，今其人虽已归天一，爱永留全美红十字会，仍一本其伟绩，直趋"每一个美国人，成为游泳家；每一游泳家，成为一救生员"之训练计划，其今日之辉煌成就，实郎氏毕生努力所致。

二

美国红十字会之水上安全计划自一九一四年始，与急救训练为姊妹性质之服务，其目的在预防意外，减少溺毙及不必要损失，使男女老幼习知水中水上安全之道，从而提倡健身运动、康乐活动，成为有计划的教育工作。为达成此项任务，红十字会乃严格训练无数指导人员，考验及格后发给证书，由彼等开班教授游泳与救生。各地分会无不注意，骑士有以滨海傍河之处，为红十字会工作人员活跃之所，总会特编印分会水上计划工作计划以供参考。

水上安全训练可以分为两步，其一为游泳之训练，另一为救生训练，游泳训练不受年龄限制，依其学习程序分为：初级 Beginner、中级 Intermediate、游泳者 Swimmer、优级游泳者 AdvancedSwimmer 四级，分别订定训练合格标准。

救生训练则分为左列三级：

（1）初级救生班　授课十五小时，十二岁至十五岁之男女儿童属之。

（2）高级救生班　授课十五小时，十六岁以上之男女儿童属之。

（3）教练班　授课十五小时，十九岁以上之男女儿童属之，由红十字会总会派人负责主办。

另有应用游泳与救生训练班，授课二十小时，十七岁以上之青年入伍军人接受训练。

以上之训练由总会训练合格之指导人员负责，彼等均经过教练班毕业，并参考红十字会出版之教科书，学习救生经过考试合格后可得证书证章。各地分会推行是项工作，有左列三种方式：

（1）小规模之分会，其本身几全由义务工作人员主持者，得组织一水上安全委员会负全责，而委员会主席应为分会理事之一。

（2）规模稍大之分会，任用专人担任总干事者，除依然设组水上安全委员会外，应由总干事全力执行各种水上安全训练与水上活动，配合并实现委员会之计划。往往于夏季临时雇用一位指导员，积极从事教授工作。

（3）大规模之分会本身为大都市而分设若干支会者，往往专设一位指导员负责急救训练、水上安全训练与意外预防训练之责。其人职责重大，故往往由区办事处协助物色最适当之人员任之。以其专任之故，水上安全委员会工作责［任］在肩头，与分会各理事及总干事合作，发挥此种训练之效果。

所有水上安全委员会，往往系分会理事中推举一人担任该会主席，必须明白其职责所在，知道水上安全技术，负责任，能合作并有设计能力，委员由男女若干人组成，应集合当地与水上运动及水上安全有关之人才担任。主席往往为优良之水上技术顾问，有良好之经验，并搜罗医生一人为医药顾问，各学校中之优良游泳指导千万不可放过。如人才济济，业务扩展时，更得设分组委员会也。

在各地分会之上，区办事处设水上安全部主任一人，负责指导该区属下各分会水上安全工作计划并协助其进行。主任之外设视导员，经常派往各地分会主持水上安全教练班及直接襄助水上安全训练工作及计划。在全国五个区办事处之上，总会设立一部主掌急救、水上安全与意外预防。该部设主任一人，而以若干专家助之，与各区办事处之主任及其他有关机构或权威人士研讨，决定一切政策与计划教材准备，训练班计划，工作报告与宣传等，间接统理全国水上安全训练工作。前述之郎佛（法）娄氏，盖以副主任资格而以毕生精力发扬高度之技术者也。

三

反观我国社会，普通绝鲜游泳设备，以经济关系，各地不能多设游泳池，江边海滨游泳以缺乏贤明当处之领导提倡，除少数船户或水上职业者外，游泳尚不能普及成为大众化之运动。曾有少数都市，或设立若干公私游泳池矣，而得享其乐者仅少数天之骄子而已！良以男女青年儿童，无不喜水乐水，徒以幼小及青年时期，毫无学习机会，以至终不能游泳，失去人生一大快乐，失去健身防溺技能，殊堪痛惜！

试批阅报载，每年因失足落水，轮船失事，入水不慎或游泳不得其法而致死者，累累不可胜计。南京中和桥岸之牺牲者被掷入水后永沉不起，遂成"拖尸"惨戮。书生谈水色变，渡河若遇风浪，随时有全军覆没之虞，此岂吾辈国民所应有现象！或有目击溺水，大声疾呼而无勇敢有能之人入水抢救，坐视他人灭顶，此非不为也，有心无力之故也。甚至已救人出水而不能施行人工呼吸法，致终不能救人之命，苟能普施水上安全训练，习游泳，学救生，当可改善此种情形。故我国应当提倡游泳与救生之术，故不仅为体育界应为之事，亦我红十字会之职责，不应永远退居人后，盖不能与水为友，成为现代国民之耻！

然则，吾人如何提倡水上安全训练乎？本文前述美国红十字会之水杰及其水上安全部会之组织，不啻他山之石，是为吾人前军，虽不一定依样葫芦，而迎头赶上，彼等之经验及业务，是为吾人参证实施之准绳无疑。盖首先由总会发动，作有计划之提倡，慎选专门人才主持其事，配合训练与服务计划，以若干指导人员于每年夏秋季赴各地分会参加其夏令营或特设之训练班，以产生较多之技术指导人员，而经常负起指导研究设计之责任。而各分会应推选当地精于此道者一人为理事，使其专责发展其事耳。

愚意以为总会可先由若干分会中首先试办，由总会提供原则，该分会纠合当地体育界及游泳池负责人士组织委员会筹备进行。而此第一线之分会应为广州、上海、武汉（汉口、武昌两分会得联合举办）、南京、重庆、昆明、天津等。初次举办恐非分会独立能支，应与左列各机关团体或专家合作，利用其游泳设备，借助其教练或救生人员：

（1）基督教青年会——以上所举之分会所在地之青年会，多有游泳池设备，或有游泳班设立。

（2）体育会社团体——当地之体育组织如各地之体育协进会或游泳会，如南京有新街口业余游泳池，系由中华体育协进会主办，可与其合作。

（3）专门以上学校体育系科——游泳为体育系科学生所必习，而亦人才荟萃之所，应与其合作得人力物力之助。南京之中大，武汉之武大，广州之岭大、中大、省体专，上海之沪江、两江女子体专，天津之南开，北平之师大等。

（4）营业性质之游泳场所——广州珠江河畔游泳场甚多，上海之营业性质游泳池及高桥浴场等均有救生员，应与其合作。

（5）其他——各大专学校之体育指导，各地之游泳家应当取得合作，得其助力，各地之学校游泳池或当地常利用作泳场之池沼河流湖泊建立训练之基地。各种海事学校、海军学校或机构亦应为合作之对象。

总而言之，水上安全训练为积极的富于教育意义的业务之一，红十字会提倡此种服务，不但使社会人士一新耳目，争取红十字青年的信仰，维持青年大众的兴趣，而且实为配合国家建设之一着棋，甚盼各地分会当局能注意及此，立即策划进行，以符"服务社会，博爱人群"之旨也。

（原载《红十字月刊》1947年第21期，第9-11页）

国外观感杂忆

汤蠡舟

本会汤副秘书长于本月底返国，应本会同人欢迎会即席演讲半年来在国外参与会议，和访问英美两国红十字会的印象，兹由杨君宝煌记录整理，在本刊发表。汤副秘书长将考察心得，分题在本会同人读书会报告，此次演讲，不过初步的综合的观感，容俟以后再陆续在本刊发表。本文分下列诸节：

一、在日内瓦
1. 保护战争灾难者新公约政府专家会议的使命
2. 我们应当注意实现公约中权利与义务的准备
二、访英美友会
1. 英国红会工作范围缩小了，但还一样有生气
2. 中国当前的两个难题，看美国过去是怎样解决的
3. 美国国会所委托的两大基本任务
4. 基本任务之外的工作
5. 结语

一、在日内瓦
1. 保护战争灾难者新公约政府专家会议的使命
本席此次出国最大的任务是到日内瓦参加保护战争灾难者新公约的

政府专家会议（四月十四日至二十六日）。红十字会国际间的会议，本会胡秘书长和曾副秘书长都曾参加过，不过以前两次是以红十字会的立场参加的，这次是以政府的立场来商讨修改日内瓦公约，因为修改工作相当繁重，所以在日内瓦的时间很长。这次会议是政府专家的讨论会议，所以各国都派了很多专家代表政府参加，美国有三十多位，英国有十几位，法国、比利时都不少，就是很小的国家也有六七位代表，我国则由外交国防两部及本会各派代表一人参加。大会分为三组，其他国家因为代表多，每组参加好几位，但是我们因为只有三人，就只好每组参加一人。我们三位代表中间，一位是国防部现任驻法大使馆王武官可襄，一位是外交部驻比利时大使馆的王参赞家鸿，他们都是原在欧洲的，只有本席是临时从中国赶去参加的。

这次会议所讨论的，系就上次胡秘书长及曾副秘书长两位所参加诸会议所交下的原则，正式拟订条约，逐条商讨，订定新公约草案。条文的讨论非常繁重。条文之前，先需有个定义，比如"战争"两个字，以前国际公约系以两个国家有统帅，有计划，著有制服之部队的公然宣战为战争，这种定义能不能引用到今天的情况呢？现在那（哪）一个国家愿意公然宣战，部队又是否要穿一定的制服，游击队算不算军队，殖民地的独立是不是战争，这些讨论牵涉很广，内容也非常复杂。

条约一经订定，大家便需遵守，有谁反对，国际间便将责为无信义，所以拟订公约草案之时，应该予以极大的审慎和注意，凡与国家利益相悖的地方，应该在商讨条约的时候提出修改意见或另有建议，各国的处境既然不尽相同，所以争执亦极热烈，会议非常紧张。

还有一点，这次政府专家会议原由十七国政府同意召集，但是出席的仅十五个国家，其中有红十字代表的仅九国。红十字会国际联合会因鉴此项公约与红十字会攸关至深，而红十字会代表竟寥寥数国得参加讨论工作，对于此次会议颇有微词，后来曾在巴黎做进一步的讨论，很多未出席政府专家会议的红十字会代表提出抗议，认为应该召集六十一个红十字会国家在明年二月再行讨论，这是一个插曲。

2. 我们应当注意实现公约中权利与义务的准备

条约一经签字，当然便要有遵守条约的决心，关于条约的实行，更需要充分的准备工夫。尤其像我们中国，在实行条约的义务上固然需要准备，就是享受条约中的权利也需要好好的准备，例如关于俘虏的待遇，住的房子有一定的尺寸，一定的卫生设备，一定的服装，一定的给养，因此会议中发生了很多争执。原草案中俘虏的给养规定应与当地驻军相同，当时澳国代表即提出反对，她说，假若德国人或英国人被俘在日本，照此规定营养必嫌不够。她主张改定为多少卡路里热量，多少蛋白质、脂肪、炭素及维他命等等。但是果然如此，恐怕都愿意做俘虏了。会议中对于俘虏薪饷也主张应该支付，且以瑞士法郎为准，一个下级干部每月给七十五法郎，瑞士法郎是兑换率最高的法郎。这些事项都要在士官训练的时候告诉他们。还有如何保护医护人员，尊重医护机构，爱护俘虏，俘虏中间作战人员与非作战人员又应该如何不同，这些事情关系太大。条约如果真照所议签订了，我们国家有没有力量供应比本国军队好几倍的伙食、装备和住房，有没有力量给一位俘虏的长官每月七十五瑞士法郎的薪给呢？

权利方面为什么也要准备呢？我们中国，当兵一向只有义务，不知道还有什么权利。一个士兵被敌人俘虏以后，可以请国际红十字会去访查，本人曾去国际红十［字］委员会的中央俘虏事务所去参观过，那是一个很大很完备的机构，这次战争中做了一千五百万人的调查通讯工作，收发信件在五千万件左右。有一位美国空军上尉，曾为德国所俘，他家里曾请国际红十字会查过，他很高兴地看到了自己家里的询问记录。一千五百万人中间，各国都有，但中国人只有数十件，那是几个外国轮船公司的老板调查他们中国伙计的下落的，中国政府和人民都没有请教过这通讯机构。通讯中发现同姓同名的很多，有六百多位 John Smith，因之记载着籍贯、年龄、职业、祖及父的略历，以及兵种和部队番号等项目。美军每人手上有一块银制的号牌，就记着号数及各项事情，所以一旦有事，很容易发觉，很容易调查。我们中国，以张得标、李得胜为名的人很多，同姓名发现的时候无从查起。所以我们要获得俘虏待遇，或者应用这个通讯机构，我们自己在征兵和练兵的时候，应该注意到这些问题。我们参加此次会议资料的准备尚嫌不够，假使当场有人询及星（新）加坡被俘华侨有多少，我们无法回答，我们绝不能随便估计，也许英国有更精确的调查。希望政府有关当局先请专家及有认识的人士，多多合力研究，庶几能在国际条约上对国家有些贡献。

二、访英美友会

1. 英国红会工作范围缩小了，但还一样有生气

我在英国逗留了数天，参观他们的红十字会。英国红十字会的组织和工作都因为战后经济紧缩而缩小了范围，分会中有一项重要的工作便是残废军人住宅，有的容一百人，有的容几十人，这住宅和其民间的寄

宿舍 Boarding House 一样，但不需要付钱，除了供给吃和住以外，有什么困难红十字会都得为他想法解决，像残废的装接假肢，日常的消遣，职业的安排等等。本人曾参观了英红会的中央风湿病医院，那是一个专门疗养风湿病的地方，每一个病人，均由医生在事先排好时间，平均每一病人可以有一小时以上的诊查和谘商，因为时间经济，所以一个月也可以看上几千人。女的住在二楼，男的住在三楼，里面有个温水池，用电来节制温度，借着水的浮力，使肢体渐渐活动，要比睡在床上好得多。这个疗养院的院长在福建住过，见到中国人特别亲热，拿出了在英国不易购到的方糖待客，真是厚意可珍。

2. 中国当前的两个难题，看美国过去是怎样解决的

在美国有一个多月的时间去访问他们的红十字会，事先已排好了日程，小的地方化（花）一天，大的分会看三四天。最多的工作是和各部门的主管者谈话，提出问题，因为出国之前对于美国红十字会的各种刊物多曾流（浏）览过，所以一般的工作和问题，已知之甚详。到达美国后，我所提出讨论的，有的困难中国有，美国也有，我们便交换意见；有的困难美国已经克服了，便听取他们的办法。

中国红十字会目前感到困难最大的有二个问题，一个是募捐，一个是志愿义务工作人员。关于募捐，在美国，平时比较战时困难，去年征募一万万元美金，今年的目标减为六千万元，可是收到的已有九千万元，超过了预定的数字。全国募捐委员会的主席马顿 Wartone 先生，是纽约商会会长，纽约分摊的捐款占捐款全额百分之四十，所以把握住了纽约至少可以有半数了。当分会征求会员时，第一次便制就一张卡片，可以用五年或十年的登记，记上他的姓名、住址、职业等，明年又去恳切的催收，因为区域和职业的区别，不免亦有重复的现象，故在各会员的门口于收款时，贴上一个标识，所以当每个会员一经入会，便年年收款，成为分期付款的永久会员，绝不使第一年做过会员的人，第二年再遗漏了的。

至于义务工作人员，现在比不得战时了，有些被动的现象。目下找到了一个志愿义务工作者，便使他打入团体去宣传。参加的人大多是四十多岁的妇人。医院中的服务工作，负责病人的娱乐、教育等。教育方面，在病房中教授功课，这种成绩经过考试后学校应认可他的成绩和学分。娱乐方面，主要的接洽外界的义演，排节目，人员的接送等等，有时找个乐队，就在病房里吹吹打打，唱歌跳舞起来，有些活动在中国怕还办不通。

专题论综

3. 美国国会所委托的两大基本任务

美国国会所委托美国红十字会的两个最重要的任务，在平时是灾害救济（Disaster Relief），在战时是军人家庭服务（Home Service），每个分会必须执行这两个任务，总会才认可其为分会。即使没有灾害的侵袭，也应该做救济的准备。

平时——灾害救济。我们想象中，美国是一个极富有极安乐的国家，那（哪）里用得着经常的准备救济灾害呢？可是事实不然。不论飓风、大水、火车出轨、飞机失事、森林失火等等，每三天平均总有一件灾害发生，所以他们说，美国是一个多灾难的国家，因之，全国分会没有不做救济的准备的。

每个分会都有灾害救济准备委员会，里面分成很多小组，分头负责灾难情报的收集传播，怎样供应临时的食宿、急救，把受灾害的人输送到安全的区域去，以及灾民的医药、衣着，居民的用水等等。

战时——军人家庭服务。美国红十字［会］在战时以百分之七十五的经费处理军人家庭服务，每个分会都有专家负责。为军人与他的家属服务的范围非常广泛，办法却相当简单，不论是军人家属的住、吃和其他生活上琐屑问题，军人精神方面的任何需求，红十字会便设法为他解决，要钱就给钱，这种是红十字会的赠与，不是借贷，毋需偿还，也没有任何条件的，而且有很多女孩子准备着随时为军人们服务。

有时候，士兵有些怪僻的要求，甚至有无理要求。例如一位士兵睡不着，忆着他的母亲、孩子、妻子或者爱人，家庭服务人员便去信通知他的家属所在地的分会，征求她们的同意，把她们送到这患有思家病的军人的所在地，让他们相见。美国红十字会员负责通知、联络、买票、送行、陪同访问，然后再送回原地，所有的费用，也都由红十字会支付。还有一个士兵，炸掉了一个耳朵，他是新婚以后从军的，他以为面容丑恶，不能见人，尤见不得他的爱妻，天天为这事发愁。家庭服务人员设法联络他的家庭，双方面说了很多好话，希望他们能见一次面，到那军人太太来的时候，那军人又拒绝见面，家庭服务人员又从中调停了好久，安排着在无意中会了面，出乎意外的，一切很顺利，彼此很谅解。在旧金山华侨有二万多，其中有四千多人从军，美红十字会予以同样的待遇，而且聘华侨林君专门为从军华侨服务。战后工作较少，工作人员已减去了七成。

分会是基本而重要的单位，他们最低限度要执行这两项任务，分会之上有区办事处（AreaOffice）。美国全国一共有四个区办事处，每处管理几省至十余省不等，工作人员最多的约有三百余人，职权很大。总会呢，主持整个红十字会的计划、技术的指导，以及对于分会物资的供应，总会的库房里堆着很多衣着、器材，随时准备着发给分会。

4. 基本任务之外的工作

其他项目，如护理工作、医药服务、保健服务、红十字青年工作，各分会就他的力量去做，力量不够可以不做，对于军医院的工作都有义务工作人员参加。公共卫生方面的工作，美国红十字会并不参与，但有传染病时还是协助政府办理。

医院中的服务工作，娱乐方面的有读书会、音乐会、演剧、电影以及教育等工作，也包括个人困难之解决，譬如病人对病例的讯（询）问、个案的研究和家庭的联络。红十字会因为分会的普遍，推进这种工作非常方便，对外偶有困难，又可以借军队的行政力量，例如普通电报太慢或者不通，可以应用军用电报。这些优点，任何普通医院所不能具备的。再如，芝加哥分会之奥克公园，支会将残废院之下肢麻痹病人每二周轮流一次送至游泳池，由红十字会征集了一些有训练的女孩子陪他们游泳，负责他们的安全，使病人有较多适当的运动。游罢以后起来晒太阳，还给他们［按］摩背，还备一顿很丰美的午餐，吃完午饭又有游戏，然后送他们回医院。

关于病人职业训练，因为患病以后，生理上有缺陷，原来的职业他不一定能胜任，为了便利出院后的求职起见，在疗养过程中，以个人的健康情况给以不同的工作训练，同时在疗养中的病人，即使他将来不需要职业，但是这种工作可以打发他寂寞的病床生活，而且是养病期间的运动，对健康有很大的帮助。有些工作在病房里做的，有些工作要到工场去做的，大多是轻便简单的工作，像挑花呀，理丝带呀，皮件的剪贴工作呀，画图、刻玩具等等消磨时间的工作。一些患有精神病的人，要他们塑石膏人像，由他所塑的人像中，可以推测他神经上某部分的缺陷，这对于诊治有很大的帮助。工作的时间，根据健康的情况而定，当然这些工作的分配都经过医师的许可的。

最近国会又委托红十字会继续战时的输送血浆的工作，因为战时红十字会办理血浆工作很有成绩，战后国会提议血浆供应平民医院，红十字会接受了这新的任务，成立了一个委员会，政府方面并不津贴一文。这位血浆工作的负责人是一个退伍的海军军需署长，他已委托了十六个大学研究血浆，提出其中有效部分，作为预防传染病之用，各分会已接受了这新使命，也有特约私人药厂提制的。

5. 结语

美国红十字会的工作，很多地方可为我们借镜（鉴），因之我们曾经谈到工作人员训练的问题。美国红十字会很愿意派人来帮忙，但是是不是把美国的东西全部搬过来呢，有没有隔阂呢，而且美国红十字会的工作人员分工已经很精细，他们对于专门的部门，知道的虽非常精细，但目前我们亟需普通的业务人才，因此如果他们来，究竟择取哪个部门呢，来多少人才够呢！这些问题阻止了这个计划的实现。

美国红十字会的工作技术，固然很可以供我们参考，但是我们不能直接搬来应用。美国红十字会有他传统的方便和优越的条件，中国红十字会有他环境的困难，我们希望把美国红十字会好的地方加以研讨，使我们中国红十字会善为吸收应用，以求改进。这是本人今天讲话的一点感想。

（原载《红十字月刊》1947年第22期，第1-4页）

海 外 半 年

汤蠡舟

——奉派出席研究战争灾难者保护公约政府专家会议后
顺道访问英美红十字会暨出席国际红十字会议经过简报——

瑞士国际红十字委员会召集之研究战争灾难者保护公约政府专家会议于四月廿六日结束后，当与代表我国政府出席本会议之另两代表王武官可襄、王参事家鸿商定，分别先行呈报出席会议初步报告。廿八日赴国际儿童福利协会，商询本会会费及工作联系问题。

五月二日由瑞士赴巴黎，七日赴伦敦访英国红十字会，晤该会秘书长 Major General L. A. Hawas，并至医务部门参观，见到全英各地急救站之分部及各地诊所之情况，随至社会福利及红十字青年等各部门参观。一般言之，各项业务，战后均趋紧缩，而业务中心注重福利服务。该会之中央风湿病诊疗所，已有近二十年之历史，成效卓著，主持者为 Dr. Gordon Thompson，曾在中国服务教会医院历四十余年之久，完全应用理学疗法，除电光电热外，用各种不同温度之水浴，并在水池中作种种运动，病人大多事先约定时间，故就诊人数虽多，仍均得充分之个别治疗之利，男女病人分在三楼及底层治疗，秩序井然，全年诊疗人数一千余人。其后又访问英红会伦敦分会，会长 Mrs Prentice 陪同至退伍伤残军人保养所，该所能容百余人，甚似宿舍，而布置极似家庭，一切饮食等完全由所供给，如向政府请款招（找）寻职业等，其伤残军人大都来自各地，在伦敦区留一二个月，类似招待所性质，所内有护士及福利工作人员，经常照料一切，并有医师常来视察及诊视疾病，据云各地分会，均有类似组织为伤残军人服务。

在英十日，对于英红会颇有深刻之印象，英红会早于一九〇八年获得英皇爱德华七世皇家宪章（Royal Charter of Incorporation）之颁布，一九一九年，因国际红十字协会（League of Red Cross Societies）成立，红十字会之平时工作，扩大包括促进健康、防止疾病、灭除苦痛、增进世界人类福利之各种服务，遂又有补充宪章（Supplementary Charter）之颁布，根据以上两次宪章之规定，除英皇为该会名誉会长，英后为其会长，贵族一人由会长同意任理事会主席（现为 Duke of Gloucester）外，英红会之理事中虽无政府各部门之代表，然其工作处处与政府有关部门切取联系，政府各部门亦爱护备至。第二次世界大战时期，与圣约翰救护会（Order of St. John）联合工作，除于国内协助卫生部供应民间护理人员，与地方政府当局合作参加防护工作，推进输血及各种慰劳工作外，并于海外英军作战区域设立南欧、中东欧、西南亚、西北欧及中国区等五个服务委员会，各于当地设立养生院，供应伤病救济物资，并及救护俘虏及救济其他战争灾难平民之工作。因红会原以伤病救护为传统的使命，故该会即在战后，亦仍以伤残军人救济为一尽先办理之业务，此次在伦敦参观之伤残军人保养所即系其一。又该会平时特重训练，其最基本之两项训练，首推急救及家庭护理，其目的在使英国男女人民普遍接受此项训练后，得具有于战争及其他紧急情形发生（如疫疠灾苦等）时应急服务之能力，以资补充政府及其他公私负责机构之不及。因英红会战时之成就，及平时之努力，政府各部门均予以密切之合作，虽因目前英国社会经济之竭蹶，捐款来源减少，然其地位及作用，则为朝野人士所一体认识。该会目前之工作或为政府业务之先驱示范（如前述之风湿病诊疗所，至今全英只此一处），或为政府业务之补充辅助（如分设全国之疗养院，亦称辅助医院 Auxiliary Hospitals，减轻公立医院之床位负担，经卫生部核准设立，拟于十年内分别移交卫生部接办；再如前述之伤残军人保养所亦是负责政府所办理者）。平时既已尽其任务，而战时及紧急情况发生时，遂益能发挥辅佐政府及公私社会团体之功能。

五月十三日由伦敦返巴黎，十九日、二十日出席在巴黎举行之国际红十字协会特别小组会议（原名 Special Committee to study ways and means of reinforcing the action of the International Committee of Red Cross），此一特别小组会议，系经一九四六年七八月间国际红十字委员会所召集之各国红十字会初步会议所建议召集者，而其委员则由国际红十字大会常设委员会所提名，除本会外，尚有苏俄、巴西、英国、捷克、埃及、法国、瑞典等国红十字会及国际红十字协会及国际红十字委员会之代表，去年十一月已开会一次，推定国际红十字大会常设委员会主席 Dr. P. Depage 为主席，并请其拟具改进国际红十字会之计划草案。此次开会时，Dr. P. Depage 提出草案，主张于国际红十字委员会与国际红十字协会之上组织一联系委员会（Coordinating Committee），由两会各推委员两人，国际红十字大会常务委员会推代表一人，共同组织之，借资两个机构间的合作，加强其联系，惟因此项草案，关系过于重要，经决议先送各国红十字会研究，俟交本年九月间再度开会讨论，然后正式提出明年八月之第十七次国际红十字大会做最后决定。

廿一日起，代表蒋会长出席国际红十字协会执行委员会，开会三天，由协会主席 Mr. Basil Orconner 主席，当财务小组委员会报告经费情形时，本会承认本年度会费一千英镑，会中并决定明年度协会预算定为一、二〇〇、〇〇〇瑞士法郎。

当前述特别小组会议举行时，国际红十字委员会代表，对于该委员会之工作有所说明，并重申一九四六年七八月间各国红十字会初步会议，关于资助该委员会经费之建议（即于一九四七年底以前应以一千万瑞士法郎供给该委员会结束完成其战时工作），当场以摊分该项一千万瑞士法郎之分配表一份，面交各代表，请予注意协助，俾利国际红十字委员会之工作，各国代表咸认为该委员会虽为瑞士公民所组织，过去经费亦多由瑞士政府及人民所捐助，惟其工作不但具有国际性，其经费支出项目且均系日内瓦公约所规定之业务，今后自应由各国共同负担，一则符合条约的国际责任，再则亦可避免瑞士独力维持工作，多受经费限制之弊，过去第二次世界大战时期，各国政府及红十字会，已有不少资助，今后该委员会经费之来源，虽尚待明年八月之第十七次国际红十字大会商讨决定，惟在此过渡期间，所需之一千万瑞士法郎，自宜提先分配负担，故与会代表，均予以深切之同情。按照该项分摊表，我国虽仅占1.75%，而数额亦尚有一八四、二一〇瑞士法郎（印度占2%，中国较巴西、瑞典、瑞士之1.5%略多，美国为40%，英国为15%均占主要地位）。

巴黎会毕，复于五月廿八日再度赴伦敦，六月一日由伦敦赴 Torquay，代表卫生部参加英国 The Royal Sanitary Institute 召开之 Health Conference，到各地代表一千余人，外国代表中英美比法瑞等卅余国代表百余人，大会主席 Earl Fortescue 致开会辞，强调乡村卫生之重要，当地市长 A. J. Allaons 致欢迎辞，继由美国代表各国致辞，加拿大代表各自治领致辞，六月三日起分四个会议七个小组分组报告并讨论，其中主要问题，为讨论去年英国国会通过，将于明年七月实施之全国医学服务法（National Medical Service Act），会议连续五日之久，如预防医药、食物卫生、房屋建筑、母婴卫生、热带医学、家畜卫生、家庭访问及卫生视察等，均在讨论之列，英国国民保险法，亦拟于明年配合新医学服务法令同时实行，故此次会议，实无异为一讨论如何以免费治疗给予全国疾病人民之会议。

六月七日返伦敦接洽考察英国卫生行政，由英国卫生部之主任医务官（Chief Medical Officer）Sir Wilson Jamason 医师介绍至保险部及医药统治处（Board of Control），讨论各该部与卫生有关之业务并参观 St. Thomas Hospital 及 Middle Sex County 所办之 Harafield Sanitorium 等医院，深感英国人切实而进步，医院设备注重实用经济，房屋虽旧而内部设备非常新颖，此为其特色。

六月十九日，自伦敦赴比京布鲁舍，廿一日代表卫生部出席在皇家学院举行之比国医学会年会，到会会员三百余人，外国代表卅余人，会场中插有中英美法四国国旗，由王太后出席主持开幕典礼，并致辞，然后由比京大学讲巴斯德之科学精神，廿三日起在比京大学医学院分组开会，廿五日赴 Antwerp 参观疗养院，六月廿八日返伦敦。

七月二日由伦敦起飞经冰岛，三日抵纽约，至美红会北大西洋区办事处访问，该区辖九省，下分四个小区，先至区办事处各部门参观其设施，然后讨论各项工作之进行方法，计有一星期之久，后至纽约郊外之 Norfolk 分会参观，该分会之执行干事 Mrs. Ballard 引导参观其工作，并参加其灾害救济准备委员会之常会，随又与各部主管人讨论工作方式。

七月十六日赴华盛顿访问美红会总会副主席兼执行长 Mrs James Nicholson（美红会在本年十月以前共有副主席八人），并由国际部副主任 Mr. Glassy 排定日程，每日上午九时至下午五时全日在该会各部门参观工作实情，与主管人员检讨工作方法，并随时作有关问题之实地参观，如医院及工作场所等，与下列诸人讨论之问题遍及美红会业务之全部：

Mr. Norman Lague 讨论一般组织及人员训练等问题。

Mr. Albert E. Chamberlaine 讨论征募款项及一般会计事务。

Dr. Edward Richards 讨论红十字少年之工作概况及其训练。

Dr. Warren Draper 讨论一般医务工作及展开血库问题。

Mr. L. Dan Romine 讨论宣传及出版问题。

Miss Dagmar Johnson 讨论伦理问题。

Mrs Flavia Derby 讨论军人服务、荣军服务、军人家庭服务等各问题。

Mrs Walter Wesschins 讨论分会一般问题。

八月一日至六日出席美红会召集之医学会，到各国代表四十余人，该会同人十余人，由美红会副主席 Dr. G. Fuard Mcgiunes 担任主席，讨论护理妇婴血库、防疫、急救、营养、社会服务、心理卫生等诸问题，并陪至美国卫生部（U. S. Public Health Service）及儿童局（Children Bureau）等处参观，由专家主讲婴儿及一般公共卫生问题。

八月七日起，由美国卫生部国际关系部主任 Dr. Daull 排定日程，参观该部各部门，并与各主管讨论各种卫生□设及其进行方法，同时参观卫生实验院、精神病院、肺结核病院、陆军医院、海军医院等，此后复至食品药物管理局，商讨食品药物管理事宜。

八月廿四日抵芝加哥，先访芝市卫生部主席 Dr. Herman N. Bundersen 排定参观日程，参观内外工作单位，并与各主管讨论工作实施方法，对于肺病与花柳病之管理及妇婴保健工作作有系统之考察。

九月十日访芝加哥红十字会，由该会总干事 Mr Russel Winslow 排定日程，参观各部门与各主管讨论各项工作方法，其后又同至一支会（名 Oak Park Branch）参观其组织与实际工作情形。

九月十八日由芝加哥动身，廿一日抵旧金山，廿三日参观卫生部介绍之国立医院，廿四日访美红会太平洋区办事处，由主任 Mr. Ramone S. Eaton 等排定参观日程，由彼派员导往各部门参观并讨论。

九月卅日至 Marin County 分会方会长 Mrs. J. H. Kittle 等。

十月三日搭 Marine Adder 轮经檀香山、菲列宾、香港，廿七日下午抵上海。

综计在美参观讨论之时日达三个月之久，考察目的注重各项工作之技术经验，除于总会区办事处及分会支会均有所观摩讨论外，蒐集书籍资料，为数亦多，按美红会成立于一八八一年，一九〇五年由国会正式承认其为国家性质红十字会，颁布国会准许设立状（Congressional Charter of Incorporation）。一九一四至一七年第一次世界大战后，该会发起组织国际红十字协会以来，地位益趋重要，遂为国际红十字会中最有表现之一，依据一九〇五年国会准许状之规定，其任务为：

（1）战时根据日内瓦公约辅助政府办理伤病救护；

（2）实践日内瓦公约所规定之其他任务（如俘虏保护及平民救济等）；

（3）美国陆海军与人民之间的联系；

（4）国内外之灾害救济，组织方面原以美国大总统为当然会长，设十八人之中央委员会，六人由发起人中选任，六人由分会选任，另六人由总统指派，其中国务院、陆军部、海军部、财政部及司法部各占一人，大总统指定一人为中央委员会之主席，中央委员会闭会期间由执行委员会（九人组成）行使其权利，惟因美国人民教育程度渐高，民主精神弥漫，故最近业已决定修改大法，拟将中央委员会委员增至五十人，其中三十人由分会选举，十二人由全国性社团中选任，会长亦不再由大总统兼任，而由中央委员会一人经大总统指定担任之，故美国红十字会实为一名实俱符之半官团体，但其实际精神，仍为受国会之付托，辅助政府办理前述种种任务而已，一九四六〔年〕之统计，全国分会达三七五四处，支会五五七八处，分支组织几遍全部市郡及重要乡镇，成年会员二千口百万人，青年会员一千九百五十万人，普通人民均知红十字会，红十字会之信誉，亦深印人心。

美红会业务范围虽至繁多，如义务人员之训练及组织，急救水上安全意外防止，护理与营养，军人及退伍军人服务，灾害救济及准备，青年训练暨国际救济及合作等，但最主要者首推军人服务及灾害救济，至其最出色之特点，则在经费之充实和义务工作人员之贡献。第二次世界大战中，一九四二年募捐所得为七千万元，一九四三年为一万五千万元，一九四四年因战事结束，业务紧缩，募捐收入尚有一万万二千万元，一九四七年减为六千万元，政府则于俘虏救济方面拨款委托办理，义务工作人员在一九三九至四六年中，平均每年达四百万人以上，其中最多之一年达七百五十万人，在此七百五十万人中，曾经红十会特殊训练颁予证书之特殊义务服务队（Special Volunteer Service Corps）队员达三百八十余万人，故其训练工作，实极重要而有效，美红会对于本会极愿协助，当表示愿于技术经验诸方面多取联系。

十一月二日返抵南京，除已将国外考察之梗概，面报会长秘书长外，并就英美两国红十字会各项业务之技术问题，领导本会同仁作精密之研究，以期对于本会今后工作，有所裨益，又查研究战争灾难者保护公约政府专家会议之简要报告（Summary Report）英法文各一份，均经国际红十字委员会寄到，业以法文本送请外交部查照，研究该项公约，须根据国情及国策，事关外交立场及技术问题，拟与外交国防等部联系研究，再行共同提供综合意见。

（原载《红十字月刊》1947 年第 23 期，第 1-3 页）

和平与救济

国际红十字委员会等九国际团体呼吁救济平民
——国际红十字委员会致本会函——

诸位女士先生们：

国际红十字委员会随函寄上本会暨其他九个国际组织联合签署的呼吁，为二次大战中的受难者乞求人道的救济。

就像一九四五年为战时难童及一九四六年为一九三九年至一九四五年间遭受战祸的难民所发的呼吁一样，此一呼吁之目的，是诉请全世界的舆论界，以期取得那些尚有余裕的国家，更进一步的去解救最近这次战争中灾难人们的痛苦。

国际委员会特别着重所附原文上的最后两段，即给予苦难中的所有的男女和孩子们，以国际力量的救助。本委员会须强调说明者，救济分配应毋分宗教、种族、政治的区别而系基于贵会及本委员会的博爱伟大精神原则。

战后两年，于需要中立团体工作之各国平民救济方面，国际委员会已缩小其活动。但依据其各种章程之规定，深刻注意此类平民之生活，研究其所需，向慷慨好义的人士们呼吁协助。秉着这种精神，他们才把本次呼吁送达贵会。

对于各国红十〔字〕会、红新月会、红狮及太阳会过去对于平民救济的卓越的努力，本委员会表示特别感慰。

本委员会希望贵会采用所附呼吁函，像从前那两封信一样，借以展开为挣扎在战争苦难中的平民而举行的运动。

向全世界舆论界呼吁：

当过去两年中我们向舆论界发出求援的呼声的时候，下列签署的诸国际人道主义组织，希望不久的将来，遭受战祸的欧亚二洲的黑暗面会渐次消退，但事实和我们的希望大相径庭。

几百万的人民在极度的苦难中迎接严冬的来临，几百万的逃亡者、难民被迫离开了乡井无家可归，简陋的木栅或废墟上的地窖是他们的藏身之所。饥饿和疾病侵袭着他们，千百的战犯和因战争残废者的生活更为凄惨了。无数的儿童成了孤苦伶仃、无依无靠的孤儿，病人无床位及医院设备的供给，青年们的健康问题本来已很严重，已使青年们失去了意志及力量去面向着多难的未来。

这群幸免于难的人们无衣无褐，曷以度过这严寒的冬季呢？特别是一九四八年的上半年，因为一九四九年歉收所致的粮食恐慌，粮食就要完全罄尽的时候。

各国政府虽正尽其很大的努力，但是应付全面的紧急需要仍将有感不足，灾害既是如此的广泛，故不得不向慷慨好义的私人呼吁支持了。恻隐之心，人皆有之。就是些许的礼品也会救活一条人命的，所以每人应各尽他的力量向救济苦难人民的国内或国际机构捐助。下列各签署团体以为立刻实施一个广泛的大量救济实属必需。谨向全世界舆论界呼吁基于博爱人群的精神支援此项救济工作。（签署团体签字略）

国际红十字协会主席奥康纳先生呼吁和平

一九四七年行将告终，我借这个机会，以国际红十字协会主席的身份，谨向每一个红十字会为一九四八年给你们祝福并寄予期望。

去年这个时候，各国红十字会曾由国际红十字协会发出了一篇紧急呼吁，要求所有善良的男女以及孩子们，大家同心协力为维护世界和平而努力。这个呼吁曾得到热烈的反响，从我们红十字会协会的各次会议和它们的日常工作中，都表现了在它的绝对的政治中立精神下致力和平的坚定的意向。由于大家密切合作已经收到显著的进步，我们亦已目睹到世界各地一种为促进国际谅解的共同努力自我责任的警觉。

站在红十字会的立场，我们承认永久和平的获致依靠着许多的因素——政治的、经济的、社会的——这之间红十字会至少是一种强有力的力量。和平不是靠文字宣传或是喊两句口号便可一蹴可就的。世界上每一个国家，每一个民族的安全和幸福是和平获致的因素。

在刚渡（度）过的一年之中，我们红十字会旗帜下的伟大人道团体大家都向着同一的目标共同迈进，给予人类最痛苦的战争以严重的打击，同时并很英勇地解除上次战争所遗留下来的痛苦，给予不幸的战争被难者以大量而自动的援助。全世界红十字会表证了国际间彼此相互间的谅解和对于其同胞的关切。我们并须坚持不受政治、种族、宗教的以及任何分化人类的力量的损害，我们必须站稳脚步（跟），坚持着红十字会传统下来的人道主义理想。

红十字会拥护世界和谐，拥护人类美德及尊严。今后红十字应继续为善良的世界人士，为实现世界永久和平所必要的国际谅解的旗帜。这不是一件容易的任务，这种工作需要智慧勇气及专心一志（致）的奉献，本人相信如果每一个红十字会、每一个红十字会会员都保有坚定的信念，认为红十［字］会是一个建设未来真正和平的最大力量，这种工作一定可以成功的。（士良译）

回顾与瞻望

一九四七年将近结束，回顾红十字会一年来的成就实为满意。我们的工作系就战争所造成的纷扰和苦难中去恢复秩序及康乐，这一方面的努力我们已有重要的贡献。

各国红十字会熟知他们人民的需求，以及促成国际间更密切合作的需要，他们也承认，为求更有效的为人类服务，则加强内部组织至关重要，以适应新发生的问题。因此，一九四七年一年内过半数以上的红会改订了他们的会章，以备适应变化了的情况。同样地，红协也拓展其对于各国红十［字］会的服务项目，并促进其与联合国以及其专门机构的关系，如：世界卫生组织临时委员会，联合国教育科学文化组织，国际难民组织临时委员会，粮食农业组织，国际难童紧急基金会，欧洲经济委员会等。同时对于那些非政府机关的国际性机构亦保持着密切的联系。

在巴黎和日内瓦的各次红十字会议中，通过了新会员加入协会的章程，协会章程的附则，和区域会议的章程。一九四八年八月在斯笃克荷姆将要召开的第十七次国际红十字大会的建议案亦以（已）订定，包括修订新会员加入国际红十字会之条件，保护战俘及平民的新公约和重新改组国际红十字会的计划。

一九四七年间，三个新会员加入本协会（拉邦尼士红十字会、菲律宾红十字会和锡兰红新月会），其他三个红会则已改组（阿比西尼亚红十字会、德国红十字会、韩国红十字会），欧洲及美洲区域会议分别在委尼瑞拉及巨哥斯拉夫维亚举行，在那些会议中，公共问题已获讨论，彼此情谊亦已重温。

红十字会的内部整顿并未影响各国红十字会和国际红十字会以慈善为目的的服务，相反的，各地红十字会却表现出毅力和热情，大部分由于我们红十字会的重新焕发精神，和协会联系的加强，这些服务已得到鼓舞。

改组和扩展的需求是很大的，罗马尼亚旱魃为虐，困于饥馑；阿尔尼亚疟疾猖獗；中国、保加利亚、美国、日本、印度、阿尔巴尼亚、波兰、英国和波特维亚洪水为患；土耳其、伊兰、秘鲁，地震为灾；而多明尼加及尼加剌谷两国又火山爆发；美国若干地受到狂风及回禄之灾；西班牙、法国、美国的某些城市爆炸之祸时起；巴拉圭、希腊、印度、巴勒斯坦、中国和印度尼西亚却又为内战所困扰。世界上大部分区域遭受着疠疫灾害的侵袭。

几百万的男女幼孺还遭受着战争的后果，陷于饥饿、无家可归、无衣可穿和缺乏医药照料的绝境中。

各国红十［字］会、红新月会在他们本土英勇工作，援助供应他们同胞的所需，世界上许多得天独厚的国家红十字会，则慷慨输将，援助那些不幸国家的红十字会，协会已为呼吁和响应之间作了联系。是的，一九四七年我们有许多的成就，我们并重新以动力给予各国红十字会。一九四八年我们还要充分利用这种新生的力量。

我们今天生活在一个纷乱而复杂的社会，预测新事变的发生，估计其可能发生的影响和准备怎样去应付，是我们红十字会的义务。这不是一件容易的工作，需要智慧勇气和专心一志（致）的奉献。但本人相信这工作可以成功的。

协会为了应付目前和将来的事故，再度誓愿致力于其基本的宗旨：即以一种更有效的国际红十字运动，供应所有可能给予各国红十字会的协助。各国红十字会既有同样的誓愿，则我们所公（共）同祈求之目的不难达到。（士良译）

（原载《红十字月刊》1947 年第 24 期，第 1、2 页）

写在展开红十字少年工作之前

吴耀麟

一

南京市分会在卅五年十月里创办了红十字青年服务团，原是提倡红十字少年 Junior Red Cross 工作一个新的试验，由于总会当局与分会沈会长的热心提倡，在短促的期间里面组织成立，举起白梅花红十字蓝地（底）的大旗，以崭新的姿态出现于复员后的首都，颇能引起社会人士的注意。

现在这个红十字青年服务团，已经发展了十四个月，在这一年多的时间，虽说不一定有很大的收获，但几十位本会的青年会员多能按着通知的时刻，到指定的地点集合活动，纵使因为负责教练的人因为过去不一定有领导的经验，尤其是没有先例可寻，恃着满腔的热忱和他们一起学习，这种精神是可贵的。

一年来，团员的集会不下三十余次，其中包括一般的团会、卫生讲话、健康活动、服务工作、国际交谊工作、同乐会以及红十字会工作讲座，并加入教练和聘请名人的讲演，主要的目的，就在培养良好的精神，健全身心，将来负起"服务社会博爱人群"的责任，而这时候就是一面努力学习，一面找机会服务。

可是推行服务团的集会和训练，遇到了不少事实上的困难，虽则尽力设法渡过那些难关，但不免总要受它影响，所以我们不妨检讨一下，使其他的分会仿效试办的时候有所借镜。现在总会正积极提倡少年会员的组训工作，这已有一年以上实验的青年服务团，也算做了开路先锋吧。

二

南京市分会红十字青年服务团开办的时候，为了吸收各学校学生代表参加，以便以后在各该校内再展开同样的活动，而使这原有的团员发生领导作用。可是这个优点同时也产生了不便之处，因为四十二位男女团员系从十个学校（四个女中，六个男中）应征，后来又有转学他校的情形，因此他们平时不易相遇，而利用例假集会的时间太短，在训练上时间不够，活动也不能共同一致。

其次是男女团员的兴趣很有差别，同样的活动，往往不能满足全体，尤其是缺少女教练和女团员一起生活，也要大打折扣，因此女团员的缺席也较多。当然其中有十多位团员是非常热心，参加集会最勤，对于红十字会的工作也发生很大的兴趣，但是他们分散各校，不易集中力量有所表示，光靠集会的时间究竟是不易发挥的。

再次，是我们每次的活动，大部是教练们所计划，一部由团员建议，我们所想做的事情和教学，往往感到缺乏工具和教材，固然我们不能有充足的经费，而以百事草创，一切都得自己想办法，那么推行起来，就有感到棘手的地方。

还有，因为这些团员在他本校以外活动，学校当局对于这极少数几位学生不能多所顾及，其中也有少数学校有一二位教师对他们特别注意，我们所发给每校的急救箱也由这些团员使用以为同学服务，但红十字会与学校的联络不够，所以还没有显著的成就。

但是我们也有认为满意的地方，因为不仅这初创的团体支持了一年之后，逐渐走上轨道而且还要发扬光大。而实际上有许多位的团员的确接受了红十字精神的感召，个人在德智体群各方面都随着进步，其中如青年会中学、市立一中的同学在校负起急救的任务，各团员赞同自编红十字少年特刊已有三期，大家很起劲地做国际交谊工作征集寒衣协助冬令救济等等，这不能不说是一种可喜的收获。

三

为了迎头赶上欧美先进国家，为了光大红十字会的服务工作，总会决定自三十七年起积极发动红十字少年的组训工作。南京市分会所组织的红十字青年服务团当然继续努力去担任拓荒者，还要发动全国各地的分会不要让南京分会专美于前，希望各分会在理事会下组织一个委员会来发动这件重要的业务。

要普及红十字少年的训练，组织单位就要着重所有的中小学校，凡有红十字会青年会员的学校，都可与当地分会合作自动组织红十字少年会。热心的校长负责提倡，有专任的教师切实领导，红十字会负起供给应用的教学资料，再加上学生踊跃从事，这些是成功的必要条件。所以各地分会务必认定这件工作的重要，聘请热心而富有经验的人参加设计组训，并有专人执行经常的工作，分会会长和总干事必须重视这个问题。

分会的负责人们，在发动这个工作之时，应先参考总会月刊上已经发表有关于红十字少年工作的论文加以考虑，设法产生最恰当的委员人选，同时要向当地热心的学校校长鼓吹，以引起他们的兴趣。如果他感觉到他可以在校内试办，就应鼓励他们做去，而给予一切可能的帮助。他得在许多教师中选择一两位胜任愉快的担任导师，切实指导孩子们。

至于这些少年会员，他们自动参加红十字少年会，他们自己推选若干位热心的同伴担任各组干事，互推一位主席，他们的一切工作与活动应当是基于自己的需要，在导师辅导之下从事于各种健康活动、社会服务与国际交谊工作。而他们的导师们，有红十字会支持着取得良好的合作，共同在红十字旗下面向前迈进。

我们的理想不但希望全国各地的中小学生都参加红十字会成为"红十字少年"，而且希望训练更加严密，服务再加分工。小学生称为红十字儿童，初中学生称为红十字少年，高中学生采用红十字青年服务队的名称，小学生和初中学生着重团体的学习，以充实自己为主；相当于英国的 Junior link 和 Acdet unit，高中学生以小组从事各种社会服务为主，相当于英国的 Youth detachment。那些专门以上学校的学生，笔者以为可以用红十字之友的名字，相当于美国的 College unit。那么凡是踏进学校的青年儿童，都可循序参加红十字会的阵营，一步一步去实现"服务"（I Serve）的铭言。而红十字会也积极从事这一着重要的教育工作，理想能否成为事实，还要依靠我们自己的努力和各界人士的帮助了。

（原载《红十字月刊》1947 年第 24 期，第 6、7 页）

分会园地

昆明市分会之回顾与前瞻

昆明市分会会长　卢鸣章

本会创设已历二十年，本博爱恤兵之宗旨，服务人群，深得社会人士之赞许，不幸于三十年春，本会会址及医院，被敌机一再轰炸后，损失惨重，几至会务不能推行。嗣经设法迁设，而新址又被军事机关强占，费尽周折，始得收回。于是会务得以推进，同时所组设之医院，亦得于三十四年五月八日起先行开始门诊，次月起收容住院病人，其间多承前总会驻昆办事处主任倪葆春医师，竭力赞助，与现任医院医务主任刘国信之惨淡经营，以及在职各同仁之热忱服务，始有今日之成绩，至于历年来本会举办，关于一般服务及救护医防等工作，刻正编制报告，一俟印竣，即当分送。兹将本会此次奉令改组经过与恢复会务后一切业务进行、财务状况，与将来计划等，略为报告：

一、会务

本会奉总会令颁复员期间管理分会办法，凡各地分会在复员期间之一切设施，需依照该办法办理，遵将以往理监事改为理事，聘请卢主席为名誉会长，张西林、杨镜涵、陈秀山各厅处长为副名誉会长，并增聘曾厚安、刘淑清、罗镜波、周润苍、童锦堂、熊锡之各先生为理事，均先后呈报总会分别聘任，现在本会各理事，俱为地方各界实际负责领袖，即热心社会事业之人士，以后会务，当能顺利发展，又总会聘书始于三月廿七日寄到，故订于今日集会，亦即为本会复员期间改组后之第一届理事会。

二、服务

约分为救护及救济两项，本会一向视为主要工作，过去本会曾尽最大努力，此后亦当依照计划，积极推行，兹择要分志如下：

（1）救护工作：自抗战开始，本会即组训救护队三期，结业队员共二百五十一名，编为三个中队，九个分队，及担架、通讯、巡查、摄影、情报、特务等队，划定区域，分队驻守，遇有警报，不分昼夜，从事工作，嗣因统一救护机构，配属云南防空司令部，改编为独立救护大队，负责昆易市县灾区救护事宜，历年敌机袭击昆明五十一次，几至无役不从，统计救护轻重伤军民，以及男女妇孺共三千二百零七人，大都摄有照片存查，所有药品材料等，概由本会设法供给。

（2）救济工作：关于救济方面，本会举办者，计施送棺木、掩埋尸体、救济孤贫、分送药物、劝募冬赈、寄存灵柩，参加救济缅侨工作，组设缅侨招待所及难侨收容所，办理侨胞食宿事宜，此外如社会处实验救济院、市政府救济院、陆军监狱、地方法院看守所、慈善会产科医院，以及乞丐收容所等，或由本会协助办理，或经常补助药械材料，或定期派医前往诊治，或免费收容住院，只要在本会可能范围之内，无不竭力从事，尚得社会人士同情，加以赞许，一切详情另载工作报告。

三、医务

本会原在翠湖南美眘巷创办医院一所，设病床一百张，系与总会及上海医学院、上海同济大学医学院合作，设备极为完善，内设免费病床三十张，专为救济贫病患者及被炸受伤军民，嗣奉令指定为第一重伤医院。不幸于三十年被炸，损失綦重，只得缩小范围，在东郊瓦窑寺组设分院，并于市区设立门诊部。如经本会救护之重伤居民，则分送省立昆华医院、市立医院医治，由本会补助材料及病人食米。殆日寇仰光登陆，缅胞纷纷（纷纷）返国，长途跋涉，染患病疫者十之八九，加之本市霍乱流行，死亡甚多。复将武成路之临时会址，略加修葺，开办救济医院，专为收治来昆患病侨胞。卅一年冬，武成路会址被迫迁让，医院亦随以结束。又是时敌已兵临怒江，迤西南边境，敌人有进犯企图，边地人民，纷往内迁，中央军队亦开始增援，以致昆市人口骤增。经组织巡回医疗队，由刘副会长率领医员，巡回市郊为之治疗，救活甚众，平政街医院，成立于三十四年五月八日，开始门诊，十一月一日起，收容住院病人。截至三十五年十二月底止，计门诊、初诊七千一百五十一人，复诊四万九千零七次，其中完全免费者，约占初诊人数百分之五十弱，住院病人计五百六十三人，约共四千五百零四天，其中免费者，约百分之四十强，现在医院及武成路诊疗所，业务日见（渐）发达，深得病人信仰。关于保健方面，去岁负责侨胞及各省难民，注射预防疫苗，制发证书，免费接种牛痘，注射预防霍乱、伤寒疫苗，检验儿童体格，以及预防疫疠，防治颈瘤，灭蚤、灭鼠、井水消毒等，无不与本市有关各机关，联络协同办理，详情另载报告。

四、财务

在三十四年五月以前，本会经费来源，不外会员会费、各界捐款及寄柩费三项，历年收支情形，均经提出每届理监事会议审核公布。至〔于〕本会资产，除现有西站寄柩所，房屋四十间，另地皮十余方丈，又虹山本会公墓地皮九亩零，及总会拨赠之钢条六七公吨，与药物器材，连同医院诊所设备外，别无其他产业。关于基金方面，现存国币四百八十万元，存入国货公司生息，若将所有钢条，及破旧车辆标售，约可收款一千七百余万元，总计可得二千二百余万元，一并存放生息，专作建筑会所基金之用，对于本会将来发展，确属需要。又本会自三十四年五月起，即迁入平政街医院办公，以原有事务人员兼办医院事务，藉（节）省开支。关于会院一切经费收入并为一起，统一办理，惟会院双方各用新式会计账目分类别以资清晰，计三十四年一月起至十二月底，收入二二、四〇二、〇一九·五四元，支出二二、三八四、六六〇·五四元，两抵结存，一、七三五、九〇〇元，卅五年全年连同上年结存，共收入五七、六五四、三八六、九七元，支出五二、一四六、五二九、〇〇元，两抵结存五、二五一、八五七、九七元，三十六年截至二月份止，连同上年结余，共收九、八九四、六八〇、〇〇元，共支出一一、二四七、五二三、〇〇元，两抵尚不敷一、二五三、八四三、〇〇元，其不敷原因，系本一二月份适值旧历腊月，病人减少，加之会院医事人员，又在此时调整薪给，而物价高涨亦系唯（为）一要素，所有详细收支情形，及原始单证账册等，一俟整理竣事，即送请理事会审核公布。

五、将来计划

本会本年度中心工作当以寻觅适当地点呈请政府拨给建筑会所，筹集基金，扩大征求会员，发展业务等最为切要。同时在可能范围之内，遵照总会指示，筹办社会服务事宜，减少消极的救济工作，此外拟发动会员扩大宣传工作，开办短期卫生常识训练所，扩充现有医院诊所，整编原有救护队等，当视本会财力，及环境需要，次第举办，发扬红十字之真正精神。

（原载《红十字月刊》1947年第17期，第28、29页）

武进分会的医务工作
——本会医药服务概况第二篇

于开明

复员以还，一切需要重新建设，中国红十字会，既结束了战时轰轰烈烈的救护事业，继续着"服务"与"博爱"的精神，扶助各地分会的复员，已展开广泛的社会服务，准备为建国事业多贡献其一份的力量。这鲜明的红十字旗帜正是黑暗中的明灯，指引着人类走向光明。

武进居京沪中心，沦敌八年，百废待兴，有识之士为谋增进地方福利，创组红十字分会，以济人群。武进红十字会便在热心士绅与各界领袖的匡助下，经过了一番艰苦的筹备，遂于三十五年七月初宣告成立。十个月来，由于总会的贤明领导，与全体同仁的努力，做了很多造福人群的工作，予地方以良好的印象。

武进分会成立之初，可谓一无所有，全体同仁为了这是（支持）社会福利事业，不顾一切地埋头苦干，这牺牲自己为事业而奋斗的精神，终于感召了外界的同情，善后救济总署苏宁分署更给予极大的助力，奠定了事业的基础。但是同人等认为这不过是事业的开端，与理想的事业距离甚远，总会老同志与总干事逸樵与杨阵两组长，时刻以此勉励同人，以一往情深的博爱精神，领导着同仁兢兢业业向前不断地推进，这是值得敬佩的。

武进分会举办的各种事业，在社会上是有目共睹的，单说去冬十一月初开始，供应二千多瘦弱的儿童，享受了六个月牛奶的营养，这对于增进儿童的健康，该有多大好处，实在是无法估计的。在民生凋敝的今天，红十字会的事业的确是太需要了，苦难中生活的人们，迫切地期待着给予一点"爱"的抚慰，不过武进分会还在草创时期，经济力量尚未充实，因此对事业的举办只能分别缓急，为社会尽其棉（绵）薄。

人生顶顶不幸的是穷而且病，本会因鉴于贫病的苦恼，故首先开诊疗所，设内、外、产、妇、儿各科免费应诊，以减轻一般平民的医药负担，进而予以营养的帮助，使其能享受健康的快乐。

武进红十字会诊疗所诞生于三十五年八月十八日，千秋事业，奠基伊始，兹将本所经费、设备、人事、诊疗、防疫、保健、救护各项分述于后：

（1）人事方面：本所人事，系遵照总会颁布诊疗所组织章程之规定，并由总会派队组织，设主任医师一人，护士一人，医助二人，助产士一人，检验员一人，司药一人，干事一人，渐以诊务日繁，乃加聘医师一人，助产士一人。益以红十字"博爱"的伟大精神，所感召自愿参加来所志愿服务者数人，于是内部的人事组织，臻于充实与健全，乃分配力量推进乡区诊疗工作，在交通线上，先后成立服务站三处，均以诊疗为中心工作。

（2）经费方面：本所诊费仅略收挂号费，药费一律免收，遇有贫病者，即挂号费亦予豁免，至于团体机关申请医治者，予以全免或半免之优待。总之本所以服务为目的，因此挂号费收入有限，仅敷纸张印刷及添购急需药品之用。至同仁薪给方面，在五月份调整以后，月需五百余万元，均由分会负担。惟在此物价剧烈动荡之下，事业则不断的开展，而由无固定基金，以稳定事业之基础，此则必须集中全力于征募以求底定也。

（3）药品方面：本所药品来源，大部份（分）赖总会供应，惟最初以总会方由重庆复员还都，药品供应，一时不及全备，凡需用而缺乏之药品，不论经济如何困难，亦必设法添购，以利病家。一方面设法向有关方面捐募，如上海新亚药厂、苏宁分署均有捐赠，近来总会药品供应亦多，药械渐臻充实。本所为了病家的福利，当竭尽全力，为大众服务，使大众满意。

（4）设备方面：本所无固定房屋，初假西外安邦小学一部份（分）房屋开诊。因地处偏隅，乃改迁城内西横街，即现在所址。屋宇轩敞，堪称适宜，惟一切用具，多数借用，今则逐渐添置，略见粗备。去冬曾由西外热心人士，在溧武路捐建房屋一所，计六大间，为诊所之用。该处前后空旷，阳光空气，均甚充足，三面环水，林木清幽，洵称佳境。第二营养站即设于此。今复有行总配给之活动房屋两幢，架设于屋后广场，东西峙立，中留甬道，足以代表了武进最新的建筑。营养站结束后，将举办儿童福利站于此，亦即将来固定之诊疗所也。

（5）诊疗方面：本所因限于经济，检验部门，迄未成立，遇有临床上难于诊断者，则介绍病家往指定之化验所检验，作临床上之参考。但现在检验费相当的贵，非一般贫病所能负担，本所正计划使检验部门能迅速成立起来，以利贫病。关于产科，一般接产收费，约十余万元至二三十万元不等。本所为一般平民接产，去年仅收五千元，今则增至三万元。对于产妇之缺乏营养者，且给予牛奶或鱼肝油等，以资补助，故产科之挂号者甚多，颇有应接不暇之势。如遇有难产而必须动手术者，本所以无此设备，则代为转送医院接生，以策安全；贫家产妇则代向医院申请减费之优待。门诊方面，凡病者有营养不良或患肺结核者，经医师证明，予以营养物品之资助，以补药力之弗逮。统计开诊以来，至四月份止，内科初诊一五一六人，复诊计一九九五人；外科初诊一八九六人，复诊计二五九八人；产妇儿科初诊计八五三人，复诊计九九四人；其他各科初诊计九四八人，复诊计一九二八人，共计一二七二八人。

（6）防疫方面：防疫为积极的治病，古称上医治未病，即此意也。本所对此颇为注意，开诊之初，即应地方之请，往前黄、南夏墅等地注射伤寒霍乱混合疫苗，计一、一二五人；霍乱防疫针计一〇一二人。今春应各学校之请，布种牛痘，计城区有培熙、安邦、县师、县中、西郊、东右镇、西右镇中心国民等小学，计五、五八三人，乡区有夏溪、厚余、湟里、嘉泽、周桥等小学计四、八一三人，门诊接种计八一〇人，共计布置牛痘一一、二〇六人，又为干训班注射疫苗五一人。

（7）保健方面：会员之健康问题，本所至为关怀，凡有来所检查者，无不详为检查，曾为各校青年会员检查体格，计一四七三人；成人会员举行健康检查计三一五人，四四儿童节举行儿童健康比赛，为儿童检查体格，计城区七五一人，乡区五一八人。

（8）救护方面：现已由总会拨救护车一辆，遇有广大集会时，担任临时救护工作。此次城区私立小学联合运动会，城区新园中学运动会救护车，均曾驶往服务，由本所主任，亲率工作人员，在场救护，他则需用急救者通知本会，无不及时前往。

乡区服务站诊疗掠影

乡区服务站先后成立者，有前黄镇、寨桥镇、湟里镇，其服务范围有诊疗室、理发室、营养室、阅览室，而以诊疗为中心工作，缘较好之医药设备，均集中于都市，而广大之乡区，几乎无人过问，此中国社会之畸形病，然本会工作人员，以服务为目的，故欲矫正此种偏废之弊，所以有积极办理乡区诊疗工作之必要。服务站设干事一人，护士一人，助产士一人，在每周中定期由城内诊疗所医师前往应诊，风雨无阻。有疑难疾病，护士不能应付者，由医师前往诊疗。现以服务站逐渐加多，而城内工作繁忙，势难兼顾，已另聘医师担任，以专责成。药品由诊疗所供给，经费由地方负责筹募。至于救护、保健、防疫方面，均尽其力之所逮，无不提高服务精神，积极推进，以期伟大之红十字能闪耀于各人之脑海，而普遍感应于全人类之心弦。

（原载《红十字月刊》1947 年第 17 期，第 29-31 页）

一年来的工作观感
——为南京市分会复会周年纪念而作

赵昌敏

"红十字会啊！"

"红十字会是干些什么呢？"

"是一个国际性的医疗机构担任着救护工作吧！"

当我在去年五月二十日接到沈会长的派令时，我又惊喜又好奇地像孩子一样的探索着。

真的，我确是还没有弄清楚红十字会的性质和任务，但是我决然离开了教育界，踏上这新奇的园地了，也像冒险的航海家私自庆幸着自己开拓的路。

那时，我刚是病愈，身体还不十分强健，写字手抖，时时头眩，同时市立二中的职务还未了结，但我被好奇心所驱使，使我握紧着派令兴奋地赴湖南路永宁里一号南京分会的临时办公室中工作了。

六月的天是多变的，阴晴莫测，在一阵大雨后，我们的小小办公处就变成了小岛，四周马路的积水满上脚踝。雨水是这样清凉、晶莹、柔软，我常爱赤脚涉水过去，又湿淋淋地走回这绿荫丛中的小岛。那时在那个小办公室里已有六个同事，但是他们大半是干外勤的，忙着找寻我们南京分会的永久会址，因此经常居守这小室的仅是我一人，这小室变成我一人的世界了。最初我觉得无聊，后来我喜爱这沉静的天地了，绿色的树荫，绿色的纱窗，幽幽地带去了夏日的烦燥（躁）。离开了纷扰的学校，对于清静确是十分需要的，但是在闲散中，我仍在怀疑，我们能干些什么呢？

没有谁能给我确切的解释。刚巧六月间幸运地参加了总会还都纪念的庆祝大会，像一个启蒙的孩子，初次清楚了红十字会的历史与工作的由来。记得汤副秘书长曾讲述着总会与分会的工作任务：

"……今后红十字会的一切业务发展，都是分会的工作范围，总会仅负责指导与推动的责任，各分会除了设立医疗机构以外，一切属于救济性社会事业，都是分会的工作目标，在分会人力物力不够开展的时候，总会将全力扶助着……"

吴视导报告美国红十字会的服务情形，他赞赏他们红十字青年团团员的广众与服务的热忱，他希望将来的分会能担负起培植红十字青年的责任，同时他又补充了汤秘书长的话，"……红十字会的工作是活动性的，人家所遗下的，想不到的，做不了的，我们都得干，我们应该无中生有的找寻着干……"

"啊！无中生有的找寻着干！"我认识红十字会的姿态了，像一个孩子给贝壳的光彩眩耀着了。

七月初，经过会长多方的委托与请求，我们找到太平路四十二号的新会址了！随着季节的风，我们的办公室轻快地幽灵样躲在太平路四十二号的破板门里。黑漆漆的一大间空洞的房屋，没有窗门，没有天井，这是堆积敌伪物资的仓库，地址确是十分适中，房舍可不适合我们。在经济十分困难中，沈会长得到总会的支援，果敢地立刻开始兴建了。但是我们内部的工作不能停止，而且必须加紧地进展，因此办公桌在木屑堆中随着木匠斧头的移动，天天转变着地位。尘埃、木屑、花□，随了霉味的风，一无顾忌地占据着砚台、笔尖，时而不停留在发鬓、肩头，溶（融）合着七月不干的汗流涂抹在脸上；要是不巧来了一阵雷雨呢？两脚从修补处打进来，立刻遍地冲击着水，快用芦席遮盖啊！大家把脚搁在桌横上，身体遮了"公文"。

中华路第五营养站就在这风雨飘摇中靠着总会与苏宁分署的扶助，以一个少女的姿态披着红十字的旗帜娇羞地亭亭玉立了，那时我每日得往返二地，早上在中华路协助发乳，午后返会兼任缮写工作，好像是不必重视的工作呢！可是也耗去了我的精力，突然间病态的疲劳侵袭着我，使我失去了天真的欢笑，感到生命的灰暗。但是"红十字"在眩耀着我，这是我自己发现的大陆，我得一视底蕴啊。倔强、好胜的秉性使我产生了最大限度的坚忍，刻苦的坚忍使我战胜了病魔，延续了工作的时日。

八月中旬，太平路红十字会南京分会的旗帜随风飘舞了，整洁、朴实的房舍，洁白、庄严的红十字的大门慈祥地欢迎着来往的行人。爆竹声中，太平路诊疗所露出崭新的面目，与世人见面了。

响应着太平路的炮声，玄武湖服务站也接着开幕了，一艘艘自由式的小艇，在小姐们轻轻的微笑下，活泼地遨游在澄清的湖水里。

啊！红十字的旗帜一次、二次、三次的震惊着首都的民众，随着时代的巨轮，九月我们又展开了扩大的征募运动，新街口义诊所、陵园诊疗所连接着设立，红十字青年服务团也组织成功了。医疗机构的设立，对于中下阶级的贫病者是多么的需要啊！他们蜂拥在红十字的旗帜之下，单是去年的征募结果就拥有七八百会员了。

我们的工作人员也由六七个扩充到五十余个，我们的办公室再也不是风雨飘摇中的陋室了，沈会长时常笑嘻嘻地指着一排整齐的门窗告诉来宾说："这本来是一块破毁的垃圾堆呢！现在建造成办公处，但是土地不是我们的，随时有被索取的可能，我正预备建造一所永久的红十字会的房舍哩！"

是的，我们希望着红十字大楼啊！希望是工作的活力，试从办公室的窗口望去吧！那一个个不同的身躯——胖胖的出纳，苗条的会计，时时刻刻弹奏着算盘的搭的搭的交响曲，穿着青年团制服的总干事埋头在红十字青年的训练里，考虑着怎样加深红十字的认识，棍棒样结实的总务组长来来往往的观察，细心的考虑，那（哪）里需要装修，那（哪）里需要添置，小巧伶俐的业务组长像一头黄莺吐着动人的语音，计算着救济品的分发与药品供应的接洛（洽）。瘦弱的文书呢？弱不禁风地可又十分精神地修词选文。娇美的营养站长呢？搬奶啊，分发啊，忙得柳眉紧锁。统计先生呢？终日埋头伏案，细细推敲统计图表的美观与工作数字的精确。痴头怪脑的小保管呢？他常会厥（撅）起嘴巴自语着，烦死了，烦死了，事实上他却从不搁置任何一件公文，是啊！他还助理着文书方面的工作呢！

一年来，人事有很大的变化，从开幕工作到现在的，只有胖胖的阮先生与我了。但是在现在，在我们这一群里，无形中也散布了友爱的种子，一个平凡的离别当会掀起无尽的惆怅。在这里我们和穆（睦）地共同推进工作的目标，常常用一种突兀的姿势使红十字超然的展示在首都的人群里。例如不久前举行的父亲会，庆祝儿童节，平时的慰劳抗属、救济灾民及最近的游园会，都是十分新奇的宣扬着红十字的精神。但是我觉得，工作的成效还不够完满，在京市的百万市民里，恐怕能澈（彻）底了解红十字会，甘愿为红十字会效劳的为数太少了。或许正有无数青年与一年前的我一样。是教育的问题呢？还是我们工作的不够努力？希望在今天后工作的发展上，能得到大量的"红十字之友"，大家联合起来共同兴建惠及全市的红十字大楼吧！

（原载《红十字月刊》1947 年第 17 期，第 31、32 页）

关于征募的几个小问题

杨宝煌

总会曾经有过一个通令，各分会应在征募满了一周年的日子，重新开始征募。各地分会在红十字会宣传周举行征募的比较多，算起来，日子不太远了，重庆、上海、天津已在进行，其他各地也应该及早准备。笔者今愿以一得之愚对于征募的实际技术上提出一点意见，以备同人参考检讨。

征募手册上已经告诉我们很多事情，征募的意义、方法，甚至宣传资料、征信手续，都说得很清楚，很详尽。笔者今提及的是些枝节问题，或者手册上已经提及，而应以特别强调的。这段文字，也可以算征募手册增补的一页。

实地征募者对本会之认识及其工作态度——红十字会的精神、意义及任务，每一个实地征募者必须予以深切之了解。各分会在事前，应负责邀集各实地征募者以茶会方式介绍本会史绩、贡献，红十字会之世界性，工作之积极性，中国红十字会抗战期间的成绩，尤其要阐明本会是一个民间的志愿团体，需要每一社会人士的同情、赞助和参加。在炮火依然的今日中国，更应该激发人类崇高的同情，给苦难的朋友以正义的援助和安慰。有些不能参加茶会的应分发一点事前编就的含有此种材料的印刷品或小册子。

征募之因素固然很多，若实地从事征募的能具有宗教家的虔诚，慈善家的热忱，觉得今日世界，人类亟需正义的互助，这事业必须由我们开始。捐钱并不是我自己穷而个人乞怜，更不是入于自己的私囊，劝人入会并不是参加我私人的集团，丝毫没有什么本题以外的背景和危险性。为着救助贫病，为着振（赈）济灾变，我们得鼓起勇气，为这些苦难的朋友筹集些准备金，邀集一些热心的帮手，而且我们应该以愉快的心情来承担，来争取于人有利、于心能安的工作。这种情绪的养成有赖于对本会史实之了解，同时由于了解，当人们询问的时候可以详细回答，冯友兰先生说，"意义生于了解"，了解了才会有兴趣，才会有精神。固然，我们劝请亲友入会还不能摆脱情感的关系，可是原则上我们希望每一位参加的人都了解本会，而志愿地参加。

一个从事社会事业的工作者，必须具有牺牲小我的精神和谦逊的态度，一方面不惮其烦的答复人家的询问，偶有小小的误会，我们也得泰然和蔼地解释。征募工作进行的时候，不要影响人家习惯的生活，不使人起不快之感，我们正该向红十字会的创始人杜南先生学习，"虽然受尽了歧视与凌辱，依然坚强和蔼地说服了反对他的友人"。尤其我们红十字精神，不容许我们做强暴不合理的行为甚至方法，我们善意地，尽力地劝请人家出钱出力救助不幸的人们，可是我们不强迫人家捐钱入会。

关于宣传方面，文字的资料可以参考征募手册及红十字月刊，它们里面有足够的材料说明红十字会的起源、意义、任务、今后动向以及业务的范围、各国友会的情况等等，我们可以摘引运用。图书一项要比文字有力，石印的，或者用白布钉在木架子上，再画上画，放置在通衢要道。这种街头布标以及横幅都很重要，可以普遍地造成红十字活动的气氛。去年有的分会在大公司的橱窗里布置护士以后，其他广告亦可采用。青年会员的对象是学生，分会可派员分赴各校讲演，介绍本会精神，同时辅以康乐活动的节日，一定可以有绝大的响应。不过事前应邀请各校长或教导长，详为介绍本会之性质与任务，促请协助在学校中展开征募工作，征文或演说竞赛也可以引起同学们的兴趣，驱使同学对红十字会有所认识，且含有竞争的意义，学校当局也会重视而乐于接受的。

有的分会范围比较小，文字的宣传比较次要，当地士绅及首长的倡导显得重要些，而情感的关系要比道义上的关系多，还需有"沿门托钵"的苦劝工夫。一般较偏僻的分会，据笔者所观察到的，依然不少停滞在善堂式的境况下，这一层我们希望各分会的负责人，多多向社会人士介述，红十字月刊里有丰富的很好的资料。我们固然需要会员和经费，可是我们更需要人们都能了解红十字会的性质与任务，这样才会产生合时代的工作，才会成为有生气的团体。这件事也许不能求之过切，但是我们必须在每人征募的时候，予人以真确的认识，力求渐进。

街头劝募，这一点也可以考虑采用，尤其在较大的城市里，事先发动青年会员和志愿人员做一点纸花或者绢花或者石印的纪念纸杆，利用假日，劝募队分布在街道口，向行人解释劝募，分布周密，使每个愿意捐献的人都有出钱的机会。但是我们得注意，不强迫人家入会或捐钱。

对于协同帮忙的人如各界名流首长、征募队长以及记者等，我们应该招待叙会，使他们增加了解引起兴趣。对于预备入会和刚入会的会员，可以举行电影会、音乐会、演剧或者分拨糖果实物等项目，尽量给他们享受康乐活动或实际利益，他们至少会觉到（得）会费可以马上有代价的收回。我们固然并不希望以此为号召，可是在红十字会力量还没有普遍深入的时候，这种方法尚可采用，从受益的会员本身做宣传，将可得有利的效果。

对于已经是会员（青年、普通两种），或者曾经是会员的，我们必须请他继续缴费，换发新证。一方面因为去年或者过去我们已经化（花）了一番力量使他加入了红十字会，他对本会只（至）少比没有入会的人了解得多些，更同情些。也许他已经为本会做过义务宣传，做过不显著的工作，这些都是红十字会的惠友，红十字会的基础。而且我们章程上也曾说得很明自（白），青年会员和普通会员每年缴纳是希望而且需要继续缴会费多少元。不论从本会的立场或者会员本身讲，一经加入红十字会便是永久会员，即使青年、普通两种，也不过是分年缴费上的不同而已。这些对本会赞助有认识的友人，我们当每届征求会员的时候应该周密顾到、努力争取，而且应邀请参与征募的协助工作。一位富于作战的老弟兄，要比才入伍的新兵可贵得多。

其次关于征信手续问题。入会书能如期收集之后，重要的问题为会员证的发给。会员们缴了会费唯一能得到的凭信就是会员证，会员证的发给是分会与会员的第一次接触，所以会员证之发给是分会树立信誉、表现工作效率的要键。分会会员人数比较少的，由分会造具名册，连同会费半数及半数备用金领据报会，再由总会按名签发证书和证章。有些人数较多的分会，去年是呈由总会先寄分会，会员于入会后由分会直接签发。前者看起来颇费周折，事实上觥（耽）误绝少，而分会进行签发的拖延到三四个月还未清了。今年以总会签发为原则，如果青年与普通二种会证需要，最大可以事先呈请自行制发，其他均须列册具报，请领证章和证书。分会签发会员证的时候以工作人员有限，应发动青年会员，征求志愿工作人员，利用假日和课余协助工作（先填写姓名等各项，次编号码，再加分会图章），最好能在征募结束前完全发给，至迟也须在征募结束后一二个星期内全部清理。

还有一些协助征募的朋友处我们要加强联络一般名流首长，他们不可能有很多的时间为我们征募，我们除了请他们做号召之外，应该时时保持接触，使他们能早日推动，或者交给什么人负责的。我们该与他们多多联络，在预定的征募期间内请他们约定集交日期，我们要不怕跑，不怕麻烦，一次、二次、三次、四次……的去拜访他们，问他们的情形怎么样了。因为在今日红十字事业还没有普遍展开的时候，社会人士很容易把这事忽视的，常常接触，让帮忙的人加强注意加紧推动，这种实地招募者不避辛劳、热心公益的精神的本身，一定可以使有人性的友人感动的。

问题很多，先从笔者想到的略述如上。假如征募者掀起热忱切实工作，展开有效宣传，人人了解红十字会，征信手续清楚迅速，成绩一定不会坏。征募运动的过程，也是红十字会的一种宣传，一种号召力的表现，征募顺利的确是未来工作的保障与基础。同时在热烈展开征募工作的时候，我们还该积极推动业务，使有充分的表现，红十字业务工作的表现将是征募中最有力的宣传，在这儿，我们预祝各分会征募的成功。

（原载《红十字月刊》1947 年第 18 期，第 22、23 页）

回忆文山的工作

邓凌先

——作者是个护士，曾在滇南文山服务，本篇为其服务回忆录。

她倚着楼栏，凝望着飞驰在蓝天中的白云，她的思绪也随着白云的飞驰而飞得远远地，远远地……过去，辉耀了她的脸，她的眼睛。

那是一九四四年的冬天，她随着红十字会工作于滇南的一个荒僻的山村——文山。在一座破烂的庙堂里，他们用自己的手和脑，将泥巴、土砖砌成了床边小桌，将大的树根从中挖了个洞，再加以削刨，成了土做的大便盆，用稻草铺的厚厚的床铺，蒸发着特有的稻草的香味，已是一个简陋，但是有着秩序的病房。

在手术室里，总算铺上了一层薄薄的地板，架子，桶子，竹竿做成了相当巧妙的自来水管，借了美国的发电机，还装了全城独有的电灯，在没有之中，我们创造了有。凭着红会、美国医疗队及军部野战医院三个机关的力量，创造了相当简陋，但是像样的联合医院。在那样的小城里，难于再有如此第二个医院。

由于病人营养太差，他们发动了演剧募捐，因此可以使营养不良的吃到猪肝、鸡蛋、豆浆。一个个发了胖、恢复了健康的病人，是用着怎样感谢和尊敬的目光，对待着他们。而她是怀着怎样满意而愉快的心情，接受了这种眼光。

一九四五年三月，谣传着河口失掉的那几天，他们是如何准备着坚守文山。一听到警报的消息，立刻将病人疏散到盘龙口边的榴树下、蔗田里，为了病人，她曾付出了她所有的精力，从没有想到疲乏倦怠，而现在……她想到了一阵寒战，抖动了一下肩膊（膀），好像要抖落着什么不愉快的重压，然后像捕捉什么似的重又牢牢地捉住了过去。

夜晚是最幸福的时刻，年青的他们聚集在用木箱、棉军服所做成的沙发茶几等的小会客室里，闲谈着，辩论着，打着桥牌，甚而喝着无法推却的老百姓送来的有着玫瑰色的鹧鸪酒。在兴奋或沉郁的时候，会乘月色去盘龙江边引喉（吭）高歌，或静静地听着江水的低诉。

每逢佳节，他们和伤病官兵，同样在怀着倍思亲的心情下，陋俗点缀，也给文山增添一些热闹，不致太落寞哀愁。而在他们想到打垮了日本之后，能够嗅着故乡的气息，各种难以言说的梦幻般地甜密（蜜）的微笑浮上了每一个人的嘴角。

一九四五年八月，为他们久所渴望了的传来了日本无条件投降的消息。在真正的幸福降临之时，他们怀疑，甚而不敢相信，在确实消息被证实了时，他们快乐兴奋得和每一个人碰了杯，甚而醉的第二天不能起床工作。那些病人也掏出了仅有的钱，买着炮（爆）竹放着，过分在（的）高兴，使他们几乎疯狂了，因为从今而后，他们可以做一个胜利国的人民，能够像人样地站起来。

随着抗战的胜利，她离开了那荒僻的小城，来到这十里洋场的上海，她的故乡。

（原载《红十字月刊》1947 年第 18 期，第 24 页）

长春市分会医疗服务状况
——本会医药服务概况报告第三篇

一、医疗部门

长春市分会现有医疗机关计三处：长春市分会医院、长春市分会第一诊疗所、长春市分会第二诊疗所。

（一）长春市分会医院

该院创设于民国卅三年十月一日，为伪满洲国赤十字社所经营管理。自当去岁光复之际，由当时成立之中华民国红十字会东北总分会，冒艰辛险恶，由日人手中接收经营，直至今日。

1. 医院内部组织计分

内科

外科

小儿科

皮肤科

眼科

耳鼻科

妇产科

牙科

药剂科

庶务科

X 光线室

检验室

病室（收容量三百名）

自客岁八一五光复后，至本年九月止，该院诊治患者数总计四万七千三百〇二名。

2. 收支

门诊及入院患者医疗费，每月平均收入六万三千九百四十五元（东北流通券，以下均同），杂费及人事费、购入医疗材料费每月平均支出五百二十万元（但十月以后至五月止，采暖费平均每月需二百五十万元）。

3. 职员

医师及技术员　一五名

护士　　　　　二九名

庶务员工　　　二二名

该院为长春市第一流之新式医疗机关，设能再充实其内容，扩大其范围，当能对市民更有莫大之贡献。

（二）第一、二诊疗所

长春市分会虽有建设完善之医院，但因处于交通不便之地，致对病患者之需要尚感不足，为补充此点，故于光复后更设诊疗所两所于住民密集之地域，以发挥红十字会服务之真髓。

1. 诊疗所组织系统及治疗人数

内科（包括小儿科、妇产科）

外科（包括皮肤科、眼科、耳鼻科）

检验室

药剂室

庶务室

第一、二两诊所，自创设后至本年九月止，诊治病患者共两万一千二百名。

2. 收支

门诊医疗费每年平均收入四万二千六百六十四元，杂费及人事费购买医疗用材料，平均每月支出六十万元。（但十月至五月止需采暖费平均每月六十万元）

3. 职员

医师　　　四名

护士　　　十名

庶务员工　三名

诊疗所设施范围较比医院当为简略，但对诊疗工作收效颇大，今后经费倘能充足，于市内交通便利、人口密集之地域，多为增设，则市民更能广被红十字会之泽惠。

二、学校部门

（一）助产士学校

该校成立于民国二十九年三月，由当时伪满洲国赤十字〔社〕经营管理，曾毕业五班学生，成绩均极优良，今已广布各地卫生机关服务。客岁东北光复，首遭苏军之掠夺，继受暴民之破坏，校舍虽存，但内部已零（凌）乱不堪使用。本年四月曾拟复校，但阻于经费困难，而中途中止，深为遗憾。今后经费倘能充足，当必力谋复校。

（二）聋哑学校

该校创设于民国二十五年九月，亦为伪满洲国赤十字社之附属事业，专为教育造福聋哑儿童所设，期间毕业学生达八十名。东北光复后，由中华民国红十字会东北总分会（即现在之长春市分会）主办接管。

1. 该校现有学生及职员人数

学生　　五十八名

教师　　六名

工友　　一名

2. 该校内部组织计分四组

教务组

训导组

卫生组

体育组

3. 收支情况

收入（无）

杂费人事费，平均每月六万五千元。（但十一月至四月止，采暖费平均每月二万元）

三、其他事业

（1）恤兵院。伪满洲国赤十字社为应伪满洲国之要（邀）请，收容残废军人，特设此规模宏大之恤兵院。东北光复后，经中华民国红十字会东北总分会接管保存，感于恤兵事业关系至大，又阻于经费困难，故现时暂停止其机能，以待后日有机再为复活。

（2）农场。中华民国红十字会东北总分会又自伪满洲国赤十字社事业部接管设备完善之农场一处，拟于明年春开始耕种并多栽药草，以供医疗使用。

四、经费

自客岁八一五东北光复，本会当时由日本人手中接收现金不过三十七万元，其后物价逐渐高昂，当时虽云光复，而长市尚呈战时混乱状态，倭寇散兵暴行，乱民乘机蜂起，继之苏军又进驻长春，故市民死于枪炮，伤于凶弹，为数极多。张会长率领同寅冒枪林弹雨突入战场，拯救难胞。今年四月，为便于市民之诊疗，乃创设第一、二诊疗所，继之未久……居民伤亡不可数计。分会全体人员均出动救护，所有存款几乎全费于此。同寅等每月薪俸当时最高不过千元，含辛忍（茹）苦直至今日。而今分会已奉令成立，百废待兴，需费更多。再分会库存药品，虽有相当数量，但多属器械及不常用货品，而通常使用药品，已告缺乏，故须补充。现在分会经费已见困难，将来补充办法，固赖征募会员收费弥补，但尚须求总会及各方供给援助，以谋初步事业之成功。

（原载《红十字月刊》1947年第18期，第25、26页）

西京市分会医疗概况
——本会医药服务概况报告第四篇

一、演进史略

溯自本分会成立于民国纪元前一年九月三日（西历一九一一年）。以值辛亥革命，陕省首先响应，省垣满城一隅，围攻巷战，伤亡惨重。继则东阻清兵于潼关，西阻清兵于乾武，搏战激烈，杀伤遍野。本分会于戎马仓惶（皇）之间，本悲天悯人之旨，急延请医护人员，创立医院，担负救济及掩埋工作。枪林弹雨，风餐露宿，无间昼夜者，凡阅数月，成绩颇为显著，以是搏（博）得舆论推崇，军民爱戴。

民国元年四月，秦军政府大都督张翔初氏，以本分会在历次血战中，救灾恤兵，厥功甚伟，遂将秦王府（即现在新城）东南隅官地，拨给本分会管业，用作建筑会院地址，永远免纳一切租税，清丈划界，以奠基础，此不能不归功于本分会首任会长、已故之康毅如先生，及各界诸大善士之力。

彼时本分会医院事属创始，仅设"内""外"两科，及"调剂室"一所，借应病胞之需要。同时因陋就简，改建"妇女教养院"，提倡妇女职业，补助社会福利。此外又选择适宜地区，筹建"模范农村"，借以促进市面繁荣，每因款无所出，设法筹募，继续建筑，逐谋扩充，至民国八九年间，始规模粗具，大体完成。

惟陕省自辛亥以还，战事频仍，灾祲连年，影响所及，阻碍发展。诸如民国六七年间之靖国、护法各役，战事延至城关，十五年之八个月大围城。十八九年之空前旱灾，死亡枕藉，惨绝人寰。当时各公私医院，迫于环境，纷告停业。独本分会医院依然存在，且尽最大努力，尽量救治，活人甚多。得朱子桥先生嘉许，自动代为捐募，建筑医院现有之"外科手术室"，仁风遗爱，永垂不朽。

令人最为痛心而不能置者，为民国十七八年间，由秦军政府，拨给本分会官地一部分地基，被当时第四方面军驻陕时之西安市政府强行占去，致受严重之打击，经多年呈诉，刻在继续追诉中。艰难缔造之妇女教养院，亦因此归于消灭，功败垂成，良堪婉（惋）惜。又本分会东偏院，初设有女子职业学校一所，嗣奉教育厅令，不能以机关名称冠于学校之上，乃改为素梅小学。此因本省泾阳县赵素梅女士生前捐赠本分会泾阳原籍土地百余亩，赵女士旋即谢世，借此以表记（纪）念。不意于二十八年三月，因校舍全部惨遭敌机炸毁，以致停办。医院内之医疗器械，亦因之损失殆尽，至为痛惜。

民国二十六年抗战军兴，西安接近战区，伤兵难民，麇集省垣，敌机狂炸，灾害时出。本分会出动全体医护人员，组织救护队，参加救护工作，且收容住院伤胞，供给伙食，免费治疗。且于每日门诊，规定时间，施治来陕难民疾患。纵在敌机不断肆虐之时，救护治疗工作，从未间断与稍懈。当最严重紧急时期，门诊曾改为每日傍晚开诊。复于省城南郊外距城三十余里之杜曲镇，购得土窑五面，开设分院，从事医药救济，以策安全。截至胜利日止，统计收容治愈负伤官兵、难民及备棺掩埋之难民尸体，其数字列举如次：

（1）收容治愈伤官一八五人

（2）收容治愈伤兵一二四三人

（3）收容治愈受伤难民三〇四人

（4）掩埋难民尸体一三八具

年来业务开展，就诊人数增加，经历次添聘医护人员，增添科室，现在已分有内科（附小儿科）、外科、五官科、皮花科、产妇人科、调剂室、病理检验室、值日护士办公室、药库、库房等。又以来院分娩者日多，并扩大产院，添聘产科医师及助产士，以资充实。现有医事技术人员计有正副院长二人，医师十一人，助产士二人，护士十一人，护生二十九人及护士学校学生二十五人，调剂室主任一人，库房库员一人，挂号员二人，事务主任一人，事务员四人，护士技工及工友十九人，共为一一八人。

二、工作情形

本分会医院工作，分门诊、住院、施诊防疫及安全助产等，以限于篇幅，兹将自三十五年六月一日起，迄三十六年五月三十一日止，按科分别叙述统计如次：

院长　贾文益

副院长　王信

（一）内科

主任　刘银汉

医师　关中

医师　时若霖

本科设有内科主任一人，医师二人，护士二人，护生四人，小儿科附于本科内。诊察室为三间，中间为候诊室，左右两间为诊察室，病别率以贫血、结核及神经衰弱症较多，其他病症次之。小儿疾患除呼吸系肠胃系外，大多为营养不良。于此可见一般卫生情况较劣，生活艰困，营养不足，至堪为虞，兹将门诊及住院人数表列如次：

自 1935 年 6 月 1 日起至 1936 年 5 月 30 日止

门　诊	初	8916 人
	复	10132 人
住　院		495 人
施　诊		5670 人

（二）外科

主任　姚尔明

医师　段秉耀

设外科主任一人，主治医师一人，医师一人，护士三人，护生四人，诊察室内附有门诊小手术间外，另有大手术室一座，为朱将军子桥劝募建筑，系六角式，五间开窗，一面为门，接手术预备室，光线充足，设置完善。客岁卫生署顾问美籍外科专家艾乐苏至本分会参观，举为西安第一手术室，其条件合理，可以想见。门诊小手术，日无虚度，手术如截断、破腹及急症随时施术外，其余定为每周一、三、五日举行，兹将门诊人数及住院人数列表如次：

自 1935 年 6 月 1 日起至 1936 年 5 月 31 日止

门　诊	初	4550 人
	复	9103 人
住　院		467 人
施　诊		3095 人

（三）五官科

主任　冯公心

主任一人，医师一人，护士二人，护生二人，诊察室内间有手术室及暗室，手术平均以眼科为多，兹将门诊住院人数表列如次：

自 1935 年 6 月 1 日起至 1936 年 5 月 31 日止

门　诊	初	9775 人
	复	12998 人
住　　院		103 人
施　　诊		2967 人

（四）皮花科

主任　李廷栋

医师　王玉长

为医师一人，设护士二人，护生三人，科内附有内诊及手术室，每日门诊皮肤病症多于花柳病，以其一般患者，已知磺安剂可以治淋，往往感染后，先行自治，梅毒及软性下疳患者，虽在本分会医院服药及注射等费，极力减低，以解轻病人负担情形之下，但大多限于经济力量，均先事敷衍，及前来求治时，泰半情势严重，致误医治机会，颇形费手。凡可疑之病人，即皮肤病症，经检血液梅毒反应时，十〔分之〕九约为阳性，且甚普遍，于此可见是病之猖獗，国民健康前途，实堪深虑，而娼妓之禁，实急急不可缓也。住院者为数不多，兹将门诊住院患者数字表列如次：

自 1935 年 6 月 1 日起至 1936 年 5 月 31 日止

门　诊	初	4298 人
	复	5140 人
住　　院		54 人
施　　诊		2144 人

（五）产妇科

医师　潘宝瑛

医师　张婉如

有医师二人，助产士二人，护生四人，除诊察室设有内诊及手术室外，产院有接生室与预备室及值日办公室相连，产院房间头等十间，为单间一床位，二等三间，安置床位十部，合计共二十床位。以其重在接生，故妇科病人，无论门诊住院，均为数较少，兹表列如次：

109

自 1935 年 6 月 1 日起至 1936 年 5 月 31 日止

门　诊	初	3327 人
	复	4426 人
住　院		238 人
施　诊		1362 人

（六）防疫

分种痘及霍乱、伤寒、白喉等防疫注射，除每日门诊时间内，派定专人负责外，并组织种痘及防疫注射队站，协助政府卫生机关从事工作。惜一般人民，对此缺乏了解，率多窥（规）避，致在努力从事之下，难收事半功倍之效。此实教育之不普及与一般认识错误，有以致之，言念及此，良堪惋惜，兹将其数字表列如次：

自 1935 年 6 月 1 日起至 1936 年 5 月 31 日止

牛痘接种人数	8999
霍乱伤寒注射人数	267
白喉注射人数	20

三、扩展业务

包括设立护士学校，添建房舍，购置 X 光及奉令筹设砂眼防治所四项，兹分举如下：

（一）设立护士学校

近年以来，以医院业务开展，深感护士缺乏，添聘不易，且求自多方，程度参差，作风各异。医院附设之护士训练班，系初级性质，程度水准较低，遂于去岁十月间响应总会名誉会长蒋主席寿辰献校运动，筹设"中正高级护士职业学校"一所于本分会西偏院，另建房舍，招收学生二十五名，食宿完全供给，此后且逐年招生，永远维持学生三班，修业期限，按章三年，用以造就护士人材（才），服务社会。

（二）添建病房

本分会医院，原有病床七十余部，因业务发达，要求住院治疗者日众，以限于病床数目，无法加收，以致向隅病人，为数甚多。且暑假中护校续招学生，教室宿舍，尚不敷用，乃于本年春间筹设特等病室一幢，计十一间，三等病室五间，可增设病床二十余部，合计病床得至一百单位，再拟与护校建筑房舍七间，辟为教室一所，及学生宿舍。

（三）购置 X 光机

本分会于战前，曾在日本三稜公司订购 X 光［机］一架，嗣因七七事变，未及运回。月前本省卫生处长张处长季平，出席南京卫生会议之便，托向卫生署药械供应处，以五千二百八十万元订购美式最新 X 光机一座，手续业已办妥，货在重庆，一俟运回，即可装置。现已函聘是项专门人材，主持营光透视及摄影等，并拟添购理疗器械，辟设理疗科，以资充实诊务。

（四）设立沙眼防治所

在本年六月初奉总会令，筹设"沙眼防治所"，当即召开本分会理事会议，就本分会东偏院原有平房一排筹设。以时间迫促，积极筹备，克期于六月十五日成立，聘请专门医师及护士，从事防治。先就本分会附近之省立东大街小学，及东羊市小学学生共约一千六百余名为对象，检查访视，免费防治，一般市民前来防治者，亦拟暂不收费，以示优待。嗣后尚拟扩大工作范围，开展防治业务，以求普遍。

四、今后计划

分添建院舍，增加人员，充实设备，举办社会福利等事项，兹列举于后：

（一）添建房舍

现有各科诊察室，系平房分隔，终显简陋，拟就医院前面大院，建筑新式工字形门诊一部座，分内、外、眼、耳鼻喉、皮肤、花柳、妇、产、小儿及理疗十科。挂号处、收费处及调剂室均集中于该部，以免病人挂号、缴费及取药之往返奔劳。调剂室内后附制剂室一所，新屋中间地下建地下室五间，以二间隔为调剂室地窖，用以储藏药品。其他三间，辟为办公室，隆冬炎夏，办事人员当不遭严寒酷暑之苦，如此不特有壮观瞻，而业务发展，实利赖之。并按于后面广场，建大楼一座，辟为特等病室。即将现在落成之翻修，病人及员工洗一（衣）间之设置，厕所之改良，医师住宅之增加，护校房舍之添筑，［现］在均为急需，短期内力谋实现者。

（二）增加人员

房舍次第添筑，业务日形开展，各科主任及医师护士之增聘，护工技工及工友之添雇，实为事实上之需要，当分别聘请与雇用，以资分配。

（三）充实医疗设备

各科原有医疗器械，本属敷用。不意于胜利以前，敌机狂〔轰〕西安时，半遭炸毁。嗣经补充者，聊可应付现状，将来科室增加，以及理疗科之添设，应用器械，必须大量增购，以利诊疗。

（四）举办社会福利

前奉令颁之各分会工作计划，如儿童、青年、家庭、健康等服务及灾害救济各项工作，均拟次第举办，以利社会，且本分会以应西安社会上之需要，拟筹办"托儿所"一所，亦期于短期内促其实现。

以上荦荦诸端，意在提供各方，俾得明了本分会过去史绩、现在状况，以及今后之扩展计划。尚希各方贤达，不吝珠玑，多赐指教，俾有遵循，实所翘盼。

（原载《红十字月刊》1947 年第 18 期，第 27–30 页）

如何举办灾害救济工作
——红十字会工作技术之四

吴耀麟

一

灾害救济工作，为红十字会主要业务之一。世界红十字会之发轫，由救护伤兵之需要而起，各国红十字会工作滥觞，亦因战乱灾害频仍而发扬。试一翻吾国红十字会史，可见其与水旱天灾及兵祸战乱结不解缘；各地分会之创办，颇多由于灾害救济工作迫切需要而产生，证诸分会之分布，可信不诬。

近十年来，红十字会业务范围扩大，战时前方救护伤病官兵，后方在空袭下救护平民，业务日益发展，逐渐为人所重，而以国内天灾兵燹，无时或已，故吾人仍不能漠视灾害救济服务，以济政府当局赈务之不及，不负社会人士之期望，一般人仅以慈善事业，目红十字会亦以此故。

复员后之红十字会，征求会员、筹募基金、医药服务而外，社会服务尚焉。社会服务为吾人之新任务，范围极广，在积极方面有卫生保健、营养辅助、急救训练、护理训练，甚至青年会员之训练工作，亦所以增强现在与未来之服务社会工作。在消极方面，除给予赤贫孤苦无告者以援手，或免费挂号治疗，或给予贫病物质之济助，灾害救济乃为吾人目标之一。

然而各地分会经费多感拮据，对于灾害救济所需大量物资，往往无能为力，除奔走呼号略尽人事外，不易有所表现，吾国社会各界生活贫困，临时之捐输救灾，杯水车薪，力量至微，一般分会情形迨大致相同。如平时稍加准备，灾害发生时或可多尽一番力量，盖师西谚所谓"雨之预防，胜过一磅之救济"之意，可免仓卒（促）失措，或以三分经费而尽七分人事，灾害之来，揭红十字旗，率先为其他社团倡，众擎易举，成效必增。苟各地分会有此决心，有此准备，重视预防，合力救济，虽不能强为无米之炊，而事豫则立，尽吾人之天职，扬红会之宏愿，可也。

二

美国红十字会各地分会理事会之下，设立无数分组委员会，分别负责各种业务。其中，以灾害预防及救济委员会 Committee of Disaster Preparedness and Relief，为必须有之组织。无论战时平时，应付天灾人祸事件，广征专才义务效劳，必要时并再分调查、救济、医药与护理援助，粮食、食物、住所、交通运输、登记宣传、筹款、物品供应等小组。平时就其范围策划，预计可能之灾祸，不幸遇有灾难降临，彼此即集中能力，与地方当局合作，施展神速。

概括其所负之直接责任，大体如左：

（1）即刻为难民服务，帮助医药、看护、施医、赠粮、供给住宿所在或其他必需之扶助。

（2）即刻向区办事处用电报、电话、无线电最快之一种方式报告，由区办事处转报总会：灾害之种类及时间、受灾区域、死亡人数、受伤人数、无家可归者人数、分会之紧急处置、毁坏房屋数目、受损房屋数目。

（3）将分会所做紧急救济工作及此时最迫切之需要向公众详细公布。

（4）立即在分会职权范围内征募金钱。

（5）议定各种购置与委托物品集中管理办法。

每当灾害之来，红十字会本左列之方针，执行其神圣使命：

（1）分会及有关机构出全力应付，财务与行政不能分离。

（2）欢迎志愿参加服务之个人与团体。

（3）尽量利用当地一切可供利用之资源。

（4）救济对象仅限于受灾害者，仅解决因灾害而引起之问题。

（5）救济着重需要迫切之程度，而非根据损失大小。

（6）救济以单独家庭为基础，大众之救济仅限于紧急之际。

（7）救济难民并非举债，系自由施与而非借贷。

（8）一切救助不分政治、宗教、种族之差别。

（9）自灾区迁移之家属仍得与存留该处者享受同样待遇。

（10）个人之判断与个案记录要绝对确实。

（11）红十字会对于各团体机构不负救济之责，但可救助其受灾之家属，减轻其团体之负担。

（12）救济支付费用尽量做到以受灾之区为限。

（13）红十字会永不没收公用品及强征他人服务。

（14）红十字会对于政府当局之职责部分，绝不越俎代庖。

其他方面，各地分会为具体的准备，并充实社会人士对于灾害预防与救治知识，平时即注意左列数事，故有灾害时即有无数有灾害之义务工作人员，热心投效：

（1）在护理训练工作中开设训练护理工作一门 Disaster Nursing。

（2）举办各级意外预防灾害班 Accident Prevention Service。

（3）举办急救训练与水上安全训练。

（4）加强红十字青年训练工作。

（5）有关红十字会工作之宣传，争取广大同情。

三

反观吾国红十字会工作，多数分会虽因训练救济之需要而产生，为仓促成立，人谋不臧，事过境迁，终鲜长期努力之成绩。平时无备，临事失措，组织不严，筹划不周，故灾祸频仍之区，未见有完美之表现。以各地分会实际情形言，欲与美国现行制度并驾齐驱，自有无数困难问题，东施效颦亦属不必，但他山之石，搨人深思，往者不见，来者可追，亡羊补牢，理所应当。

愚意，我国各地分会组织，在理事会方面，如有可能，最好设立一灾害救济委员会，其职责为权衡当地需要，根据过去灾祸史实，作未雨绸缪之计，推举热心理事一人主持其事，不但与当地有关机构联系，并聘请热心人士参加，在理事会之下自成小组，常作专题讨论。此在经常泛滥或可能荒旱之区，以及兵家必争之地，以济人为怀而有余力者，固不待灾难之光临，始仓促抢救，而可减免无数生灵涂炭，此红十字会博爱主旨所在。前述美国分会灾害救济预防与救济工作纲领，足供参考，而因地制宜，在乎地方人士之努力。

本此原则，各地分会如何举办灾害救济工作，其程序如下：

（1）分会理事会下成立一小组委员会，专负责当地及附近区域灾害预防与救济事宜，以理事一人主持之。如事实上不能另组委员会，应推定适当之理事担任此项工作，而不另设小组委员会。

（2）分会对于当地可能之灾害，例如水旱天灾，可能之兵祸，大都市之火灾与冬令救济，妥为考虑。与有关机关团体取得联系，与热心人士特别是热心慈善者与医护人员，要有联络。

（3）发展业务，工作应着重防灾之积极实施，如协助政府宣传造林筑渠等运动，为防水旱灾之基本工作，普及急救与公共卫生知识训练。与灾难救护、疫病预防有关，处处有领导民众预防灾难之先见。

（4）联合当地社会机关团体举行灾害预防与救济之座谈会及讲演，平时引起有识人士及士绅注意，临时（事）而惧，好谋而成也。

（5）如已进行红十字青年训练工作，勿忘在此辈青年心目中建立对于灾害预防与救济之基本观念，并演习各种救灾工作。

（6）如当地不幸发生灾难，应首先高举义旗，协助政府，联合社会团体共同抢救。

（7）对于水灾之救济，以收容难民、计口授粮、配合衣物为主；对于旱灾以粮食接济为主；火灾以收容难民、接济衣食为主；疫病以医药救治为主，而红十字会任何机构亦有量力为助之义务。

（8）对于兵灾匪祸，临难则急救伤病，济弱扶危，善后收容难民，接济衣食，大兵之后，预防饥荒与疫病之发生。红十字会担任救护军民与善后救济实义不容辞。

（9）至于处理灾害救济工作，不必包办，群策群力，有钱出钱，处事公正，分配公平，急人所急，实事求是，好的开始，成功一半，此诚切要。灾害救济工作，本非某一分会一己之事，唯有求其在我，尽其心力，艰苦在所不辞，成败在所不计，能如此，地方幸甚矣。

（原载《红十字月刊》1947年第19期，第22-23页）

分会园地

115

南京沙眼防治所
——本会医药服务概况第五篇

南京沙眼防治所是我们四个（北平、西安、上海、南京）沙眼防治所之一，在四个防治所中，它成立最早。

本来我们久已有成立沙眼防治所之议，一直到今年三月，美国红十字会极力支持我们——允诺给我们经费，给我们器械，我们才从事筹备。

在筹备之初，我们曾联络眼科的专家们开了好几次会议，商酌关于技术和组织的问题，尤其是防治的对象，是一般平民？是公务员？是学生？是大学、中学、小学的学生？却费了相当研究的时间。最后，我们的决定是：除一般平民外，为作有时间性的研究，我们从小学做起，并与南京市国民教育实验区合作，在他们实验区所属的七个小学校做起。

国民教育实验区所属的七个小学校是：琅琊路小学、汉口路小学、玄武门小学、渊深巷小学、三牌楼小学、鼓楼小学和北阴阳营小学。

在这七个小学里，我们是在沙眼防治所组织了一个学校卫生组（一个医师、三个公共卫生护士）来主办。为得配合学校的需要，我们第一步做健康检查，在健康检查后的结果，做灭虫、治疗、种痘、防疫注射等，特别是沙眼的治疗工作，其他则环境卫生、卫生教育等也都在办理。

沙眼防治所的学校卫生组是在三月十日开始工作，一直到六月下旬各小学放假的时候，其工作数字如左列统计表。

中国红十字会沙眼防治所学校卫生组工作一览表
（卅六年三月十一日至六月三十日）

校名	琅琊路小学	宣武门小学	汉口路小学	三牌楼小学	鼓楼小学	渊深巷小学	北阴阳营小学	合计	备考
全校人数	1120	1140	1542	1646	793	193	394	6828	
体格检查	1038	1085	1536	1307	733	173	366	6238	
X 光透视	267	158	311	288	89	133		1246	
牛痘接种	1028	1080	1180	698	733	173	313	5205	

校名		琅琊路小学	宣武门小学	汉口路小学	三牌楼小学	鼓楼小学	渊深巷小学	北阴阳营小学	合计	备考
霍乱预防注射	第一次	1304	804	1722	1446	670	190	394	6530	
	第二次	1105	927	1518	1542	694	194	399	6379	
灭虫		50	42	149	230	147	37	62	717	
治疗	沙眼	2364	4025	2965	3182	2030	672	1512	16750	
	皮肤病		61	96	36	20			213	
	其他	77	137	103	112	107	57	41	634	
卫生座谈会		19	13	15	10	12	16	11	96	
环境视察		2	13	2	3	12	1		33	
卫生改良			1			2			3	
工作讨论会		2	2	2	2	2	2	2	14	

一件事不易办理，在中国常有其特别的原因，本来沙眼防治所在三月间就筹备，四月初已聘得人员。为要做有系统的宣传，十五张有图画、有唱歌、有说明的图表也印就，但是美国红十字会的沙眼全付（副）器械，一直因为海关的耽（耽）搁，不能入口，入口了，又因为运输等的种种不便，不能运来南京，所以沙眼治疗的工作迄不能做。以上学校卫生组的工作，只算是沙眼防治工作的准备，也可以说是防治工作的前奏了。

好〔不〕容易器械等于五月底运到，六月十一日门诊部正式成立，十二日开始治疗。

门诊部本来预备设立两处，一在偏于城北的估衣廊城中会堂，一在偏于城南的夫子庙布道所，但以经费及用具所限，只能设立一处，所以就在近于总会的估衣廊设立。

估衣廊门诊部除替一般平民治疗外，实验区学生沙眼之较重者，及学生家属都可以挂号看疾，一切都不取分文。

门诊部的成立，除在报上发一个短短的消息外，并没有其他的宣传，所以开门后的三天，病人较少，以后由病人自动的辗转宣传，日渐增加。现在每天平均都在三百人以上，因为只有两个医师，再多的病人也没有时间去看了。

为了病人的日渐增多，抢着挂号和等着看病，加之所址较小，天气又热，虽然防治所专派一人来维持秩序，有时候也小有纷扰。因此，有很多的病人请我们收挂号费以资限制，但我们除极力加强秩序的维持外，挂号费还未收。

根据统计，从六月十二日到七月底止，共计门诊的病人：初诊一八二七，复诊七二三八，诊病总数九〇六五。

在以上的人数中，沙眼之较轻者三四九四人，较重者三三九六人，重者七三三人，其他眼病一四四二人，外沙眼手术者五十六人。

治疗的药品，我们是分组主用百分之六点六"石炭酸"溶液或"硫酸铜"捧来涂擦，"索伐大辛"溶液、粉剂、膏剂作外用，或内服片剂，片剂的内服，为照体重一磅服〇点〇二克，成人每日约三克，继续十日后酌减或停止。手术方面，多为克奈浦氏压出法及内翻之手术。

候诊教育，同时举行，其题材除机会教育外，即所以印十五种之挂图为课目，轮流讲解，两个沙眼防治歌曲，也在教他们在唱。

因为实验区的学生放了暑假，工作暂时中断，其他门诊的病人则时间较短。除轻者看了十数次不见前来，可能为已愈外，我们还没有得到什么数字的结果。但除掉几个顽固的病例，和几个一曝十寒的病人外，其他的病人则多能持续下去，耐心治疗，而在主观和客观两方面，都觉得有显著的进步。

现在天气虽然极热，而沙眼的治疗工作，未敢稍懈，就是大雷雨的时候，也可以看到男男女女、老老少少的人在那里等着看病，最有趣的是老的抱着小的，小的扶着老的，常常是一家子的人都是我们的主顾，是沙眼的患者。

可怕啊，沙眼病在中国是这么多？

（原载《红十字月刊》1947 年第 19 期，第 24、25 页）

塞外春暖服务忙
——长春市分会二三事

三月杏花在江南　塞外气候已不寒
保育救护是天职　救死扶伤不知难

一、随军救护杂记

东北自光复后，屡遭变乱，民不聊生。本会有鉴于此，急组成救护队以备万一。本年二月二十五日……长市外围近郊市民，皆纷纷逃难市内，于是市内空气紧张异常，而警备司令部亦颁布特别戒严令，非公务员严禁出入……本会为发挥使命，于三月五日派业务组长率领救护队前往救护，以利伤运。是日天朗气清，寒风扑面，晨八时人员出动，齐集分会门前，整备行装及救护材料，一方与军方联络出发时刻。经蒋医官告知十时车站集合，约半小时各项准备就绪，会长对队员面论一切，时已九时二十分，即刻整队出发，会旗先导，队员服装整齐，精神振奋，沿途备受各界之赞扬。于九时五十分抵站，当与军方蒋医官联络，除稍有寒暄外，并说明待军命出发，于十时四十分，司令部项军医处长孙科长抵达，说明出动地址，及今后尚希格外援助，以利伤运等语。并赞扬队员等服装齐整，精神振奋，语毕即刻准备出发，汽笛一声，救护火车驱赴前方，时整十一时十分，沿途目睹居民散乱，男女扶老携幼，背景（井）离乡，载奔于道，所有交通工具，尽遭破坏，睹其情状，情极怆惨。当此抗战胜利，建国事殷之时，遭此破坏，实国家民族一大损失也。至十二时二十分，车抵米沙子站台，早有军方红十字卡车十数辆，满载负伤官兵等待运搬。队员等当即展开输送工作，即运搬负伤官兵至多，又于二时工作完竣，车开返长春，于车中交换绷带者十二名，临时救急者九名。及三时三十分，到达长春站，站台上早拥有长春市各界代表及中小学校学生不下数千人，列队欢迎，并口呼各种口号，于军乐悠扬中，经队员将负伤官兵一一搬运救护卡车之上，送往军方医院治疗。于五时许工作完竣，整队返会。如此工作相继数日，而队员等皆善体使命之重大，不避艰险，发挥服务精神，获得社会人士之赞许而完使命。

二、四四儿童节记事

本日天朗气清，惠风和畅，晨八时各职员齐集上海路分院，准备会场。九时许，院前车水马龙，呈空前之盛况，素重视自己儿童之家长，率领天真活泼之儿童，相继来院报名，至十时许，希望检查者共计一百三十六名，齐集会场。当由本会王总干事对于儿童节之意义，并我会举办儿童健康检查竞赛会之目的，以及我会之使命等，加以说明后，即开始各部门之检查工作。参加检查之儿童，皆精神振奋，顺序听侯（候）检查，并皆表现出个人身体健康之欲望，身着美丽的服装，口吃发给之糖果，活泼可爱，静待入选。经三日间之严格检查，选择优良入选儿童十三名，于四月十二日招（召）集入选儿童，举行发奖式典。是日天气清明，温风扑面，分会门前仍车水马龙，热闹非常。至十时许，各界来宾及入选儿童之家长，率领儿童陆续到会。会场内之设备，简单艺术，正面悬国父遗像及党国旗，后方悬挂蒋主席肖象（像），中间悬挂万国之旗，会场右角，悬挂领导世界和平的红十字旗，会场式（左）角，装设扩大发音机。各界长官及来宾席，位于场内左上方，会内干部职员席，位于场内右上方，记者席位于来宾席下首，中间为入选儿童及家长席，最后方设置发音机装设台，不断拨（播）出各种幽（优）雅的音乐。于十一时准时开会行礼如仪后，首由会长致词，业务组长报告审查经过，并颁发奖金奖状，继由市党部岳书记长，市教育局周局长，市卫生局徐科长等分别祝词，后由我会医院长做儿童卫生常识及家庭卫生环境改善讲演，末由入选儿童答词。仪式完竣后，举行茶会，互相交换意见，听取入选儿童家长说抚育儿童经验，以资参考，继又放演卫生常识电影，借资促进家庭环境卫生之改善，迄至午后五时三十分始告散会。

本会为推行保健运动，唤起家庭主妇对儿童加以重视之心理，以期改造家庭卫生环境，特于四四儿童节，举办儿童健康检查竞赛会等资纪念，并借此机会普及家庭卫生思想，促成培养第二代国民体力向上之观念，以期将来中华民族成为世界上最优秀强健之民族。

东北自沦陷以来，受尽强敌残酷之虐待，求食无饱，求衣无着，多呈营养不良及病后失调之现象，若不设法补救，对民族今后之前途实有莫大之危机。我会素以服务社会，博爱人群为宗旨，并负有救济及救护之使命，应立向政府或同盟各国呼吁，急速设法补救，以利民族之发展而保体力。实为至要。

三、牛痘接种

抗战必胜，建国必成，这是我国同胞一致的信念。熟料胜利以还，国内各地战争连发，无辜百姓死于枪炮之下者，为数甚多，兹当春季时期，杂病流行之时，对传染病之预防，本会亦积极设法扑灭，尤以培育下代国民之健康，更属当前之急务，是乃于四月十一日开始对长市各中小学校学生及一般市民，开始牛痘接种工作。在接种单位计中小学校二十八处，学生二六、八二九人，一般市民计六、五七八人。合计为三三、四〇七人。迄至四日底方告完竣，预想此项工作，除市民及学校当局对本会有澈（彻）底之认识外，更对天花之扑灭，亦可收相当之效果矣。

（原载《红十字月刊》1947 年第 19 期，第 25、26 页）

响应尊师运动

南京市分会会长　沈慧莲

　　政府规定先圣孔子的诞辰为教师节，实具有莫大的意义。先圣本来就是一位教师，他的思想都在教授学生时讲解出来，这种思想——儒家思想，传递数千年，一直被人作为理想与行为的标准，其影响之大，不可以衡量计。"万世师表"，向为人所称颂。教师们负担着百年树人的大任，他们的一言一语都在影响下一代国民的思想行为，所以教师们的工作，实在令人钦敬。值兹一年一度的教师节的来临，社会各界正热烈地举行尊师运动，来庆祝这最有意义的节日，实具有无限意义。近年来由于抗战，国民经济日趋艰难，教师们的生活亦备极清苦。本人过去亦尝从事教育工作，与教师同人同甘共苦，对于教师的清苦生活和艰巨重任，寄予无限敬意与万分同情。

　　青年为民族中坚，儿童为国家命脉，而教师们的思想，正是青年儿童的表率。所以教师的良好与否，足以影响国运的隆替，和民族的兴衰。今日我们的教师，在这样的清苦生活中，我们响应尊师运动，其意思不特在解除教师现实生活之烦恼，且亦是一种社会心理建设运动。对于社会上的优良分子，我们要尊敬，如此则是非观念得以伸张，一般国民也可从善如流。

　　在这样有意义的节日里，我们红十字会自然不敢（甘）落后，也来响应尊师运动。红十字会本"服务社会，博爱人群"的宗旨，来替大众工作，对于可敬的教师先生们，我们已举办下列各种服务，深望各位先生有需要时到我们这里来。

　　（1）体格检查——每年举行一次。

　　（2）健康咨询——专人负责解答。

　　（3）疾病治疗——免收医药费用。

　　（4）家庭访治——公共卫生护士专责。

　　（5）主办防疫种痘——及时举行。

　　（6）免费接生——凡家庭贫寒，负担极重，经调查属实，得豁免所有接生费。

　　（7）专科讲习——得请医师开科讲述急救护理、公共卫生等课目。

　　（8）营养补助——赠鱼肝油及牛奶等营养品。

（9）康乐活动——欢迎参加本会主办玄武湖服务站或本会交谊室各种阅读、划船、打球等运动。

（10）设立托儿所——正在筹备中。

同时我们也深切盼望各位老师们，尤其是中小学的教师，协助我们对于中小学生教以各种积极性的、教育性的训练，如公共卫生、急救护理、水上安全、意外预防之类。这许多是本会除救济与诊疗以外的重要工作，但是我们知道这些工作非得教师先生的协助，是无法普遍展开的，至于所需的一切材料，我们当尽力供给，我们将向你们高举"欢迎合作"之手。

红十字会愿以这些行动来表现"尊师重道"的信念，我们愿与所有的教师去完成他们深望社会人士热烈支持我们去完成的这种理想！

（原载《红十字月刊》1947 年第 20 期，第 25 页）

不是为自己
——本会筹募事业基金南京筹募记

总会　黎阳

罗斯福说："红十字会的标记，是人人所爱的，因为红十字会不是为自己谋什么，是为人群服务的。在目前一片纷乱的世界中，红十字会的标记，确给我们唯一的一种希望"。

"秋天来了，我们怎么办呢？"

是的，秋天来了，他们怎么办呢？

他们的家有的是在关东，有的是在岭南，关东和岭南曾是最富足的地方，然而连年的烽火，将关东烧成了一片焦土，无情的大水，将岭南洗成了一片洪荒。他们的家在烽火和洪水之下，变成了废墟，变成了水窟。挂着眼泪，穿着一身的旧衣，他们离开了家，走上流浪的道途。"相逢何必曾相识，同是天涯沦落人。"关东的难胞和岭南的灾黎，以及中原苏北的流亡民众，一群群，一伙伙，向树有红十字标志的地方，伸去他们的足迹。秋天至了，他们知道冬天接着就要到来，望着飘忽的白云，他们更感到生命的寒冷。

"秋天来了，我们怎么办呢？"

一位坐在办公室里的先生，翻开日历，看看已过了立秋的节令，一连串的思潮，涌上他的脑际。各方报告来的灾难贫苦的人民的数字，一天天增加，自一千一万增到百万千万，而经费的数字却只在赤字栏下膨涨（胀），以这有限的力量去救济那广众的灾民，他无法不感到内心的焦灼。而况这已是秋天了，饥饿之外，又加上寒冷。想到那些流浪贫苦的同胞，就像有无数支的利剑，射进他的脑海。

秋天来了，我们应该怎么办呢？

这是一个严重的责任问题。红十字会是一个以救济为职责的机关，四十余年来对国内外的兵、风、火之灾，无不竭力以赴，现在面临着一个灾难严重的时代，能不鼓起雄心，为千百万的难胞解除衣食疾病之难吧？

诚如蒋主席所云，仁民爱物，莫大于救恤，红十字会为今日人类精神之最高活动。中国红十字会，虽具四十余年的历史，伟绩宏效，历八年抗日战事而益彰，但经济来源，初无基础，每逢灾难发生，始临时捐振（赈），非仅有悖事预则立之教，尤感临时乞助之苦。现为举办永久事业及难民救济，乃经决定筹募事业基金五十亿元，向全国各大都市及海外侨胞劝募，以期集腋成裘，发宏救济的事业。

各区征募额之分配，系视各区金融商业的情形比例而定，捐者惠而不费，始无伤于救济的本旨，所以以首都之大，仅预定征募额国币三亿元，诚非奢于事者的所预料。故沈市长于八月二十日筹募大会席上曾云："捐款的意义要大，捐款的数目不宜太大，这样的捐款运动才会成功。"

南京方面在征募筹备之初，即已组织一筹募委员会及征募总队，由沈怡市长任主任委员兼总队长，社会局谢征孚局长任副主任委员兼总干事，市党部立委萧赞育及教育局局长马元放任副主任委员。因为沈市长、谢局长是南京市的行政长官，所以本市的党政、妇女、金融以及各业公会的领袖都被邀聘为委员或队长，队长方面共有一百五十人之多。

八日二十日在中国红十字会历史上，将是一件辉煌的大事。早晨八时介寿堂的大礼堂，即已布置一新，满壁的红十字图画照片，将庄严肃穆的气氛化为慈爱与和蔼。英文字母 U 字形的桌席上分列着无数份的征募特辑与本日的京市各大报，这里有本会的事业数字和工作照片，有蒋会长、沈市长、谢局长和金楚珍次长的论文，感谢他们不但对本会的工作意义阐述无尽，而有些话简直如同出自我们的心坎，使我们读后如吃巧克力糖，感到浓厚的甜意。类如沈市长所撰的《人人有帮助红十字会之义务》一文中有说："……红十字会为一人民团体，其要求民众之捐输，不欲丝毫之勉强。各国红十字会，皆以其事业之成绩获致民众之同情，借以募集巨大基金。其事业之发皇愈大，则民众之爱护愈深，人人皆知有帮助红十字会的义务，斯红十字会之理想乃有实现之可期。中国红十字会不于复员之初即发起筹募事业基金运动，而延至今日方始举行者，盖欲以两年来之社会服务成果，使社会人士增加认识，引致其自愿尽帮助之义务，而今日筹谋事业基金运动之举行，实亦为人人帮助红十字会之无上良机。"

上午七时半大会开始，沈市长与谢局长十时即已到会，其余征募队长及新闻记者七十余人均于十时左右络（陆）续前来。本会胡秘书长及高级职员亲在会堂门前，热烈接待，沈市长更以大会主席身份在会堂内与每一来宾握手言欢，愉乐之情溢于容面。大会开始时，由沈市长担任主席，首先起立致词：他解释红十字会不仅战时在前线救护伤患，而平时仍是一样的救灾恤邻，服务于人群的。他并且巧妙地引用红十字会国际联合会十九届理事会所决议的十三条原则中，四、五、六、十这几条，他清晰读出："按照第四条所说：红十字会工作以推进人类博爱思想并服务社会借以防止或减免人类的痛苦为目的。又第五、第六条所说：红十字会认为战争系人类最痛苦的灾难，故于维持和平所需之一切工作均当引为己任，努力推行。如战争不可遏，红十字会即当以全力进行可资减免战争灾害，改善病者、伤者、俘虏生活，保护平良（尤以妇孺为要），避免战争之恐怖，并予精神及物质两方面的援助诸工作。"以说明红十字会之劳瘁不可终日，其目的在为人群谋福利，为社会谋安全。现在中国红十字会为适应时局迫切需要加强伤患灾难救济，发起筹募基金，相信京市各界人士必能踊跃捐助。

次由谢局长致词，历数过去红十字会的功绩，及此次办理筹募基金运动之经过，并声明渠（其）本人极愿为此次征募竭力帮忙，尚望各界人士一致协助，相信三亿元的捐款决可达到目的。

接着南京市分会沈会长慧莲报告南京市分会一年来的工作概况。

次由潘序伦先生致词，他是筹募委员会的会计顾问，所以他起立大声说："中国红十字会的会计顾问我担任了十余年，每年的经费预决算，都由我审查，我知道红十字会有很好的会计制度，一文钱也不会滥花，任何人也不能中饱。所以我要请新闻记者将我的话发表，我可以保证红十字会的会计，大家放心大胆地拿出钱来。"

此后王泽肃、王宜声、陶桂林、穆华轩诸先生都依次发了言，大家都一致的认为，红十字会此次筹募名正言顺，意义重大，捐款的数目，一定能达到理想。

再次请到中华女中陈熙仁校长发言,她说:"听过诸位先生的高论,知道红十字会的事业是非常的伟大神圣,此次筹募一定达到圆满的希望。我个人力量虽微,但我是个基督教徒,我可以以信仰基督教的精神来帮助红十字会,同时我可以以红十字会博爱服务的精神去训练我的学生,使他们养成牺牲爱人的德性,使他们都来信奉红十字会的事业。"

程觉民先生是南京市银行公会的理事长,此次本会筹募基金,他是帮忙最〔有〕力的一人,所以当他发言的时候,他就慷慨激昂的说:"中国事事落后,赶不上别人,这因我们对于公益事业一向缺少热心。中国红十字会战时所需的经费和物资,多是外人的捐助,这固是人家的好意,但我们自己总觉有难以为情的地方。现在我国已列为强国之一,再不能事事依赖人家,所以这次红十字会筹募基金,我们应以全力支持。"

他说完后,时间已到了十一点十分,沈市长乃归纳各人所说的话作一结论说:"依照理论或是事实的经验,捐款的意义要大,捐款的数额不一定的太大,这样的捐款运动才会成功。我刚才在征募特刊上又看到这么几句话,'只要有痛苦——战争、灾难、饥馑、时疫——的地方,你们都可以看到红十字旗,你们都可以看到佩着红十字臂章的男女们在辛勤的进行着救济的工作。'这是多么伟大的事业,但是尽管红十字会的事业和征募的意义是非常的伟大,而所征募的数字并不太大,老实说一句,确是相当的小。起初胡秘书长同我商量南京区征募数字的时候,预备定为五亿,但因南京的商业还不繁荣,怕难达到目的,复改为三亿。照今天开会情形看来,各位队长如是的热烈赞助,那这个目标,一定可以超过,现刻吴琢之先生就代表江南汽车公司捐献一千二百万元,另外公司里同人又捐款二百万元。这只是一个开始,希望各位不要让吴琢之先生专美于前,还要赶在吴先生的前面。"

时间到了十一点半,大会已经完毕,大家是满怀热烈的来,仍是满怀兴奋的去,我们也带着红十字旗,乘着红十字的汽车含笑回来了。

秋天来了,办公室的大门前常有二三衰老的乞者和瘦弱的丐童蹲在水门汀上,望着我们进出。尽管这对于门前的观瞻是个极大的污点,在别的机关是绝不容许,但我们会内的同人,并没有谁去赶走他们,好像彼此间反存有无言的友好。是谁驱使他们流浪,是什么力量感他们逃亡,是谁去救济他们的生活,是谁温暖了他们的灵魂?追究到这儿,我知道了这些乞老丐童之所以爱恋这所不算漂亮的房屋，而我们同人又不厌恶他们的原因，就建筑在这点互相默契的关系上。

秋天来了，我们已在征募，已在赶制棉衣，这不是为了自己的饥饿与寒冷，是要拯救千百万的苦难同胞于饱暖之域。秋天来了，春天还会远吧！但愿这次征募能为那些可怜的难胞带来春讯。

（原载《红十字月刊》1947 年第 20 期，第 30、31 页）

梧州水灾急赈记

苍梧分会

一、劫后复兴的梧州

梧州一埠，背山面水，恰当三江——漓江、浔江、西江的总汇。溯江而上，可通桂（桂林）、柳（柳州）、雍（南宁）、龙（龙州）、百色；沿江而下，可达广州、港澳、自容（容县）、苍（苍梧）；公路完成通车后，更可有公路直通邕、柳、桂各地。而广三铁路，起广州，迄三水，由梧州至三水的轮船，朝发可以夕至，所以水路交通，都非常便利，平时帆樯往来如织，商贾辐辏，百货云集，形成商业中心区，不特为广西门户，而且是两粤的咽喉，在我国商埠中，确实占了一个重要的位置。在民国十三年的时候，开始折城筑路，设立了一所商埠局，延聘专门技术人员，主持其事。十年之间，所有繁盛地区的街道通通修筑成宽敞平直之三合土的大马路，两旁商店都改建了巍峨的洋房，把一座古旧的城市突然完全改观。而人口激增，曾达到二十万以上，中间一度设市，成立市政府，下设公安、工务、教育、财政、卫生各局，而电灯、自来水、电话等公用事业，亦先后陆续举办，蔚然粗具现代都市的规模。其后以种种原因，裁撤了市政府，但对于市政建设的工作，从未间断，先后设立梧州工务局、梧市市政建设委员会、梧州市政工程处等机构，负担市政工程建设的责任，其间虽因经费支绌，未能积极进行，致无显著的长足进展，而在负责市政建设各机构之主事人员共同努力之下，历年亦颇有相当进步，至少足以维持过去二十年来惨淡经营的成就。不料七七卢沟桥事变，战祸骤起，不久广州便告失陷，敌骑盘踞三水，截断两粤交通。梧州与三水，相距不远，逼近陷区，在风声鹤唳、警报频仍之中，除一部分学校内迁安全地带，以免影响学子、学业外，其余农工商贾，仍能各安所业。各级行政机关一面注意陷区敌伪动向，以资防范，一面仍如常处理政务，因窥察当时敌情，尚无侵略梧州的企图，到三十三年秋间，敌人已势穷力蹙，欲求速决，遂不顾一切，实行其最后的孤注一掷，由四会、怀集、间道逼攻梧州，希图牵制衡桂战局。此项情报突如其来，当局遂下紧急疏散命令，市区民众，限九月十五日以前，全部撤离市区之十里以外，各级机关，亦奉令撤退，有军警留守。至二十二日，经我一度激烈抵抗后，敌人遂侵入梧州，焚烧掠劫，无所不用其极，全市建筑物合历年被敌机轰炸破坏者，计算摧毁达百分之八十以上。昔日繁荣的都市，一变而为荒凉的垆圩，把前人十余年精神力量的结晶，毁于一旦，至堪痛恨！迨三十四年八月敌人投降的消息由电讯传来，驻梧敌军已无斗志，悉为国军驱逐，梧州乃告光复。政府机关及避难民众，相率归来，喜溢寰宇。不过，我们的足迹才踏进市区一步，便发生无限感慨，举目四顾，只见随处颓垣壁立，败瓦山积，满目疮痍，不忍卒观，竟觅不到几家稍微完整的房屋，大多数难民不但无以为家，而且无以为食，惨况不堪言状。于是在政府与人民通力合作之下，百业渐复，人民生活勉强得以维持。经两个月的时间，才把市内之瓦砾泥土，搬运清楚，电灯、自来水、电话，亦于短期内恢复供应。损毁的马路，趁速修补完好，破坏了的房屋，陆续改建。因其具有交通便利的天然优越条件，所以能够在短短的两年间便完全复了旧观，又得了行总广西分署拨来赈粮七百吨，由梧州市工赈委员会领导，以工代赈，填筑成了四千余英尺的河堤路，五千余英尺的角嘴路，一千余英尺的阜民路，及开辟仁秀路、方井路上牛皮巷等马路，如此，不止复了旧观，实比较过去进步了许多。直到现在，虽在物价高涨、生活艰苦当中，而耳目所接触都是蓬蓬勃勃，充满了复兴的气象，此后倘能继续不断的加以培育，市政建设的进步，当至无可限量，使它成为现代化的都市，是很有希望的。

二、夏涝成灾及灾民的惨状

水，对于人类是有利的，但有时也会有害的。好比黄河，为利甚溥，然而危害却也不小，每当黄水泛溢，沿岸各省的人畜财产，其遭受的损失程度几乎不可以数字计算。政府为求减少灾害起见，每年耗费了不少的人力财力，去计划治河，这是很需要而且很迫切的。

地当三江总汇的梧州，既享受了水的利，却免不了遭遇到水的害。每年夏秋两季，常常洪水为患，甚或二次、三次，淹浸期间，有时延长到一个月以上。记得民国三年（甲寅）及四年（乙卯），梧州的洪水为最大，时期为最久，灾情为最重。据当地古老传说，民四的洪水，城内向来未被淹浸过的高地，都不能避免，实为近百年来所仅见。有人说，近来洪水位较高，大概是为历年由上游冲刷下来的沙泥，日积日多，把河床填高了，所以洪水位也逐渐移高了，如果不从速设法疏濬（浚），恐怕将来一年积一年，洪水位随河床而移高，为患更烈。又有人主张沿河岸修筑堤坝，以为抵御，像广东沿河各乡的基围一样。这个办法固然是工程浩大，需费不赀，谈何容易？而且还有许多困难问题，不易解决的，但疏濬（浚）河道也不是一件轻而易举的事，只好候诸异日罢了。

今年入夏以来，霪（淫）雨连绵，兼旬不绝，间或滂沱急泻，势若倾注，雨水之多，为往年夏季所无。当六月中旬的时候（还未到旧历五月），河水便突然高涨了丈多，沿岸河堤路面将被淹没，而雨还是间歇的下降。照此情形看来，当有继续增高的可能，人人心中，都怀着隐忧。这时候，霪（淫）雨迭降的情形，不止梧州一地为然，同时下游广东的东北、西、三江也一齐闹着水涨。沿岸防水基围，有被洪水冲缺的，田禾房屋，两被淹没，冯夷的大驾，直光临到广州市的西关一带来了。这还不算，连日接到桂林、柳州、南宁各地的电讯，都说一日之间，河水暴涨了二丈余或三丈余不等。这个消息确实惊人，大家心目中，都认为这次水灾的来临，是万难幸免的了。当时，梧州的水位也较平时高出了许多，加以上游的桂江、邕江、柳江相继地额外补充下来，已经吃不消了，而西江下游的水，不肯甘居人后，却要乘时并起。这么一来，上游则大加灌注，源源不绝，下游呢，宣泄不易，无法消纳，于是梧州的水便每日增长三尺或五尺的涌进市区来了。除了沿岸各乡较低的稻田，淹没□尽，颗粒无收，造成荒欠（歉）不计外，市内繁盛地区，如河堤路、桂林路、四坊路、九坊路、五坊路、长沙路、珠玑路、居仁路、大东路、竹安路、大南路、小南路、阜民路等及地势较低的街道，尽成泽国，顿把市区陆地的面积缩小了。许多避水的人，除了有楼可居或有亲友家可借住，而又囊有余资、粮食不虞匮乏者外，其余住无屋、食无粮的灾民，每到夜间，所有骑楼底、旷地、山坡以至沿北山一带的战时防空洞，都变了灾民的临时宿舍。而且为数近万人，这些人都是无隔宿粮，甚至三餐不继、朝不谋夕的街头小贩和劳苦大众。平日是以劳力博取升斗，或做小买卖，以维持一家生活的，到了这时候，无买卖可做，无工作可做，何止仰屋兴叹、牛衣对泣？简直是走投无路，束手待毙，到此紧急关头，如不急起设法救济，在死亡线的边缘把他们抢救回来，势必流为饿莩。这种情况何等严重，所以，"急赈"是应该火速举办，而不容稍缓的了。

三、办理急赈的经过

本市光复以后，地方秩序安定，市面亦逐渐恢复繁华，而与梧州毗连之广东属的罗定、云浮、郁南各县，因粮食缺乏，为饥饿所驱使，投奔来梧觅食的难民为数甚多。平时维持日常生活已属不易，何况水涨了，粮食价格也随之而涨，而且无工可做，竟至无法觅取购买食物的代价，因此增加了灾民人数，这是一个原因。在水势续涨声中，本会同人，即已发动募捐，派出会员分向富商巨贾及殷户劝募捐款，以为举办急赈之需，但募集捐款并非一朝一夕可以办到，实有缓不济急之虞。而灾民之亟待救济，又有迫不及待之势，遂商请行总广西善救分署驻梧第四工作队尽先酌拨赈粮，俾得煮粥施赈，以济燃眉。至募集捐款，仍同时加紧进行。恻隐之心，人所同具，见死不救是无心肝，一般善长仁翁，各本其慈善为怀之旨，无不踊跃输将，量力捐助。有捐现款的，有捐食米的，有捐柴薪的，接踵而来，共襄善举。古语说："人之款善，谁不如我？"于此又得一明证。急赈开始了，本会旨在博爱，而救饥拯溺，尤为责无旁贷，于是立刻动员了训练有素的会员八十余人，个个都是见义勇为，争先恐后，分担各项工作，有赴领赈粮的，有购买柴薪的，有负责派粥的，有下厨煮粥的，又有担任指挥监督的，分工合作，各司其事，遂于六月十九日晨九时开始放赈。放赈地点，订分六站。即一、北山牌坊脚。二、北街菜市场。三、灵盖山麓。四、对河之鸳江乡。五、文澜埇。六、富民坊，等六处，每日煮成稠粥壹佰伍拾伍担配发六个施粥站，分别雇夫挑指定地点工作，人员亦分为六组，以便管理、分发及维持秩序。每日就食灾民约玖千余人，放赈时灾民排列成行，按先后次序，由工作人员逐名分发，已得食者，即行散去，无不喜形于色，秩序良好。这样做法，一连同样地做了六天，到六月二十四日，第四工作队拨来的赈粮即已告罄，而各界捐助本会办赈的现款、食米柴薪都陆续收齐，正拟由本会续办。当时梧州的广仁善堂及宝善堂两大慈善团体，当仁不让，以如斯善举，未甘落后，惟人员与工具都感缺乏，不能够单独举办，特商请本会联合办理，工作人员仍由本会负担。本会以善与人同，义不容辞，允其所请，即于同月二十五日起，由本会与广仁善堂、宝善堂三个团体联合续办，也是同样的煮粥散赈，连续六天，至三十日止。兹将各站每日施粥数量及就食灾民概数，列表如下。

放赈地点	每日施粥担数	每日就食灾民人数
北山牌坊脚	五二担	三二〇〇人
北街菜市	三五担	二一五〇人
灵盖山麓	三〇担	一八二〇人
鸳江乡	一七担	九七〇人
文澜埔	九担	四九〇人
富民坊	一二担	六七〇人

　　自六月十九日起，至三十日止，连续放赈十二天，到二十五日那天，上涨的水势已停止了。二十六日以后，水势开始逐渐退落，到三十日，洪水已全部退出市区地面，市面一切都恢复了原状，急赈工作也就随之而告终止。

　　四、结语

　　此次水灾急赈，仅短短的办了十二天，就食灾民近万人，可以说是普遍受惠。可惜放赈的只是稠粥，灾民得之，仅供半饱，本会认为未能使灾民个个得到果腹，仍属一大憾事，不过为财力物力所限，只能够办到这一步。又此次本会为了举办急赈，动员了会员八十余人，这八十余个会员，个个都有其正常的职业，一接到了召集通知，便都把他的原有业务暂时搁置，踊跃应召，而且努力从事，始终不懈。此种牺牲小我、维护大众的表现，确足以发挥我红十字会博爱、助人的精神，这不特本会引以自慰，更愿与同仁共勉。

　　（原载《红十字月刊》1947 年第 21 期，第 29-31 页）

母亲会回忆

南京市分会　赵昌敏

　　一年来，母亲会的陆续举行，已给京市民众以最深的印象，而且一次比一次热烈起来。凡是接到通知的母亲们，不论时间的迟早，她们都兴高采烈的参加，打扮得十分整齐，带了他们的宝贝，甚至丈夫姊妹、兄弟也一同到会，普通拖男带女是极平常的事。

　　这些母亲们都是我们诊所接生过的产妇，根据接产日期的记录，约三个多月举行一次母亲会，借以联络感情，宣扬红十字精神。第一次是本年三月八日，招待二月八日以前生产的产妇，在新街口银行公会举行。那次共发出二百四十封通知，但实到的只有一百零一位。集会节目首先由会长指导育儿常识，继而开放儿童教育影片，最后分发婴儿衣包。第二次是七月五日，在太平路四十二号本分会交谊室举行，事前发出通知一百八十封，可巧是雨天，却也来了七十三位。最近一次是十月七日，地址仍在太平路本会，来宾非常拥挤，整个厅所里坐的满满的，我们发了一百八十八封通知，到会签名的母亲，有八十四位，大半都带了二三个亲戚朋友。

开会时，在厅里，母亲们怀抱着孩子，一面用点心、喝牛奶，一面听着育儿常识，有几个父亲们围绕着大厅的窗口笑逐颜开的看着孩子。当一位漂亮的母亲代表全体起立致答词时，空气最紧张，全体母亲的视力都集中注视着，当代表表示了"感谢红十字会的伟大服务精神，将来亦愿为红十字会义务工作"的意见后，大家裂开了嘴巴大声鼓掌起来，好似正确地表示了大众的意思！

望着大小不同、肥胖各异的宝贝们，业务组长林小姐临时发起婴儿体重的检查，这可引起了母亲的热烈的拥护。她们好奇地怀着希望的心情愿自己的宝贝能够合格，小心地拍着，抚慰着，注视着，不论年青的，年长的，每人（个）母亲的脸上显示了母性的伟大。

经过了检查，我们再每人分发一份婴儿营养指导及各人一个婴儿衣包。她们集中在厅前满意地摄了照，快慰的离开了红会，沉浸在纯真的母爱里，暂时忘却了生活逼人的苦恼！

（原载《红十字月刊》1947年第21期，第31-32页）

江南秋老话扬州
——江都分会会务报告

江都县分会

江都县分会筹备复员于三十五年十月间，因原有机构设备历经兵灾，荡然无存，经两月余的经营，始得于同年十二月正式宣告成立，业务部门之诊疗所亦同时启幕。当时备荷各界之襄披与赞助，至今忽已一年，因略胪陈一年来的工作概况以告于社会。

一、会务情形

（一）会员之征求

自筹备期起迄今均遵照总会之意旨努力推进，计共征得团体会员一个，名誉会员三十三人，特别会员二百五十四人，普通会员五百五十一人，青年会员二百一十人，总计一千零四十九人，会费共计应收六、三二四、五〇〇元，现除尚有部分未能收齐外，实收五、六一七、〇〇〇元。征求方式，过去均系由本会直接征求或发动基本会员介绍，致未能广泛展开，以后征求方法之改进，当在后文计划中具言之。

（二）理事会之组成和工作

本会理事会依据总会所办之分会组织规程为最高之权力机构，理事名额规定为十一人至十五人，但必要时可以增减，本会为加强理事会组织，经选聘理事二十一人，均为当地各界之领袖，会长一职，由理事互推杨佳如氏担任，总干事由理事王玉光兼任。理事会自成立至今，共召开两次，对会务决定甚多，如充实诊疗所之设备，加强救济工作等均由理事会通过交会执行者。

（三）总会之奖励

总会三十五年度考绩，以本分会复员不久，工作展开迅速，合于发给奖状暂行办法第四条之规定，于本年六月间领到京总一人字一三号奖状一纸，备觉荣幸。

二、服务情形

（一）参加社会救济事业机构

江都县社会事业救济协会召开时，本会亦出席参加，会长杨佳如当被选为该会候补监事。

（二）参加县防护团

江都县防护团、医护大队成立时，本会应召参加，并经决定本会诊疗所为全城四救伤工作站之一，本会王总干事玉光亦被选为救护大队副大队长。

（三）举行火灾救济

三十六年一月，本城砖街居户发生大火，延烧十四家，损失约当时币值六亿余元，本会发动紧急捐赈，经向银行界会员募得捐款五十七万元，本会捐凑三万元，共六十万元，散发被灾各户，聊尽"我为人人"之责。

（四）办理儿童营养站

本会自三十六年一月起接受苏宁分署委托代办儿童营养站，免费散发贫弱儿童蛋奶，迄今尚在延续中，计共散发四七、九五三次，八百六十九个儿童。

（五）协助戒除烟毒

当江都县政府扩大肃清烟毒声中，本会诊疗所亦受指定参加协助戒除烟毒，计先后经本会诊所戒除者共六名。

三、医务情形

本会原所计划之工作，本甚繁多，但以限于人力物力，只能以医疗为中心。诊疗所自开幕至今，共计诊疗一○、五三七次（内科二、九三四次，外科三、二二一次，产妇儿科四一○次，皮肤科七八八次，花柳科五四次，五官科三一二次，手术七七次，检验一七七次，体格检查九四四次，预防接种一六二○次），此为本会医疗业务之情形。

四、总务情形

（一）人事

依据分会组织规程，除理事会长总干事外，下设总务、业务两组，每组各设干事若干人。本会遵章设立，除业务组长一职由总干事兼任外，并另设总务组长一人，干事七人，阵容颇整齐，尤其诊疗所工作人员情绪安定，工作最有具体之表现。

（二）经费

本会经费依据总会指示，系以筹募自给为原则，"取之于公，用之于公。"惟征募工作，迄未扩大办理，以致经费拮据异常，逊至无法推进业务。兹略将本会年来收支概况分志别后，收入部分：

（1）会员会费五、六一七、○○○元，连呈缴总会二、一九五、八○○元在内。

（2）募集款项：A 火灾救济急赈费五七○、○○○元。B 捐款二、八○○、○○○元。

（3）业务收入（医疗业务）五七九、九○○元。

（4）补助费项：A 营养站开办费七○○、○○○元（行总补助）B 营养站经常费一、二○○、○○○元（美援华会补助）C 淡奶空罐变价二、二九○、○○○元（系函准行总苏宁分署抵作补助费者）。

（5）其他收入：一七、○○○元。以上五项共计收入国币一四、五七八、一○○元。

支出部分：

（1）开办费：A 分会及诊疗所四、○○○、○○○元，B 儿童营养站七六三、三○○元。

（2）经常费：A 分会及诊疗所共计一六、一三三、八九〇元。B 营养站经常费一、二〇八、八六〇元。

（3）火灾急赈费六〇〇、〇〇〇元。

（4）荣军慰劳费八〇、〇〇〇元。以上四项共计支出国币二二、七八六、〇五〇元。两抵不敷八、一〇七、九五〇元，悉由本会总干事王玉光私人垫借。

（三）资产

本会草创伊始，一无基础，现有资产除总会领来一部分外，其他如房屋什物均系由本人分别借用。至诊疗所一年来所用药品，并未向总会请领，亦系由王总干事自行筹购。

以上系本会复员后一年来的工作概况。

本会计划服务事项，原预定为医疗服务、营养补助、康乐活动、灾害救济、服务训练、红十字少年训练六端，而已行有成效者，只医疗服务一项，此亦因一般人民久经困乏的生活，营养缺少。一经染上疾病，诊费辄难筹措，而一般医疗机关收费均甚高昂，以至本会医疗工作在为人服务之前提下，遂应需要而扩大的展开了。现以目前设备尚不能称为完全，特经拟订新方案如后：

（1）向总会请领医疗器械及足以救治普通一般病症之药品敷料，以资充实；

（2）至少添聘公共护士一人，检验室及药品工作人员数人，并充实诊疗所内部，成立社会服务部，办理家庭访视及平民助产等业务；

（3）办理保健券之义卖，第一期定为一万张，每张售价一万元，请各界人士广为认购推销，由购券人直接赠送贫苦病民，持券就诊，本会诊所即凭券予以免费（包括一切费用）治疗。本会即以所得券款增聘医务人员，充实内部。如是则社会上慈善人士、贫病民众与本会由于同情心之连紧结为一体，实一举而三得焉。

（4）办理巡回服务队，以改进农村卫生为主要工作，俾乡区贫民有接受现代保持健康、防治疾病之理论与实施之机会。因扬州现有卫生机构多集中于市区，以致乡村农业的人民甚难获有防治疾病的卫生常识与实惠，现本会除拟向总会请拨救护汽车为办理此项工作之基本工具外，再盼本会理事及地方贤达予以实力支持。

（5）建置肺病防治机构。肺痨之猖獗，举世共畏，本会拟俟经费稍为充足，即在北部设置肺病医院，尽量利用现成之房屋设备，为本邑暨外部肺痨患者疗治之区。

次言会务计划，第一即健全并确定内部之人事组织，使专任者潜心工作，并发动会员从事义务服务。惟健全人事首先尚须畅行下列数事：

（1）增进会员福利：设立俱乐部交谊室、健身房，以加强会员的生活情趣及会员间的联系，并为会员介绍学校与职业，以解决会员生活上的困难，此固为增进社会人士对本会之认识，但质而言之，亦为社会服务之一种。

（2）组织青年会员服务队，从事各种救护及防疫除害、保护健康等等服务，随时随地做卫生宣传，与人类最大敌人——贫、病、愚、私做殊死战。

（3）筹设缝纫训练班：总会前得美国红十字会协助，推行缝纫服务，曾饬各地分会努力推行，本会决在最近期间向总会领取缝纫器械，聘请指导人员，以失学失业妇女为招致对象，俾发挥社会服务之最高效能。

（4）推行文化服务：以筹设图书阅览室为首要工作，次即举办业余补习班，并宣扬地方文化。

（5）举办儿童福利站及推行赈济、消防、救护、营养补助等项工作，借使红十字会为一完全之社会服务网。

综上所述，是为本会未来工作之一美丽图案，如何使这个图案一一变成有线条的活动，则有待本会同仁之努力与企盼社会人士之援助。

（原载《红十字月刊》1947年第22期，第15–16页）

军 中 秋 色
——南京分会青年服务团访问
"首都过境军人招待所"

鲍　华

重阳后的几个朝辰，细雨斜风，点缀着这深秋的季节。

这一个礼拜日（十月廿七日），并没有例外，老天依旧淅淅地为这多难的世界叹泣。

红十字的车辆载来了十几位年轻朋友，在总会等着的也有七八位。队伍的指导者吴伯元先生，检点工作的器具带齐没有，而且还对全队朋友报告今天的节目和任务。

车子载着人，也载着雨，穿过鼓楼，在中山北路的大道上前进。我们的驾驶者是一位老战士，不到一刻钟，已经挹江门在望，挨着城头右转弯，到了"过境军人招待所"。

跨进一个小小的便门，便是一片营帐，因为昨天刚走了三百多新兵，所以营地上有些落寞。管营的周中校堆满了笑容，迎接这一群冒雨而来的天真的孩子，当他去招呼弟兄准备参加我们游戏节目的时候，我们在吴先生的引导下，参观营地。营地的一边傍着城墙，一面傍着湖水，却是一片好的自然。有娱乐室，可以打乒乓，有阅览室，可以容二十人读书，湖畔系有三只游艇，还有介绍常识的壁报，这些都是京分会捐赠或举办的。沿左手再进是厕所，比一般的公厕整洁，转弯是厨房，也兼饭厅，当然没有桌椅，只一片空地而已。在饭厅前面，吴先生说，有一位美国上校建议的三只洗碗缸，第一步是去油，其次用肥皂洗，最后用清水漂一下，我不知道我们弟兄使得惯不，嫌烦不。旁边还有两架日本的煮水机，孩子们手抚着煮水机，也许是在追忆这可贵战利品的渊源，也似在为失去了的胜利光荣而惋惜！沿城脚走出去，全是空空的帐篷，里面铺有木板，也有一个铺有二个床的帐篷，原来那是病室。病室之后是红十字会服务处，给药、娱乐、代写书信，隔壁是官长办公室，最后还发现有几封无人收下的信，"烽火连三月，家书抵万金"，不禁为遥戍关山的兄弟们惆怅。

雨，居然休息起来了。

我们便打开摊子，掷镖、掷环、掷包、边高。每一位长官或士兵，都按名领票，各种游戏每人可以玩一次，边高三次。

掷镖——靶子是一块木板，在中心画一个圆点，叫做靶心（Birds Eye），沿靶心画几道圈，镖是一支小圆柱，约四寸长，尖端装钉，末端粘羽，有得买，也可以自制。靶子距投掷的地方的二丈，以中的为胜，也可以按靶心远近之环圈记分。我们这次，中的给奖，这一般战士，当然有得心应手的，但是羽毛的镖，毕竟不就是打仗的枪，也有五次毫无成绩的。

掷环——这是街头常见的玩意，把奖品摊在地上，距二丈处投环，环藤制，如饭碗口大，可自制，以环套中奖品为胜。奖品安置的地位与投掷的难易大有关系，这些技巧留待工作者去体验吧。听说，我们会长蒋梦麟先生很喜欢掷环，今春去无锡大掷其环，南京分会游园会时，也曾表演过。

掷彩——用一块木板，画上五个区域，中间的五分，四个角上各四分，每人投五个包，满十五分得奖。包用布质，缝成龟形、蛙形、蟹形等等，中盛豌豆或者大豆。乌龟形的最容易做，所以这游戏也叫掷乌龟，距离同前。

边高比较复杂，仿制也不容易，又很难说得清楚，那是一种美国游戏，可以八十个人同玩，也以竞争得奖为号召。

还有钓鱼比较普遍，都是南京分会常玩的项目，可以以售票方式参加游戏作为募捐的一种方式，任便写来作为各分会参考试用。

玩了不久，天又下雨，我们便分别迁到帐篷里去，一会儿又不下了，于是再搬出来。在边高的欢笑声中，每一位弟兄多少拿了一点奖品，笑嘻嘻地吃饭去了，虽然吃饭号已经吹过了一会，几位活跃也顽皮的弟兄还欢笑地说，"下个礼拜又来。"

从九点半到十二点半，我们也需要加油了，服务团分发每人三个蛋，有鸡蛋，也有咸鸭蛋，有好蛋也有坏蛋，因之，"你这个坏蛋"，"我也是坏蛋"，大家嚷着笑着。

朋友们凑了钱推了代表去买面包，把小伙子们的肚子填饱了。吴总指挥特别对今天唯一参加的女团员盛玲玲给了一些奖，大家也一致鼓掌表示庆贺。随后又玩了几次复杂的边高。二点钟，已是沈沈欲暮的样子了。

汽车又在濛濛（蒙蒙）的雨丝中踏上归途，在少年朋友的欢呼歌唱中相互道声 Bye Bye！

挹江门的城头，依然屹立，不知道营地里弟兄们今天可曾感到一些温暖，他们该会知道世界上还有红十字的友人，凭着人类正义的同情对他们无条件地关心着。

（原载《红十字月刊》1947 年第 22 期，第 17–18 页）

为善最乐　行仁为先
——敬告饶平各界书

饶平县分会会长　吴善初

人生世上，境遇不齐，富贵贫贱，判然差异，但是为贫贱的莫因贫贱而馁志，为富贵的莫因富贵而傲世。总以为善最乐，行仁为先。这样说起来，人生总要为仁为善，要为仁为善，就要赶快加入红十字会了，因为红十字会就是服务社会，博爱人群，就是为仁为善了。

服务社会，博爱人群，这八个字是红十字会的宗旨，红十字会是世界人类无上的服务事业。瑞士人亨利涂南于一八六三年创立于前，一般热心服务事业家继续办理于后，至于今日已有六十余国红十字会成立。国际红十字会是由国际红十字委员会、红十字会国际联合会以及六十多个红十字会构成的，我们中国红十字会即为国际红十字会的一个成员，成立至今亦已有四十余年的历史。我国人知道红十字会及其贡献的固多，不知的亦不少。就我饶平而言，尚有人说：加入红十字会有甚（什）么利益呢？这就是对于红十字会的宗旨尚未明了了，无怪退却不前，不肯踊跃加入，不肯出钱捐助呢。美国四人中就有一个红十字会员，我中国几乎百不得一，其相差真有云泥的（之）别了。

人生世上，境遇不齐，富贵贫贱，判然差异，但是为贫贱的莫因贫贱而馁志，为富贵的莫因富贵而傲世。总以为善最乐，行仁为先。昔日孔夫子尝说过："己欲立而立人，己欲达而达人，能近取譬，可谓仁之方也已。"孟夫子亦尝说：鸡鸣而起，孳孳为善者，舜之徒也。这样说起来，人生总要为仁为善，要为仁为善，就要赶快加入红十字会了，因为红十字会就是服务社会，博爱人群，就是为仁为善了。昔大禹闻善言则拜，大舜善与人同，乐取于人以为善。红十字会的服务社会，博爱人群，亦就是像那大禹的闻善言则拜，像那大舜的善与人同，乐取于人以为善一样了。所以中国各处遍设红十字分会，都是要人共同起来为善，劝人捐款帮助，都是乐取于人以为善的。

我饶平分会创立迄今屈指已居十载，敌人陷黄之时，亦尝整设救护队，赴黄救护，黄人口碑，至今尚在。催此战时于民国三十一年夏季，西弗全村惨遭焚毁约十之六七，去年早冬亢旱，园地莫耕，禾田莫插，米价高贵，人多挨饥，社会经济，艰困达于极点。但我分会同人仍然几番召集同志，黾勉同心，广为宣传，预备壁报，广为张贴，或贴里间，或贴市廛，把博爱服务宗旨，广为传说，俾人感动，多多乐捐。一方面固然为了分会会务发展，一方面就想为倒悬的民生，尽我们服务的贡献，多一会员多一赞助，一点一滴，石且为穿，点滴无多，积成大水，水大船浮，众志成城，众擎易举，事易有济。我们此种信心，尚望各界同人共鉴，并赐予指导协会。

我闻南京等一十九分会，医疗救护，克勤工作，施济备极完全，经蒙总会嘉奖，非常奋勉，希望我饶平分会的会员，都能有力出力，有钱出钱，广求会员，推展会务，不但是我分会之荣，亦必是全体饶平同胞之福。

（原载《红十字月刊》1947年第22期，第18页）

本会儿童福利工作之回顾[①]

王一正

一、绪言

本会在抗战以前，以灾害救济及内战救护为两大主要任务，在灾害救济及内战救护中，儿童救济是一种自然而极重要的工作。早在一九二二年，本会即已加入国际儿童救济协会为会员，一九四六年九月间，国际儿童救济协会与国际儿童福利促进协会合并改组为国际儿童福利协会，本会亦遂并入新组织为会员，并被推该协会之执行委员会之一。回顾抗战期间，义民大量迁入后方各省，本会虽无特殊机构之设立，但于儿童保育救济诸工作均有间接之协助，其协助项目约有下列数种：

（1）有关儿童福利之指导事项；

（2）儿童疾病诊疗事项；

（3）协助各儿童保育院及托儿所；

（4）广设儿童保健门诊部；

（5）失养及残废儿童救济；

（6）战争及灾难儿童救济。

二、抗战时期工作概况

分别言之，可举下列七项具体事实，以作说明：

1. 设立儿童床位

本会重庆医院于一九四二年，设立儿童病床一百张，由该院小儿科医师主持诊疗工作，儿童病例，多为营养不良症及骨结核等。

2. 设立儿童保健门诊部

本会于重庆市诊疗所及贵阳市第一第二两诊疗所，设立儿童保健门诊部，担任儿童疾病诊疗，缺点矫治，并包括儿童行为指导、心理测验、体格检查、营养辅助等。

3. 设立托儿所

本会于一九三八年与贵阳二四妇女工厂及贵阳市政府等机关合办二四托儿所，实验托儿所（全日托儿所），专收职业妇女之儿童，并附设

---

① 主要介绍 1938 年至 1947 年 7 月期间的相关工作。

幼稚园。

4. 设立儿童福利指导所

本会于一九四二年与贵州省社会服务处合办贵州儿童福利指导所，设委员十一人，负责指导贵州全省儿童福利事业，该所并附设儿童乐园一所，育婴院一所，并经常办理收容难童工作等。

5. 抢救战区儿童

本会于抗战时期之历次大会战时，率皆发动战地抢救及救护战地儿童工作，盖本会之随军医疗队皆配有救护车辆，每于转进之际，多方利用救护车辆，为抢救战地难童运输工作，以期将难童运送后方安全地带，如湘北之战、常德之战、豫南之战、黔南之战，抢救难童为数至多。

6. 指导儿童福利工作

本会与各合作机关合办儿童福利工作，曾设立育儿咨询处，以通信及谈话方法，灌输育儿常识，各儿童保健门诊部，亦多推行候诊教育，及家庭访问工作，并经常举行父母会、儿童会、妇女训练班等。

7. 补给医药用品及联系机关

兹就与本会合作及由本会拨发医药用品之儿童福利机关开列于后：

（1）儿童保育会贵州分会；

（2）湘东女难童教养院；

（3）战时儿童第三保育院；

（4）贵州儿童福利指导所；

（5）贵阳二四托儿所；

（6）曲江育婴堂；

（7）贵阳儿童保育院；

（8）广西第一儿童保育院；

（9）中国儿童保健会；

（10）战时儿童保育会；

（11）桂林博爱托儿所；

（12）第一难儿临时收容所；

（13）东北儿童教养院；

（14）桂林难胞救济会；

（15）重庆北泉慈幼院；

（16）难童训练班；

（17）陪都育幼院；

（18）第一儿童福利站；

（19）中国劳动协会托儿所。

总计发给以上各合作机关医药卫生用品，约计五千公斤，现仍经常以儿童衣物、玩具、糖果及营养补助品等发给本会各市县分会，发动儿童福利事业。

8. 护送难民返乡及医疗服务

一九四六年上半年，本会各医疗队与善后救济总署合作护送难民返乡，随难民木船或汽车自重庆、贵阳等地陆续东下，沿途诊疗疾病，妇孺受惠者特多。

三、复员时期工作概况

复员以来，本会因提倡社会福利，对于儿童福利尤有进一步之注意。除各地诊疗所之儿童体格检查、家庭访视制度、红十字少年活动，均于儿童福利有所裨益外，下列各事，特堪一述：

1. 开办小学校卫生实验区

本会于一九四七年四月于南京市琅琊路小学、玄武门小学、汉口路小学、三牌楼小学、鼓楼小学、渊声巷小学、北阴阳营小学等七校合办卫生实验区，以推行儿童福利事业，计健康检查人数为一一、八三五人，牛痘接种为五、二〇五人，霍乱预防注射为一二、八九九人，X光荧光透视为一、〇四六人，灭虫人数七一七人，沙眼治疗为一六、七四九人，皮肤病治疗人数为二一三人，卫生座谈会为九六次。

2. 成立儿童营养站

成立者，计有上海、南京、广州、武进、安阳、郾城、江都等七分会，共设立儿童营养站十二站，供应十二岁以下贫苦儿童、孕妇、乳母等。平均每日每站可供应五〇〇人免费饮奶。供应品除牛奶以外，尚有代汤粉、面包、冰淇（激）淋粉等，视各地存储之物资而定。二岁以下婴儿每日可领淡奶一磅，二岁以上及孕妇、乳母均为半磅。至医师证明需特别营养者，另行增发之，此种物资来源，概由各分会所在地之行总分署供给。

3. 设置儿童福利机构

（1）儿童福利站——武进分会设有儿童福利站一所，收容贫苦失学儿童五〇〇人，每日除从事教育活动外，并供应牛奶等营养品。

（2）贫儿福利——重庆分会设有贫儿福利社一所，专收赤贫及乞丐儿童，供给衣食，并施以教育。

（3）难童教养站——亳县分会设难童教养所一所，专收外乡迁亳之难民儿童，除施行教育外并供给营养品。

（4）恤孤育幼院——平凉分会设恤孤育幼院一所，专收无父母之弃女，因受经费限制，现仅收容婴儿十二名。

（5）盲哑学校——长春市分会设有盲哑学校一所。

4. 儿童节活动

本会为利用儿童节日展开儿童福利工作，曾分电较有工作成绩之分会，于是日举办儿童福利活动，兹将各分会本年度"四四"儿童节所举办之儿童工作分述于后。

（1）儿童同乐会——西京、砀山、武进、南京、丰顺、郾城、吴县、青浦、泰县、宝应、永嘉、鄞县、海盐、于潜、嘉定等分会，均皆分别举行。

（2）赠送礼物及糖果——计有西京、临汝、丰顺、吴县、武进、砀山、青浦、泰县、宝应、永嘉、鄞县、海盐、于潜、嘉定、南京等分会。

5. 分赠儿童用品

（1）赠送圣诞礼品。上海分会收到美国红十字会赠中国红十字会青年会员礼品一批，计由该会分赠青年会员一七、八七二人，礼品一六、一二八盒。

（2）施送童衣。上海分会施赠童衣共三、八三四件，计分赠三、二六一人。南京分会施赠童衣二、〇五九件，计分赠二、五九六人。本会分赠清寒学生，及孤儿贫儿共三、五〇七人，衣物共四、四六二件。

（3）分送糖果。上海南京两分会收到美国红十字会赠送中国红十字会青年会员糖果一批，上海分会计发青年会员二九、五六〇人，糖果二九、五六〇包，南京分会计发青年会员四〇、三九二人，糖果四〇、三九二包。

6. 举行儿童福利工作座谈会

南京市儿童福利工作人员，为增进学识加强工作效能起见，特发起组织南京儿童福利工作人员座谈会，主持开会之社团，除本会外，并有金陵大学等八个社团，每星期六下午二时开会，讨论有关儿童福利工作之理论与技术等问题。自一九四六年十二月廿二日开始，从未间断，使儿童福利工作同仁获益不浅。

四、今后展望

本会儿童福利工作，正待积极开展，然以值此第二次大战之后，物资甚感缺乏。本会以此项工作，责任至为繁重，经费物资，均有待筹募。故改善扩展均须最大努力，然根据事实之启示，深信此种事业，在中国必有蓬勃发展之一日，则不待言也。

本会之希望：一、深盼与举办儿童福利各先进国家及国内团体取得互通情报之机会，借以取得联系，以资借镜。二、中国抵抗日本侵略战争八年之久，物资之缺乏，经费之拮据，当难于短期内克服其困难，是以对于医药、材料、营养品、衣物、玩具、教育体育用品等，需要至感迫切，深盼获得国内外之合作与协助，如予以技术上之合作，物资之捐赠，则尤为中国儿童之幸福。

（原载《红十字月刊》1947年第23期，第4、5页）

本会医药卫生服务

连栋　译

美国红十字会驻华代表马迪成氏返美报告，赞扬本会在物资缺乏，人员短少，通货膨胀，以及政治不安的困难中，各地分会陆续复员，恢复各种服务工作。尤其是砂眼防治工作，马氏叙述四个防治所不但开始了免费的全部治疗，且已展开预防及宣传运动。

中国红十字会南京砂眼防治所是怎样的受人欢迎和吸引了大批求诊者，以致该市许多江湖眼科医生共同联合起来，企图妨碍防治所的诊务，这一故事，已由美国红十字会远东区职员詹姆士·马迪成（James P. Moody）在美红会总会九月份会议上报告中国红十字会的工作时提及。

马迪成在去远东一年半返美后，述及砂眼（一种眼病，如不予以适当治疗，结果会致盲目）是怎样地变成了中国全民族所关心的一个问题，据估计三个中国人中就有一人患有砂眼。因此，有许许多多的江湖医生靠医治砂眼为生。

一、招顾（雇）打手

中国红十字会在南京成立了免费砂眼防治所后，就诊的人数是非常多的，以致江湖医生们感到收入骤然减少。他们中的若干人因此聚会了并雇用了一批流氓打手，进入防治所的待诊室，惹是生非，毁坏家具，并且驱逐待诊病人，极尽其能事，后来南京警察厅终于驱散这些流氓，打击了他们侵扰砂眼防治所的企图。

砂眼防治所是中国红十字会医疗卫生服务之一项目，在已成立的四个中，南京防治所系其中之一。其他三个在西安、北平和上海。这些砂眼防治所均由美国红十字会在协助中国红十字会的计划中，供给材料和少数经费。在中国，红十字会开始此项服务，以前中国对于防治砂眼做得很少。这四个砂眼防治所由当地各界所组织的顾问委员会协助，其全部治疗均系免费。大规模的宣传运动亦由中国红十字会推展中，以期每个人都得知道这种疾病的起因，传染的方式以及免费治疗之利用。

二、其他健康服务

中国红十字会举办的其他卫生服务，包括散布各地的二十个诊疗所，一个在上海的医院以及许多营养和急救设施。中国红十字会对于正在发展的许多防痨检诊所，防治患者极多的痨病，亦极为注意。

美国红十字会对于防痨计划曾以药品、设备和诊疗所用具等物资相助，在上海、北平、天津和重庆这些诊疗所已开始工作。和砂眼防治所不同的地方，这许多防痨中心不是中国红十字会办理的，而由独立的各地防痨协会管理，但红十字会亦参加这些协会。

马迪成在他关于中国红十字会的报告中，特别强调该会战后虽在物资缺乏，人员短少，通货膨胀以及政治不安的障碍中复员及恢复各种服务的进展。

（原载《红十字月刊》1947 年第 23 期，第 6 页）

不单是慈善和诊疗
——江都县分会复员一周年纪念告各界人士书

江都县分会

"故人不独亲其亲，不独子其子，使老有所终，壮有所用，鳏寡孤独废疾者皆有所养，男有分，女有归，货物其弃于地也，不必利己，力恶其不出于身也，不必为己。"——《礼记·礼运篇》

"人生以服务为目的，不以夺取为目的。"——国父

"红十字会原为国际性社会救济事业之团体，战时则着重伤病兵之救治，顾其目的，厥为人群服务，无宗派之立场，泯国家之界限，推恩四海，一视同仁，盖为今日人类精神之最高活动。"——蒋主席

"红十字会的标记，是人人所爱的，因为红十字会不是为自己谋什

么？是为人群服务的。在目前一片纷乱的世界中，红十字会的标记，确给我们唯一的希望。"——罗斯福

一、不单是"慈善""医院"

一般人以为红十字会只不过是一个慈善机关，或者是专门救护伤兵、难民贫病的医院，其实这不过是红十字会的一部分的任务。红十字会的基本任务，因为是国际的，社会的，博爱的，和平的，所以他的工作目标是"天下一家"。不分种族，不分国家，不论贫富，不论强弱，视整个世界为一个社会的整体，用种种方法，消极方面是去除一切病态，积极方面是谋取集体的安全与繁荣。跟着时代进化的需要而发展，发展到与人群的生活有着一日不可分离的密切关系。

二、一次一次进步

第一次大战以前，各国红十字会的主要任务还是救护战场上的伤兵和病兵，国际间曾于一八六四年订立第一次日内瓦公约（普通亦称红十字公约），一九〇六年又将第一次日内瓦公约修订补充，是为第二次日内瓦公约，一九二九年第三次日内瓦公约又签订了，这一次新公约不但对于救护伤兵有了更适宜更圆满的约束，并且对于敌国战俘的待遇，也有了极其人道的规定。虽不幸第四次公约尚未签订（此项新公约已于本年四月间由国际红十字委员会召集十二国政府专家会议议定草案，预定明年春间再开外交会议，交各国正式签订），而大战已行爆发，但在过去第二次世界大战期间，亦已做了不少平民救济工作。大战结束，联合国成立善后救济总署，各国红十字会亦为强有力的合作与辅助机构。故第二次世界大战以后世界各国红十字会的工作，不但已从原来的伤病兵救护，做到战俘救济，而且做到一切战争灾难平民的救济了。

中国红〔十〕字会是世界红十字会的一环，自从一九〇四年设立，一九一二年获得日内瓦国际红十字委员会的承认设立，一九一九年加入红十字会国际联合会为会员，历年于灾害救济、战时救护、医药救济及各种慈善工作，都已充分表现仁慈热烈的精神，救护军民二千六百万人，一九四五年被选为红十字会国际联合会的副主席，促进国内民众的福利，在国际间为我民族及国家争取光荣与地位。

三、现时红十字会任务

关于红十字会战后新任务的展开，正如南京市长沈怡先生所说："过去救恤事业，中外一致，皆系消极之工作，如战争灾难、饥馑、时疫之发生，重在事后之救恤，未尝在未发之前预防。近年举世文明国家非但注重消极的社会救济工作，且进而注重积极的社会福利之事业。红

十字会之业务，近年亦有此转变，如中国红十字会迩来所定之服务对象，广及于儿童、青年、妇女、荣军与平民，所定之服务范围广及于灾难、伤害、贫困、疾病与愚弱；所定之服务目的，广及于保健、乐育、安生、助人与益世，由此观之：红十字会之工作，即为社会安全之工作，亦即人类社会赖以维系发达之不二途径。"红十字会是针对"需要"而服务的，他到处举办有益社会的事业，例如在战时他举办恤兵，抚辑流亡；社会遭遇苦难的时候，他举办救济工作；劳工需要帮助，他就帮助劳工；学生需要帮助，他就帮助学生；职业青年们需要技能和正当的娱乐，社交的辅导，健康的运动，智（知）识的学习，他于是便又设计各种程序，以适合群众需要。

四、人人帮助，帮助人人

本分会在战前原有相当成绩，胜利复员以来，积极推进业务，经一年的经营已粗具规模；不过与欧美先进国家各大都市及上海、南京、长春各地的红十字会事业相比较，相差尚很远，目前"建国必先建设地方"，建设地方必先促进社会事业，已为现代都市人民应有的信念！因此本分会对于三十七年度征求会员及募集经费运动，抱着莫大的期望。世界各国人民都以参加红十字会为无上光荣，我们希望每位县民绝不放弃参加红十字会会员的义务，同时还要请你尽量介绍你的亲友子弟参加，使红十字会的会员愈多，事业的成就愈大，为建设富强康乐的新江都、新中国与和平、博爱人类幸福而迈进！

（原载《红十字月刊》1947 年第 23 期，第 13、14 页）

独乐不如众乐
——红十字青年服务团成立一周年纪念记

红十字青年服务团，这一个富有教育服务的名称，不仅在社会上是一种新兴的出现，即在红十字会也是划时代的工作。

正和世界各国的红十字会一般，我们是为了增进青年人的康乐和充实社会服务，加强国际间的交谊，才组织了这个团体。

南京市分会吴总干事（他就是红十字青年服务团的总教练）在三十五年十月三日，在玄武畔校长教师招待会上发出了组织这个服务团的呼声，十月十六日就有三十二位青年朋友——他们都是南京市各中［学的学生，也是本会的青年会员——集合起来，开始了第一次的活动。这就是红十字青年服〔务〕团成立的由来。

现在已经是民国三十六年十一月了，红十字青年服务团每次活动情形，都曾在本刊发表，计一年来该团共作活动二十七次，兹顺志于后：

三十五年

十月三日　招待中小学校长，呼吁青年同学参加。

（十月）十六日　第一次集会，互相认识——在南京分会

（十月）二十日　集合编队并作红十字讲话——玄武湖服务站

（十月）廿九日　整队讲话并每人发蓝卡机制服一套

（十月）卅一日　全体出发，庆祝总会名誉会长国府主席蒋公六十寿辰

十一月十日　参加母婴保健会慈善游园会服务——玄武湖

（十一月）十七日　旅行　国父陵园、野餐

（十一月）廿四日　红十字讲话——由总会处长视导主讲

十二月一日　公共卫生讲话——由总会马处长主讲

（十二月）八日　举行团会作室内娱乐——汇文女中

（十二月）十五日　开始制作国际交谊纪念册

（十二月）廿二日　公共卫生讲话——总会

三十六年

一月一日　举行同乐会庆祝元旦——南京分会

（一月）八日　集合规定寒假作业

（一月）十九日　赴下关欢迎胡秘书长回国

二月二日　参加征募会员运动结束大会

（二月）九日　举行种痘——南京分会诊所

（二月）十三日　团务会议检讨过去——南京分会

（二月）十六日　制作国际交谊纪念册——总会

（二月）十三日　举行救护实习——明德女中

三月二日　中山门外赏梅作康乐活动

（三月）十六日　举行团会交换服务意见

（三月）廿九日　举行青年节联谊会并作划船活动——玄武湖

四月四日　举行国际交谊纪念册展览及参加儿童节纪念会服务

（四月）十三日　举行团会作康乐活动——南京市立一中

五月十一日　青年修养讲话

（五月）廿三日　举行团会作康乐活动——金陵中学

六月九日　参加划船比赛服务——玄武湖

八月一日　参加南京分会会员交谊室开幕典礼

九月廿一日　在玄武湖集合举行康乐活动

（九月）廿八日　外科救护实习——南京分会诊所

十月十八日　与美国童军作联谊游湖野餐活动

（十月）廿六日　参观过境军人招待所并服务

"读书不忘服务"，"独乐不如众乐"，一年来的红十字青年服务团就在这两句口号之下从事活动。下面转载该团一周年纪念的三篇文章：

一、我们做什么？为什么这样做？

在近三十年来，有一种蓬勃的青年运动，就是红十字会的少年工作，英文称为 Junior Red Cross，是红十字会征求青年做会员，予以指导及组织，要大家明了红十字会博爱之宗旨，同时本身加强学习与服务的一种组织。

原来红十字会的工作，现在已经扩大，它是减免灾难，预防疾病，增加健康的一个社会团体。它的使命已超过从前仅限于灾难救济的工作了，所以也就和年轻人发生密切关系。我们大家都已加入为红十字的青年会员，所以也就应当明了这个意义及吾人的使命。

红十字少年的学习和服务，有三方面：康乐活动、社会服务、国际交谊，全世界各国都是如此。

康乐活动包括卫生保健知识和技能，所以无论个人卫生，公共卫生、急救、看护，意外预防，水上安全，以致所有野外活动与室内娱乐，都是学习的范围。

社会服务先从小的地方做起，先从小规模发动，从帮助家人，帮助同学，服务学校，服务团体做起。例如为团体为同学担任急救工作，介绍公共卫生常识都是。一面学习同时也就开始服务。

国际友谊工作，是把我们的眼界推广和国外的青年做朋友，互赠礼物，互通书信，特别是提倡学校通讯，交换纪念册，使彼此互相了解，无形中担任了国民外交的先锋。

同学们，我们参加红十字会青年服务团体，是学习康乐活动的初步。我们先担任一部〔分〕救护工作，是学习社会服务的开始。而我们曾做过送给外国小朋友的纪念册，和他们写信，他们送我们糖果及礼物箱，也就是国际交谊的工作。

我们几个人试编这一期壁报，原是学习的性质，我们希望同学们，共同爱护它，踊跃投稿，这是我们自己的园地，我们都来担任一个快乐的园丁吧！

二、我们要学习服务（王槐）

我们在博爱人群、服务社会的红十字旗帜下工作已有一周年了，在一年中好像没有什么显著成绩的表现，但是又似乎并没有虚度这一年的光阴。

社会是由许多份子组合而成的，社会上一切经济需要与事业建设都是每个份子的工作成绩，所以每个份子与社会都有密切的关系，推广而言，由国家推至世界。每个人服务以忠，工作以诚，则这一个团体自然是坚实的，有热而有力，是个健全而且完整的集团。国父孙先生说："人生以服务为目的"，我们为了将来服务社会而作现在的学习，本团在康乐活动、社会服务、国际交谊三原则下努力，每个团员时刻在学习各人怎样达到各人的服务目标，各人发挥各人的服务精神，以求服务效果的完成，以完成大我、牺牲小我的精神来努力。

三、同乐会（诚荣慈）

民国三十六年元旦的下午，太平路红十字会的办公室里已经布置得十分美丽，中间放着一张铺白桌布的长桌，四面排满了椅子，一个角落里坐着一只大火炉，里面的火，熊熊地燃烧，由于这整个布置的方式上，你一看就知道这是一个将要开会的会场了。

一会儿，来了好几个青年朋友，围着长桌把一包包的东西排成行列，并且分别贴上一二三四的字号，今天，我们是要开一次"元旦同乐会"，自然刚才的动作，便是开会的前奏曲了。

两点多钟，人来得更多，屋子里也更热闹了，我们都是些生龙活虎似的少年，充满了生气和力量，做起事来又快又起劲，于是嘻嘻哈哈的笑声，咭咭（叽叽）呱呱的谈话声，充溢在每个角落里了。

两点半钟，我们开会了，总教练吴先生起立，代表沈会长致词，接着是发奖，在鼓掌声中有四位同学高兴地领了奖。

接着我们开始种种游艺节目最先是交换礼品，礼品是各式不同，有的是一本故事书，有的是糖果，有的是纪念册，凭着各人的幸运，得到他应该交换到的礼物，一位同学得到一张小卡片上面没有具名，他用毛笔在上面写了"谁的"二个大字，引起大家一阵大笑。

"击鼓传花"和各人的"方言故事"笑料丛生最引人兴趣，在十多分钟中，我们听到几十种不同的方言，真是耳福不浅。

个人表演完毕后，就是分组比赛，于是口琴独奏，说笑话，唱歌的都出来了，结果是每组都得了一包糖果作为奖品。这时也不早了，我们开始了最后的游戏——非洲的百宝箱——同学们看了后都是大骂明德的同学太顽皮，因为奇珍异兽成了自己的尊容，而百宝箱仅仅是一面镜子。

最后，约有六点钟了，亚波罗的金车已停在天空，张弓搭箭的黛安娜也已站在天上，我们的同乐会也散会了，聚餐后便三三两两的走出了红会。

现在，时间已溜走了一年，快活的同乐会早已成为往事了，但是这个快乐的印象，却铭刻脑际，希望三十七年的元旦，更有一个热烈的场面！

（原载《红十字月刊》1947 年第 23 期，第 15、16 页）

复员周年纪念花絮

江都分会

三十六年十二月一日，是本会复员周年纪念的日子，因为先一天是周末，所以我们便决定在先一天（十一月卅日）举行，后来又因为那天开会时间，恰与邑人故中委王茂如先生追悼会相抵触，乃临时决定不举行仪式，仅签名留念，及招待来邑外宾，举行盛大的游湖会和聚餐。

事前我们并准备了画展、菊展、文物展览，和国内红十字会活动情形影片图画展览，地点分在本会和江苏省立扬州实验小学两处。并且还束邀了镇江京中童子军第六〇〇〇团乐队来扬远足参加，可惜他们因时间关系没能赶来，不然当会格外热闹的。

总干事王宇（玉）光君在纪念日前一周内，他跑了两次南京，一次上海和镇江，为京沪两地的中外贵宾们布置周末旅行的一切，在会里的人，也都忙得乱纷纷的，整理会员礼物和设计会场布景……那两天，会里面活像做喜事一样，送礼物的人也挺多，总会杜副会长月笙送来"服务社会"贺轴一帧，本地会员邮政局长张子衡送来一帖"福国利民"的轴子，瓜州会员秦文龙、司徒美堂等则联合送了一幅大绸匾，上面的字是"造福人群"。南京、上海、全国各地分会则早两天就有贺函和礼品送来。

前一天，本会承苏北日报负责人的帮助，特地借一版地位给我们发行纪念特刊，并由该报承印部，替我们印了近千张的单页，在会场散发，为了扩大宣传，加深人们对本会的认识，我们曾缮绘了巨幅"征求会员"和"一周年来服务项目、诊疗数字、未来展望"，张贴在本会会址和实小会场门外。文物展览，临时因限于时地，只能拿出几副围屏给来宾们赏玩，很抱歉，其实我们准备好的东西并不少。画展筹备的经过也非常曲折而有趣，总算还好，除了本地时人含老娄老等的佳构（作），应有尽有外，还有石湖、晏如、刘墉、黄孝子等前代名家作品，和板桥道人郑燮的几幅挂条横幅，本来，洽借好的还有郎世宁、唐寅诸氏巨作，可惜限于会场，挂不出了。梅花岭阁部后人史鑑会员把他家祖传道邻公墨宝一付（副）七言联轴也拿出来公开展览，我们还搜罗到一幅希（稀）世之珍，是一福（幅）手卷，一端是明四才子之一文徵明的楷书，另一端则是唐人董伯源的山水，绢色斑驳，确是千载以上的古董，他的主人是一位苏北流亡者，无怪乎出售价格要两亿元。

为了使来宾们澈（彻）底尝到扬州"吃的艺术"，我们准备好了清一色的六件头午餐，都是极为地道的扬州菜。来宾们乘着迎接的汽车，一来到之后，马上就吃到本会早已准备好的"富春"包子，午后散会，临走前，若干来宾都找不着了，原来他们都跑去买扬州名产——酱菜。一时教场里的"三和酱园"大走红运；送客车开出，在喊"再见"时，差不多每个人手里都拎着酱菜罐子，还有一些来宾们逢人就问，"酱菜到哪儿去买""卖酱菜的街在啥格（个）地方？"

卅日早晨五句（点）钟，天还没亮，江都分会会所内各人便都开始了活动，依着原定好的计划和步骤，等到头一天已先来过的上海分会林组长和本会负责接送人员，将来沪来宾接到城内进过早餐后，便开车子到北郊瘦西湖，饱览这久负盛名的绿扬城郭景色。车抵平山堂后，泛舟由湖上回来，一路上由本会总干事王宇（玉）光伴游，并指告本会将来拟借设舍肺病防治医院的几处建筑物，给来宾们研究。归来午餐后，即到会场，因为要赶时间的关系，只举行了一个极简单的仪式，全体与会人员，在两张洁白如雪的大纸上签留下他们每个人的名子（字），这是值得纪念的一个盛大镜头。三时半，客人们乘车渡江归去，会场门口还有挤不动的人们在争着看本会张贴着的巨幅，本会在会场外设立的"临时入会处"，更早给一般要求登记入会的人，围的水泄不通。虽然是秋尽冬初，堆在会场讲台上下几百盆菊花，却还岸然的迎人摇曳，顾盼生姿。

晚七时，留扬未走的来宾，总会第三处孙课长、周干事，及教部张先生等，把他们特地带来庆祝本会复员周年纪念的美新闻处科学教育巨片，在本会会所内放映。第二天（一日）晚，又继续假本邑浸会慕究理学校礼堂放演，柬邀各界参观，到场会员，各界人士，暨慕校浸会医院师生七八百人，几天后，本会又假南京大戏院，召开会员大会，赠送福利礼品，盛况空前。

到会的中外来宾，计有总会曾大钧、汤蠡舟两位副秘书长，杜月笙副会长代表郭兰馨先生，总会第一处苏处长，二处袁视导，三处孙课长，四处马处长，上海办事处主任冯子明，美红会代表杨硕孚、黄建勋，美国教会援华救济委员会代表福伦氏，上海分会徐会长代表尹总干事，各组组长，诊疗所主任，暨中纺各处主脑人物等七十余人，本会正副会长、理事，朱幹臣、杨佳如、蒋仁宇、余文波等，名流张良华司令、史坦士牧师、吴切之、顾伯遽等，暨会员数百人。准备未周和接待的匆促仓猝（促），是我们非常内疚的。感谢各位来宾们的盛意，给予我们莫大的鼓励和兴奋，会散后，汤秘书长频频说"谢谢！"，美红会黄先生夫妇俩也不住说："王总干事太累了！"

现在我们已检讨："为什么要这样做？"很简单，只是为了一方面介绍扬州和本会的一切，给通都大邑的来宾知道，好给我们以指导赞助、督策、掖进，一方面是扬州的人们对"红十字会是什么？做什么？"有更深进确切的认识，我们相信这两方面力量的合流，必定可能使本会从此发扬光大。正因为红十字会的工作［目］标，是"服务社会，博爱人群"，红十字会的存在，是无条件的"为了人人"，希望由此做到"人人为我"，所以我们觉得应该这样做，并且要多多做，更放大去做，如果以后有机会，环境容许的话。

（附志：纪念日过后的一周内，本会陆续接到上海分会、美援华会来宾的谢函，使我们很觉惶愧。本会名誉副会长洪兰友先生那天事前约好，临时因主祭王茂如先生送悼会，未能赶到会场，也来了封道歉的信，盛情可感，均此致谢。）

（原载《红十字月刊》1947 年第 24 期，第 16—17 页）

青年红友

红十字会史话

郝连栋 译

只要是有痛苦——战争、灾难、饥馑、时疫——的地方，你们都可以看到红十字旗，以及佩着红十字臂章的男女人员在辛勤的进行救济工作。

红十［字］会是什么？它发轫于何时？它完成了什么工作？它能够及将要做什么？所有这些和其他别的疑问，你们都能在《红十字会史话》这本书内找到适当的解答，而且这本书告诉你们一个动人而激励的故事，那是你们从来没有听过的，你们更将会懂得如何在红十字旗下去充当你们的角色。

本书法文原著者是魏莱氏（D. Werner），译者系根据吉尔格德氏（L. E. Gielgud）之英译本转译，并采用原书中维特喜格式（H. Witzig）之插图五十四幅，自本期起，逐章刊出。原书共分十章，目录如下：

援助人类的旗手

援助人类的旗手

旗子！这儿有多少旗子！每一种有不同的图案和颜色——红的、白的和蓝的，还有绿的、黑的和黄的。地球上在人类居住的地方，每个角落里都有旗子在飞扬。

你们每个人最熟悉的旗子，自然是你们的国旗——当国庆日和其他节日的时候，你们看见它飘荡，在每个城市和每个村镇的每根旗杆上，是这旗子向你们表示出"我的国家"！

旗子！而你们有时也可以看到别的国家的国旗在你们自己的国旗旁边飞扬——那是当你们接待了国外的访客的时候，譬如：临近国家来的一队童子军或是海外来的足球队。那么你们能辨认出多少种外国国旗呢？十种？也许二十种或再多些吗？但是也许你们不知道总共在世界上有多少种不同的国旗。告诉你，却有七十种以上呢！

每一种都代表一个世界上独立自主的国家。除却你们自己的国旗，有一种旗子你们一定认识，即使任何一个别的国家的国旗你们都不认识，你们每个人一定都认识它，那就是红十字旗。

仅仅一个白底的红十字，它能够使你们想起什么呢？你们不会立刻想到一辆路过的救护车吗？挂着窗帘，插着红十字旗，所有别的交通工具在这时候都让开了路，你们看不见里面是什么，可是你们一定知道有人在苦痛中。

你们也知道不幸的人因为获得援助而能解除痛苦，这也是红十字会为什么而设立的缘故。

第一章　先驱

红十字最虽然起源于西历一八六三年，可是自古以来世界上就存在了痛苦和不幸。我们的祖先遭受着饥饿和贫穷，疾病和灾难，正像人们在今日一样，或许还更多。从顶古的时候起，就有善良的人去援助别人，也有残暴的人只顾自己。

你们会记得记载在圣经上的《善良的撒玛利亚人》的故事：

"有一个人从耶路撒冷下耶利哥去，落在强盗手中，他们剥去他的衣裳，把他打个半死，就丢下他走了。

偶然有一个祭司从这条路下来，看见他就从那边过去了。

又有一个利未人来到这地方，看见他也照样从那边过去了。

惟有一个撒玛利亚人，行路来到那里，看见他就动了慈心。

上前用油和酒倒在他的伤处，包裹好了，扶他骑上自己的牲口，带到店里去照应他。"

这就是善良的撒玛利亚人的故事。

红十字会的会员往往被称作为善良的撒玛利亚人的伟大队伍。但是当我们置身在这行列里，我们必须要远望那些在队首的穿着不同衣饰的影象（像）——那些过去的许许多多的善良的撒玛利亚人的影象（像）。

其中最早的我们知道是黑暗时期的教士和僧侣，他们一部份（分）责任是照护病人和贫民。他们设立了许多医院和救济院，也收容孤儿、老人和残废。朝山进香和旅行的人从他们那儿得到了休息场所，贫穷的人民被拖（施）舍了衣服和食物，僧侣和修道女到外面去医治病人。这些僧侣和修道女就是当时慈惠会的会员。

在十字军战争时期，那些慈惠会的会员到圣地去照护害病和受伤的十字军，去援救被俘虏的兵士。在那些日子里，伤兵所遭遇到的命运是容易想象到的。每次开战，差不多都是在无际的旷野上，所以手边是不会有援助的。受伤的人害怕着再遇到敌人，或是路过的强盗。即使侥幸能避免他们的折磨，除掉死在缓慢的痛苦里，什么指望也没有。还有耶路撒冷圣约翰医院的教友也是当初经常到战地去的，他们尽了最大的力量来援助伤兵和病兵。

在当时战争期间的欧洲，却是一个极端不同的故事。国王和大封建主都没有正规军队。如果要参加战争，他们便雇用佣兵来服役，这些兵士是为了报酬才打仗，假如这一处战争结束了，他们又会投奔另外的主人。这一种军队的伤兵和病兵，绝不会有人来烦心的。假若有人落伍了，很荣明（容易）去找到别的人来填补他们的空位。

但是以后，各国国王都深深感觉到没有正规军队是不足以好好保护他们的领土的。到了这时候，才开始了解士兵生命的可贵，而且医治伤兵是有价值的。于是有许多将领在战争期间都经常带着医生。最著名的一位医生是昂朴阿士·巴锐，伟大的法国外科医生，他曾经改革新方法代替古老的"烧灼法"（这种方法是用火灼治外伤表面，及用红热铁切除四肢）。昂朴阿士·巴锐则应用绷带缚扎枪伤，以及切除手术后的扎血管法。这真是伤兵医疗上一次进步，可怜的士兵得到更多的恩惠。

在十五和十六世纪中，我们可以找到许多初步的军队医疗服务的例子。如像一四九二年，格拿大城围攻时期的西班牙皇后，天主教徒伊莎白娜。她搭盖了十个帐篷充当战地医院，并且陈设了伤兵和病兵的床位。

不到一世纪以后，一五八零年，有一位名叫加米罗·德·勒列的意大利人，生在阿卜鲁兹的一个小镇上。他放弃了军职来献身于伤兵和病兵的救护。他和一些朋友们都加入了撒玛利亚人会。有一件很有趣的事值得注意，就是在他们穿着会中采用的黑外套和背心上都标有一个红十字。

差不多同一时期，法皇享（亨）利五世和他的朝臣须里也在法国军队中组织医疗服务工作。一个军医院包容有"三位军医以及他们的助手，一位司药，许多厨师和洗衣妇，还有担任其他工作的妇女四十人"。每个伤兵都有自己的病床，医院内备置了清洁的敷料。

别的国家的君主也采取了同样的设置，然而多数情形，那些战地医院只能救护自己一边的伤兵，敌方的伤兵因为羞耻心而被忽视，甚至会被虐待。而且一旦敌人攻过来，医院被占领以及伤兵和护理人员被杀戮，那是无法避免的。因此当时的医院再好，组织再完善，也不能说是绝对安全的。

固然到十八世纪，对立两方军队指挥官有时在某一个战争中，同意尊敬对方的医院和救护车。但是这种情形却很少，只能说是例外。

一个病兵或是伤兵，在他失去了自卫力后，不论是朋友还是敌人，也不论国籍和语言不同，都应该有被收留照护的资格，然而在这种思想成熟以前，却经过了多冗长的一段时间。直到最近，规定还是只能收容照顾自己国家的伤兵。在人类真正领悟善良的撒玛利亚人的传说的教训以前——"一个遭受痛苦的人就是一个被帮助的人"能够实现以前，无数的人遭受着苦痛或者因之死去。

十九世纪里每次战争都有很巨［大］的死伤数目。遍欧洲军队逐渐扩充，受伤的数目随着武器的进步一次比一次增加，所以随军的军队医疗服务从不敷救护所有的伤兵。

一八四七年，瑞士各行政区军队发生冲突，人们都恐慌着政府势必召集军队来维持秩序。当这件事发生后，叙立支的人民决定组织一个"救济会"，在战争期间来辅助军队医疗部门工作。这救济会备有一种特制的马车，雇了许多马来拉，那（哪）儿有战事，就拉到那（哪）儿工作。他们在左臂上带一个有瑞士国徽的识别臂章。

当和平重临瑞士，这个救济会也就很快结束了。可是和这同样的一个组织以后在别的许多国家里产生了极大的功效。

一八五四年是克里米亚战争的年代，英法和土耳其是一边，俄国是另一边。当时伤兵悲惨的呼唤几乎到处冲塞着，但是谁都漠不关心——好像欧洲还不了解或是发起援助。

因此有一群妇女，她们决定去做克里米亚伤兵急迫需要的，而不能从国王或是政府获得的事情。一个十月的早晨，南丁格尔同着一群妇女离开了英国，她们飘过海洋现身救护在克里米亚受伤的兵士。她们捎带着床、毛毡、敷料和药品，所以当她们一到目的地，医院便很快地被组织起来。她们帮助照护伤兵，协助医生行手术，不停的替士兵们写家信，并且还安慰他们的病痛。她们是参加军队工作的头一批优秀的护士。

南丁格尔当时还是一位少女，她青春的面孔被看作圣人的。他们说她夜间都不休息，总是掌着一盏小油灯，从一间病房踱到另一间病房，俯在病人的床边来安慰他们。他们都感到不可思议，在看见她过来过去的时候——也许有些人连梦里都领受到她带来慰籍（藉）。他们称呼她"掌灯女郎"，而她的名字将永存在历史中。

（原载《红十字月刊》1947 年第 17 期，第 33-37 页）

红十字会史话（二续）

郝连栋　译

第二章　沙发利诺战争

克利米亚战争四年后，欧洲军队又在重整旗鼓。一八五九年，法国和萨丁尼亚军队侵入了北意大利，遭遇到驻守当地的奥皇军队的抵抗。农作物已在六月的太阳下成熟的伦巴底大平原就变成了战场。那一年不再有收获了，除非你把收获神大镰刀下的人命算作一次大丰收。

六月二十四日，星期五，一场激战爆发在加达湖南边，一处叫沙发利诺的小镇附近。周围数里外都能听见炮声长鸣，许多人站在附近的山坡上观战，从那烟雾弥漫里，虽然瞧不清军队实际的行动，至少可以领略到十五小时没有间歇的战争的可怖的猛烈。有一位年青的日内瓦公民，亨利·涂南，从日内瓦动身来到了伦巴底，想会晤拿破仑第三。恰好在六月二十四日那天到达了离沙发利诺只有两三里远的嘉斯蒂格里翁镇，因之他多少也目击到这场战争。午后天色阴霾，大约傍晚五点钟光景，一场暴风雨降临，狂风猛烈地括（刮）着，大雨淋透兵士的衣服。战争终于停止了，战败的奥国军队迫于暴风雨向后撤退。同盟军占领最傍近的镇市和村庄，尽他们最善的努力输运伤兵。经过崎岖路上可怕的颠簸，有许多伤兵拥塞在马车里，一直被送到嘉斯蒂格里翁去，几小时内，这座有着大理石教堂和柏树的美丽小镇市，看起来就像是一所广大的医院。

涂南，他没有什么特别的事要做，随意地在嘉斯蒂格里翁的各处散步，跨进了一所教堂——他看见了一种好惨的情景！教堂内的地板上睡满了一个个累叠着的伤兵，他们没有床铺可睡——什么都没有，除了少许的药草。没有祈祷的颂歌飞到这所神圣建筑的屋顶上来——只有痛苦、绝望的呻吟和呼喊。

无数的人在这一天的战争里受了伤，这很容易使人看得出。那儿没有足够的医生来侦查，来敷伤和来担任必要的手术。这也很容易使人认清战地医院的工作人员是不足以应付当前的工作的。然而每一分钟的延长都加重了伤兵的苦痛。混杂着泥土而凝结的伤口没有经过洗涤，开始溃烂。苍蝇麋麋集在伤兵的周围，他们饥饿又干渴。"我们是被弃在这里等死了，"有些人［哭］泣着说："在效力战场后，我们就这么简单的被弃在这里等死么！"其余的人都像孩子一般号哭着，当他们想到再也看不见他们可怜的母亲和亲密的家庭。

当涂南站在教堂门口向门内望着时，这可怕的一幕一直深入他的心窝。他想象里又看见了南丁格尔的影子，以及她在克利米亚为伤兵所做的工作。于是他毫无犹豫地就走出教堂去唤人来援助。

那一天他倒并不是唯一在加嘉蒂格里翁的外国人，于是他召集了几位像他一样志愿的人来协助他，还有许多女人□来了水桶和麻布。这一小群人便开始工作，先给伤兵们喝水，随后又给他们喝汤。涂南他自己则按照当时流行的法子，用湿润的布絮为伤兵们洗涤及敷伤。这种布絮是用撕碎的麻布纤维制成的，以作今日棉花之用。因为没有消过毒，这种布絮敷扎总是不会太安全的。这之后又过了许多年，敷料必须消毒才为大家所明白，开始实行。不过这种润湿的敷料，至少有抑低痛苦的功能。

炎热的天气里，这种敷料必须常常更换，所以要除去及更换绷带需要化（花）费许多时间。涂南不辞辛苦把这繁重的工作加在自己的肩头，还得腾出功（工）夫来和士兵们闲谈，以致伤兵们觉得只要他在，便是极大的安慰。他的手放在发烧的前额上，病人便觉得热度仿佛减低了。过了不久，嘉斯蒂格里翁的店铺里的货物都售尽了，涂南因之便派他的车夫到布莱西亚载来一车的"加密列菊（健胃兴奋作用）、葡萄酒、接骨木花（接骨用）、橘子、柠檬、糖、衬衣、海绵、绷带布、扣针、雪茄和烟草。"差不多所有的伤兵都认为抽烟有莫大的帮助。烟草的气息使他们不甚嗅到溃烂伤口的恶臭,而且驱走了苍蝇。

这些临时的萨马利顿也有精疲力竭的时候。从嘉斯蒂格里翁,涂南走到战场上,发现还有许多伤兵躺在战争的残积的死人堆中。在之后几天当中,继续还发现了一些伤兵——但是大多数已经死去或已濒临死境——在潮湿和血染的旷野上。

"唉,"涂南想着:如果当时即在这儿有人救护的话,多少人可以救活!但是现在已经太迟了。这凄惨的想象以后经常萦绕着他。

这年青(轻)的人在生活的深处里被激动了,他决定要有所效力。他写信到日内瓦,要求立刻输送救济物品到意大利。在日内瓦和别的瑞士镇市一样,为了伤兵的工作,已经开始有好几星期,经常有一种聚会,由妇女们疏制布絮,然后送到杜林和米兰去,并且发动沿街募捐来购买敷料和烟草。不时有一批大量的物品被送出去。她们从日内瓦写信说希望她们的礼物不要仅送一方面,能够分发给胜利者,也给失败者,分发给从奥地利和匈牙利来的人,也同样要给法国和意大利来的人。虽然她们自己是新教徒,但也要求它们的礼物在分发时无宗教的区别。

涂南归来,他的凄楚的叙述在日内瓦人民的想象里立刻发生了反应。涂南建议的行动,即由一个当地慈善会实行,会长是一位有慷慨美名的日内瓦夫人:嘉斯巴林伯爵夫人。

七月初,这命名为福音会的机构组织了第一批的志愿工作队。一位教授带着三位神学院的学生,在受过少许敷伤及绷带学习后,便离开日内瓦出发到战场去,他们想象着几只乐意工作的手,以及慈悲为怀的心肠,在需要最迫切的地方做一番工作。

战争终于在双方同意下结束了,但是苦痛的回忆仍然延续着。经过夏天的和平愉快,到暮秋的炉边夜晚,涂南沉思着傍尽嘉斯蒂格里翁,在齐爱莎,马奏列地方的一个伤兵向他所说的话。这可怜的伤兵涌着泪水的面孔在他的眼前过来又过去,呜咽不绝于耳,而他间歇的话语,是在重复说着,"如果早一点有人来救我,我一定会得救,但是今晚我就要死了。"

……如果早一点有人来救我……

他又想到了还有成百成千的人像他!在沙发利诺战争中将近有四万的伤兵,如果要救这么大数目的伤兵,应该组织许多队受过训练的工作队,要每个人都能够敷伤,然后派遣到战场上去。还需要许许多多的敷料和绷带。可是要想在战时有足量的援助,平时就应该预先有所准备——这样思索着，涂南乃认为每个国家内必须组织许多伤兵救济会，在和平时期组织征集的志愿工作者，训练他们将来要担任的工作。他认为他们应该学习急救，并且应该贮藏心（必）须的用品来应付一旦爆发的战争，假如在沙发利诺有较好的疏运伤兵准备，那么有许多的手术皆可避免，因为许多创伤都被临时充用的救护车颠得更加剧烈。当他想到许多兵士失去了一只手或是腿，而本来可以幸免，这时候他的心就像被刀割了一般。

"那么哪一个体恤伤兵的政府，"他询思着："和将领们能够迟踌给这种救济会鼓励和支助呢？"

于是他继续考虑到这些救济会是否可以通过一个国际间的协定而联合起来，在那种协定之下，不论哪个国家，尊敬敌人的医院要像自己一样。医院这样便可免除了敌人的攻击和威胁，自此以后，这种攻击应被公认为一种最野蛮而卑贱的举动。

他感觉到他自己必须试着为这种具有约束力的国际协定而努力。虽然人类最坏的本能驱使人类分群而互相攻击，但是每个人的心田里总还存有多着些微的仁爱。

在涂南以前有人已经看见这幻影，和涂南同时也有人瞄向这箭的，费尔迪南多·佩拉西亚诺，一位意大利的军医，卓约（越）的科学家，还有亨利·亚卢，一位法国的化学家，都是在同时多少具有了涂南思想的人。像他一样，他们也鼓吹由各政府首长互相约定，尊敬并且照护受伤兵士。

当有许多这样情形，当一次伟大的发明、重要的发现或是人类过程中的一次崭新的进化的时机成熟，这些思想的幼芽可能同时在许多人的头脑里成长，而各自独立。

但是倘若产生红十字会运动的思想成定型，这思想必须构成一形式，而得以播传全世界，让各国都发生反响。这思想所采用的形式便是一本薄仅百余页的小书，是涂南亲手写就，书名叫《沙发利诺回忆录》。书内描述他在酷战后所见的凄惨情况，并且极力申述如果当时有一个伤兵救济会，便可以做多少工作。他的书出版于一八六二年，不到几个月遍欧洲都在谈论这本书了。

（原载《红十字月刊》1947 年第 18 期，第 31–34 页）

红十字会史话（三续）

郝连栋　译

第三章　日内瓦五君子

一八六二年，是在人类企图的各方面进步得很良好的一个年头。

就是这年，阿伯罕·林肯在美利坚合众国宣布废除奴隶制度。

就是这年，伟大的法国作家维克多雨果刊印了"Les Miserables"——《不幸的人们》（亦译悲惨世界，或译孤星泪——译者注）然而是不是还有更加不幸的人，比那些最可怜的不幸的人们——那些残暴的主人们，那些妄用着他们权力的人们？以及还有别的那些人，外表看来并不粗暴或是残忍，当他们的邻人受苦受难时，却坐在一边袖手旁观？但愿人们能够学习去互相相爱，去互相帮助！但愿人类的自私心能够被少许的仁慈，少许的慈悲，少许的服务精神……所克服。

——这也是《沙发利诺回忆录》出版的一年，世界已经准备好来接受涂南的书。差不多当它一出现就激起热烈的情绪，在一个国家里紧跟着另一个国家里，充满着因为没有一个人帮助而被弃待死的伤兵的广大战场的描写所激发起真实的热情。

——在日内瓦，这本小书造成了深刻的印象，因为日内瓦是注定着产生红十字会运动而传播全世界的地方。

——我们已经看到，甚至在涂南去意大利以前，在沙发利诺战争爆发以前，日内瓦居民已经开始疏制布絮和替战争中受伤的人募集金钱了。他们的城市背后隐伏着一个冗长的仁爱的传统，这传统范围比这小小的共和国所发展的疆界还要广阔远大。

在列入瑞士版图以前，日内瓦是一个被许多强有力的邦国围绕着的自由城，而日内瓦人民便如此结成了一个独立勤奋的社会。像许多中世纪的镇市，高高的城墙围绕着这城市，但是并不能说它是孤立的，因为位于几条主要道路的十字路上，所以它常常被许多出国旅行于途中的名人所拜访。在那些用马运的日子里，常以舒适的驿车为旅行工具，还要在途中不同的城市休息数日，同样不少的商人也暂时歇止他们的旅行在日内瓦。

那些来自国外的访客带到这城里来的不仅是有增无已的财富，而且从欧洲各地带来了思想，这些思想热烈地被日内瓦人接受、讨论，他们被新思想所吸引，像被发财机会所吸引一样迅速容易。

当十六世纪宗教战争的时候，日内瓦是出名的"避难城"，敞开了城门接待许多改革宗教的避难者。因此，今日是国际联盟的总部的所在地（本书出版于一九〇四年，当时国际联盟尚存在——译者注）。这城市四世纪以前早已是一个国际中心了，人们从世男（界）各处来到日内瓦，发表那些在他们自己国家里被非难为邪教或危险的意见。

这城市公民中最有名一位即是卢梭，他在十八世纪写作，而他的作品就是根据人人皆平等，皆有平等权利的思想。

也就是同样的对正义的热情，产生了日内瓦人帮助弱者和被压迫者的传统。到十九世纪，这尼蒙湖上的小城像瑞士别的城市一样，组织了许多慈善团体，这些团体将慈善之网散布的很广很远，而且因为慈善的目的，许多富人家都慷慨资助它们。

所以你们可以看出，涂南所出生的城市是比世界上任何地方更容易了解和发展他的思想的。

这是一八六三年二月九日，日内瓦慈善团体中的一个"公益会"被它会长居斯达夫·莫阿里哀召集来研究涂南所提供的意见。在全体的热烈的情绪中，会议举行了，为了要争取时间，推定了五位委员去商讨整个问题以及采取必要的行动。被推定的五位的名字便是：亨利·涂南、居斯达夫·莫阿里哀、涂佛将军、路易·阿比亚和黛奥多·莫洛亚。

亨利·涂南这位《沙发利诺回忆录》的作者是一八二八年出生在日内瓦的。他的父亲曾任市议员，他的母亲是位温良而奉信宗教的女性，她用她的富裕的财产去造成她附近人的幸福。涂男还是孩提的时候，就曾看见他双亲的精致房屋的门常为孤儿和穷人打开。他在学生时代属于一个贫民救济会，会中每人要自己独立担负照顾几个贫病的人。这个年青（轻）的人有着天赋的热情和极深的宗教情绪，更加上天赋的领导才能。他和少数的朋友在他家里设立了一个日内瓦基督教青年联合会，这团体组成不久，涂南便在别的国家里也发起了同着的组织。这个由他伸展向世界去的运动，便是今日著名的基督教青年会。

涂南十分爱好旅行，或是为了一种慈善目的，或是为了他个人的事业，或是为了娱乐。自然当他一八五九年六月动身到意大利时，他还没有可怕的不幸的思想，而是在沙发利诺才遇到的。他所见到的恐怖事情留给他的印象，当他回到日内瓦仍然攫住他，于是他立刻发觉一个新的惊人的责任已经负在他的肩上。就是以这种精神，他写下了《沙发利诺回忆录》，然后手中拿着他的书，他便开始从一个都城旅行到另一个都城去激发大众的情绪。他的情绪是火焰，燃烧起了大的火炬。

然而要完成这建设的和持久的工作，必须有领导力而能干的人。在这一群推动红十字会运动的人中间，也许贡献力量最大的人便是居斯达夫·莫阿里哀。莫阿里哀是一位有坚强性格以及正确和实际的头脑的人。如同我们已经知道，在一八六三年他已经是公益会的会长，不久他又担任了五人委员会的主席，是最活跃的一份（分）子。

涂佛将军是五人中对外界最有影响的一位。当一八四七年联邦被内战所威胁时，他是被任命为瑞士军大元帅，而整个国家以后都还感激他在危急当儿所采取的有决断而适度的路线。在几乎难免的流血中，他成功了，结果对立的集团诚服了，在他们中间没有留下丝毫不快的阴影。涂佛将军的行为赢得了外国将军们的赞赏，对于一个与军队组织问题那么直接有关的委员会，他的声誉和支助是极有价值的。

委员会的其余两位是具有高尚品格的医生，他们两位都在实行职务上贡献出最善的心肠和脑力。路易·阿比亚医生是在一八五九年五月时第一个领导日内瓦民众发动为意大利战争中受伤者募捐的人。在他知道克利米亚战争时，他热烈地关切到受伤者医疗问题，而且从事于枪伤治疗的特别研究。在意大利战争爆发后，他正开始将他的心得写在一本叫《战地医院外科学》中。在这本书里，阿比亚叙述了他自己的一种发明，一种富有橡皮的特制夹板，可以减轻骨折的震动。一八五九年七月里，沙发利诺战争后数日，他丢下了刚完成一半的书，决定亲自去意大利，去直接观察受伤情形，再尽可能去帮助当地的军医。好些军医对于他的发明都发生兴趣。他的书一出版后被世人评价很高，它的作者被许多学会承认为会员。然而我们不能以为阿比亚是一位在任何时候都在追求光荣和名誉的人。在意大利战场上遇见过他的人，都会记得他，像是一个毫无科学自负的隐士。而且他自己，在一次治疗成功后，喜欢引证昂朴阿士·巴锐的一句话："我医治他，上帝治愈了他。"至于日内瓦公益会任命的委员会的第五位委员黛奥多·莫洛亚，是阿比亚的一个至（挚）友，也和他一样是一个优等外科医生。

他们希望他们所负担的责任能够分担出去，日内瓦五君子的热忱不到一年已经有了辉煌的结果。他们本没有企图在日内瓦或是只在瑞士建立一个救济会，他们志在从此开始建立一个国际性的组织。他们工作为了要在每个国家里组织一个救济委员会，而由每个国家的政府来襄助。这意思是说要能直接地去游说各国的统治者，那么不论多大胆的计划都容易实现。而且我们要记住，那些希望晋见统治者的人们，并不是为了瑞士联邦政府的利益的。他们不代表任何人，而只代表自己。

必需要的旅行是由亨利·涂南去做，是他敲开国王和皇室的殿门。这位诚实的日内瓦绅士首先进入普鲁士国王的朝廷，他被国王仁慈地接待，国王并且庆贺他的著作和允许支助他。从普鲁士，他又走遍日耳曼各邦，用着有增无减的热情答辩他的问题。他永远不会忘记撒克逊尼国王的回答："不论哪一个民族，不加入这爱人的组织，就要得到公论的制裁。"

涂南长途旅行的次一步举动，是把他的书和他的计划呈给法国皇帝。涂南还带着涂佛将军的推荐信给拿破仑第三。这皇帝，当他被放逐的时候，他穿了瑞士军服在属于涂佛的杜勒地方的炮兵学校读过书。拿破仑没有忘掉他的先生，他极其感激敬仰他的先生。他立刻便允许接见涂南，并且带了热切的兴趣来听他披露他的计划。这法国政府的统治者，如像日耳曼各邦的统治者一样，赞成了这个计划。轮到许多小国，也都表示同意日内瓦委员会的意念。涂南的建议所采用的方法，好像附着一些神奇的力量，立刻使他的建议深入了统治者的心胸和整个世界的情感里。

当涂南这样进行时，涂佛和莫阿里哀在日内瓦从事决定草案的工作，这草案是从《沙发利诺回忆录》内抽出概念而成的具体纲领。这委员会所怀抱的希望是，凡答应支持他们的政府都能够派代表到日内瓦，并且希望这些代表能够接受涂佛和莫阿里哀所准备的方案。他们等得不太久。在一八六三年十月，距委员会的第一次会议才几个月，这日内瓦的五位君子便在欢迎一个到他们城市里来开的会议，这会议有三十六位代表出席，他们代表十六个欧洲不同的国家。

（原载《红十字月刊》1947 年第 19 期，第 27—30 页）

红十字会史话（四续）

郝连栋 译

第四章 日内瓦公约

一八六三年十月到日内瓦开会的代表，他们的政府并没有授权他们来签定一个有约束力的国际性的协定。他们来仅仅是为了显示许多政府对日内瓦建议所具有的关切。

涂佛将军和巨斯达夫、莫阿里哀所预备的草案是经过了好几天讨论的主题，最后会议的决议案则以改善战场上伤兵救护为宗旨。而且一致公认涂南的思想是一个好的思想，即是在平时组织国家性的救济团体，在战时协助军医工作。

在不同的国度里，环境自然迥异，因之一个国家性的救济团体，能够组织最完善的方法也不一致。最重要的还是这种国家性的团体要由政府来组织，并且由政府来撑腰，这样在进行组织和推行计划上，方能确实得到公家的支助，这样如果战争一旦爆发，政府也才能确实使它的服务发生效力。

一八六三年所提出的重要的新思想，是要普遍的接受所谓一种新的战争规则。倘若政府间同意这个规则所包含的点，所（如）果同时各国救济团体都承许这是他们章程的基础，那么涂南和他的同伴们所要求的改善才能够达到。

其实，这是一个很简单的规则。第一，它载明伤者和病者不分国籍，将被医护。第二，医院、救护车和看护患者的人将免除攻击。这不过是《善良的撒玛利亚人》寓言中道德的重复申叙。这简明的观念便是：倘若一个人受伤或病后，他是谁或是何等人没有关系，他将获得满意的帮助，不论这帮助是从何处来的，正如我们处在他的地位上一样。

这战争规则和禁止打击倒下的人的禁忌规则一样，也含有一种意义，即是在战争中一个人病了或是受伤，因之而不能自卫，必须停止以敌人待他。他不过是一个在苦痛中的人而已，所以应该被帮助和看护。这种存在脑内的思想在一八六三年表现出来便是每个救济委员会要帮助和救护所有同样的受伤者。当他们知道自己的伤兵落到敌人掌中也会得到同样的照护，他们就深深愿意去像自己的伤兵一样去照顾敌人的。

倘若一个人稍加思索，很容易看出，如果对伤兵的保护没有扩充应用到医护他们的医生和护士，甚至掩护他们的救护车和医院，那些规则是无法实行好的。所以要必须互相同意医生和助手应不携带武器，而且不负攻击的责任。同时要同意不准轰击医院或是烧毁救护车，如像一八五九年战场上所发生的。

这便是要在每个军队内造成一种区别，车夫将那些专负责医治、慰护伤病兵的人员划分出另一阶级。这区别要应用一种显著的特别标识，必须要在瞥了一眼间能够说出一位穿制服的兵是位战士，抑［或］是一位非战斗人员——或是很快地指出驻扎了医院的建筑物或是一辆变成救护车的马车。

日内瓦集团，尤其是涂佛将军所提出的建议是要采用一面白旗，以及医生和他们的助手袖上应用白臂章。一八六三年，日内瓦会议代表们认为这区别标识应该是一个白底的红十字。这建议的起因是由于瑞士的国旗是红底白十字，他们认为把颜色颠倒过来，而把白底红十字应用在医生、护士和他们的助手的臂章上，以及飘扬在医院和救护车的旗子上，算是对发起这战争规则的瑞士公民的一个致敬。因此红十字旗帜便是中立的瑞士国旗的颜色的纪念物，在战时多少可以帮助人想起那儿人类的纯洁的责任仍在执行着。

当参加一八六三年会议的十六个国家的代表分头返国后，红十字会运动开始存在人世了。但是会议的决案必须在能够约束各政府以前完成一种庄严的法律的形式。因此非得要各国政府派官方代表到日内瓦，并且授权他们签定一种实在是条约性的公约。

这便是日内瓦五君子次一步的工作。到这时候他们确定了一个名称，从此以后名称不朽：他们自称为国际委员会，因为他们感觉他们负着一个伟大的工作，要在世界的国家间去做。

一八六四年，瑞士政府同意国际委员会的建议，便邀请各政府派代表参加在日内瓦举行的"外交会议"。八月里，来自十六个不同国都的代表们光临日内瓦——看起来他们都能够达到形式上的协合似的。因为这是历史中第一次尝试，使所有国家都能够同意一个方案。迄那时止，国家间的条约（一般说来现在仍是这样的）还只是几个少数国家间的联盟，为了军事上或是物资上的利益起见才订立的。在一八六四年由瑞士政府所提出的建议却是要所有可以预备参加的政府都来签定一个盟约。

如果我们花费点时间来察看一下一八六四年的这次日内瓦会议的经过，是很值得的。外交家们聚集在市政厅内——无疑他们许多人互相鞠躬握手，低声在一起谈话，他们许多还是去年的旧相识。在会议开幕那天还只有十二个政府的代表们出席——比利时、丹麦、西班牙、荷兰、意大利和葡萄牙等五国，法国和瑞士，以及四个日耳曼国家：巴顿、海西、普鲁士和乌登堡。美国、英国、撒克逊和瑞典的代表到第二天才赶到。出席代表的总数是三十四人。

轮到国际委员会向这一群显赫的外交家们提供去年会议决定的议案，每个问题都重新加以解释和讨论。然而并没有浪费多少时间，因为在他们之间没有意见上显然的差异。四天就足够使大家融洽一堂。于是巨斯达夫·莫里哀开始在几天内要草成一个给代表们签字的最后的原文。

这是一个可爱的夏季，莱蒙湖的优丽加上日内瓦人民的款待使这些代表们在等待的时候，感到这次会议的伟大。八月十一日，一艘汽艇在湖上带着他们到维尔萨进午膳，同天晚上，费佛尔上校在格兰斯别墅招待他们。十二日有一个宴会为他们而设，主人是弗朗梭·巴通罗尼，也只（是）一位日内瓦市民的领袖。在湖上放了一次焰火来祝贺代表们，他们不仅是日内瓦当局所注意的对象，也是瑞士政府官吏们所注意的对象，这些官吏们从伯兰赶到日内瓦来感谢他们的辛劳。这种社交场合我们不能以为是徒费时间。因为可以给来自各国的领导人们一个互相接触认识的机会，而这样产生的友谊常常在加强各国间亲善关系上发生重要的作用。

到会的代表们互相交际的第一个场所是莫阿里埃邨，也就是国际委员会首任会长的家。这所房子是后来红十字国际委员会的会址。假若你把它和国际劳工局的大厦或是傍近国际联盟的皇宫相比较，这真是一栋小而不足道的房子。唯一的特征是莫阿里哀邨比别的私人住宅多一个红花栽砌成的十字在房子和湖的中间的草地上，或许这花排植成的红十字比"大理石或镀金的王君纪念碑"更能含有仁爱的意义呢。

这次会议开幕于一八六四年八月八日，结束于两周后，于二十二日在日内瓦市政厅内交换签字。签定日内瓦公约的国家代表有巴顿的、比利时的、丹麦的、法国的、海西的、意大利的、荷兰的、葡萄牙的、普鲁士的、西班牙的、瑞士的以及乌登堡的。使红十字运动得到法律根据的这公约是历史上第一次所有政府都参加签定的公约。

大会决定的最后一点是哪一个政府来负责保管这公约的问题。这个贵重的盖过印、签过字的文件应该放在一个中心地点，那么别的政府的代表可以在相当期间赶来签字。这责任决定委诸于瑞士政府，想看红十字会法规真迹的人可以到伯兰去找到，在瑞士联邦政府看管着。

（原载《红十字月刊》1947 年第 20 期，第 37-39 页）

青年红友

红十字会史话（五续）

郝连栋 译

第五章 红十字会是什么

你们一定以为到这时候，涂南计划的其他部分——不直接关系到政府的部分也都实现了。

在以前我们看到保护战争时期伤病兵的新规则已经存在了，这完全靠政府的协助，战争规则才能产生，因为政府的责任便是建立规则，并且监视规则的遵守。但是在《沙发利诺》书中，涂南同样地坚执不断工作的重要性，这工作不仅需要政府的支助，而且需要普遍公论的支助。他要求每个国家内，志愿服务的人民集合起来从事援助战争受害者的实际工作。

涂南的第一个建议能够在短短的两年内实现在《日内瓦公约》内，而且在一八六四年十二个政府居然能够签定这公约，如果你们想到这点，一定感觉惊讶。他的第二个建议却也一般快的被接受。

每个国家里组织一个伤兵志愿救济会的理想在极热烈的情绪中被接受了。最初的皈依者是医生。在实际上对于这计划有很重的影响——因为我们大家都知道，只要是医生说的我们非得做！至于构成我们的肉、血和骨头，医生比我们其余的谁都懂得多，而且我们不由自主的会晓得我们同样的迟早总会需要一个医生的医学知识和医生的技术的医治。

有些情况中，妇女也是最初参加工作的，她们认为这刚开端的运动是要她们呈奉出她们慈悲善良的天性。一旦召集令下，孩子们打仗去的时候，做母亲的终会觉到要为儿子们做些什么。当时的妇女或许自己不能做得太多，但是稍迟一个时期后，当妇女获得较多的自由，而红十字会长成了组织完善的机构，有许许多多的工作让女人去做。她们也渐渐了解救济和痛苦本身一样，是没有界限的。她们的援助会是加惠一些生疏的面孔和说外国话的人——但是在战线的另一边，也会有别的女人在同样的援助他们的儿子、丈夫和兄弟。

我们看到这运动蔓延得多迅速，也许会惊讶的。新成立的许多国家的红十字会在向人民征募捐款时没有碰到任何困难，会员们也同样慷慨地贡献出他们的时间和力量。大作家的笔也为这运动服务。教会，一个随着一个，都瞧出这运动将带来的益处，便在讲坛上宣扬。顶可笑的还是士兵们却旁若无闻，其实他们还是最首要的受惠者。然而我们应该这样想，即使有些士兵态度不明，也只是因为他们认为老百姓和军队在战争中一齐（起）走不是一件安全的事。红十字会预备了许多人，他们似乎都了解他们的工作——他们愉快地戴起新帽子，携着各种医药用品——但是将军们要知道的却是："这些汉子跟着有什么用？""他们的麻烦不比他们的价值多吗？"但是红十字会派出的救护队不久便矫正了他们这种担心的看法。

甚至在一八六四年签定公约以前，已经有许多国家的红十字会开始组织起来。那年八月里，七个已经组织完成——这是已经开始称为"世界红十字联盟"的链条上最初的几环。从这开端经过一个长过程，你们可以看到世界上的有的国家都将加入这联盟。

公约一被签定，赞助的政府的数目迅速增加，同时红十字会的数目也在增大。一般情形，政府的行动和私人的创举是两件相异而分道的事。然而在红十字运动上有一件最值提出法意的事便是二者却并肩前进。差不多政府每一次为红十字会而做的事，都和在红十字会内负责组织和工作的人一方面的平行的活动相呼应。

例如我们已经看到的，如果一个政府要签署公约，一定要到瑞士政府那里去。而一个新成立的国家红十字会要得到世界红十字联盟的承认为会员，也同样要加入日内瓦国际委员会。自然，政府的签约是最先要的。而一个新的红十字会，仅能在其政府先签定了公约的国家内成立。原因很容易了解，因为假如政府不事先负起公约内所规定的责任，那么这国家内的红十字会将无法推行工作。

另外一件要明白的便是，一个新成立的红十字会在它加入国际委员会以前，必须获得其政府的承认。因为红十字会的工作对象是军队，而军队当然是为政府服务的。所以在战争情况中，红十字会必须要使将军和军医们能够接受它的协助。

你们一定想到每一个国家的红十字会是一幢依照当地人民习惯的建筑物。有些国家内房子是木头造的，因为那儿有宽广的森林而又缺少岩石——另外一些国家里，要搭一所木屋反而是麻烦而又昂贵的事，但是大理石却又随处皆是。在炎热的地带，你们可以找到平顶房子，因为平顶在酷暑干燥的气候里是一块很适宜的休憩场所；然而在潮湿气候的地方，你们会发现炎突的屋脊，可以使积雨流得快。所以在两个不同国家里红十字会组织方法不同正和房子建筑方法不同一样。强迫去订一个标准组织也正和坚求一个房屋标准式样，而不顾到气候的不同以及风尚的不同一般愚蠢。所以红十字运动的创始人宽大地让各国红十字会按照自己国内风俗习惯和法律来完成其组织体系。你们会发现每一个国家的红十字会的形式是和它国家的特质相仿佛的。

所有各国的红十字会在国旗的旁边当然有红扎十字旗的特权，不过本来仅仅是日内瓦的红十字国际委员会才有用红十字旗的权利。当最初的很多红十字会成立后，这运动的日内瓦发起人建议每一个红十字会派一位代表参加国际委员会。那时候他们还没有想到要保持国际委员为一纯瑞士人的机构。但是当各国红十字会考虑到这问题，便决定谢绝这提案。他们认为如果国际委员会仍属于纯瑞士人团体，才可以促使思想和行动迅速，才能使其整个红十字会更有效能的服务。

你们可以假想到，倘若国际委员会真正变做名副其实的国际委员会，委员们一定是代表各国到日内瓦的，留在日内瓦以便作有效的商讨。也许在开始，国家红十字会数目很少的时候，是可能的。但是运动发展下去，这委员会要变得不知多大，大得以致不能做快的决定和迅速的行动。所以无论如何，这次国家红十字会的决议是十分正确的，因之国际委员会继续仅由瑞士人民组织而成。

每隔三年或四年，由任一个国家的红十字会做主人，在一次会议上接待所有的别的国家的红十字会以及国际委员会，这样有一个机会给大家定期的谈论，为了加强红十字运动和增进在世上服务的效果应该做什么。这定期的会议称为"红十字国际大会"。

当你们到了第九章以后可以看到，在红十字运动拓展五十年后，各国红十字会如何使他们自己形成一个联合会。如今红十字会联合会和红十字国际委员会并肩携手，一同工作。联合会因为是一个容有全球的会员的国际团体，所以也享有国际委员会的用红十字旗的特权，而不同时用任何国家的国旗。它和国际委员会一样有计划和组织国际红十字大会的责任，也有参加的权利。

（原载《红十字月刊》1947 年第 21 期，第 33-35 页）

红十字会史话（六续）

郝连栋　译

第六章　最初五十年（一八六四——一九一三）

一八六四年在欧洲并不是一个平安年头。日内瓦公约签定后，不过几个月，普鲁士和丹麦间又发生了战争，这两个国家都已组织了红十字会，但是当风暴袭击到石勒苏益格的都其（一个多纷争的地带），两国的红十字会却还没有像他们希望的组织完善。然而他们已经足够表现出他们的协助工作对于军医部门有极高的成效，甚至许多军事长官，当他们认清了红十字会所代表的是什么，便充满了尊敬和赞赏。这次战争中，红十字标帜还是初次出现在志愿工作者的臂章和飘扬在救护车的旗子上——而且红十字标帜易出现的地方，一切战争的喧哗便销声匿迹。到这时候，公约的目标已经达到。交战国政府的诺言，不攻击对方的医院，也遵守了。只要是病的和受伤的都被看护了，而没有朋友和敌人想法的分别。

又过了六年，在一八七〇年，法国和普鲁士间一次比较大规模的战争杀得两败俱伤。也许你们还记得在沙发利诺，士兵们感到一件最痛苦的事，便是令人窒息的酷暑，因之打仗变成了万分疲惫的工作，一旦受了伤，死亡便不可避免了。在一八七〇年，严峻的寒冷加上了战争的激烈，即便是没有受伤的人，也得从极端的疲乏中进入寒慄的境地。这种人很容易为疾病攫擒，假若没有援助的话，一定会死的——但是这一次他们并不是被弃不管的。有许许多多的担架伏在战场搜寻所有需要援助的人。羸弱的人——不论是病的、受伤的，或是疲劳不堪的——因此能够载运到战地医院去。有许多志愿工作者看护他们，蓄看髭鬚（须）的、笑容满面的人，他们给每个病人预备一张床和毛毯，还有他们需要的衣服和绷带……

除了法国和普鲁士的红十字会，还有别的国家红十字会在做援助工作。一群法国军队——八万五千人，折磨于长途跋涉——被迫跨过疆界到瑞士境内避难。饥饿和侵入破烂的制服的寒冷，逼使他们擅（颤）抖，他们急迫地需要迅速的援助。

而援助迅速地来临。瑞士在那时候已经有自己国家的红十字会，会员们立刻携带着食物和衣服去救济这许多可怜的人。瑞士红十字会像法国和普鲁士的一样，救护双方的伤兵和病兵是平等不分的。

在一八七〇年战争期间，国际委员会也发现了一种新的而且是重要的工作要做，战争造成的混乱局面，其结果之一便是平时通讯方法的脱节。平时的邮政服务工作被打断了，平时获得信息的方法也不再生效了。

新组织成的红十字会都在忙碌着救护伤病兵——不久，他们便发觉面对着一个另外难题：一封封的母亲寄来的信要求得到儿子们的消息。当做母亲的得不到儿子的消息，若非是失踪了，要弄清他是否被俘虏了，那么该怎么去做呢？如何让她知道他还活着呢？同样的情形，如果一所医院里收容了一个敌人，病得不能说话，不能说出他是谁或是他来自何地——又怎么能够辨认出他的底细，给他家里一些消息呢？

你们也许会诧怪为什么各国红十字会不能简简单单互相沟通这种讯息，报告在他们照护下的患者的姓名以及他们病况治疗经过——寄递书信到他们的家庭以及询问战线对方医院所收容伤兵的消息。倘若你们稍加思索，你们就会明白在战争中这却是难以实现的。因为当政府间的关系断绝，国家间所有的关系也都随着断绝了。因此必须由谁来充任中间人，负责从每一边收集消息再传递到另一边去。这中间人的角色不能由别的国家的红十字会充任，因为红十字会必须与他们政府的态度一致；有许多国家的政府希望避免与战争牵涉到如何一件事，而另外一些政府会与双方之一有联盟关系，这就是为什么日内瓦的国际委员会能够扮演中间人的缘故。

在一八七〇年国际委员会创办了"国际管理处"，来网罗输送信件和慰劳品到双方去。地址选择于瑞典境内的巴勒，是瑞士、法国和普鲁士的交界地。以这开在向两对阵国家间的通衢为桥梁，国际委员会通过战争担负起艰巨的工作。国际委员会吁请尚未直接工作的国家红十字会参加援助工作，并且从他们那儿获得金钱和大量的医药用品，再由管理处分配到最急迫需要的地方，因为两交战国的红十字会一个跟一个都用罄了他们的物资。

可是管理处还有更多的事要做。国际委员会获得许可派人进入双方阵地，他们可以得到两军的伤病俘虏的名单，因此便能够把那些人的消息送到他们的家里去，并且转给那些人一些家中的消息。

或许这听起来很容易办，然而却存在着多少种的困难。数十甚至上百的兵士的名字会是同样的——遇到这样情形，要找出正确的人该是多么困难的事！再譬如，一个被询问的人可能是已经被原属部队除名，而国际管理处所执有的名单上又没有记录过，那么这个人可能是真的失踪了——可能是担架夫在战地搜寻时他没有被发现——但是询问和调查至少总有些结果的。询问的来源绝不计较——每一件都在密切注意中，一旦寻到了回答，马上会被转达出去，所以红十字会能够夸言曾经挽救了几乎成万的家庭于不必要的苦闷与渴望中。

日内瓦公约才签定了六年，红十字会运动才开始发展，它的旗帜便能够集合了无数的会员，这是令人惊讶的事。而且这标帜变成了不仅是安慰的字眼，而且是有组织的行动的中心，带给多少人以援助和慰藉，因此被经历弄得失望不幸的人们，如果他们还能保持他们的信心不动摇，他们的勇气无损，常常感谢红十字会的。往往有许多人觉得对帮助他们的人表示感谢是一件难堪的事，然而绝没有人不愿意向红十字会表谢意。这因为红十字会从开始便是以服务为宗旨而不是施恩惠。"恩惠"这字眼原先是用来表示基督教最善良的美德，但是已经丧失了原来的价值，因为常有许多施恩惠的人不能牢记。虽然他们是给的一角或一小片面包也是要诚心诚意，这样受惠的男人或女人才不会被损害。甚至有时候请求恩惠的人并不值得接受。红十字会的人却全心贯注于救济里——而且他们所救济的人是如此陷在苦痛中，以致他应该得到的援助是无容怀疑的。

在一八七〇年赖红十字会才保全性命的士兵们，当他们回到家里叙述他的往事时，充满了怎样的热情是不难想象的。假如有人想到一八六四年以前的一般的情况，收集伤病兵的迅速以及对伤病兵的救护简直是奇迹。一切都会好转的好消息迅速地传遍了整个欧洲，从这时候起红十字会开始表示某一种意义，某一种对全世界都重要的意义。在开始"红十字"不过是用来形容一个标帜，但是没有几年，各国红十字会便一个个组成起来——到一八八〇以后，凡是被国际委员会所承认的新的组织就称为某一个国家的红十字会。（注一）

我们以前看到日内瓦公约签定后红十字会的数目是十一个。到一八八〇年有了二十五个，而且数目还继续增加上去。

不加思索的人有时会低声埋怨所有那些红十字会，因为在战时才有工作，一定有时候窃窃地希望来一次战争可以给他们一些事做。这种想法简直不智得像以为如果你们的母亲预备了药品箱和绷带布，就是她偷偷的希望家里人跌倒摔伤一样，那么药品箱的储备也是浪费的了！

一个新的红十字会建立，第一件要做的事便是开始训练志愿工作人员和准备医药用品。你们可以看出来，红十字会的目标便是有一批经过训练的人能够在一旦需要时为红十字会而工作，而且必须能够供给他们所需要的用品和装备。随着红十字会运动的进展，各国红十字会间以及与国际委员会保持通讯联络，叙述进展情形，变成一种习惯，并且这样使每隔数年才举行一次的国际大会的接触持久下去。

第一次国际大会是一八六七年在巴黎举行，第二次是一八六九年在柏林。此后停顿一个时期，首先因为普法战争，随后又有了俄国和土耳其间的战争。第三次大会一直到一八八四年才开会于日内瓦。到一八八七年，另一次大会举行于卡尔斯卢，在这一次后，每次大会都极规则的每隔五年一次。一八九二年在罗马，一八九七年在维也纳，一九〇二年在圣彼得堡，一九〇七年在伦敦以及在一九一二年在华盛顿。

国际委员会常常被各次国际大会请求专门注意工作的特别各方面。一八七〇年以后，国际委员会被请求要设立一个通讯和救济管理处，一旦战争爆发后，像普法战争中在巴勒设立的一样。倘若这要求不能实现，国际委员会被要求在任何一次战争中皆要派人到战地去，以便永远与红十字会取得联系在最殷切需要的地方工作。

国际委员会并且被请求出版一种叫做《红十字国际公报》[的]杂志，一八七〇年创刊于日内瓦，每三月出版一期。大多数的红十字会都有自己的刊物报导他们的工作新闻，但是国际公报沟通各红十字组织的工作新闻，而且这杂志还是重要的因素，在发展相互间的关系以及培植友谊的情感上。这种情感，在所谓"红十字精神"的发展中是占很大的地位的。

增进这种友谊精神的另一个方法便是国际委员会主办竞赛。在一八七三年，国际委员会发起了一次关于日内瓦公约历史的论文比赛。在一八七九年，国际委员会发起了一次急救用品表演比赛。在一八八五年有两次竞赛：一次是活动营房搭盖比赛，另外一次是关系到对于滥用红十字标帜的保护。

另外一个重要的发展是创设国际性"基金"。有些红十字会是比别的富有，有些则比较穷困，正像有些国家比别的国家富有或是穷困一样。于是提议在能够募到基金的地方进行募集，到一八九〇年募集到的数目，委托国际委员会保管。每隔五年所生利息决定做一些有意义的事情。这基金（利息特别用来训练护士）定名为奥古斯塔基金，纪念德国奥古斯塔皇后，在红十字运动发展中，她表现了最大的关心。

到一九一二年设立了另外一个基金，感谢另外一个皇后——日本寿宫皇后。寿宫皇后是深深地受着日本人民尊敬纪念的，因为她对于国内工作发展帮了最大的忙，而且她自己非常关心教育以及各种灾难困苦救济机构。全球的红十字会的活动感动了她，她全心地赞扬那些红十字会工作人们的不自私的服务，除掉战时伤兵和病兵，她热诚地希望他们的工作能够普及，使得其他的有困难的人也受恩惠。

寿宫皇后基金是特别用来协助抗痨和别的严重疾病工作以及救济灾害受牺牲的人——饥荒、地震和其他天灾的难民。

私人解囊献出一大笔数目给国际委员会，寿宫皇后的这种善举到一九三四年后被日本现任皇后效法，这两笔皇室的捐赠便建立了"寿宫皇后基金"，由国际委员和红十字会联合会联合保管。

在第九次一九一二年华盛顿举行的红十字国际大会中，一件决议案便是创办佛洛棱斯南丁格尔奖章，来纪念"掌灯女郎"。这种奖章每年颁发给在战时或平时最努力工作、救护伤病的护士或是助理员，而没有国籍的限制。南丁格尔奖章由国际委员会颁发，候选人由各国红十字会提名。

一八六四年的日内瓦公约实现不久便需要修正了。自然所有的法律和协定时时都需要研究和修改。当今的思想、情况和环境都转变得很快，自从驿车是最快的交通工具以来，欧洲所发生的变化是很容易看出来的。而且自从运用现代武器代替旧时代的比较不凶利的军械作战以来，也很容易看出战争是多么可怕。

远在一八六八年，瑞士政府代表国际委员会召集了一次新的外交大会来准备修正公约。但是不幸，当工作差不多告成时，一八七〇年的战争爆发了，于是大会代表在未能签定这修正条文前便都离散。

然而国际委员会却看出成就一个较完善公约的重要性，继续为这个目的工作。到一八九九年，在海牙有一次外交家会议，起草并且签定了海牙公约，这并不是日内瓦公约的修正本，乃是公约的补充，应用到海战。由于海牙公约，受伤海员可以得到像日内瓦公约对于受伤兵士一样的保证，并且救护船禁止攻击，像医院在陆地上一样。

一九〇六年，日内瓦又举行了另外一次外交大会，在这次会议内，日内瓦公约的修正本被顺利的起草和签定。这一次的公约比上一次的丰富的多，因为包括很多新的条文，由于历来的经验证明，这些都是必要的。

注一：但是也有例外，土耳其、埃及和伊拉克的组织称为"红新月会"，而伊朗的称为"红狮和太阳会"。至于苏联的红十字组织，称作"苏联红十字与红新月会联盟"。

（原载《红十字月刊》1947年第22期，第7-10页）

红十字会史话（七续）

郝连栋　译

第七章　一九一四年

每个人都知道，当一九一四年大战爆发，人类上一段多么可怕的苦痛的时期便开始了。

因为这次战争里，多少人遭遇了多少的苦痛，使得红十字会的任务是如此重大。即或对于一个受伤受苦和不幸的人，我们也会感到心疼，正如我们对于上十、上百或上千的人一样——然而战争的牺牲者要以千计，而最可怕的事却是要在无数的人中间分别一个个来医治。一位医生一次仅能诊治一个病人，然而所有的病人要收容在组织完备的医院的病房里，一位护士所能照料的病人的数目也是有限制的。所以你们很容易看出当数百万的受伤病兵要医治该是怎样的一种情形。在一九一四年的各国红十字会大多已经成立而且组织非常好。但是没有一个红十字会曾经梦想到要负起正期待着他们的如此艰巨的任务。

欧洲参战国家的数目双方面急邃地从五个增到十个，不久世界上泰半的国家都被卷入了战祸中。

那曾经闪耀在沙发利诺的烛火，在一九一四年前数年变成了辉煌的光芒，照遍了几乎地球的每一个角落。对于成千成万的受伤的人，这该是多么幸运的一件事呵！

红十字会的人到处都迅速地负起战争所带来的责任，许多国家的红十字会并不怎么需要呼吁额外的援助，因为社会各方面都一致支持他们，使红十字会在已经发生可怕的危难中能够有紧急而有效的方法。

新的红十字会差不多在事变前夕，在以前没有的国家内存在了。而已经存在的红十字会惊人地扩展了组织来完成增加无已（已）的责任。即或是撮要地谈谈他们的经历，也得花费太长的时间——但是你们可以想象是怎样一种工作要召集和训练上万的志愿工作者——要组织急救站和临时医院，征集病床、担架、药品、敷料和外科用具，再送到需要的地方去。

皇室的妇女们要做人民的表率，穿起护士的衣服，像别的任何人一样在红十字会的医院里工作。比利时的皇后伊丽莎白在一边，保加利亚的皇后伊利诺尔在另一边，都是持着不屈的热忱为受伤的人工作了整个战争期间。当每个国家的男人在前线作战的时候，便有多少队的妇女加入阵线后面的医院和救护车。他（她）们遭遇到无限的危险和无限的困难，而她们用一种超乎赞扬以上的精神去面对这些危险和困难。

在战争的初期，护士曾随着军队一道进入了堑壕，不久以后她们便不准越过战地医院的范围。但是在医院内她们的工作也是极端紧张的，甚至有时候继续几个月不能休息。在没有适合的人手的时候，被征求做红十字会志愿工作的妇女还要驾驶救护车。这种工作，像其他负给她们的工作一样，她们担当起来，沉静而又安详，满不在乎似的。

一般人想到或是谈到护理这种事，不过就是敷扎病人的伤口，使他们舒适，喂他们食物，和洗涤他们的身子以及其他工作。但是任何一位护士都将会告诉你们那不过是她工作的开始。她还得顾虑到她的病人的心理是否健全，要保持他快乐而有希望，如果没有希望的话，也得帮助他在安静中死去。

在战争中是需要高尚的妇女去从事妇女的工作。她们要守候帮助每一种可怕的手术，她们要敷扎每一种吓人的伤口。在这种氛围里，血不停地流，痛疼使壮健的人啜泣、呻吟，一天里死的阴影要掠过十多次。一千二百万士兵——一千二百万——死在这次战争中。

有些在战争中服务的护士的名字被人记住，差不多像打胜仗的将军们的名字一样广，也一样充满了敬意。曾经谙悉她们的人，将不会忘记两位伟大的护士，她们先后都是美国红十字会的护理部的领导人：琼·宾纳诺和克拉拉·罗埃斯。

医生和医护助手的热忱像护士的一样完美。医生、护士和医护助手，牺牲自我地互相竞赛。担架夫甚至没有等到战争停止就出发到战场上去；他们毫不畏缩地面对着各种传染病的危险，他们把疲乏和困倦当做每天工作的一部分……

绝不要以为红十字会除掉看护伤病兵以外什么也不做。红十字会还要答复无尽的士兵的家人的要求来帮助在困难和不幸中的家庭。所有的国家曾经得到红十字会的援助，这样的说法并不太过分。

大战爆发后，日内瓦的红十字国际委员会的第一件工作便是提醒各国政府，是签定了日内瓦公约的，便应该保证它们的军队尊敬伤兵和病兵，医生和护士以及医护助手、救护车、医院和救护船。白底红十字的标帜便真是一个避免攻击安全的保证。

国际委员会在他的主席巨斯达夫·阿道尔领导下，次一步决定是否在日内瓦组织一个国际通讯救济处，到一九一四年八月二十七日，便宣称这救济处已经准备妥当开始工作。最初八位组织国际委员会的委员以为他们自己可以胜任整个工作，但是一堆堆的信件和电报不断的增加又增加，不到几天，单单一个早晨送来的邮包就有三尺高。

接到的大部分的询问都是来自民众要求得到失踪士兵的消息，而阿道尔先生和他的伙伴在起初能够做的便是向这些投信人保证他们将尽力去查问。

于是代表被派到法国和德国去，一旦得到俘虏的名单便寄往日内瓦。从此以后这件事做得非常确实，而且接到每一张名单后，所有的名字都被核对，然后送往有关的政府。

这样往返周折很久，然而要搜索一个人比直接找他容易得多。但是国际委员会一旦接到确实的消息便会马上把这消息送往渴望的家庭。如果能够写出一个失踪的丈夫或是儿子是安全而且有消息那多好——可是消息不好的就没有那么容易了：当这消息缓缓地向询问的人道出了所爱的人光荣的战死或是受了严重的伤。

因为信件源源而来，而传递出的答复的数目也增加得可观，国际委员会的委员们发觉他们必须找人来帮忙才行，没有几个星期管理处的职员有了一百二十人。几个月以后增加到一千二百人，委员会的办公处也得迁到一座较大的建筑物内。罗斯博物馆被选做办公地址，上面飘扬着红十字旗，博物馆的门楣上在以后四年里刻着："红十字国际委员会国际战争俘虏管理处。"

对于那些无数的男女，他们的幸福是维系在这建筑物中告诉他们的话语上，你们试着想想这些字具有怎样的意义。有些没有写信而亲自跑到日内瓦来的人——在他们的面孔上你们可以看出——充满了信心，在对自己说："他们就会告诉我，他还好好的，而且有一封信给我呢。"还有许多远道来的人，他们的心里充满不安和失望——但是他们即使有一线的希望，还是要到这里来询问的。

所有接到的关于失踪的人和俘虏的消息都被编集加以索引——当你们想到平常一天管理处要接到两三千封信，有时候一次邮包便带来二万封之多，这是多么巨大的工作要做啊！

每当名单一到就抄录下来，每个人的姓名和详细的事项都慎重的登记。要明了这种工作要多么细心去做，有一个例子值得一提，在四年战争中有一万被俘虏的人都叫马丁，而这一万人中，八百人的教名又雷同：让。所有这八百人的父母都写信给国际委员会要"我们的儿了，让·马丁的消息！"

然而还有许多别的错综复杂。名单内有时列入许多俄国人和日本人的名字，譬如要把那些名字正确的译成俄文字母或是日本字。倘若这些名字有一点不正确的地方，也许发生误解和差池的可能性会层出不穷。

所以这种工作是要用超出常度的小心去应付，积存的档案越来越多，以致整座房子都堆满了；可是这是非常有价值的，因为所有的失踪的人任何时候都在被采寻中，而且他们会得到那些等着给他们的信，因此俘虏和他们家庭中间的联系逐渐地重新建起来。

罗斯博物馆也逐渐地变成了给俘虏的金钱和包裹的转运中心。有些情形里，他们需要孔急，假若他们不愿受冷挨饿，并且想买信纸、烟草和糖果的话。因为战争俘虏的待遇并不是常常像希望能够的那样好。有些国家持异议，说他们的人在违反健康和卑贱的情况下做苦工。

这种的意义被国际委员会慎重的考察，国际委员会认为有些情况是他们夸大其辞（词）。但是国际委员会请求所有的政府，务必让俘虏享受人道的待遇，不要把不必要的苦痛加在他们身上，他们要得到普通的医治，而且避免没有报酬的强迫工作。

除掉被俘虏的士兵外，在战争中还有别的俘虏——男女老幼的人民，他们被敌人捉去当做人质。这是一个使人想到属于古代历史的字眼，人质是当做一种担保使敌人能够遵守规定或是条约。然而"人质"这个字眼在二十世纪的战争中不适用了，人民在各种借口下都被逮捕；这些人民像在战场上俘虏的兵士一样，被拘禁在营地的带钩刺铁丝网后面。在夜间，铁丝网完全被通了电，使俘虏没有逃脱的机会。

医生和其他的人在战争持续的四年中，常常访问俘虏营，代表国际委员会到各处去，到欧洲各个国家，到亚洲和非洲，也到南美和北美。一共做了五百次以上的视察访问，结果促成了极大的改善。

一九四一年十一月，国际委员会发觉一个问题，那些重伤或是受伤的人，在他们不能再打仗后，是不是准许回到他们的家乡。被教皇和瑞士政府所支持的计划，终于被作战各国的政府所同意。从此以后，一长列一长列的火车充满了残废的人穿过中立的瑞士，从法国带着失去战斗力的德国兵回家，也从德国带着残废的法国兵回家。

战争继续进行着，国际委员会的第二个建议关系到受伤和生病而不是完全残废得不能服务的士兵。这件提案是要允许那些人被送入中立国家——到瑞士或是别的地方，他们要恪守信用不企图脱逃的，在当他们停留在中立土地上，也可以得到某一限度的自由。当这提案被同意后，在这些情况中送往瑞士去的官长和兵士有六万八千人之外。

"日内瓦是欧洲的心脏！"有一位旁观者这样惊呼着，在想着许多悲惨的故事传入了日内瓦，想着多少舒适、慰藉的话语从这莱蒙湖畔的城市传出。日内瓦也许在战争不幸的数年中，是比这更富有意义。不是在这儿可以听见整个世界的心脏在跃动吗？

（原载《红十字月刊》1947 年第 23 期，第 9—13 页）

红十字会史话（八续）

郝连栋　译

第八章　一九一三年——一九三九年间国际委员会的工作

许多害病和负伤的俘虏，正如我们已经看到的，在战争还在继续进行着便被遣送回家。当战争过去了，却还有两百万俘〔虏〕，包括士兵和人民，要送回家。有些情形这倒很方便，可是为了数不清的在德国、奥国、匈牙利和保加利亚的俄国俘虏——以及在俄国和西伯利亚的奥国人、匈牙利人和德国人，却得预备一下。要是那么多的人安然返家，也就是说要跋涉长途的铁路和海程，自然还得准备沿途供给他们食物。不论红十字国际委员会，或是那（哪）一个国家的红十字会，都不能掏出足够的钱来供给这么长久而糜费的事业。然而国际委员会并不因此搁下工作，由国际联盟供给必需的基金，这是国联的最初机会之一来证明它的效能。南森博士，挪威探险家，被任命为国联的高级委员，他要求红十字国际委员会的代表已经开始了的工作仍然继续领头做下去。但是当所有散在各国俘虏营的俘虏被寻着送回家，不知觉间便过了好几个年头。

监狱和俘虏营都是顶不卫生的地方，当一堆堆的人一起被拘禁在病菌自由繁殖的环境中——在污秽和潮湿，阴暗和杂乱中——他们是很容易被疾病侵蚀的。伤寒，一种死亡性最大的疾病，猛烈地在波兰和俄国的俘虏营中蔓延。它把死亡带给多少不幸的俘虏，而且过了不久，不仅是波兰和俄国，就是整个欧洲伤寒也变成了一种普遍的危机。

红十字国际委员会由代表们来协助克服这种危机。床、被褥和药品被送到伤寒打击的地区。在波兰，政府在边界上设满了免疫站，所有的旅客要经过免疫才准过境。在城镇和俘虏营里差不多花费了将近两百万瑞士法郎来采用特别的方法。

疟病是另外一种焦虑和痛苦的来源。这种疾病蔓延乔治亚和高加索的山麓。红十字国际委员会由于乔治亚红十字会的请求，从意大利运了大量的奎宁到乔治亚。奎宁是一种普通的治疗疟病的药，由于疟病在意大利的一些区域里已经开始流行，意大利红十字会大量的贮藏了奎宁在仓库里。

传染病并不是随战争结局而来的仅有的恐怖。饥荒往往紧跟着常年的战争，因为当男人用刀代替了犁来工作，田地不能按时耕种，收成越来越少，粮食也就缺乏了。在一九一九年和平以后，若干的国家都闹着严重的粮食恐慌，特别是在德国、奥国波兰、匈牙利和俄国。从各种来源的救济送到被饥荒打击的地方，日内瓦国际儿童保护会也准备在许多远距离的中心地点开办餐室。国际委员会的代表在那些餐室里，继续了几个月天天供给成千成万人的食物。许多国家的红十字会被国际委员会叮嘱去做他们能够做的事情。不久以后，当俄国的饥荒转变得特别严重后，一个特设的俄国救济委员会由南森博士领导组织起来。

疾病和饥荒仿佛还不够似的，在战后的那些年辰里，人类的痛苦又加上了革命。世事变得那么坏，所以有些人想到用暴力改变政府后会过得好些，于是便有了革命和内战，甚至流血。日内瓦的国际委员会接受了在革命骚动中挣扎的国家不绝的要求，派代表在可能的地方加以援助。

不论委员们能有怎样的个人情感，国际委员会绝无偏袒。它坚守中立像一条绝对的规律，所以它永远能被双方信托。这就是为什么国际委员会能在对敌的政府中间，在对敌的国家红十字会中间，或是在内战的双方中间形成一条链环。整个战争期间，国际委员会收到了全世界各国红十字会的，甚至私人的捐赠，并且把需用物资送到需要的地方，来援助任何地方的受伤的人、俘虏和其他的灾难中的人。

在世界大战中，许多人民离开居住很久的国家，落得无家可归，囊空如洗。有时候因为政府的改变，踏入新疆土，或是其他的缘故，他们持有的护照便失去了效力。他们大部分的人都是因为生命的危险才逃走——但是一旦他们安全了，便会想到自己怎么才能维持吃和穿，又怎么才能够找到工作和安定生活。他们不能期望别的国家的人民来担负他们，因为那些人民也异常贫困找不到工作。那末（么）问题便发生了，他们是否被允许留在避难的国土里——如何能够得到新的护照——谁又来经常照拂他们。

一九二一年这问题变得很严重。但是要各国的红十字会来负担这责任又太庞大。红十字国际委员会和红十字联合会因此便为了难民向国联陈述。国联又把南森博士邀来，在国联的管制下他组织了南森国际难民处。南森整个心灵都供（贡）献给他新的责任，在他逝世后，别的人也用样的精神来干这工作。直到如今这工作仍然是不可缺少的。

战后第一次红十字国际大会是一九二一年在日内瓦召开的。在这次会议中，国际委员会被要求继续工作，特别是以后发展的研究研讨工作。关于鉴定在战时最适用的药品和器具的工作在日内瓦也发生了极大的兴趣。在日内瓦有一个担架，外科用具、敷料、绷带等之模型的永久性的展览会，还有许多来自全世界的标本。同年一次军医会议也在日内瓦举行，审查新的发明和设备，被赞诺的就可以推荐给全世界的红十字会和军医服务部门。

政府都非常愿意提供出他们裨益伤病的知识和经验。但是他们当然要坚持保守在一被看作"军事秘密"的——也就是说任何军事上的智（知）识会对敌人有利的。国际委员会便有了一个关系到战争方法的问题要考虑。国际委员会无法阻止国家扩充军备，自然也无法窥探军事秘密；但是国际委员会能够而且要试着尽力将非战斗人员——妇女、儿童和老弱——从现代战争方法所遭受的巨大的牺牲中挽救出来。因为毒气和类似的武器的使用震骇了每一个人，于是一个特别的禁止这类战争的公约被采纳了。然而并不因此就不必怕将来战争再使用毒气，而且空袭轰炸也是一种暴行，以后也必定会被继续使用的。

红十字国际委员会曾经协助让各国都明了那些危险的特性，因此便广泛的接受了空防制度，当灯光熄了以后，每个人都被教导在空袭情况中做什么，如何戴防毒面具。

我们决不要以为飞机仅仅是一种机器，它的炸弹散播死亡和摧毁。如今这种同样的机器也用来负起慈善的使命，将急病的人送到医院行手术。当日内瓦公约在一九二九年修正后，在条文中特别提出了救护飞机（也就是说，特别指定用来运输患者的飞机）从此以后也要像陆地上的医院和救护车，或救护船一样有自由的保证。

在一九二九年日内瓦公约修正的时候，另外一个国际法也在起草：国际战俘法典，在这法典中将对待战俘的规则都载入了，让他们得到人道的待遇，而且他们决不能被虐待和侮辱。这些一九二九年的条文内的规定详细地指出各种方法使俘虏有住、食和衣服穿，以及其他。这次法典的采用使红十字国际委员会非常满意，它一有机会便要试着使解决人的问题的国际公约更合现代需要。

从一九三三年起，国际委员会的会址也是国际救济联盟的老家，其工作是由国际委员会和红十字会联合会共同负责。国际救济联盟是意大利红十字会卸任的会长——参议员 G. 西拉奥罗——所建立，他在这世纪初就亲眼看到米塞纳大地震所发生的可怕事情。西拉奥罗像在他以前的沙发利诺的涂南一样，深深地被他看见的，以及那迟迟而来的救济以致不能援助所有的受害的人和被地震毁掉的区域，不能再很快的重新复兴起来的情形所感动。你在建立国际旧际联盟后面的思想便是政府要有互相援助的精神，这种精神已经在红十〔字〕会园地中产生了极辉煌的成果。如果这一点能够实现，任何一个国家发生了大的灾害，不仅从自己的政府也可以从别的政府得到迅速的援助。

联盟的另一个目标，是要试着用研究和调查的方式来预防灾害，并且要预先地供给物品在最需要的地方，例如知道活火山的附近是危险地带，以及探察出蝗虫灾害在一年的什么时候会发生在某一个地方，这都是很容易的。

设在日内瓦国际委员会的国际救济联盟的工作便是从专家处收集地理学和地质学的情报，因之联盟尽可能的预先得到警告，作必要准备。像这样的工作可以拯救无数的生命和无尽的苦痛。

一年过去了，一个个国家都先后有灾害的故事可以提出来。中国的饥馑的难民每几年里就有数百万人；在美国，水灾常常泛滥各区已致成万的人无家可归；在西班牙，不久以前，内战延续了两年半之久…而现在，在波兰一九三九年九月的大屠杀，也许不过是发生在欧洲更残酷的事件的初试。

无论哪儿有这些紧急的事情发生，红十字会就要尽力拯救生命以及救济灾害。国际委员会派代表到需要做工作的地方。一九三四年，派代表到南美访察蔡哥俘虏营。一九三五年，代表到爱地奥平协助来自各国的救护队救护伤者，以后三年国际委员会的代表在西班牙忙碌于分发医药用品和食物，这些物品送自世界各国，甚至远的像澳大利亚和纽新兰都有。他们还要把焦虑的家人的消息从战线的一边送到另一边，他们访问俘虏和俘虏营，而且尽力去做释放俘虏的事。同时还有国际委员会的代表，在世界的另一端工作，在中国和日本。

不论那（哪）儿有灾害，那些国际委员会的人便是收音站，把人类苦痛和人类需要的故事送到日内瓦，然后从日内瓦再传递到全世界。

（原载《红十字月刊》1947 年第 24 期，第 18–21 页）

一个热心的会员
——经纬老人

总会　陈履平

　　山东黄县城内大街丁怀古堂，丁君毓□，字子范，自民国四年一月入中国红十字会，为正会员。嗣后随时送捐，不拘多寡，寡则一元，多则千数，自六年四月四日推赠为名誉会员。凡遇救灾助振（赈），无役不从。中华民国七年国庆日，捐助红会银元千元，并介绍其夫人子女共十一人，全体入会，皆为正会员。逐年介绍他人为会员者，其数尤伙。十一年三月二十二日，老人致函黄县劝学所，对于我国红十字会地位及其应予发展之处，见解极深，原函云：

　　敬启者，鄙人蒙学界众位先生赞助进行，莫名感激，去冬曾函请贵所捐募山东水灾急赈，为红会募集会员，为山东救济难民，双方进行办法，业已呈明在案。顷奉中国红十字会代表团，自瑞士回华报告，万国红十字会第十次大会议决无红十字会之国，万国红十字会（即系国际红十字会委员会）有创办权或派邻国红十字会创办之（编者按：此系促请设立之误），已有红十字会之国而半无成效，万国红十字会有监督取销（消）权。该会场所悬之统计图，全国人民与红十字会会员比较，以美国为最多居第一，中国为最少列末位。凡我同胞，俱宜警惕。不但宜警惕，而且当奋兴，吾黄学界先生，对于福国利民之事，争先恐后，无役不从，久为各界所钦佩。兹阅报载，西阴历二月二十八日开春季全体大会，敬求所长资助一切，致意学界众位先生，鄙意恩祈俯赐提倡，拯救灾黎，并祈介绍多数学生会员，以壮国际观瞻，感戴无极。

　　二十四年七月，本会出版《中国红十字会月刊》第一期，老人寄刊劝告同胞赞助红会书，凡二百七十字，首述红十字会之性质与工作，继则以身作则，劝人入会云：鄙人除已入会为会员外，每月捐洋一元，今已二百四十九度（每月一度，一年十二度，至是盖已继续不辍，按月缴费至二十年九个月矣——编者注），在个人经济并无影响，国人如能以此推行，则本会前途，获益良多。查本会会员达十万人以上，若能照鄙人每月捐洋一元，则每月可得十万元，而非会员亦能照办，则其数更有可观。鄙人以二十余年之恒心，为提倡普及起见，敬劝国人当仁勿让，本会前途，实利赖焉！老人之爱护红会，虔诚婆心，感人良深。其后老人复函，请将其劝告书自第三期起（编者按，实际则自第五期起登至廿九年六月一日之第六十期本月刊停止出版为止，均逐期登载），登入广告栏并自愿担任此项四分之一地位广告费十年，每年一付（编者按：依当时广告条例，全年三十元，十年为三百三十三元，惟实际则登全页，上半页登劝告同胞赞助红会书，下半页照录老人来函），言明俟登满一年后，即将全年刊费寄上。惟其后国战爆发，本会屡次搬迁，人事变动过目，遂与老人失落联系。如老人者，诚世上罕见之热心红十字会之标准会员也。兹仍转录其十一年所作劝世白话一篇，借资景仰其对红十字会之认识与热情。

请问全球社会，再有比红十字会大的么？无论什么大会，没有比红十字会大的！别的社会，是一国之中，一部分所组织的，红十字会是万国所组织的。当今之世，名之为国者，无论哪一国，皆有红十字会。红十字会以博爱恤兵为宗旨，本人道主义以做事，就是人道的保障了。中国自入了红十字会，已为万国所尊重，红十字会的宗旨既曰博爱，世界人皆在所爱中；又曰恤兵，兵为世界上第一等人，与众人不同，世界若无兵，人就不能享和平幸福，恤兵就是恤世界上的人了。但云博爱，宗旨不完全，所以红十字会的宗旨，必须博爱恤兵方为完全。

谨将中国红十字会所办博爱恤兵的事叙一二，请中外兄弟姊妹细听！日俄之役，救济难民，江皖之灾，扑灭疫疠，辛亥癸丑，救护伤痍，温处顺直徐州之灾，散放急赈，张家口兵灾救护，皖豫匪灾，救护并急赈，青岛兵灾救护，鲁直水灾急赈，浙衢水灾急赈，上海风灾急赈，江西水灾急赈，天津水灾急赈，滇蜀湘粤，兵灾救护，美国地震，欧洲战争，曾拨汇巨款，办理救护，西伯利亚兵灾，亦曾遣发医队，疗治灾伤兵民。以上所办的事，一件事，或靡费八、十万，或需费三十万，或三万或五万。此款从何处得来，皆我中外大善士，慷慨乐捐所助成的。中国红十字会定章，无论中外大善士，个人独捐二十五万（元）以上，推赠为正会员；二百元以上者，推赠为特别会员；一千元以上者，推赠为名誉会员并将大名录入会员题名录，造册呈报政府及内务府备案，认为中国红十字会的终身会员。红十字会会员佩章，均呈请政府核准制造，至为郑重，红十字会为全球最大的慈善法团，外国君主总

青年红友

统，多半是红十字会会员，平民入红十字会的甚多。以中国而论，从前袁大总统、黎大总统、冯大总统，现今徐大总统，皆是红十字会的人员。现时，中国人民入红十字会的，比从前更多了。所以红十字会全球的君主总统，以迄平民，莫不尊尊重重。凡国庆大典，重大宴会，以及喜庆等，见佩有红十字会徽章者，莫不起而敬之。当两国交战时，红十字会人员，彼此爱护。泰西东各国视未经缔盟入会者，为无道德概念，不得谓之国，其尊重红十字会，有如此者。

恻隐之心，人皆有之，贫富不同，力难从心，致劝中外兄弟姊妹，若能纳会费，请入中国红十字会，中外男女，富贵贫贱，并不歧视。若无力纳会费，或已入会者，论量力捐款，亦是充分道德。若银钱不便，逢人讲解，到处传扬，劝人为善，功德无量。现在从红十字会发来捐册并临时收据，此项捐册是红十字会吕蔡两会长呈请政府提倡在案，这是中外兄弟姊妹为善顶好的机会。交款一节，无论款项多少，请乐捐人填写捐册，而交鄙人查收，收妥后立给临时收据，以征信实。一元以上概用大洋；一元以下五角以上，可用小大洋；若无小大洋，可用铜元，照大洋市价核算，邮局汇兑专用大洋，不收小洋，为汇兑不便。若捐款在二十五元以上或二百元以下或一千元以上者，即呈报中国红十字会总会，发给各种佩章凭照，以符定章。不论捐款多少，概由红十字会登报声明，以扬仁风。

（原载《红十字月刊》1947年第20期，第28、29页）

谈红十字博物馆

王耀庭

现时世界已有六十几个国家组织了红十字会。但是有几个国家的红十字总会附设红十字博物馆呢？据我们知道的，除了美日两国的红十字会总会设有红十字博物馆外，其他国家的总会有无此项设置，因为没有详细调查，现时不能奉告。自然在各国总会会所之内，或者挂上理监事、会长、副会长、秘书长们的相片，办公室里自然也有图表招帖，也许在图书室、陈列室陈列些工作模型，但是真正附设红十字博物馆恐怕还不多。不要说红十字会，就是一般的机关团体附设博物馆的，也是少而又少了。不要谈博物馆的组设，就是该机关团体的史料搜集、整理、保管都少被人注意。除了政府承袭前代的国史馆以及国民党的党史馆之外，还有几个机关团体注意到这项问题呢，即或有几处，恐怕也是新兴事业，开始举办而已。

某年曾参观过，一个正在筹备期中的宗教博物馆。虽然搜集的种类件数不多，还没有好好整理，也没有好好陈列。但是参观过的人，都引起了莫大的兴趣与感触，不愿匆忙离去。历史先生讲过拳匪之乱的，也许早就读过《庚子使馆被围记》，晓得一部分义和团的故事。却不如看过那义和团的旗子、拜帖、流水账、杀人刀更为有趣，更容易记忆。看到了卫理公会第一位中国牧师用的圣经，创办汇文大学的刘海澜校长的日记，立时发生钦佩，加强服务心愿。各式各样的佛像、图画、法器……不仅是研究宗教的人，就是研究哲学、文化、社会、艺术的人们也值得去看的。假设今天看到了杜南先生的沙法利诺回忆录的原稿，南丁格尔小姐天天拿的小油灯，你将发生什么感触？看到苍蝇之害的图画，性病的模型，是不是更加警惕？看到其他国家红十字会的工作表，是否要引起研究观念？看到了灾害统计，是否叫你此后要注意，不再因轻忽而发生意外，进而求人人的安全？

在这个米珠薪桂的时候，设立红十字博物馆，谈何容易。例如馆址、房舍、人员、经费……可以说是困难太多。其实这些困难都容易解决，因为开始征募搜集，只有一间保管室便够了。在未加整理陈列之前，由一位职员兼办，对于设立博物馆的最大而真实的困难，乃是"不注意"与"没想到"耳。没有注意过它的意义与价值，心里根本没想到这回事，那如何能有实现的一天呢？

一、为什么设立红十字博物馆

简单的说，有下列的几个目的。

（1）教育的：给一般民众一种直接获得的常识。给红十字会工作人员研究学习的工具。

（2）宣传的：使民众明晓红十字会的业务而踊跃参加作会员。使本会工作人员增强红十字精神热心服务。

（3）历史的：叫人们知道红十字会的起源沿革与展布，开创及继续人员之追念与效仿。总而言之，设立博物馆不仅是保存的，历史价值的，追忆以往的，也是教育的，启发的，鼓励的，一项设施。如此说来，不能不想到设立红十字博物馆的重要与如何实现了。

二、征集什么物品

限于篇幅，仅简略的举例如下。

甲、（按种类举例）

文字类：红会书报、刊物、小册之稿本。绝版课本，宣传用之标语，旧会员名册、记录、报告、纪念册、签名单、谢函……

图画类：宣传用挂图、统计表、画片、画报插图、照片、电影片、造像……

徽章类：会员证章、职员证章、奖章、纪念章、员工制服……

旗帜类：会旗、队旗、锦旗、锦标、肩章、臂章、胸章……

杂物类：印有符号之纸张、图签、邮票、奖状、贺片、作废图章、日历、录音片……

制品类：义务工作人员之制品，如衣着、玩具。

教材类：课本、图表、教具……（新旧兼收）

毒物类：毒品（大烟、吗啡、白面……）毒虫、毒草。

用具类：服务工作用具、工作衣、账（帐）幕、交通工具（模型）、救济箱、急救包……

模型类：会址、事工。

遗物类：热心会务人士之遗物（倡导人、职工。）服务员工之遗物（勤奋或殉职者）

乙、（按工作分类举例）

医疗类：医院、诊所、输血。

疾病类：有关防疫及传染病，预防及治疗者（图表、模型）

护理类：护理用具、图表、课本、照片。

灾害类：灾害救济与急救，交通安全，水上安全。

康乐类：用具、法则、图画、模型。

环境卫生类：住室及环境卫生之图画、模型、用具。

营养类：模型、图画、用具、实物。

衣着类：适与不适合健康之衣服鞋袜等之图画、模型、实物。

训练类：组训教材、教具……义务工作人员。

军人服务类：一般工作、眷属福利、退伍士兵、伤残重建。

战俘及被禁平民类：图表、模型。

儿童类：保健、衣着、用具、玩具。

妇女类：保健、生育指导、家庭访问、家事。

国际类：协助他国之事工。

红十字青年：组训、事工、附儿童会员。

其他事工类：

征募类：方法、宣传文件、征募活动。

历史类：会所图片、模型、文件。

遗物类：倡导人士、勤奋工作人员；殉职员工之遗物。

以上是随便分类举例，并非一定按照如此分类，主要的意义在表示征募的广大范围，宗宗件件均可收集，所以要征集的物品，不只限于本国与现代，不要专辑新的，完整的，可以使用的。乃是搜求古今各代、中外各地的物品。

三、怎样征集

开始征集的原则是：

（1）总会编拟征集办法、预算、通告、收据、谢函、新闻稿……

（2）在开始时在日报及刊物上发表宣传、分发通告；

（3）与分会之活跃会员或工作人员通讯与面洽。

（4）物品收到暂先登记存放，但注意灾害与虫蛀；

（5）征集物品（对其他国家），或用相互交换，略付代价，但以捐赠为原则；

（6）除第一次大规模征集外，以后经常留意，随时搜求。

（7）建有馆舍时再开始整理、说明、陈列、开放展览。关于征募办法，应用文件，陈列展览之规定从略。

四、建筑馆舍与开放

不论馆舍大小，物件多少，必须按照博物馆建筑规则建造。附在办公楼内或另行建筑均可。但不可与会所分开，另在他处，失去宣传与训练之便利。至于房舍式样、内部设计须由专家设计。馆内各室陈列，或按类陈列，或混合陈列，两者均可。但贵重物件及遗物须另陈一室，以便慎密保管。如临近街道，则另设一陈列室，时常更换物品，张帖（贴）布告，作为宣传之用。专在季节开放任人参观，或平日天天开放，视当地情形规定，但仍以天天开放为宜，收宣传及教育之功效。馆内除一般应有职员外，务须聘有参观引导人员，好在指定时间向参观者讲解，达成宣传及教育之任务。

红十字博物馆既然负有保存、宣传教育的重大任务，保存以往又启发未来，关心红十字会工作的人士一定认为建设红十字博物馆为急切事工之一。虽然有许多困难，但应开始搜集。因为时间一久，越法（发）不易搜求，将来再想举办，恐怕多半已经遗失，则无物可资陈列。这真是件刻不容缓的事啊。关于设立红十字博物馆的问题，诸位先生意见如何？

（原载《红十字月刊》1947年第24期，第8、9页）

他们正在饥寒中挣扎
——访问无家可归的孩子们

战乱不已，社会灾难日深。在饥寒中挣扎、无家可归的孩子们，不知有多少。本会重庆分会与青年会合办社会事业，历著成绩，据本篇所载，对于重庆这一角落里的流浪儿童，已稍尽责任。如何使整个社会上的孤苦儿童都得到合理的生活，这有希于全国各分会的努力。（原刊编者附识）

濛濛（蒙蒙）细雨中，我毫不费力的找到了我要寻找的对象：站在饭馆门口的流浪儿童。

在朝天门码头边，过街楼附近，千厮门，临江门，南岸，江北小食店和饭馆门口，随处都是他们逗留之所，他们穿着大概数不清日子的一件破衣，背上披着或者腰下围着一块麻布，有的连抹布也没有，虽然严寒隆冬，他们还是赤身露体地生活。手上有的是一个破碗，有的提一个小桶。自然他们是一身肮脏，满脸污浊。这一大群乞儿有多少，据他们自己说不下一千人。

我先后和二十多个乞儿谈过话，给他们一点法币，他们毫不隐瞒的告诉一切。他们来自各地，川北川南各县都有，父母俱亡的占多数，百分之九十不识字，年龄从十岁到十六岁的最多。也有带有残疾，瞎眼跛脚，但大多数的乞儿没有重大恶疾。乞儿们各有身世：

杜福祥，十六岁，成都人，他说他两月前到重庆来找一位在轮船上做工的哥哥，人不见了，无办法只好讨饭。江治国，十二岁，合江人。父母亡故，家乡莫饭吃，流浪来渝，做了叫化（花）子。张老三，十三岁合川人，继母不仁，他被赶出家门为丐。王五娃子，中江人，家乡没有饭吃，跑到重庆来讨饭。何昌，涪陵人，据他的同伴说他是故意跑出来讨饭的，他家本来还有饭可吃，但何昌又否认他同伴的话。

以上的名字，是他们自己所说，更多的乞儿不知道自己的名字，只晓得姓什么，名字是有的，那是同伴们叫的绰号，有时不易听懂。

河边码头和大街小巷食店是他们白天的活动之处，天亮，他们从那不避风雨的地方醒过来，蜷缩着身子开始乞讨。钱要不到多少，运气好的有一万把块钱，他们一致说他们的目的是要饭吃。一天能够在饭馆门口得到一碗白饭与一些残汤剩菜，就解决了一天的伙食。离了这家饭馆便到那家食店，不过站立等候，喊叫，是需要很长的时间。小食店面馆门前炉灶，却又做了他们取暖之地。

除此之外，每天还有一个好去处是"赶酒"。红白喜事，少不了开宴坐席，于是他们便团体行动了，一人四处打听，回头报信出发，这样可以得到钱与饮食。他们全副精力便在追寻菜饭的施舍。

为什么不去提行李找钱？他们说：力帮要打人，不准乱提。为什么不去擦皮鞋？他们说：没有本钱置家具，买鞋油。为什么不去做工？他们说：没有人要呀，先生！问他愿不愿去救济院，有的说如果吃得饱，还是愿意去；有的却说：关在里面不好要。异口同声的一句话却是："救济院吃不饱，一天两碗汤饭，吃□子吗！"可是有一个很小的乞儿又极愿进救济院，他要求我立刻就带他去。这孩子大概已熬不过饥寒交迫了。

在过街楼口上，我看见了一个讨饭的小女孩，她一个人站得远远的，身上一件破棉衣，手提一个小桶，桶内一只饭碗。两只眼睛显出她并不笨拙。她叫吴银弟，十二岁，涪陵农家女孩。爹给人拉走了，两年没有音信，娘有四十多岁，两眼瞎了，没有饭吃，从涪陵乞讨来渝，坐小船来的，母女二人，住在南岸弹子石河边岩洞里。前些日子，吴银弟牵着瞎子娘每天出来讨饭，现在娘走不动了，她一人每天过江来城乞讨，讨点残汤剩饭回岩洞去给瞎子娘吃。我看她手上握有要来的几百元钞票，小桶内还是空空的。问她要到饭没有，她说今天早上要到了一碗稀饭，肚子太饿，自己喝了，现在没有饭，还不能回岩洞去。她眼圈湿了，我给她一点法币，她才抽泣着慢慢地向河边走去。有人问她愿不愿去救济院，她很理智的回答：我愿意去，但是我的娘呢？怎样办，先生！

（原载《红十字月刊》1947 年第 24 期，第 13、14 页）

人间一点温暖

红十字会创办两个福利社
洋房里备有床铺与被盖
这里收容着几十个贫儿

风雨之后，晴朗的冬阳人人喜爱，在太阳光下，我又发现一群乞儿颈上挂有"中华基督教重庆青年会，红十字重庆分会合办，贫儿福利社"的木牌。他是刚被这个慈善机关收容进去的，据他们说，早上有一顿稀饭吃，白天出来讨饭，下午七点回去，有地方睡，有棉被盖，有床铺，而且是洋房子。由于一个乞儿的引导，记者特跟着他们到临江门红十字街去访问这个贫儿福利社。

经过码头边一些坡坎、小桥，在污水与平民（贫）窟之间，到达一所曾经敌机轰炸过的房子，这里是青年会与红十字分会合办的，门前挂有两个牌子，一个是"贫儿福利社"，一个是"工童福利社"。红十字第二诊疗所最近也搬到这里，同时又是"励志儿童病院"的筹备处。

两个福利社的负责人尹光新先生领导记者参观。福利社成立已很久，每年在残冬的时候，有一年一度的流浪儿童的收容，时间是在天气最冷的时候。今年是十二月二十三日开始的，现在已收容了六十个贫儿。收容方法是尹先生亲自出马，到街头去寻找贫儿，经过一番选择后，发给一张"健康检查证"，到社里经过医生检查，只要没有癞痢头与皮肤传染病，就可以入社了，他们限于经费，不能扩大收容，这几天还未筹备就绪，所以每晨只供给贫儿一顿稀饭，让他们出外自由活动，下午七点回来，有水洗脚。睡觉前由尹先生讲圣经，施以宗教性的儿童教育，把道德的观念向贫儿们灌输。尹先生是学神学的，难得他有此耐心，将来的计划，每晚放映电影，开收音机让贫儿们得到娱乐。

贫儿住的房间一共有六间，每间是一排木板钉好的长床，有谷草，用麻布缝成床垫。每房可睡二十人，一共可以容一百二十个贫儿，房里光线不大好。记者未看到贫儿，他们那时还在外面讨饭没有回社，棉被白天存放楼上的保管室内，已做好一百六十床新棉被，柔软温暖。每人有一件棉背心，已缝好即可分发，每人还有一双木板拖鞋，另外工童福利社已有十六个工童，他们都是有了职业的，如卖报的，做工的儿童，白天他们出外工作，晚上回社睡觉，工童的房间床被自然比较清洁些。这里预备收容工童五十人，目前还未收足，这里雇用了女工一人专门为贫儿洗衣服，雇男工数人烧饭做工，将来准备收容女孩二十人，年岁以十二岁到十五岁为限。他们说女孩子容易管理，所以他们很希望收容女贫儿。

第二诊疗所的张才甫医生同时又是励志儿童病院的筹备人，贫儿福利社的义务医生。医药设备全是红十字会供给，他告诉记者：收容的贫儿中，身体都很好，也许因为他们吃的系饭店的剩汤剩菜，油荤很大，营养情形比公务员的子女还好，凡是有内病的可以获得治疗。

红十字会限于经费，不能长期收容贫儿，每年只能在严冬收容，到了明年春暖，就得停止收容又让贫儿回到城郊去流浪，尹先生与张医生同声说这是消极的救济，但这些设备与经济已经来得不容易了。这消极的救济，在今日社会中已可算空谷足音。这是宗教慈善团体赐给受饥寒煎熬的贫儿们的一点人间温暖！

（重庆大公报特写）

（原载《红十字月刊》1947 年第 24 期，第 14 页）

追念熊秉三先生

胡　适

编者按：熊秉三（希龄）先生是近代中国的一个政治家和事业家。他自从绝意仕途后，即从事社会事业，举凡救济工作，儿童福利的提倡，慈幼院的创立，尤处处表现其眼光之远大和宅心的仁爱。二十余年前，绝无人用最新式的教养，培植孤贫儿童，香山慈幼院已于民国二十年创始家庭式教养，对于儿童福利，独开风气之先。秉三先生于廿一年与子女析产后，将北平的房产，全部充作儿童福利事业的基金，并设基金会管理。民国二十六年六月，因筹设婴儿园赴青岛，七七事变发生，南下赴沪，不久沪战爆发，先生会同热心人士，致力于救护工作，设四个伤兵医院，八个难民收容所，被医治的伤兵有六千余人，收容的难民二万余人，还有先后由战区救入安全地带的难民二十余万人。南京失陷，取道香港，拟赴湘乡继续救护及慈幼工作。十二月二十五日因脑溢血逝世于香港。女公子熊芷先生是当代儿童福利专家，现正协助社会部工作。夫人毛彦文女士则继承了先生的原有事业，惨淡经营中。熊先生真不愧为中国儿童福利之父，同时战时救护，又使他同时成为我们红十字会之友。胡适之先生在本文中提及北京女界红十字会，这个女界红十字会，熊先生和朱夫人贡献特多，所以编者特地转载本刊，并搜集北京女界红十字会的记载，再在本刊揭布。

民国十年十月九日，我的日记里有这两段：今日为旧历重九，早九时，与文伯、擘黄、叔永、莎菲同坐汽车往西山八大处，上祕（秘）魔崖一游，在西山旅馆吃午饭后，同到香山园，今天是香山慈幼院周年纪念大会，故往参观……熊秉三先生夫妇强邀我演说，我也觉得这事业办的很好，故说了几句赞美的话。大意说，熊先生办慈幼院的目的在于使许多贫家儿童养成利用文明和帮助［创］造文明的能力，故院中有工厂，有议会，有法庭，有自治制度。这是很可效法的运动。今天我们在

青年红友

这里得一个最深刻的感想：从前帝王住的园子，现在变成我们贫民子女居住上学游戏的地方了。这最可代表这种运动的精神。

我们游玩了一些地方，到昭庙时，始知这个破败的庙已在几个月之中变成一个很好的女红十字会新会所了。此种成绩确可惊异。静宜园中已无荒废之旧址！此不可不归功于熊秉三诸君。

这是我在二十六年前记的感想。那时候，我时常去游香山，看见熊先生在很短期间里把一座毁坏荒凉的大废园修理成一个可容成千儿童的学校和一个很可游观的公园，所以我在日记里有这样惊叹的语句："静宜园中已无荒废之旧址！"

次年（民国十一年）四月二日，有这几段日记：

知行昨夜病了，我与经农同到香山。天小雨，不能游山。熊秉三先生邀我们住在双清别墅。

这一天没有游山，略看慈幼院的男校。这学校比去年十月间又进步了。新设的陶工厂现正在试验期中，居然能做白瓷器，虽不能纯白，已很白了。试验下去，当更有进步。

熊先生爱谈话，有许多故事可记的。我劝他作年谱或自传，他也赞成。他说他对于光绪末年到民国初年的政治内幕知道最多最详。——我曾劝梁任公、蔡子民、范静生三先生写自传，不知他们真肯做吗。

秉三先生死在民国廿六年的年底，还不满六十八岁，据毛夫人说，他似乎没有留下年谱或自传。这是很可惋惜的。他的诗集里有一首《淑雅夫人五十初度赋赠》五言长诗，凡一千三百字，是一首自叙的诗。旧诗体是不适于记叙事实的，故我至今还盼望将来在他的遗稿文件（现存叶奎初先生处）里也许可以发现他的年谱残稿。

我记得有一次我住在香山，晚上听他讲故事，我们故意问他的事迹，他也很乐意回答我们。可惜这一页的记录，我没有寻出来。据我的回忆，那天晚上熊先生曾说，他一生有一个奇怪嗜好，就是爱建造房子。俗话说："官不修衙，僧不修庙。"他一生最恨这句话。他所到的地方，湘西、东三省、热河、北京，处处有他修造的道路或兴办的公共建筑物。他自己说，建造东西好像是他的天性，所以他从不感觉他一生所办的事业是费力的事。他爱建设，肯负责任去干，所以好像从从容容的就把事情办成功了。

我回想那晚上的谈论，我颇疑心这是熊先生自谦的看法。他实在是个有办事干才的人，同时又真爱国，真爱人，所以他自己真觉得替国家做事，替多数人做事，都好像是从自己天性里流露出来一样，不觉得费力了。

民国十一年旧历中秋节，熊先生聚集了慈幼院的男女儿童，在广场上吃水果糕饼，很热闹的一同赏月庆祝。他老人家很高兴，做了一首诗，最末两句是：

儿辈须知群最乐，人间无此大家庭。

这是他爱人爱群的哲学。他痛恨战争，他努力做救济事业，都可以说是从这里出发的。在他的诗里，他往往诅咒战争：

……十年九战争，乌合若鸟兽。朝客夕为囚，昨仇今复友。名与实相离，言与行相缪。饿莩群在野，肥马乃在厩。丁巳至丙寅（民六至十五），乱极谬复谬。……

因为痛恨战祸，所以他曾赞叹阎锡山将军在山西保境安民的功绩：

征车朝发绕汾河，十四年来水不波。遥忆当年钱武肃，弭兵终是爱民多。

他有《题卓君庸自青榭集》诗，其开端几行是：

结庐香山深，原拟避世乱。反以世乱故，良心不忍见。欲民出水火，奔走弗辞倦。托钵贵族门，乞醵邻人闲。春秋多佳景，于我如冰炭。……老弱转沟壑，壮者四方散。村落尽荒圮，儿女鬻值贱。余心凄凄然，不量力所担。……

可怜这样一位爱人爱国，痛恨战争的哲人，在他的生命最后一年里，还得用他生平最大的努力，组织战地救护队，伤兵医院，难民收容所。他从炮火底下救出了二十多万人来，他的精力衰竭了，他的心受伤了，在上海南京相继沦陷后，他就死了。

（原载《红十字月刊》1947 年第 24 期，第 15、16 页）

国际青年交谊又一声

本会上海分会最近征集所属青年会员赠送友邦儿童之礼品，包括邮票、玉石、陶器、手工作品、图画、圣诞卡、联谊信等四八五件，汇装一箱，于十二月十六日备函交托美国红十字会驻沪办事处寄运美国，作为对红十字会少年会员之新年礼物，借敦国际交谊云。

（原载《红十字月刊》1947 年第 24 期，第 21 页）

康乐文勺

苍蝇之为害及其消灭法

马玉汝

夏秋两季，传染病最易流行，蝇虽小虫，但霍乱、赤痢、肠伤寒等危险生命之肠胃病，多由其媒介而发生。热带之采采蝇更为严重性睡眠病之媒介。兹将关于苍蝇常识，略述如下：

一、苍蝇之形

蝇分头、胸、腹三部，头有复眼、触角各二，嘴状突起一，眼扁圆，由无数单眼合成，头顶另有单眼数枚，故视觉灵敏，即在其背后扑之，亦能先见。触角分三节，末有粗毛，其上并附有无数细毛。嘴状突起，平时卷曲，用时则伸出吸引液汁。苍蝇则能刺破动物的皮肤而吸取其血，胸肌发达，附透明之薄翅二，并有两个维持身体平衡之小捧。腹分节，雌者细而长，平时短缩，产卵时伸出。脚三对，其末有二爪及吸盘，故能于直立之光滑玻璃上行走及停留，其色有黑、红、绿、青四种，视其发育之环境而异其保护色。全身四毛，为藏秽菌之薮，嗅觉极敏，实趋腥逐臭之尤。

二、苍蝇之繁殖

蝇之发育，分为卵、幼虫（蛆）、蛹、成虫（蝇）之四个阶段，天气暖时则由卵经三日成幼虫，三四日成蛹，再三四日为蝇，相隔数日，则又产卵，如此每一雌蝇产卵五六次，每次可产二十至一百五十枚，夏季则一蝇可产九代，如由五月一日起至九月底止，则一蝇可产卵三四千兆枚，虽不能尽数成长，即其活数亦足惊人。

三、苍蝇之生活

粪便、痰唾、垃圾、厕坑、腐烂物，及污秽之水沟等，都为苍蝇摄取食物及产卵之所。且蝇最贪吃，排泄亦速，每一面饮食，一面排泄，而腹腔有嗉，食物常先送嗉内，暇吐诸口，再咽入胃，其呕吐、排泄，每日可多至百次以上。蝇之身体，细毛丛生，各类杂菌，附着其上，故蝇食之物或停留之处，均有细菌遗留。

蝇性畏冷，天寒则蛰伏不出，天气愈热，其势愈盛，繁殖亦愈速。

蝇之寿命约为一百五十一日至一百六十三日，但抵抗力强大者，常于冬季隐伏暖处，延长寿命至于来春，此种苍蝇如于冬季扑杀其一，则无异于夏季扑杀无数。

四、苍蝇之害处

苍蝇既系藏垢纳菌、趋腥逐臭之物，故其全身各部及大便、涎液、呕吐物中，无不有细菌之存在，已如上述，如此则其由此至彼，或由某一病人处而另至他处，无不能移秽、传菌，为肠胃病传染之媒，且痨病、眼病、炭疽、兽疗等，亦常因之传染，如我人加以科学的证明，则先捕一蝇，用消毒镊子取放于消毒之器皿中，用盐水冲洗三次，再将此盐水培养，用显微镜检查，则可有各种杂菌之发现，惟此种杂菌均系生存于蝇之体外者，如再将此洗过之苍蝇，用火洒浸过五分钟，捣之成泥，加意培养，用显微镜检查，亦可得各种杂菌。且各种体内之菌，较诸体外者，更多至数十倍，如此方法，果用一霍乱或肠伤寒病人之大便饲诸一蝇，然后再检其体内及体外之培养基，则霍乱之弧形菌，或肠伤寒之鞭毛杆菌即特别加多，由以上之证明，已可作确切之根据，如我人再以苍蝇发育时期之盛衰，与肠胃系传染病发生及死亡率之多少为比例，则普通环境卫生较差之环境，四月间即有苍蝇，后则逐月增加，八月后又逐渐减少，而肠胃系传染病之发生及死亡之增加及减少，亦与此成为正比，又可证明其不误。

五、灭蝇之方法

扑灭苍蝇，其法甚多，但大别为消极的和积极的两种，消灭方法，为扑杀幼虫（蛆），及成虫（蝇），积极者则为防止苍蝇之发生，根本使其无有，兹分述入后：

（一）扑杀幼虫

扑杀成蝇，因其直觉灵敏，飞翔迅速，颇感不易，故扑杀蝇蛆，实为要着，灭蝇之法——

1. 沸水洒杀法

蝇蛆每集粪便之表面，以沸水洒之，可致其死。

2. 氰化钠毒杀法

用氰化钠一份，化水五百分（份）漉洒生蛆之处所，每星期一次，蛆即死灭，惟此药极毒，少许入口，即能丧命，故宜慎勿入口，且用后即洗手，而此种粪便，如以之施肥，则菜蔬等之供食应极注意。

3. 漂白粉毒杀法

用漂白粉洒生蛆之处约四分之一寸或半寸厚，亦可杀灭蝇蛆，且可避免各种臭气，但粪便经此，常起分解，肥田作用，或减成效。

4. 发酵热杀法

物体发酵，蝇卵即难繁殖，且发酵可升高其热至摄氏 70 至 90 度，蝇蛆及蛹，亦难生存。

5. 井溺法

先凿小池，盛满以水，上置木架，将垃圾等堆集其上，蝇即产卵其中，变为幼虫，演进为蛹，而利用其移居之习惯，沉没池中，加以溺毙。

（二）扑杀成虫

蝇蛆如难尽杀，成蝇自须扑灭，杀蝇虽难为治标之法，但果施行得宜，早期下手，事实上亦可收相当之宏效。至杀蝇之法，再论如下：

1. 毒杀法

毒杀成蝇，当为一般所用，其法为：

（1）用篦麻油加白糖等许，置平底盆内，放于苍蝇易到之处，蝇食即死。

（2）取烟丝少许，加烧酒、白糖及水置于碗底，蝇闻其味，即来贪食而死。

（3）取福尔马林溶液六份，石灰水五十份，牛乳四十份，混合成浆，蝇食亦死。

（4）用亚砒酸钠二份，加糖浆或蔗糖十份，使之混合，蝇食毒发而死。

（5）喷蝇液——以前世上所售之"飞力脱"及"杀牌杀虫剂"，效力甚好，但售价甚昂，今则 DDT 出而问世，飞力脱等不能匹敌惟其价亦较高，且世上所售，互为伪品，且有时喷洒较少，效验不能立见，但使用得宜他法均不如是，兹将各种溶液述之如后：

① DDT 溶液——取 DDT 结晶五份，加汽油或煤油一百份，勤扰使其全部溶解，以喷筒射出于墙上或多有苍蝇之处，则沾着蝇体，即能发生中毒，麻痹致死，此法如行之适当普遍，则能受最大之成效。

② 用煤油一千份，防虫菊二百份，樟脑十份，冬绿油三份，先以煤油浸除虫菊四五小时，俟其澄清，将煤油倾出，加入樟脑及冬绿油，亦有效。

③ 用冬绿油四百份，替毛耳二十份，松节油二百五十份，都加里油二百五十份，樟脑一百份，安息香酸三十份，那夫他林一百份，汽油或煤油壹千份，使之混合，置于不挥发及不近火处，用以喷射，殊有成效，惟此药味道太大，且成本更高，各种成分每难合购，不易办理。

2. □杀法

（1）用扑杀器、扑杀笼，诱引苍蝇入内，使不能再出而杀之。

（2）用松香八份，麻油二份，以之溶解平敷于硬面纸上，蝇来吃食，则沾着而杀之。

以上两法所得之活蝇，最好以火葬或埋于土中，慎勿用手持取，且扑蝇器中之水，细菌极多，亦慎勿随意抛置，以免多传染之机会。

3. 拍杀法

此法即用蝇拍将蝇拍死者，拍死之蝇，麇集一处，火葬或埋葬。而死蝇之处，秽物糜糊，宜加消毒，更不可以手拍之。再（在）食器上、饭桌上及接近饮食之物，最好不用蝇拍。

至〔于〕积极的防止苍蝇发生之法，则须划除苍蝇繁殖之地，及断绝苍蝇之食物。蝇之生活喜暖、贪吃，故粪便、痰唾、垃圾及一切腐化之有机物，均为其麇集及繁殖之所，故欲防蝇，非先从环境卫生入手不可，清洁之道，简便之易于办理者。

（1）厕所、厨房、马厩、猪圈等应使之远离住所，尤其勿近厨房，如能将厕所及厨房用纱窗、纱门，使苍蝇不易飞入为最好，而尤以时加清洁为不可疏忽！

（2）粪便、痰唾、污水、垃圾等物，切勿随地抛弃，更须盛于有盖之物内，或埋于地下，并时时清理，以断绝蝇之食品及其产卵之处。

此外我人所必须注意者，即灭蝇工作，实为灭除肠胃系传染病之要图，自应普遍宣传，全体力行，以使苍蝇虽厉害，无处栖身，更无由产生，即可清其源，绝其嗣，杀其本身，尽歼其丑点！否则我杀彼养，或几家扑杀而几家任其生存，则星星之火，可以燎原，其害无为穷也。

兹录拙作《小苍蝇》歌曲于后，以作结语："一个小苍蝇，嗡嗡嗡嗡嗡，它从厕所到饭厅，传染肠胃病，它吃的东西，不吃不喝，不生病！"

（原载《红十字月刊》1947 年第 17 期，第 16–18 页）

康乐文勺

你的孩子怕什么
——恐惧心理的研究和消除

黎安乔

一

"恐惧"给健康的心理带来毒素，并分裂统一的人格的完整性。要摒除恐惧的心理，一方面固然要明了恐惧心理之由来，而施之以适当的治疗，另一方面更要培养起健康的心理，以期及早预防才是。

心理卫生的推广运动在今日之所以蓬蓬勃勃地兴盛起来，正就说明了它本身的重要性，不独在学校里如此，在家庭中更是如此。

心理卫生在最早是属于医学范围之内的，就是说最早期的心理医生的重心不是"防"而是"治"，是在使一般既已失常的病人恢复常态。但是近来大家互认单是治疗不足半功于预防，于是心理医生的趋向便积极地向前跨进一步，而成为要如何去防御不幸的产生为目标了，这样一来，心理卫生和教育便发生了最密切的关系。我们站在教育或父母的立场上说，应该注意受教育者或儿女行为的训导，注意他们健全人格的养成，和注意他们情绪的正常宣泄和遏制，才是今日心理卫生正确的路向。

心理卫生的工作有消极的和积极的两方面，前者是预防心理上种种疾病的产生，或疗治其既已产生的痛苦；后者是直接促进心理的健康，使其快乐、统一和和谐，而使心理疾病无从发生。

"习惯"却是由迭次的经验发生的，好的习惯固然如此，坏的习惯亦复如此，而儿童时期最容易受外力影响，所以一切习惯的发生都在儿童时期中埋下根芽，因为儿童时期的可塑性最大，任何一个孩子都可能被熏陶出英雄气质或者懦夫行径来，在这方面，父母实负有最大的责任。

对于心理卫生，我们大体上已得到一种概念，现在笔者特别提出不健康的心理中最普遍，但又是最严重的一个征兆，就是"恐惧心理"。它是破坏人格的主要因素，它也促成情绪的紧张和纷乱，同时也是生活要达到祥和之境的绊脚石。这种不安全的因子存在孩童的心中，将会使他凡事怯怯不前，养成他日后意志的动摇，和没有自持力。但是一个小孩子完全没有惧怕，也不是我们敢于期望的，因为在许多方面，"恐惧"并不是坏现象，目下许多学者将恐惧分为两类，一类是"建设性的恐惧"，一类是"破坏性的恐惧"，所谓"建设性的恐惧"是好的，应该持有的，譬如怕危险，怕羞耻，怕有毒的物品等，因为有了这类惧怕的心理，儿童才能小心谨慎，这样对于适应社会和个体的生存都是必需的。

儿童有这种惧怕，不应引为遗憾。但另外一类恐惧，即"破坏性的恐惧"却是应该摒除的，如怕鬼，怕黑暗，怕生人，怕高楼，怕空旷之地，和一切不应该怕的事物等。这种惧怕才是心理真正的疾病。一个理想的好孩子，不是见了什么都不怕的，而是应该怕应该怕的，不应该怕不应该怕的才对。

二

儿童惧怕的事物并不多，据一般心理学者的观察，婴孩最原始的惧怕只来自两种刺激，一种是极大的声音，另一种是将他朝空抛掷，或悬空。但是一个孩子为什么在后来竟会怕起许多事物来呢？这是不难解释的，一言以蔽之，他完完全全是学来的，如对于动物、鬼怪、黑暗等，却是因为看见他人惧怕，而直接地间接地模仿来的。惧怕是怎样起原（源）的呢？不外几种原因：其一便是刚才提到的，完全出于模仿别人，是受别人的影响而产生的，尤其是对于最接近的人，如父母、兄姊、嫦娜等，他不但在许多地方模仿他们的言行举动，而且也模仿他们情绪的变迁和态度的转移，所以大人怕动物，孩童也怕动物，大人怕生客，孩童也怕生客。所以做父母的便应该明了自己要怎样善于控制自己的情绪和态度，在孩童面前，自己先要凡事镇定，却不要故意装出惧怕的样子，或有时利用恐怖的故事来使儿童就范。第二个原因是交替反应的结果。凡是一种本来并不可怕的事物，只要和可怕的事物相连在一起，便变成可怕的了。例如火和痛的相连，空屋和大声的相连等。一个小孩子本来并不怕火和空屋的，只因为在他玩火的时候偶然灼伤了指头，疼痛的感觉是他所怕的，而疼痛和火两者在同一时间发生，因为他怕疼痛便同时怕火了。同样空屋并不是可怕的，而是偶然在同一时间内有使人惧怕的声音出现，因为怕这声音，便由交替反应的结果而怕起空屋来。故许多破坏性的恐惧都滥觞于儿童时期交替反应的结果。由交替反应所产生的恐惧范围极广泛，因为一个由交替反应产生的恐惧心理就好像原始的刺激能影响他本身一样，将招致许多不必要怕而怕的心理疾病，并且这种新加入的刺激，又会连续对另一事物发生交替作用，而更形加多惧怕的刺激，例如孩童怕悬空，而致怕打秋千，再而怕凡是垂钓的绳索，这样因连续不断的交替作用，惧怕的刺激便无穷尽的增加，以致到难以估计的数量。故摒除儿童惧怕心理的先决条件便是要设法将这些刺激压灭，和设法减少交替反应的结果。第三个原因便是类化（Transfer）。孩童看见了一件可怕的东西之后，这个印象一直存留在他脑中，因而凡是与他形状性质相接近的东西也会怕了起来，譬如怕狗，以后凡是有茸毛或有四只脚的动物都怕了起来。不过这倒不太严重，父母尽可以设法使孩童多接近他们，由多接近而熟悉，由熟悉而使惧怕心理自然消除。第四种原因便是因为新奇，或因为不理解的原（缘）故而发生惧怕，这和成人的感觉是一样的，故对于新奇的东西，父母应该向孩童解释，使他们有清晰的了解，然后恐惧也就会消除了。最后一种原因便是谴责，这完全应该由父母负全部责任，因为孩童的一切作为在成人的眼中难免是背（悖）理和无稽的，父母懂得这一点，便应该十分体谅一个小孩子的愿望和能力的最高限度，在他做错了事和有非分的念头的时候，只能开导劝诱，切不能动则呵斥责骂，因为这样一来他将要慑于你的厉威之下，凡事都心存戒意，裹足不前了。

三

以上所说的都是说明白恐惧心理的来源和毒害，当然还有其他的许多原因，但笔者认为他们都太偏于学理上的研究，赘赘述出，亦系多余，故都从略了。进一步，我们便要设法消除他们。每一个父亲或母亲都不愿意自己的孩子有一个懦弱无能，或畏缩自卑的人格，都愿意他们有临危自立、泰然处理一切事物的勇气和信心。消灭恐惧心理的方法很多，笔者仅凭管中窥豹，只就一班之论见提示出来，并简括地加以说明，希望做父母的能触类旁通，自立创见，施诸应用：

第一种最简单的方法，当然是"移去刺激"，就是将一切足以促成孩童惧怕的事物移开，如在家庭造成安详宁谧的空气，防止大声音的出现，或选择适宜的地位，减少不必要的大房间，修筑开朗光亮的房屋，摒除阴森黝黑所在等。这样做都是在做成一个健康的环境，使恐惧心理根本上无从发生。

第二种方法恰与上面所说的方法相反，就是"刺激的屡现"，在心理学上言，就是"消极的适应"（Negative adaptation）。如孩童怕猫，则设法使他多多和猫接近，孩童怕生人，则使他多多接近客人，这样做去，因为多接近的结果，如刚才所说的便是渐渐变成熟习（悉），由熟习（悉）而能够适应了。

第三种方面便是灌输以必要的知识，使孩童对一切不理解的事物能深切认识，如有的孩子怕留声机等，都是因为他不理解的原（缘）故，所以父母便应该解释这些机械的原理和应用，使孩童自学对他们惧怕实是十分无稽的。

第四种便是做成一二次交替反应（或四重复反应），这原则是设法将惧怕的刺激和愉快的经验相连结，使惧怕心理受了愉快情绪的影响而压低下来，如孩子怕空屋，怕黑暗，你不妨要他在黑暗的空屋游戏，捉迷藏，这样因为游戏时的兴高采烈而压低了对黑暗和空屋惧怕的情绪，久而久之孩童便不再认为黑暗和空屋是不可接近的了。这是最安全和最易收效的方法，望父母多多采用。

最后一种方法，就是鼓励他去做他所怕做的事物，如游玩时的偶然跌交（跤）、竞赛时的偶然失败等，都应鼓励他再接再厉地去做，不必做出怜恤的样子去安慰他，而竟使他不敢再试。不过这方面的实行须视环境和事物的本身而定，不能妄加应用，因为不得当，会造成反面的结果，不但不能使惧怕消除，反而促其加深。

好了，我们已经说的很多，只要知道恐惧心理会怎样影响到人格的健全，而这种不良的心理疾病在最低限度之内又可能被摒除，我们便需努力去做，使每一个孩子都有临危不惧的、高尚的英雄气质，而不是一个凡事怯懦不前的可怜儿。

（原载《红十字月刊》1947 年第 17 期，第 19–20 页）

BCG 能击败肺痨吗？

Ratcliff　著　瑞娟　译

BCG 三个字对于你也许没有什么意义，但是对于千千万万的人却是一种希望，BCG 是一种疫苗，用来预防肺痨。肺痨在战后全世界猖獗盛行。捷克国的摩拉夫斯加奥斯德拉伐地方，最近调查结果，全城公立学校学生患肺病的在半数以上。希腊与南斯拉夫也有一个统计，就是三万人中有二百人将于一年内患肺病而死。大都会寿险公司的杜白林博士说：六年的战争毁灭了二十五年的收获，在许多国家肺痨成了流行症，这种病不但威胁这一代，并且将危害以后数代。

对于几百万的欧洲病人，没有希望供给他们病床和富于营养的食物，或当心的看护，时间太短促了，唯一希望是保护青年与未患病的人。BCG 在眼前是有希望能担任这种工作的东西。

现在正正在计划大规模的使用 BCG，以防止肺痨的不必要杀戮人命。事实证明，在美国每年患肺病死的五万五千人中，BCG 可以救出四分之三的生命。

这种疫苗并不是在最近十年来一蹴而成的奇药，它的发明远在一九〇六年，那时有两个法国科学家卡尔迈特（A. Calmetle）与盖朗（C. Guelin）在巴黎巴斯德研究院实验，卡尔迈特大谈法国□乳动物的情形，肺痨在母牛群中非常猖獗，病菌从乳酪、牛油和牛乳传给人类。

卡氏说，如果有一种预防牛肺痨的疫苗，那就是两用的武器，不但可以拯救牛群，还可以防止疾病传给人类。盖朗很同意的点头。卡氏又说，假使从病牛身上取一个毒菌，费几年的功（工）夫使它荏弱，扯断它的毒根，直到不能再引起肺病为止。但是在这种虚弱的情形下，它是否还可能刺激牛体内的自然保护力？

卡尔迈特所提出的研究计划不是能够讨好的，需要多年的耐劳工作，大有全部失败的机会。但是他们仍旧开始工作，先从一个患重病的牛体内取一个有强毒性的结核菌，放置在培养盘内，盘内的食物都是不适口的，研碎马铃薯、甘油和牛胆汁，用这种苦味的食料在使强壮的细菌渐渐的衰弱。

他们每隔数星期用一只白金制环从一个盘中勾出一些细菌，然后放在一个具有新鲜马铃薯、甘油和牛胆汁的盘中，再把盘放进孵卵器内，不断的做试验。经过三年的单调工作后，检查一下结核还留着多少力量。卡尔迈特谨慎地称出培养细菌的十分之一克，注入牛体。本来用这个分量的三十分之一就是致牛于死地，但是承受十分之一克毫无困难——也不会生病。然而对于法国牛奶房的乳牛——这还不曾准备得够。

到一九二〇年他们已把一个结核菌从一个盘到另一个盘搬了二百三十次，与原来的形状只是隐约相似了，在显微镜下看来已不同形了。没有毒害是不成问题的了，但是它能否预防真性肺痨呢？这时卡尔迈特已忘了牛，他在想人。

第一次试验，他选了与人类最近似的动物黑猩猩。这个试验在法属西非洲的巴斯德研究院进行，三只黑猩猩注射 BCG，把它们放在笼里，与五只沾染肺病的黑猩猩和七只无病的动物关在一起。十五个月后，原来患病的都死了，原来无病的七只中有四只也死了，但是注射过的三只没有肺病的迹象。

卡尔迈特谨慎从事准备注射婴孩了。各方面都在责难，他怎么知道□驯了的细菌到了人体内不会再变得强暴？他不能回答，他不知道，但是卡尔迈特继续工作。整个事情令人失意的是没有方法赶快答复，第一次试验证明 BCG 疫苗的确刺激血液产生保护素，但这并不是说注射过的人就永远不会得肺病死。没有办法，只有等上十年，二十年，三十年。

德国卢贝克地方肺病流行，卫生局决定给儿童注射 BCG，在发觉毛□前，已有二百四十九个儿童受了注射，差不多每个人都患了肺病，其中七十五个死亡。这件事起初归罪于 BCG 疫苗，后来真相大白，原来是一个笨拙的试验者把强毒的结核菌混入了卡尔迈特的细菌里。BCG 对此虽然毫无责任，但是却染上了一个不白之冤。

卡尔迈特是一个热心的人，凡是需要疫苗的他都给，比较科学化的科学家就嘲笑他这一点，他们笑他这样如何能证明疫苗的价值。他们以为要证明一件事，应该用两组人做试验，一组注射，一组不注射，每一组用数千人。如果在十年之后，注射的比未注射的患肺病少，那么 BCG 的功效才有证明。但是卡尔迈特不是那种人，所以到一九三三年他死的那年 BCG 还是一个医药上的谜。

比较不性急的人对照他们的试验，把试验者分成两组，一种注射 BCG，一组不注射。这个试验是在加拿大实行的。在萨斯坎春地方几个肺病疗养院里的年轻护士，在训练时期有百分之六十染了肺病。BCG 在这里有了一个绝好的机会，如果它能够保护整天与肺痨为伍的护士，它也就能够保护任何人。

加拿大全国研究委员会做了一个试验，把护士分成两组，各一千零五人，一组注射，一组对照。在注射的一组中患肺病的仅及另一组的四分之一。这虽不是十分完美的成绩，但很能令人信服了。

加拿大的医生又想到另一种试验。住在肺病猖獗的家庭中的儿童也与护士一样有受着传染的危险，为什么不在那里试一试 BCG 呢？于是把肺病家中的孩子，一组注射，一组不注射，不注射的死亡人数比注射的多五倍。

BCG 的价值在印第安人特别区中获得有力的证明。肺痨是印第安人的最大敌人，印第安事务局与美国公共卫生处在一九三五年开始了一个计划，结果已于最近发表。开始的时候，有一千五百五十个印第安孩童受了注射，另有一千四百五十七人对照。六年后，对照的一群中有二十八人患肺病死亡，注射的一群中只死了四个人，BCG 的功效是七比一。

一九三三年巴西与肺痨挑战，设空（定）了一个 BCG 实验室，尽量供给疫苗。在许多区域，婴孩出生后数天内一律注射，成为标准。乌拉圭也如此，那里的医生用一种新方法大规模的标记 BCG 的价值，他们在每一个受注射的新生婴孩右足大趾上刺一个小黑点。丹麦在五万居民的婆霍姆岛上做了一次试验后，就普遍的注射 BCG。婆霍姆岛上年〔龄〕在十五岁到三十五岁的居民有五分之一注射，岛上的肺痨率减低了百分之五十。

有了这些证明，BCG 的力量大了，注射的达二百万以上，注射过的人，即使染了肺病也比较缓和，容易处置。

如果目前的试验继续下去，BCG 可能成为消灭美国结核病的要素，但是它当前的工作是在欧洲。

（从美国 This wek 译）

（原载《红十字月刊》1947 年第 17 期，第 21-22 页）

医 生 三 病

昭 威

无论中外都有许多讽骂医生的故事，自然也不尽是事实，但多少总可以说明医生本身是有某种可招骂的成分。好好的分析一下，大概不外下列几种原因。

（1）摆架子。医生对于病人好像有些权威性，他认为对于疾病很了解，而病人有求于他同时病人，也没有疾病的智（知）识。于是他对于病人好像板起面孔的长官，施以训话式的口吻，这使病人对他发生反感。

（2）缺乏同情心。在每天看若干病人之后，医生的心理会感到疲乏，因而对于病人只当是一种工作去作，成了机械式的看病，把病人希求治疗的热情好像泼了一桶凉水。

（3）经费的纠纷。许多医生会对于有钱有势的人尽量逢迎，克尽厥职，对于没有钱而衣履不整的病人，即使花同样的钱也给予次一等的待遇。这是经济的错误之一，比较还好一点，更大的错误就是设法尽量从病人身上弄钱，不给到他满意的标准决不放松。

这三种因素是医生招致病人反感的主因，我们千万不要忽略它，病人对于医生的信任力发生很大治疗的效果。假如医生能谦虚和蔼，对于病人采取耐心抚慰和诱导的方式，同时很合理的向病人要钱，我想病人不但爱护医生，因信任和心理的舒适使疾病速愈，并且也肯自动的拿出他的最大限度的金钱给医生而不惜。这几种毛病中，第一二两项容易在公立的医院中，特别是西医中发生；第三项容易在私人的开业中发生。

从先西洋文献里曾有提到学医的问题，认为一千人里只有一人适合学医；因为学习其他理工科学的对象是物，你可以很机械式的处理。处理病人除了理工的物的成分外，还要加上人的成分，所以能学得好这样学问的人就比较少了。换句话说，医生除了把病人做学理的分析外，还要顾及他是一个人，而再加以人情的分析。

上述三种毛病都没有就算是好医生吗？还不行！医生对于自修方面还要下功夫，医生不能只是学会一套手艺就去吃一辈子。他要进而探讨怎样解决不能治疗的疾病。他如果永远以探求新知的方式去照应他的病人，则他的治疗成绩一定能超过那些只想要手艺的人。有这样的前进的态度，即使没有新发现，至少也使他成为很认真的医生；换言之，只要手艺的医生，学问不进则退，治起病来也就马虎敷衍了事了。

不但希望医生们改正你们的错误，也希望病人怎样选择你们的医生。

（原载《红十字月刊》1947 年第 17 期，第 22 页）

美国工厂的医疗设施

医生汤森特（T. G. Townsend）作
译自《联邦科学进步杂志》

美国大公司差不多都有为职工设置的医药设备。医生、护士、牙医、安全指导与工程师、药局、急症治疗室、X 光与诊断设备、化验室等都是工厂中的必要部份（分）。例如通用汽车公司共有医药职员一千名。各大工业已发现厂内医药设施在保持工人健康与不请假这点上已得到了代价。

然而在五百或五百以下工人的小厂家（美国百分之六十工人都在那

里工作）却并非如此。小工业家虽和大工业家一样对工人的福利与效能关注，但对医药却迟迟不行，这是因为他们并不完全了解它的目的、费用、利益与技术的先决条件。

每年因为生病在家不能工作，美国工业要损失一万万工（合值一百万万元）据统计，一个雇佣三百工人的小厂因工人缺席每年平均要损失二千四百工。

厂内医药设施（包括卫生）的主要目的在减少工人病假。

厂内医药设施并不是一定要设立一个医院。其主要的功能在治疗职业性的疾病与医治工作上所受的创伤。紧急救治在厂内发生的疾病与创伤，长期治疗仅限于因职业而得的疾病。

除此基本功能之外，厂内医药还有其它（他）服务。自最初的详尽体格检查起，为每个工人保持一份疾病记录，这可使厂方知道那（哪）个工人的体格可以胜任那（哪）一工作。在察（查）出传染疾病时，医生与护士可以阻止其向工人传播。厂内医药职员也有负责监督饮食的，在厂内推行健康与营养教育计划。

为应付最低限度需求的药局是很简单的。普通是一间医生诊疗室、候诊室、记录室、检查室与盥洗室。帆布床、消毒器；几件主要的器械药物；纱布、绷带、夹板；应急治疗设备；盆、掬取器与药库。

为节省开支，在一个区域中几个小厂联在一起，可合办医药局，而分负它的费用。

一九四五年纽约城卫生局、纽约州劳工局与美国公共卫生处组织一联席委员会改进长岛高度工业集中的卫生情况。

该区七个小厂同意参加厂内医药设施一年示范计划。其中之一是印刷厂，其他是制造油漆、照相机、炭刷、食物与瓷器的。工人自一百十一人到四百五十，总数共二千有另。

政府机构同意聘请一有训练的护士检查各厂工人的职业疾病，每个工人照 X 光，检查梅毒，供给记录式样与教育材料。

工厂同意设立药局，自付医生与护士费用，并采取政府所推荐的职业健康管理。他们亦同意建立劳资委员会宣传与保持此一方案，负担紧急病院与病车费用。

七个工厂聘六个医生已经足够了（两家最小的厂合用一个医生）。每一医生每星期工作三小时，看一百个病人。有些厂聘请全日看护，有的用半日看护。

各工厂所设的药局大小不一，从一百五十到六百方尺，房间数目亦不同，从一间到四间。

劳资委员会（宣传方案）由厂方行政人、管理人、工会主管、一些工头所选的几个工人合组而成。

各工厂都有职业疾病治疗，都没有非职业疾病治疗，除非在工作时病了。新的工人在正式开工前，有一个完善的检查，此外工人每年有一次体格检查。如果工人因病请假，休假前必须重新检查。工人随时都可以去找医生或护士的，一年利用工厂医药设备的工人，每一百人中有八十一个。

试验年终时，据估厂方平均每个工人化（花）了十二元九角八分。这个数字在小工厂是有代表性的。第二年费用较低，因为设备上的用途少了许多。

除厂主外，努力保持工人健康的有联邦、州与市卫生局。

一共只有七个州的卫生局有工业卫生分处，随时可供工业家咨询。他们的职员中有卫生工程师、工业医师、化学家、牙医与其他专家。

当州与地方工业卫生分处缺少什么的时候，可向美国公共卫生局的工业卫生分处求助。该分处有许多专家，并有设备完善的实验室，可分析尘土、化学物、物质与有效放射能的物质，决定其在工厂中的安全成份（分），与如何使其安全。

这些机构应请求后前往检查一个工厂的职业疾病，并推荐消除的方针。他们要化验化学物、金属与空气中微粒的可能毒性。他们可协助工业家计划医药局。凡提交的任何有关工业卫生的技术问题都予以解答。

有了这些援助，工业家都可以解决他们厂内的健康问题了。

（原载《红十字月刊》1947 年第 17 期，第 23、24 页）

医 学 珍 闻

王从炎

中华医学会开七届年会

中华医学会第七届年会，于本年五月七日在南京卫生部大礼堂开幕，全国各地来南京参加年会会员约有五百五十余人，对各专门有关医学卫生等问题，详加研讨，收获至（致）富。大会情绪，至为紧张热烈。并选举朱章赓为理事长。年会于五月十二日闭幕。

预防齿病

美国化学家发现，饮水中若含有少量之氟，能防牙齿的腐朽，此项发现可使美国人民于不久之将来，减低牙齿疾病百分之四十。

霍普金逝世

著名生物学家霍普金爵士于五月十六日病逝于英国剑桥，享年八十五岁。[霍]氏于四十一年前研究饮食，发现维生素在普通饮食中之重要性，故被公认为维生素之发明人，霍氏在剑桥大学任生物化学教授多年，一九二九年荣获诺贝尔医学奖金。

增智新药

美国化学家以发明属于氨基酸族之一种有机化合物名格溜他迷酸，由蛋白质分解而来，如置于食物中给白痴儿童服食，短期即可使之好转，从无例外，最低限度亦可增进其智慧。

盲人识途

美国好莱坞的华克（J. Walken）发明一只可以手提的眼睛，用于帮助盲人向前行进，而不致撞着障碍，这个眼睛能放出一注光，如果照着阻挡的障碍物，光注即被反射过来，使一个扩音器发生作用，凭括音器所发的音响，手提眼睛的盲人就可以明了前面的障碍东西，而不致撞上了。

皮肤漂白

深色或褐色的皮肤，应用一种漂白膏，可以相当的把皮肤减淡，这是美国化妆品公司化学师的尼伦（D. J. Nealon）最近的报告。

尼氏先设计一种测量并记录肤色深浅的方法，然后选择了五十一个黑人来做他的试验，每天给它们涂上含有氧化汞的软膏，这样继续六个星期以后，他发现每个人的皮肤浅了四又四分之三至五又二分之一度。

用另外一种说法，这些皮肤，在经过六个星期上膏以后，可以增加百分之六至百分之八的光反射量，他确认这种强度为百分一下至百分之三的软膏，对于深色皮肤或者雀斑都有相当减色的功效。

为了准确及决定实验的结果，他让被试验者全身在已知的光反射量的标准的背影下摄影，然后把底片的密度用特殊设计的仪器量度，这样就可以知道从皮肤上反射的光的成分，而决定肤色的深浅度。

合成荷尔蒙

美国化学家 C. T. Uan Ma 等近创制一种女性荷尔蒙名 Meprane，服后毫无毒性反应，且原料易得，故成本亦廉。

延寿奇药

苏联所发明之一种奇药名 ACS，传能延长人之寿命至一百五十年。现经美国科学家试验之后，证明具有一部分之效验，并发现其可以医治高血压、风湿症、胃溃疡及修补断骨等病。但不能治愈癌症或延长人之寿命。斯丹（坦）福大学细菌学与实验病理学名誉教授孟华林博士，近曾以此苏联奇药在动物身上作初步试验，证明确具医疗价值。此药系苏联鲍戈莫莱资博士于一九四四年所发明，系一种血清与适当之食物同服，可活人寿至一百五十岁，据称 "ACS" 系自尸体抽取其脾脏乳状液及骨髓所制成，具有极强之毒性，以少量注射于人体中，则可促进细胞组织之生长，细胞增强后，自可防止或除去老年人之各种疾病征象，此遂以为可以延长人类之寿命。

（原载《红十字月刊》1947 年第 17 期，第 23–25 页）

鼠疫已有防治法

契斯纳特（James G. Cheanutt）作
译自《科学文摘》

在一个洁白如医院的实验室里，人们正在从事精确的试验，以求觅得黑死病（即鼠疫）（Plageu）的预防方法。黑死病共有三种形态——横痃性的（Budonic）、肺炎性的（Pneumonia）和败血性的（Septicemic）。

加利福尼亚大学胡佛医药研究基金的指导梅耶博士（Dr. Karl F. Meyer）设计举办了一个 "鼠村" 进行着鼠疫防治的研究，梅耶博士是美国研究鼠疫的先进，他用化学药物来防治鼠疫的实验已经证明相当成功，而且用化学药品预防和用消发地亚净（Sulfadiazine）的方法已经在中国应用了。

从这种实验的证明，我们可以知道在鼠疫流行的区域里，已经有实际可用而且容易得到大规模预防方法了，在那些鼠疫流行区域里，费钱的血清与疫苗是难以应用的。不但如此，现在已经有一种很有力量的方法来打破过去的一种鼠疫连锁（跳蚤—老鼠—人体）了，过去的这种鼠疫连锁，其周期性的爆发曾经造成大规模的死亡，举例说，一六六五年的伦敦鼠疫，就造成了六万八千人的死亡。

梅耶博士是不喜欢夸大的，他不承认他已经发现了一种鼠疫的"治法"。他以为真正的治疗方法须依靠成功的预防。此外，他也并不是第一个用消发那密德斯（Sulfonamides）即磺胺药类扑灭鼠疫的人。可是梅耶博士和他的助手巴罗斯及昆恩却第一次以戏剧性的"鼠村"试验，证明了鼠疫是可以予以防治的。

农村的实验

在第一次试验中，鼠村的东部和西部各放了一百只老鼠，东部老鼠给予普通饮水而西部老鼠则给予消发地亚净溶液的饮水。然后，就将八百只染了黑死病即鼠疫病菌的跳蚤放到养鼠笼里，平均算来，假定每只老鼠可以遭受到四肢跳蚤的攻击。

很快地，鼠疫的症状在东部给予普通饮水的鼠群中发现了，老鼠的死亡率是每天十五至二十头，大部份（分）都死于败血症型的鼠疫，后来由于跳蚤感染的病菌愈多，于是所能的东部老鼠更被疾菌所压倒了。

在九天之内，那未经预防性处理的东部鼠群终于完全死光了。于是又加进二十五头健康的老鼠进去，作为"移民"，但不过四五天光景的这二十五头老鼠也死了。

同时，在西部喝了含磺胺药的饮水的老鼠却继续过着正常而健康的集体生活。后来其中有十头是死了，但梅耶博士认为这并不重要，因为死亡的十只老鼠并没有引起传染，而且九十头继续生存的老鼠还是很健康的。梅耶博士认为：致死的十头老鼠，或者由于它们没有喝过充分的含药饮水，或者则由于已经受到再度传染鼠疫菌的跳蚤重复的攻击。他说这两组老鼠的比较是很有趣的，这使你确信消发地亚净是具有预防鼠疫的功效的。

当任何人要走进实验室，他就必须脱去鞋子而改穿一只厚重的羊毛袜子。这些袜子的底层并且需要在跨出实验室门槛的时候用白布拭净，此外，实验室的地板和外科手术室一样的雪白干净，上面有着 DDT 杀虫药粉。

梅耶博士说：我们必须要使地板保持洁白，这样才可以使我们看到万一逃脱的跳蚤，但是我们也不想将DDT药粉散布得太靠近鼠笼，因为我们并不想杀死鼠笼里的跳蚤。

在这个房间的一个角落里，沿着两个窗户的，便是美国的"鼠村"。这个"鼠村"是一只长方形的箱子，八尺长，四尺宽，三尺高，这个箱子被金属网分成大小相等的两间，这个"鼠村"的街道是用软的洋松层铺成的，村子里有许多房屋，因此只看得到几只老鼠。

在这个箱子的两间房间里，各有一个倒放的威斯忌酒瓶似的水瓶，供给东部的白鼠和西部的黑鼠以饮水。

第一次试验中幸存的黑鼠现在也已经改喂以普通饮水，本来跳蚤是比较喜欢接近黑鼠的，现在它们于是就遭受到跳蚤加倍的攻击了。

黑死病虽然可以有很多种的跳蚤来传播（狗蚤是不带黑死病菌的），梅耶博士却仅以老鼠身上的跳蚤为主要试验对象，老鼠身上的跳蚤的学名是赛努伯斯拉齐奥毕斯（Xenop sylla Cheopis）。

使用混合血清

在鼠村的东部，白色的老鼠身上都有着各色各样的斑纹，梅耶博士解释说：有红色记号的老鼠是注射了含有已死细菌的防疫苗的，有黄色记号的老鼠则注射了标准的血清，这种标准的血清是战争期中的胡佛医学基金会所发明的，用免疫性兔子的血球素加消发地亚净合成。

梅耶博士说，我们希望从这次试验中证明黑色的老鼠是否在第一次试验时因为消发地亚净而获得免疫，我们同时想知道那些注射了防疫苗和血清的老鼠反应如何。

梅耶博士说，有趣的是：如果你用消发地亚来治疗横痃性鼠疫，你可以治愈百分之五十的病症，如果你用血清来治疗，成功的希望也只有百分之四十，可是如果你混合使用这两种方法，那么治疗的方法也就可以增加到百分之九十。

这就是为什么要使用混合血清的原因，消发地亚净可以阻止病菌的活动，而且可以毁灭一部份（分）病菌，可是它同时使得病菌的毒素散布开来，毁灭身体的组织，而血清则或者可以中和一下这些毒质，因此，解决的方法是使消发地亚净作为预防剂，而消发地亚净加血清作为治疗剂。"请你想一想看，假使我们竟可以用每人每天给予三克消发地亚净而使其避免［鼠］疫的传染！"

现在，消发地亚净已经被鼠疫专家包立遮博士用于中国来进行防治鼠疫的工作了。

磺胺药类第一次用于扑灭鼠疫病菌实在一九三九年，使用人是英国的肃慈先生，后来则有印度的叔海先生利用消治龙（Sulfathiazole），现在使用消发地亚净的原因，是由于它麻醉性较低，而且可以维持较高的血液水准。

梅耶博士说，后来印度鼠疫致死的死亡率，由于应用消治龙而从百分之六十、七十五降低到百分之三十，及至用消发地亚净以后又降低到百分之二十。

鼠疫并没有一定的侵入人体的地方的，横痃性的鼠疫可能因为搔破一点皮肤被患了鼠疫的跳蚤接触而传染，肺炎型的鼠疫虽然起于同一种细菌，但是因为它所影响的部分是肺，所以可能经由任何患者口腔喷射物而传染。应用消发地亚净可以消灭这些传染的来源。梅耶博士说，当口腔和鼻子的粘（黏）膜上布有这种药物以后，这些药物就可以使细菌不能侵入了。

（原载《红十字月刊》1947年第17期，第25、26页）

日 光 浴

罗 意

普通身体康健的人，常充分浴于日光中是无谓施行日光浴的。但对于身体虚弱的人，以日〔光〕来疗病时，则对于日光浴的方法却有注意的必要。日光对于人体的作用，是能引起皮肤血管充血，亢进微血管循环，振奋精神，以防止内脏的充血。

日光、空气和水，正同食物一样，是我们日常生活中的必需品，这是人们所周知的事。欧洲有一句谚语："日光不进去的人家，医生进去！"实在日光关系人体的发育与健康，以至整个生物界的关系，真是太重要了！这无需代价的大自然恩惠，为什么我们不好好去利用它，来帮助我们的成长与健康呢？

日光是太阳的辐射线，一种长短不一的电滋（磁）波集合体，但并不是一种颜色的光线。自从三棱镜和分光器的机械发明后，世人才知道太阳有红黄绿青蓝橙紫等七种颜色，其后才知日光中包含着三大成分：

眼睛瞧得见的可视光线，以及肉眼不能分辨的赤外线（热线）和紫外线（化学线）。尤其这一种紫色光线，是化学作用很强的辐射线，在科学家不断的研究中，发现了对于生物的反应很大，例如能使皮肤起红斑作用，及使皮肤色素起沉着作用或发挥杀菌作用等等。由于这种种显著的作用，对人体有保健的效果，所以科学家又称这部分的紫色光线为"健康线"，或冠以发明者的名字称为"特鲁诺线"。

可是从太阳放射出来的紫外线中，作用强烈的远紫外线已在大气中被滤尽吸收，仅使人们日常生活中必不可少的近紫外线到达地面。这种光波的波带都是很短的，很容易被大气的吸收而损失，而阴天下雨，光线微弱时，人类需要起来，更感觉不够。于是科学家又运用光学与电气，发明了人工产生紫外线的"太阳灯"，波长和幅度都可随人的需要加以调度，拿人工的管理来完全解决。

日光对人体的作用：是能引起皮肤血管充血，亢进微血管循环，振奋精神，以防止内脏的充血。因此，由日光不足而引起的健康障碍中，最代表的病态是佝偻病（软骨病），儿童患者极多，其初起的都是由于缺少日光而营养又不良，使体内维他命Ｄ（丁）缺乏之故，所以对于佝偻病的预防，一面要施行食物疗法，同时兼行日光照射或人工太阳灯照射，最能有效。

因为人体皮脂中的麦丹醇，经日光照射即成用［维］他命Ｄ，其功用是能节制人体内钙与磷的同化作用，对于骨骼与牙齿的生长为必需的要素，如果缺乏，则钙与磷的同化作用不良，钙与血磷均低而血液的磷酸盐高，骨骼与牙齿中的钙磷淀，发育就不良，而形成龋齿鸡胸、驼背、软化的种种现象，这便是［佝］偻病的病态。所以除食物疗法补助诊治以外，施行日光照射实在是最简单便当的疗法。

此外，日光不足还易惹起贫血、食欲减退、身心阴郁以及结核病等健康的障碍。患肺结核或肋膜炎的孩子，在退热后适当的日光浴也非常有益。日光浴适用于关节炎、淋巴腺炎、腹膜炎等病人也屡奏实效，成为外科一般治疗方法。

普通身体健康的人，常充分浴于日光中，是无所谓施行日光浴的，但对于身体虚弱的病人，以日光来疗病时，即对于日光浴的方法，却有注意的必要：

在普通自然的日光浴中，病人施行的时候，对于日光的强弱季节、时间、场所、气候等，事先都是需要研究的，最好是请医师指导，以达到患者症状的适应程度。不过通常施行治疗时间：夏季是以上午八时左

康乐文勺

215

右最适宜，冬天则以上午十一时至下午一时最佳，并不一定要晴天，天气阴晦或有雾时，也依然有紫外线从天空反射下来。直射的时间不宜过久，最好一天一二小时，行裸体浴时，必须采逐渐照射方法。地点是以空气澄清的平坦地方最适宜，高山的地方日光过强，都市中空气浑浊还有灰尘煤烟，则紫外线也被吸收得非常稀薄。而玻璃是能隔绝紫外线的，所以在有玻璃的室内施行日光浴，效果几等于零。如改用玻璃纸糊窗，则紫外线可透过百分之七十六。

在施行全身日光浴时必须戴一顶帽子，以保护头部，就其施行人工太阳灯时，更须把眼睛遮起来，因为紫外线对肉眼是有害的；又日［光］浴后，宜多饮茶水以调节体内的水份（分）。

施行日光浴之后，最好立刻检查体温，倘若体温过高或发生头痛晕眩，即应暂时中止；又如活动性的结核病患，易咯血者，易发热者，或心脏衰弱的人，最忌强度的日光浴，顶好能有"日射计"等的器械设备，以测定日光分量，即日射量。至于在家庭中施用人工太阳灯治疗时，尤需先受医师的指导，否则施行日光浴的时间过长，或光度过强，不仅无益，反而有害了。

（原载《红十字月刊》1947年第18期，第16页）

输血并没有害处

斌

近来医学倡（昌）明，输血已成为治病上一种不可缺少的救命方法，在欧美已很普及，二次大战中美国将血液制成血浆以供前线应用，贡献极巨，士兵死亡率大减。南京一处需要输血的病人就不少，但是给血者实在太少，弄得供不应求。因为国人医学知识比较落后，对于血液的功能与输血的后果根本就不大明白。所以大家对输血都视为畏途，以为会影响自己的健康。其实输血只要做得得法，是不会有害处的。本文就是在介绍血的功能和输血的后果，使大家能了解输血的重要，而对给血者是一种无害的手术。

血的制造机关是骨髓，血的总量约占人体重量的十一分之一，重要成分约含蛋白质百分之八，血球百分之四十五，能调济体中的水量，氧气和二氧化碳的互换作用，抵抗病菌的功能，运送养料的工具。

赤血球的寿命大概是三星期，逾龄的血球在脾脏中破坏，人体含血约在五公升（五〇〇〇西西）左右。经多次试验认为，正常人若流血一次五百西西，并没有什么害处。因为流血以后，他并不感觉疲劳，同时也不患贫血病及其他种种不良后果。他所失去的血球，可由骨髓于四星期之内迅速制造补足。

又根据以往试验报告，输血一次，可以刺激给血者本身骨髓的造血能力，所以对自己也是有好处的。

总而言之，每三个月输血一次绝对没有害处。但对病人，五百西西血是一种至高无上的宝药，希望大家能踊跃参加输血，在平时可以救病人，在战时可以将血送往血库，做成血浆，捐赠前方将士，也是一种最好的爱国工作。

（原载《红十字月刊》1947 年第 18 期，第 17 页）

介绍医院的社会服务部

洪祥辉

医院社会服务部，始创于二十世纪的初年，因为她的工作成效卓著，欧美各国，都相继推行，普遍设立。近年来我国各大医院，亦先后仿效举办。这项工作，在南京算是一种新兴事业，人们多未明了她的使命。她是为病人服务，但并非和每一个病人都有密切的关系，特别是要协助那些有特殊问题的病人。因为常有少数的医务人员，和社会上一般人士，用着同样的眼光来推断，以为这种工作是赘余的，可有可无，无设立机构的必要。其实这种观念并非正确。现在把她的工作方法，和服务的事项，介绍如下。

一、工作的方法

医院社会工作的任务是帮助病人解决一切社会问题，扶助病人恢复健康的捷径。当问题发生的时候，用个案的方法先和病人做个别谈话，然后到家庭或机关拜访，将一切患病的因素，家庭环境、经济力量和所经过程，逐一详细调查，依照每个病人实际的需要，分别给予治疗——精神、经济上种种的协助。

二、服务的事项

人类的思想行动和社会的环境，错综复杂，变化万千。病人住院，虽有医生为其治疗疾病，并无其他顾虑，但除病情以外，仍有许多社会问题，为病人和医生所不能解决者，尚需社会工作人员的协助和处理。

（1）医药治疗协助——社会工作人员对于病人个案作详（翔）实的调查，将所得资料，报告医生，协助明了病情，实行医疗计划。如认确系贫苦，酌量予以减免费用，和医疗上需要的种种资助。

（2）社会治疗协助——病人有因环境不良或家庭纠纷，社会工作人员用着同情的态度，和蔼的语调，予以安慰，协助病人解决困难，如衣服、旅费的资助，职业的介绍，家庭的调解，无家可归者的安置，都分别处理，务使病人的社会问题，得到圆满的收获。

三、解释病人的误会

病人住院，自应遵照医生的治疗计划，按科学的步骤，实施调治，但常有少数病人，固执成见，病根未愈，因家庭或其他社会环境所逼，不依医生劝阻，亟要回家。或因医疗已告完成，无需住院，医生要其自行休养，而不肯照行。在医护人员方面，均系专门技术知识，每因工作的关系，有时不明病人所处的境地，容易发生误会，急需社会工作人员，以工作的经验，温和的态度，从中调解，免除病人及家属的误会，使病人心地宁静，日趋健康。

综上所述各点，可知医院社会服务部，不但能协助病人解除因疾病而发生的社会问题，且可防治社会病态，自应积极倡导。南京中央医院为应社会之急需，已有社会服务部之设立，专为病人谋福利，对民族健康保障，实具有莫大的贡献。

（原载《红十字月刊》1947 年第 18 期，第 17 页）

美国的产科医院

照料产妇从怀孕开始直到产后三个月，全美产妇千人中死亡不到四人。

去年美国新生婴儿有二百八十万左右，大半是在医院里生的。然而不论在医院或家庭生产，产妇多数都受到产前的检查与各理（种）常识的指导的。医院或医生的责任一半是接生，一半照料母子的健康。

美国生产照料从产妇疑心有孩子日起到产后三个月止。详情可以史密斯太太为例：

一天，她往纽约城哥伦比亚长老会产院诊治，先在挂号填写一张表格，一面是她个人的简单历史，另一面是关于她的家庭收支情形。填就后等待被呼召。这时她在墙上看到一行标语："不分种族、信仰与肤色，为纽约所有穷人服务。"被传唤后，走进一间诊室，她告诉医生，她第一次发现有孕了。那医生便告诉她到另一层妇科病院——施洛安妇科医院去（该院的一部分）。那边一个人先看了她表格中的简单历史，又一人看了她的经济情形：丈夫是一家饭馆的侍应生，每星期三十二元（比普通工厂工人少三分之一）。他便告知史太太医院的费用（产前照料、接生、住院与产后检查）为八十元。

八十元实在是不足以偿付所有费用的，医院大部份（分）的开支来自各种捐献，同时许多著名医生是来院免费服务的。美国多数非国营医院都采取以个人经济酌收费用或全部免费的办法。

但八十元在史太太还是太多，医院于是在讨论了一番她的收支之后，同意减到五十元。价格商定后，她被引到检查室，一位护士替她称体重，量身材，抽血做瓦式化验与 Rh 因素化验，化验技师做血球计算与小便化验之后，一个医科学生在住院医生监视下检查她的心、肺、齿、扁桃腺与肚子。住院医生替她检查一下骨盆之后，叫她一星期后再来看产科医生。出来时拿到一张下星期四的预约单。

医院职员从此保留了她的记录，放在现行运用的档案中，几年之后便以小型照片形式永久保存。

她第二次去时不必再填表格，一位实习护士带他去见一个医生与一个医科学生。护士帮她上检查桌，那两人洗手后套上消毒像皮手套，护士替他们拿检查工具。

这位医生便是免费来院服务的著名产科医生之一（该院每天八个或十个产科医生来服务）。那医科学生是在这医生前学习的（哥伦比亚大学内外科医生专校与该医院有联系，每天有十个学生来学习）。

检查后，医生叫她一星期后再去看他，那时各种化验都已有结果。此后，一个健康的孕妇只需要一个月检查一次体重、血压与小便，到第八个月之后每两星期一次。医生还告诉她每星期到母亲班上课一次，并且还有社会工作者到她家访问指示母子应有的准备。

课是由护士教的，六星期学满。用洋娃娃当孩子，教她们如何抱孩子、换尿布、穿衣服、放床、喂食、洗澡，指示孩子与母亲应吃的东西，应买的孩子穿着与用具。如何安排照料孩子的时间来配合工作，满月前可做的工作。护士又借图书告诉她们孩子在子宫中生长的情形，说明受孕期间牙齿的重要，向她们建议去看牙科医生，并告诉她们受孕期做什么运动，生产后又做什么运动，以恢复原来的体型线条与肌肉。美国各地社会团体与公共卫生机构所开的母亲班都是如此。

社会工作服务者曾去访问史氏夫妇，他们收入虽少，生活却很快活，并没有什么难题需要解决。他向他们说明一些医院的工作情形。于是史太太知道施洛安妇科医院只是总院十个分院之一，共有公开病床一百〇八张，私人病床三十八张。该院产科每月平均接生三百个。

某日清晨史太太发生第一次阵痛，便立时赴医，被引到紧急治疗室。检查之下，一切安好，便沐浴，更换医院的衣服，然后躺在有轮的担架上，推到十二人一间的病房中，那里已住了十个产妇，护士长进来看一下，告诉她疼痛合规后便送到临产室，一个实习看护，替她量体温、把脉。

病室光线充足，晨间随着医生进来巡视的是一位住院医生与五位学生，他们看表格，问询病人，做一些普通应有的检查，医生随时将病情向学生解释。

近中午，史太太睡在担架上被推入电梯，送到临产室（一共有五间），那边只有一只床。下午护士进去好几次，住院医生去看了两次。她所得到的照料、给她接生的医生，都和出高价的产妇相同。虽然难产比例很高，但该院产妇死亡率仅千分之一，婴儿为三十二点四，而全美的比例（一九四〇）则为千分之三点七与四十七。

次晨三点，她被送到接生室，那边仅有一张接生桌。她一直都没有知觉，只知道她的脚在蹬，两旁各站了一个护士，头边是一个麻醉师，脚边是医生。以后她觉得她已半醒，已无疼痛，护士告诉她，她生了一个儿子。

她初几天早晨，换被单铺床时，护士替她沐浴、更衣，以后便自理。医生、住院医生与学生每晨按例来检查一次，住院医生来好几次，一个妇人有了寒热，便把她搬到独人室去予以特别看护与照料。

她住了十天（一般情形都如此），付了五十元，便出院。医生嘱她以后带了婴儿到小儿科去检查，又给她一张预约单，叫她一个月中到妇科去检验，如果她觉得不舒服的话，当然可以及早赴院。

到了一个月她又到那熟悉的地方去，仍被引到检查室量血压与做血球计算，再有一次体格检查，一切良好，叫她两个月之后去做最后一次检验。

施洛安医院所采取的方法与别的医院大同小异。任何医院有了新的手续发现，立即普遍采用，该院与其他类似机构的母亲与婴儿死亡率较全美一般为低。专家指出，救助母亲与婴儿的常识并不缺乏，但应用各种知识［的］最好工具还没有通行全美各地。

各方在继续努力改进母子健康中，因贫穷而造成的水准以下的环境与健康情形，亦已考虑，并做克服是项因素的准备。

（原载《红十字月刊》1947 年第 18 期，第 18、19 页）

虎列拉不可怕

译自《科学通讯》

用血浆、消发地亚净与盐水溶液治疗

"虎列拉"是人类历史上最古老也最致命的敌人，去年虎列拉在印度流行时，驻留该处的美国海军进行过一种实验，希望把这病"一下子完全治愈"。

在远东，虎列拉猖獗的地方还有中国、缅甸、锡兰与菲律宾等地。美国军事当局为保护分驻各该地的驻军进行实验，最初只有防止这致命疾病的注射，但是亦并不安全，现在终于有血浆、消发地亚净与盐水溶液适度应用的治法，据说从此"人可以不死于虎列拉了"。

从前死于虎列拉的患者是百分之三十到百分之八十，据主持实验的美国海军官员安勃迅中校说，用新的治疗方法可以保证百分之百的患者复元（原）。

最初关于血浆与药物混合使用的效果发生于一九四五年六月的加尔各答。

当时加尔各答火葬堆中满是死于虎列拉的印人尸体，美国科学家对牺牲者深陷的眼睛，缩紧的鼻子与渴望的表情已十分熟悉。他们明白虎列拉的病象是：皱缩的四肢，微弱迅速的脉搏，不发热，不时吐泻使身体的水分干枯，造成饥□的抽搐与软瘫。

从一九四五年一月一日到六月十六［日］，流行病不分阶级、年龄、性别或种族，在加尔各答丧害了三千三百三十五人。只有一些美国人民虽经传染但死亡的仅一人。

所有美国军人都受到无线电报告与张贴标语的严重警告："只可以在陆军食堂或红十字会俱乐部中进食，不要吃生水或生蔬菜，不要渴（喝）不准饮的水，速重新注射"。因为防疫运动做得好，虎列拉盛行时

康乐文勺

221

美国军事人员没有一个死亡，但这里的流行病还未达高峰，另一个却又在中国的重庆爆发。

安勃迅中校将其实验组高度成功的治法用无线电通知海军军医总监事克英悌尔二级上将，他不仅把这新的医药消息转告该地的美国医药局，亦转告了他们的邻国中国。

一架满载血浆、消发地亚净与盐水溶液的飞机来到中国，拯救了千百人的生命。

海军流行病专家在加尔各答选四百个病人作他们的贡献，一组治以毕乃定，一组治［以］消发地亚净，一组治以盘尼西林，还有一组以消发地亚净与盘尼西林合治。

实验室中的实验已确定这些药物对虎列拉有机体的抗□性。可是对于人，这疾病的侵袭是如此突然而严重，血液循环因水分与血浆的失去而迟缓，这些宝贵的药物并不能迅速动员与它并肩作战。因为红血球高度集中，病人因而四肢坏疽。

安勃迅中校想到用血浆去冲淡因虎列拉侵袭而凝厚成絮状的溶液，同时当消发地亚净在体内起作用时可以帮助病体进行正常的功能。

血浆一旦注入待死印度人那衰退的血管时，他那瘦削棕色手臂上的胳膊即形加强。他的眼皮睁开，他那双暗晦黑色的眼光开始注视，那时他浮肿的嘴唇叫着："水！水！"

虎列拉的患者若没有受到这种治疗，八九天之后，早已躺在火葬堆里，可是现在，十二小时内他走出医院，完全痊愈了。

安勃迅中校在他报告书中把实验的结果作一总结：

"由我们治疗流行病第五十队所做实验的结果，我们推荐：用［消］发地亚净加上足够分量的盐水的治疗法，足以医治轻而单纯虎列拉。若病情稍重，而又发生肺炎，则用上项治疗外再加盘尼西林。病情严重如痉挛与循环不需者，可用充分的血浆与盐水，此法继续到盘尼西林与地亚净能够起作用时止。"

病人中有两个以前会注射防疫针的。因此这两人患病时征象都很温和，三四天后，就好了。安勃迅中校观察的结论是："防疫针可以减轻病情，缩短病期。不医治必定死。但用化学治疗法盐水溶液就能减低死亡率，再用血浆则每个虎列拉患者的生命可以保险了。"

（原载《红十字月刊》1947 年第 18 期，第 18、19 页）

血的研究者

钟英　译

　　自古以来，人们都认到（为）血是一种奇异的液体，即使近代的科学研究，也未能把古来对血所发生的神秘见解完全冷却。对血的研究，工作最力，而使我们获知许多关于血的科学常识的学者，目前恐怕只有哈佛医学院的生理化学教授：爱迭文·杰康（Edwin Cohn）。

　　康氏在战时举世闻名的研究工作厥为血的提炼。这个工作是在罗氏基金、科学研究发展局及海军部三者支持下举行的，他的工作，已使这奇绩（迹）拯救了无数的生命。

　　我们以前少闻康氏。因为有二个难得的荣誉，才使这位今年五十二岁的白发老科学家在新闻纸上露名。是在去年3月上旬，他在纽约新内山医院（Mount Sinai Hospital）为威尔掘讲座（注）演讲"血及血的衍化物"。其后一星期，他又荣受柏沙诺奖金（Passano Foundation）五千美元。因为他的工作被誉为系最特出的研究，而又有"临床上实用的可能"。

　　康氏并不是一位医师，乃是一位造诣极深的生理化学家。他出生于纽约城，曾就读于哈佛、芝加哥大学及剑桥。他是一位实际的科学家，而不是躲在象牙之塔里的科学家。第一次大战时，他在卫生队中充当尉官。在过去二十年中，他曾二次使医界人士把似乎难解的实验室产物，应用于治疗疾病，结果令人非常满意。

　　他第一个发现，是以肝精治疗恶性贫血。一九二〇年间波斯顿的一位明诺悌医师要求康氏研究如何取得肝脏中治疗恶性贫血的有效成分。因为一直到那时为止，凡治疗恶性贫血的，每日都须服大量的肝，其量多至二三百公分。分量的太多，服用非常不便。一九二八年康氏最初造出粉状的肝精。此后每日的剂量便减少为五公分。

　　康氏对医界的第二个贡献，包括比较复杂的程序——乃是将人血中的化学成分分别提炼。远在一九二〇年，这个计划便已在他的哈佛小实验室中静静的进行着，一直等到一九三〇年，罗氏基金委员会才开始认识他的重要性，于是供给他金钱和物质上的援助。

　　康氏有几个自己认为特别感觉兴趣的问题。如：海水的化学，精虫的生理学和富有氢化物的溶液中（特别是荷尔蒙及血浆）各种化学成分的分离，以及其间的相互作用。在一九三八年，他和他的助手们把大部的时间都致力于血中氮化物的研究。

法国沦亡以后，美国红十字会和国立研究会都深深的忧虑着此后救伤所需的血浆，惟恐不需应用。他们请康氏试从动物血中提出某些可以代替输血的部分，然而没有发现一种令人满意的代用品。不过这个实验的结果，却把人血分成了许多不同的部分。目前，康氏的研究工作，已能从血浆中分出五种不同的部分，其中四种是确有医学价值的。

人血的构造是血浆中浮有无数的细胞。血细胞分红白二种。红血球的功用是把氧气输送到身体各部组织中去。白血球的功用是专同入侵的细菌斗争。血若被放在离心器中旋转以后，便会分成细胞和液体二部分。红白血球较重，所以沉底。上面一层淡黄色的血液，便是血浆。

血浆中所含的氮化物大小不同，各有其特异的构造。据康氏说，构造不同，功用也各异。康氏分离血液的方法，已产生下述五种不同的部分。

（1）血清蛋白质，这是一种可溶于水的氮化物，占血浆中最大的成分。血清蛋白质的浓溶液（百分之二五），具有天然血一般的稠度，可以用来代替血浆，治疗严重的火伤，及晕厥。此溶液可以久藏不坏，即使在热带的气温下，也可不用冰箱保存，所以输出时，不必如血浆一般的制成粉状。

（2）第三球质素，其中含有可以抵御疾病的抗体，并已证明可以有效的治疗瘰疹和传染性肝脏炎（黄疸）。刻下正在进一步的研究其对百日咳、传染性腮腺炎、猩红热和白喉等症的应用。

（3）纤维质素，纤维质素和血中的另一产物拴（栓）塞素相合，便产生纤维。纤维是使血凝结的必需物质，对于治疗血友病（即遗传性流血症。凡患此病的，虽然胳膊抓破极小的伤口，都会徐徐流血不止）有特效。纤维质素可以造成其液状而至固体的各式产物，其中一种为纤维沫，是一种白而软，如糖浆的液体，可以涂在伤口上止血，它的优点是：一经敷在伤口上，便会粘住，以后即为身体所吸收，不似外科所用的止血棉球或纱布，止血后必须移去。

另有一种如橡皮布般的纤维膜，可以向各方扯开，使面积增加至三倍，在神经外科上用来代替受伤的脑硬膜，以防止脑质的粘连。纤维的又一用途，与治疗灼伤及行植皮术时有关。先将拴塞素喷在伤处，把移下的小皮浸在纤维质素的溶液中，再贴在伤处，如是可以止血，增速愈合期，而且没有什么瘢痕。

（4）等凝聚素，这类成分与血型的分类有很大的帮助。因为各种凝聚素对红血球各有其特别的反应，所以能简化血型分类的方法。

（5）第一球质素，这类成分中含有多量的脂肪质，如：胆固醇等。这些血浆液体究［竟］有些什么治疗效用，现尚不知。但是康博士说，把它们自血中提炼出来，再加以精制后，将来一定可以研究出血的功用，和明了它在身体中所发生的关系。

（注）每年演讲一次，借以纪念霍布金医学院已故的大病理学家：William Henry Welch，曾因莅本讲座演讲而得荣誉的有：Simon Flexner、Sir Henry H. Dale 和 Harvey dushing（完）。

（原载《红十字月刊》1947 年第 18 期，第 20–21 页）

护士的生活艺术

陈履平

要做得一个健康而尽力的护士，确实不易，据我看来，这是个护士的生活艺术问题，至少要严格做到下列三点：

第一：工作辛劳要知自洁自制。我们知道疲劳是最坏事的，一个人疲劳了，他的脾气他的性情就可能变坏。但坏的脾气坏的性情在护士是最要不得的，她不但对于病人不得有坏的脾气，就是对于同伴和医生，也委实不得有坏的气色和表情。护士工作是多么紧张啊！疲劳真是护士的对头，我们做护士的，那（哪）里能够成天好整以暇，不被疲劳之魔所逼迫呢？但是聪明的小姐就该知道，工作辛劳是可以避免的。譬如工作一日完了，她就早些去上床，不要贪恋跟同伴的聊天，一天也可以少花五分钟在梳妆上面，走到户外去练习身体运动，身体方面如此，精神方面也要随时随地自己留意休息，把紧张的情绪放松。我们一天看来是很忙，但忙里休息却是一个驱逐疲劳的上法。姊妹们，这就是我们应该学习的一种生活艺术。

第二：工作时尽心工作，游戏时要放心游戏。我们护士的工作是一种神圣的服务的工作，但这种重视工作负责服务的情绪，却不要时时记在心头，放在肩上。无关护士的小说诗歌，我们兴来固然要去浏览，即是电影歌舞，我们亦要有雅兴去欣赏。室内游艺要常常参加，即野外远足亦要踊跃参加。

第三：工作之外，我们不要忘了社交生活。社交生活是增加生活情趣加强人生意趣的，孤立和内向是我们幸福的敌人。我们应该在工作之余暇，享受家庭社会和朋友的欢聚。

姊妹们，我们要保持整洁和悦的外貌，对于工作的兴趣和热力，以及我们身心的健康，我们亟应懂得生活的艺术。

（原载《红十字月刊》1947 年第 18 期，第 21 页）

英国卫生事业观感

纪　湖

我自从参加四月十四日至二十六日在日内瓦举行的研究保护战争灾难者公约的政府专家会议以后，既返巴黎参加五月十九及二十日红十字会联合会的特别小组会议，又于二十一日至二十三日代表蒋会长出席半年一度的红联执行委员会会议，会毕即来英伦，与卫生当局及有关人员晤面及参观，觉得英国早在战争最困难的时期，即已准备战后之新局面。如一九四一年设立研究小组，一九四四年成立保险部，不管是保守党和工党执政，其政策均极前进，实在令人钦佩！英国的医学政策、保险政策的设施，原以大多数人为对象，现在因为大多数人早已不成问题，所以目光转到每个人，现在如有一个人没有得到福利，就认为是政府之失职，不管他个人问题之特殊，总要想法使其各得其所。像这样理想的事体，现在竟在实行，并且很有把握。英国所有设备，注意实用经济，我曾参观过一百多年历史之医院，房屋建筑已有百余年，然而内部设备非常新颖，但亦止于新颖而已，绝不新奇。此殆为英国文明的特色，值得我们珍视。

英国皇家卫生学会（Royal Sanitary Institute）于六日二日至六日在英格兰之南海岸 Torguay 召开卫生会议，到会人数二千五百余人，其讨论范围极广，有预防医学、食物卫生、房屋建筑、母婴卫生、热带医学、家畜卫生、家庭访视、卫生视察等，除目前最要之食住问题外，即为去年英国国会通过拟自明年实施之卫生法令（National Medical Service

Act）。因英国之任用卫生医官已有百余年之历史，各种传染病之管制，亦已有数十年之经验，故急性传染病，现几绝迹。自一九二八年颁布卫生法令后，各地分区设立卫生中心，组织齐备，但经战争以后，世界潮流丕变，现有制度，不合于现代，遂有新的卫生法令之拟议。故此次卫生会议，即以此项法令为主要讨论中心。

我在英国看到医学的发展和演进，早已从治疗医学到了预防医学，而且现在又向社会医学迈进中。治疗医学就是治疗于生病之后，无非消极的对付而已，其后鉴于疾病之传染，遂于近代发生预防医学。换言之，就是注射防疫针、隔离病人、消灭病菌等，防病于未然。但到现在还觉不够积极，不但要使人无病，使人长寿，同时要使人健康，于是由预防医学走到社会医学。预防医学之对象是集团的整个一城一市，甚至一国，社会医学之对象是个人，要使每个人得到医药福利，所以重视家庭访问，同时注意其生活环境、心理变态、经济条件，以增进医学上之效能。于是在医务人员以外，还要配合上社会学［家］、心理学家、工程师等等。不但如此，还要在未受孕以前，先有优越之条件，受孕以后，更有保养之指示，务使先天优厚，所谓优生是也。在这种种新的事业中，红十字会的确尽了不少先锋示范的力量！在这次卫生大会中，更增深我对于医学演进的认识。

英国的国民保险法亦将于明年配合新卫生法令同时实行，使英国人民得到医学福利之外，尚可得生老死伤的辅助。英国的保险制度，肇始于一八九七年之工人赔偿法，至一九一二年改为健康保险法，一九二五年又扩大范围至于家族，而成为社会保险法。一九四一年，组织研究小组建议政府成立保险部（Ministry of National Insurance），通过保险法，使全国人民均受保险制度之保障。保险部不办医药业务，从经费中拨出一部分约三分之一交卫生部分配全国各种组织作为医药之用。所以英国之保险制度，自从健康保险而至社会保险而到全民保险，也是从一个集团做到每个人。这也许就是今后文明的特色！

回首遥想中国，医学方面虽已从治疗医学向预防医学迈进，而保险制度尚未正式实施，我们希望现正研究设计中之健康保险，能够从速推进。

（原载《红十字月刊》1947 年第 19 期，第 15 页）

康乐文勹

防痨与抗痨

徐 适

痨病即结核症，为传染病之一，蔓延之广，祸人之烈，较之任何灾难为重大，故在民族国家为最严重之问题。

吾人考察各种死亡率，以结核症之死亡率占首位。惟在夏季因有霍乱、肠热症等，其死亡率较高，此时结核症之死亡率占第二位。是可知吾人患结核症之重。

结核患者既众，结核菌之散布亦盛，健康人所得传染之机会亦多，此皆互为因果也。

结核症中，以肺结核为最多，大抵侵袭青年之人。此等本属有为之青年，因受病魔之缠扰而不克服务与生产，其所受之损失，岂仅在一人一家，实间接影响于社会国家。此种损失之估计，当在任何损失之上。

青年人在社会中最为活动，与人往来最密，故得传染肺结核之机会亦较多。又因身体较弱之时，益以工作繁忙，经济力困难，亦易受肺结核之侵袭，其病大抵由外来所传染，但亦有由潜伏性之结核而发者。

一般人但知肺结核症为一可怕之疾病，其病经年累月，历时甚长，辗转床第，痛苦万状，苟不幸而患之，则不惟耗损金钱，亦且影响事业，其可惧为何如。惟对肺结核之病原为何物，由如何而传播，如何而开发，则均不得而知。至于肺结核之须早期诊断，早期治疗，其治疗如何正当，则更不得而知也。

吾人对于肺结核有须注意如下：

（一）知其如何传染

欲防止肺结核之传染，须先知其如何传染，即知当结核菌而传染，其菌果从何而来？

常人不知肺结核患者之痰中，可有结核菌，能为肺结核传染之源，故欲使社会人士明了痰能传播疾病，应知痰中有结核菌。

临床上经诊断肺结核已成空洞之人，彼等往往不自知已患肺结核，亦不知其病如不谋相当治疗，将行恶化，更不知其痰中有结核菌，能传染他人。于是随地吐痰，其痰中满布结核菌，而广为散播肺结核病，此实为人类之罪魁祸首。

此种散播肺结核之人，除彼有症状发现外，平时均无法将其检举。如遇无知识之病者，即使有咳，亦不思就医检查，至于须行爱克司光检查，则更不明其意义。因此等肺病者，其症状自觉并不严重，如欲使之行早期治疗，彼决不愿听从也。

如有一组织正当，设备完善，取费低廉，能将彼等行爱克斯光，早期诊断及检［验］痰有无结核菌，则不仅于病者有益，于社会上亦可免除散布肺结核之源，其福利人群岂浅鲜哉。

在十年前，中国防痨协会创办者布美氏曾会同会中各医师，调查人行道上之痰，有无结核菌。其地点在上海海格路附近，于每日早晨由化验员多人将人行道上，凡属可疑之痰，一一采集，带回检验，共得标本九十九个，结果十个标本中含有结核杆菌。此种标本之采集，尚在行人较稀之海格路附近，如在交通辐辏、行人众多以及公共场所采集之，则其所得将必更甚于此，并将引起公共卫生人员对于肺结核一症发起莫大之兴趣也。

此等痰中含有结核菌之人，大抵患有进行性肺结核，因彼等体况尚佳，故仍在外活动。此等患者大抵：

（1）无显著之症状；

（2）身体比较尚称健康；

（3）无知识或忽略其病，故不去求医；

（4）因生计关系不得不继续工作；

（5）不知往何处诊察而可得真实之忠告，且该处确实医疗可靠，收费低廉。

（二）设法检举

吾人既知有一部分肺结核患者，无何等症状，即应设法将其检举，此种检举，于病者个人及社会均有莫大之利益。

肺结核有时不能用打诊及听诊而检出，故应利用爱克司光以为诊查。

爱克司光诊查有二：

（1）爱克司光透视：此为费用最廉而可行普遍检查之一法，并毋需耗费爱克司光照片。行此种检查，最好由对于爱克司光及肺结核一科感有兴趣之人为之，在我国经济状况之下，此种检查最为合宜。凡属学校、军队以及各种团体之人员，均应受此种检查，俾可将一般有肺结核而无病状之人检出，使之受早期之治疗。如是则不但可免除学校、军队以及各团体所受间接的工作效率之减低，且于公共卫生上，亦可减少肺结核之传播。

惜我国今日学校与军队等，尚未知此种检查之重要，以后知识普及，当必能自动以实行也。

（2）爱克司光摄影：此可予人固定而永久之记录，在诊断与治疗上用之最宜，且于治疗期间，对于病情方面可有相当之比较。

（三）防痨之实施（包括诊疗所、医院及疗养院）

设法检出肺结核患者而教育之，并送往医院或疗养院受积极的治疗。

此种实施，其先决问题须有相当之财力及人力，故非私人所可为，应由各地方政府拨付相当经费，令由肺科医师负责行之，最为妥善。在社会中，亦应设法谋得当地人士之合作，如对于当地财户，能谋得其经济上之援助，则更易举。

诊疗所：在诊疗所服务之医员，应有结核病学之相当训练，对于肺结核之诊疗，须以科学的立场，正当之方式，以谋同胞之福利。同时并须视自己为一公仆，应尽力为大众服务。

医院：吾人已知治疗肺结核，不仅为休息与营养，并可用外科手术疗治，如人工气胸治疗等，此种外科治疗必须在相当设备之医院行之。

医院中应有对于肺结核有相当兴趣之内外科医师互相合作之，此等患者，经相当之治疗后，可至疗养院疗养或诊疗所诊治。

疗养院：应有专门之医师及对于肺结核病专门之设备，在疗养院中，外科手术行之较少，大抵为不能至诊疗所诊治之病人，所需的前一过程。

在医院疗养院及诊疗所中应设家庭访问护士，以为病家与医疗处之联络，其责任相当重大，如：

（1）教导家庭如何防止肺结核之传染，对于病人之咯痰应如何消毒，饮食应如何隔离，居室应如何隔离，以及护侍疾病之各种知识。

（2）监督病者持续治疗。

（3）病家有经济困难，应报告医疗当局，予以方便或援助。

（4）教导病者如何行适宜之工作与生产。

上述之管制，为吾人对于防治肺结核之理想，唯医者如仅注意于肺结核之治疗，而不注意其防止，则其治疗实不可称为完全。换言之，疗治肺结核之医者，亦即为防止肺结核之医者。

此外，对于开放性之肺结核患者，即痰中含有结核菌，病势正在进行之人，应如何为之谋适当之治疗；绝望之患者，即病势重笃，无治愈希望之人，应如何使之隔离，此亦当同时注意者也。

（查本文为作者《防痨与抗痨》一书第一篇之绪论，全书共分十篇）

（原载《红十字月刊》1947 年第 19 期，第 16、17 页）

白雪却拉星疗法

这里告诉你又有一种新的抗菌素被发现，它是从一个七岁的女孩名叫却拉赛（Tracey）的胫骨折创口里发现，是一种革兰氏阳性反应的杆菌，因之这新的抗菌素就被称为：白雪却拉星——它就是杆菌的分泌物。将这杆菌培植在普通的肉羹液体养料中，经过适当的培养时期，这新的抗菌素就被分泌在这养料中，它能阻止溶血心（性）链球菌的生长，并抵抗一万个以上致死量之链球菌于幼鼠体内。若滤去这杆菌，取其滤液用丁醇（Butyl acohol）提取之，由此可得百倍于原液之水溶液制剂。若经干燥法，可得一种黄色无结晶型的粉末，使用于局部或系统之动物，若天竺鼠、幼鼠及兔子等，均无毒性发现，即使用于人类亦然，且无刺激等情［形］。经临床试验，其效用一若青微素，而其特长为不受脓或腐败组织之影响而失其效用，且不因细菌反应该药而生抵抗力，致亦失其效用。然而能逢到一二种细菌运用该药而生抵抗力，然数甚少，远非青微素所能及的。某应用于外科创伤上，只需注射该药于创口内，即能于二三天内完全治愈，且于运用该药时，绝无丝毫痛苦，更非用青微素注射百万单位，分期注射而使病家每感无穷的苦痛与麻烦。经试验结果，一百个病人中，八十八个被完全治疗，九个比较差的，仅三个是无效的。其余临床试验中，其治疗神速，往往使一般医生及病家同感惊奇！现在已由维纳药厂开始制造。

本药在配（盘）尼西林或磺胺剂使用无效的时候，可以试用。对于有些葡萄球菌和非溶血性链球菌，有时本药特别有效，是富于意义的。

（美国医学会杂志本年三月号非文摘译）

（原载《红十字月刊》1947 年第 19 期，第 16 页）

一生在绞脑汁的人能享高寿吗？

一般人都把八十岁看作不容易多得的高龄了。其实我们能够随便指出许多杰出的人物，他们已经活到八十以上，但是仍然始终保持着他们的创造力和少年时的热情，虽然得着意外的遭遇或者某种传染病而死去的。

歌德活到八十三岁时才因肺炎而逝世。他死去的上一年里刚完成了《Faust》一书的第二部。（编者按：Faust 本为歌德所写的剧本里面的一个勇士的名字，这勇士是一位已经过了中年的学生，因对求学不感兴趣，抛弃了他所学的一切，把自己投身于一个冷酷、谩骂、残忍而诡谲的恶魔叫做麦弗斯托弗里斯 Mephistopheles 的怀抱，那个恶魔后来就答应他完成了他的志向。）直到他临死的那天，歌德还是保存他的创造力，写作的能力和对女性的兴趣呢。

法国大诗人雨果也是活到八十三岁，他一生也是充满着创造力，直到他瞑目为止。

威尼西亚的大画家替善活到九十九岁而死于疫病。在他九十五岁时，他还完成了一幅《戴着荆冠的基督》的名画。

法国风景画大家柯乐，在他八十大庆的那一天画成了他一件杰作。安吉鲁氏活到八十九岁，直到死他（也）没有放弃他的工作和嗜好。

画家华尔狄克活到一百零九岁，在他一百零一岁那年，他开过一次他的新作品的展览会。法国作曲家奥倍尔氏在八十七岁时写过一本叫做《爱的梦》的轻歌剧。

这些人里面简直没有哪一个曾经中缀过他们的工作啊！

（原载《红十字月刊》1947 年第 19 期，第 17 页）

沙 眼 漫 谈

孙桂毓

沙眼是我国流行最广的一种眼病，顾名思义觉得是由于暴露风沙而得的目疾，其实这是一种错误的观念。沙眼是一种特殊的慢性结合膜炎，由于比平常细菌还微小之滤过性病毒所致的眼病。此病的传染性很大，对治疗的抵抗力很强。在临床上看来，常常有一种特征，便是使发炎的结合膜产生许多肥大的颗粒，使之形成一种粗糙不平的表面，因而命名为沙眼。

沙眼的分期

在临床上，往往把沙眼分为四期，每期却具有其特征，简述如下：

初期——这是沙眼的开始，受染的眼常常有发红、分泌物增多、有异物感等病状。翻开眼皮检查，可以看到结合膜有充血，有时在初期沙眼可以产生很激烈的红肿和多量的分泌物，看上去和别种急性结合膜炎难以区别，所以初期沙眼诊断一定要经过有经验的眼科医师鉴定方为正确。

二期——沙眼到第二期，在临床最特征的表现便是结合膜不但充血，而且有许多肥大的颗粒形成。使其表面变为粗糙不平，同时在上下穹眼的部分也有充血及增厚，无怪乎在此期的患眼常感觉外物磨（摩）擦之病状，分泌物多，同时在患眼的角膜上部产生一些血管，由上而下，长短不一，看上去如同下垂的簾（帘），叫做血管翳。患眼的视力因而有减退。

三期——三期的沙眼除去有二期的表现外，结合膜部分开始产生疤痕组织，这种疤痕看上去无非是一条条的白色斑痕。在疤痕之间，还是有肥大充血的颗粒。炎状并无显着（著）之减退。

四期——到四期的沙眼，便是炎状减退，结合膜表面几全为疤痕组织充满。疤痕是人体组织对发炎部分产生的后果或结局。例如身体任何部位受伤后，结果都是有疤痕的生成，但疤痕组织有一种特性，便是要逐渐收缩。所以到第四期的沙眼虽然表面炎状已退，而实际上潜伏着极大的危险。

沙眼为什么可怕

沙眼是一种可怕的病，在欧美进步的国家，人们尽最大的努力去扑灭它，甚至要限制患眼者人口，以杜绝其传染流行。沙眼的可畏可以分为两方面，其一是因为沙眼一病其传染性大，而且其本身对治疗的抵抗力强。患者要灭除自己痛苦，一定要花费许多时间、金钱，非做澈（彻）底治疗不可。同时患者其对他人随时有威胁，因为会染及他人。其二沙眼最大之危险乃是此病所致的合并症和后患。关于合并症方面，例如在二期沙眼可产生的血管翳，可以直接影响视力。同时在血管翳的左近的角膜上，常常要发生角膜炎，使患眼痛疼，流泪畏光，视力减退，由角膜炎可引起更可怕的情形，如角膜溃疡，由角膜的溃烂，可以致角膜穿孔，甚至有全眼炎等病变，而使患眼成失明的结局。至于沙眼所遗后患的情形，较此更为可怕。在三期或四期沙眼，结合膜上产生疤痕组织后，会继续收缩，收缩的结果使眼睑内翻。内翻的眼睑，加上倒睫，常常磨（摩）擦光滑的角膜表面，使之变为不透明，一若一片毛玻璃。于是对视力的障碍颇大，结果使角膜变为白斑，使目力全失。在我国致盲病原的统计中，由沙眼而致盲者最多，原因便是在这里。

沙眼的预防和治疗

沙眼虽然是一种顽固而危险的眼病，然而却是可治之症。英谚"一两预防胜于一磅治疗"，是一句最好的救训。凡病能事先注意预防是最有效力和价值的，沙眼的预防讲起来简单之至。消极方面，要讲求一般的卫生习惯，最重要是不用公共面巾手帕，同时要多用水洗手洗脸，同时要训练不用手指接触眼睛，而用清洁手帕擦眼。避免和有沙眼的人直接接触当然是不言而喻的重要。这样便可杜绝沙眼的传播，在积极方面，要常常请眼科医师检查，以免在无意中染及沙眼而忽略医治。

沙眼的治疗有药物、手术两种。药物方面，硫酸铜笔，敷用硝酸银等，都应该有眼大夫对病者施用，因为用以上之药物，并非没有危险。病者自行施用，往往要伤及眼的其他部分。

而平常所用之硫酸铜水剂，间可由医师处领回作经常滴用，每日可滴两三次。关于口服磺胺类药物，对沙眼之治疗亦可获效，但此必须经过医师之考虑和同意。在手术治疗沙眼方面，平素应用者例如沙眼逼出术，即平素所言"刮沙眼"，此法仅适用于患二期沙眼，当其颗粒肥大而粗糙不平，可应用逼出法，添（减）少其机械性之刺激。此点特别要唤起读者之注意。其他手术方面均应用于治疗沙眼之后患者，例如：有睑内翻及倒睫病变，可用外科手术矫正，避免角膜之继续损坏。

免得临渴掘井

本文的开始便说过沙眼是一种慢性而对治疗抵抗力强的眼病，所以凡要求痊愈或收到治疗之良好效果者，绝非短期内所能成功者，一定要有经常的澈（彻）底的治疗方法。而通常患者均不能具此耐心和毅力。在近年来有许许多多得到出国深造机会的人，临行前发现患有沙眼，而不幸在短期间内不能收痊愈之效，以至于贻误出国之良机。这该是一种莫大之损失与打击。考其缘故，乃因"临渴掘井"所误。故奉劝读者要在平时注意沙眼之预防。不幸患有沙眼，当即刻做澈（彻）底之治疗。

（原载《红十字月刊》1947 年第 19 期，第 18 页）

失眠自疗方法多　坚定忍耐有效果

　　许多患着失眠症的人，往往都感到最大的痛苦，就是当时的思想纷扰，使你不能立刻睡去。当你躺在睡榻上时，各种不同的思想，便会不期然而然的涌往你的脑际，虽然你想极力阻止它来打扰，但结果往往无效。

　　但事（实）质上，这种习惯是可以解除的。你首先要注意到的是，在睡眠的时间内必须摆脱一切忧虑、刺激和恐怖的思想。同时你还需有一种坚定的自信心，去达成你的目的。

　　当你患着失眠而不能安睡的时候，你往往像是一个精神病的患者，左倾右覆，千万的思绪刺激着你的脑神经，使你感到一种莫名其妙的苦楚。这时，你不妨专心地做着一种缓慢的，着力的，而有节奏的呼吸。轻合上你的眼皮，如同入睡一样，然后你可以小心地静听着呼吸所发出的细声，同时要注意到它是否是很安静而有规则。如此，你的思想便能渐趋镇静，而得到初期的效果了。

　　根据许多专科医生研究的结果，常沐浴也是医治失眠症的一个有效方法。但当每次沐浴时，你须注意到保持水的温暖且不可有太用力去擦身。沐浴后更须用软毛巾把周身轻轻的擦干，使皮肤的表面上，不至有微冷的感觉。这时你不妨在你的睡榻上躺下来，撇除开一切的思想，凝视着某一固定物。让寒气开始从你的身上慢慢消失，而一种温和的暖流便将贯融了你的全身。如此，你会感觉这时真太舒适了。这样的舒适大约能保持到十五分到二十分钟之久，假如你在这个时间内能够持久的制止一切思想来纠缠你，这正是一个极好的入睡的机会。

　　当午夜你从睡梦中惊醒而沉闷的不能再睡时，你可以把你身上所盖的被褥移开一些，或全部移开（但须留意，不可使移开的时间过长，以防止引起别种的疾病）。等到你身上觉得寒冷时，立即把它盖上，如此，可使你从寒冷中得到温暖，而这也是促进睡眠的力量。

康乐文勺

235

此外，在晚上假使你实在不能安眠，那你只有多读书籍。当你读毕一个段落时，脑子一定感觉到非常疲倦，而你的精神也会变得萎靡不振。在这样的有利情形之下，你很可能立刻获得甜睡。

我们常听到病人的怨言，他们在晚上是太不容易睡着，但早晨却是醒得很早，等到醒了以后，就又很难再睡着。这种习惯也是不正常的，著者很忠实的敢向读者们提出一个实用的建议：当你们醒着时，除去了必须的工作时间以外，最好要养成一种习惯，那就是常常试着闭上你们的眼睛。

总之，你要有坚定的忍耐心去试验这上面所述的各种方法。你必将发现哪一种是对于你自己更适合的，然后，连续的试验数遍，我不信你永不能获得效果的。

（原载《红十字月刊》1947 年第 19 期，第 19 页）

一个教育聋哑的人

王伯海

屈雪聋哑学校是美国唯一招收未达学龄儿童的聋哑学生（校），因为他们的校长屈雪太太认为，达到学龄以前的这段时间，对于生理上有缺陷的儿童，是十分重要的。例如在这个期间能够予以适宜的训练，聋哑的儿童一样可以说话，能读书的。

谈到这个学校的设立，倒是一件很有趣的事情。在二十年前，屈雪先生是百老代的演员，他的太太也是一个女伶，因为有一天发现他们唯一的儿子约翰是个聋子，就非常伤心，经过医生的检查也无法医治。他们在失望之余，就想将他送入学校，以教育来弥补这种缺陷，可是当时美国的聋哑学校均不招收未达入学年龄的儿童，所以屈雪太太只得放弃了自己的舞台生活，专心来教育约翰。她常常向华盛顿一个聋哑问题报导机关去请教，采纳他们的建议，回家来实施。最先她一面说一面做手势，使约翰懂得她所说的话，等他懂了以后，就不断地和他说，每个字都要重复好几遍，一直到他自己能说时为止。凡是普遍正常儿童所应做的一切活动，她都尽心力教他，而且只要约翰能做的事，都要他自己动手，决（绝）不为他代劳。这样训练的结果，约翰居然长大成人，现在已是南加里福尼亚大学艺术系的学生了。他可以上一切规定的课程，参加各种集体活动，他能说能读，不过他依然是个十足的聋子，就由于教育约翰的成功，她就创立了这个学校。

学校的经费很困难，一九四六年开学的时候，设备委员简陋得可怜。在南加里福尼亚大学附近，一共只有三间房子，里面空空如也，幸亏有一班聋哑儿童的母亲出来帮忙，才将一切布置就绪，并且还聘了几个教员、一位医学顾问和一个心理学家。为了限于物力财力，每次最多只能招收二十个学生，母亲也可随着上课，而且对于母亲还另外教授儿童心理与语言训练的方法。可是许多聋哑的儿童都想要求入学，屈雪太太为了救济这些儿童起见，就举办函授。现在这种函授的办法已经普及全世界，在潘士李可地方有一个年青的女人，将这种课程翻译成西班牙文，去教授临近的居民。瑞士有一个男人也将它译成德语，以便使瑞士的母亲们了解，在澳大利亚还有一个护士将这种课程复写，分送给聋哑儿童的母亲。光是函授这一方面，据屈雪太太说，受惠的已有一千七百个儿童了。

函授的课程是有伸缩性的，必须适合儿童的学习能力和母亲的教授能力。学费每月缴纳一次，而且对于每个儿童的进度，学校与母亲间可以随时通信。

学校的经费本来完全由屈雪先生负担，现在社会已公认这个学校对教育上有很大的贡献，所以得到许多热心人士与团体的赞助。最近屈雪太太计划筹集五十万美金来建筑一个新的校舍，以便招收大量的聋哑儿童。

（原载《红十字月刊》1947 年第 19 期，第 19 页）

三十乘客遗骨蛮荒　复员坠机寻获记

本会前秘书长潘小萼氏于一年前乘中航一三九号机东下复员，不幸遇恶劣气候，随机殉难，该机经一年半之寻觅，近始于川南团岩黑夷区觅出残骸。本通信所载，颇富传奇意义，兹为追念潘氏，特移载本刊。

人生，多复杂而又多变化。生命在刹那间可以毁灭，甚至连毁灭的地方也可以成了神秘的迷。揭开谜底，往往又在人们的记忆几乎完全淡漠了的突然之间。下面的故事，正是报导这个不测风云的人生里，一群生命从天空毁于夷地山边，在一年零四个月之后，才发现他们灵魂的安息之所。

中航公司失踪一年的第一三九号渝沪复员客机，今年七月初在川边的"团岩"深山上发现！七月十四日获得了证据，证据是从飞机残骸上取下的"中"字和机尾已经褪色的"一三九"号码。这消息已载在二十八日的本报电讯了，现在再详细报告如下：是一年前的事了，三十五年三月十九日，这架复员机自重庆出发，载客三十人飞往上海，起飞不久，刚飞过涪陵上空，机上无线电坏了，从那时起便与地面失去电讯联络而不知去向。公司接连派机沿线侦寻，结果是茫茫太空，飞鸿冥冥，一年来成了神秘之谜。天呵！谁会料到这架一三九号机折返重庆，再过成都，无法降落，撞到川南峡谷地带夷人盘踞之区的峨边团岩上去了呢？

中航公司今年一月曾经为这无可如何的悬案发表文件，公告办理善后、侦查、悬赏，该机均无发现，只好呈准交通部，对死者善后，按照去年九月交通部颁发的飞机失事赔偿暂行办法办理（理由是：该机失事，系在抗战结束之后）。乘客家属，可持同证件向公司或就近办事处洽办善后，家属大多已办完领取抚恤手续，但横在他们心上的悲哀，便是这无何有之乡，究竟这架飞机在天涯海角的何处？现在中航公司费尽力气，花去不少代价，终于找到坠机处所，让世人知道这三十个客人安息在什么地方？对于死者家属，心灵上可告无愧了。

获情报中航觅坠机　入川南队员遭水厄

本年四月，重庆行辕接获川边政府机关的情报，报告四川峨边县附近夷人区内发现坠机残骸。空军曾奉命搜索，证明不是军机。中航公司接到此项情报，经过一番研究，决定派视察队前往察看。经过艰险曲折，像一部探险的故事，中航公司守口如瓶，他们自己也不能逆（预）料一三九号会坠毁在遥远的边地。记者从川西沙坪来此的友人口里，获悉中航人员视察的详细经过，听他滔滔地讲述，令人感到兴奋神奇，虽炎夏逼人，就连冰淇（激）淋也不想吃了。

中航公司重庆站办事处所回的视察队一共四人，由航机组代表聂开物君领队。六月二十五日自渝出发赴成都，再转乐山。川西大水，水陆一片汪洋，他们的汽车无法前进，只好舍车步行，遇水坐船，在乐山向当地政府借保安队十余人护送而达沙坪。

驻沙坪汉人惊天险　据团岩黑夷成化外

沙坪已经是夷人之区了。但当地政府与地方实力均相当雄厚，夷人下山入市，还接受一切法令拘束。视察团要再前行赴团岩，就绝对要冒危险了。

自沙坪去团岩无确定里程，据估计约需四五日山路途程。团岩是在小凉山附近，峨边、马边两县之间的深山，高过峨眉山，海拔一万四千尺左右，在行政上是不属于县治，夹在川、康、滇三省边界间的一个化外之区。它的占领者为黑夷，仇视汉人，嗜杀好□，首领木干尔，部下夷人数千。他们的经济生活是种贩鸦片，贩卖汉人为奴隶，交易以金银计，法币瞧不上眼，凭鸦片与金银，他们买得大批枪弹，而且从失事坠毁于该地的美国军用机里获得过美式武器（抗战时期，美军用飞机越喜马拉雅山，往来于新津我空军基地时，曾先后因撞山失事于团岩者有二十余架）。黑夷性格残暴因，仇视汉人，除反抗政府外，经常是干抢汉人的营生。官兵进剿，常为天险的地形所限，荒山深渊，气候无常，往往束手无策，中航的视察队至此也就一筹莫展了。

木干尔强阻视察队　　葛正之义设偷袭团

沙坪的葛氏兄弟，是当地极著声望的人物。葛正之氏是四川省参议员沙坪的闻人。其祖父是清代的镇边将军，葛氏为受过高度教育的智（知）识阶级，为人豪侠重义，最喜助人，且正在壮年，富有事业信心和冒险精神。中航人员去拜访他，请这位当地的领导人物协助，葛氏慨然允诺，并警告聂君等万不可前往冒险。

葛氏先写信给团岩黑夷首领木干尔，说明政府机关派员巡机，征求他同意，是否可允许入境上山。木干尔回信拒绝，并且很干脆的提出警告："你们来，我就杀！"

葛正之氏震怒了，但他还是运用理智去克服困难。他认定木干尔有勇无谋，可以智取。中航的目的在察看山上坠机是否一三九号，只要能取得证据，加以证实，即已达成任务。团岩山顶云雾终年，空中侦查（察）是白费气力的。要解决问题，非派人入山察看不可。葛氏决定挑选他领导下的壮士八名，携带防身武器、入山干粮，偷袭团岩。

八英雄探山立重盟　　三百万特酬盗机尾

这八位英雄，都是熟悉夷情，身体壮健，能数日只吃一点干饼等粗食，经过训练的人物。他们临行前杀鸡立誓，表示忠诚。八人穿山越岭，昼夜兼程，登高山，涉浅水，历险四日半，到达团岩山顶，将飞机残骸下的圆形"中"字与机尾上帆布黑底银字的"一三九"号码取回覆（复）命。七月十四日，八名壮士将证据携抵沙坪，但他们已遍体鳞伤，虽未遇夷人，都饱受山中荆辣（棘）岩石的刺伤了，中航人员以三百万酬谢他们。

一三九号坠毁团岩证实了。据前往的人报告，该机仅余后半部残骸，乘客、正副机师及电报员尸体已为鸠兽食尽，连一根骨头、一片衣物也找不到。行李已为夷人抢光，全部什物已均呈献了木干尔。乘客的生命是毁灭在坠机的时候（撞在一万四千尺的高山上还会幸存吗？）夷人只得了衣物。

三十三人埋骨在这夷地山边，如今算找寻到遇难之所了。

悲乘客公司题姓名　度失事撞山成惨剧

三十位乘客的姓名是：章宗氏、谢蕴华、屈饶琴、饶亚筠、潘小荨、周铭、潘程氏、潘毓庄、胡樊侯、陈秀蟾、（以下小孩）章雯、章伦、屈弟弟、周铭的小孩二人、胡小孩（以上十六人是到南京的）陈锡年、张公忠、张公信、陶器良（中国银行副经理）、梁慧娜、董孝逸（中国银行储蓄部副理）、胡志刚、壬蒋静婉、小孩一人、王在平、王次年、王次申、姚明初、张冠英（以上十四人是到上海的）。共三十[人]。其中小孩七人，女十五人，男八人。

飞机师：Mac. cracken（美籍）。副飞机师：龚经豫。电报员 T. S. Sze

视察团于任务达成后，于七月十七日抵成都，七月二十四日携同"一三九"号证据飞返重庆。

失事的原因，任何人不可能做肯定的断语，除了在人机将毁的前一刹那，飞机师知道外，谁能说出正确的因素来？根据航空常识一般的推测，或系无线电损坏，失去地面联络，不能前行，只好折回，过重庆时可能因迷途，因气候变化，能见度坏，无法降落。沿渝蓉航线飞过成都，再一误差，就盲目飞行至川边深山，不知山的高度而撞山坠毁了。

（大公报七月卅一日通讯）

（原载《红十字月刊》1947年第19期，第20、21页）

为儿童选择玩具请注意它的效果

对于儿童玩具，法国小说家法朗士说过一句被传颂的话，"儿童在桌上排列他的铅兵，与学者在博物馆中整理雕像没有什么差异。"

从这里我们可以知道儿童对于玩具喜爱的程度。所以，做父母的，除去供给儿童玩具之外，对于玩具的选择，更应当郑重其事。随随便便的买几种玩具扔给儿童，便以为尽了责任，就不再去过问，这是大错而特错的。

说到玩具的选择，首先需注意到教育上的效果，才能有益无害：

（1）玩具需适应儿童的需要及年龄，一个三岁的儿童，和一个七岁的儿童，所需要的不一样，把同样的玩具给他们是不行的。

（2）玩具需迎合儿童的趣味，凡是刺激剧烈的，能挑拨引起恶劣之感的，或触动儿童的嫌弃的玩具，常应该在摒弃之列。

（3）玩具贵能为实（际）生活的缩图，所以古董性和荒诞无羁的玩具，没有什么效用。

（4）玩具中仅能当装饰品陈列的，不如能使儿童自己练习组织而可以活动或运动者，更为可贵。

基于上面四点，选择玩具便可以不致无所适从。你所喜欢的玩具，不一定是儿童所喜欢的，所以，买玩具的时候，你应该挑选的是：

（1）构造需坚固耐久，质朴简单。

（2）形状优美动人才能引起儿童的喜爱。

（3）色彩需温和，儿童大抵喜欢温和的明亮的原色（红、青、黄）或紫颜色等。

（4）如果你的孩子是在幼年期中（即七岁以前），玩具的形状最好是象征的，过了幼年期最好是为实的。

像这样选择的玩具，一定可以使儿童高兴，对他们才是最有益处的。

（原载《红十字月刊》1947 年第 19 期，第 30 页）

介绍美国伤残重建工作

林振威

一个国家文明程度高低，要看她对于人民生命重视的程度为标准，尤其是对于一般所谓五官四肢残废者。笔者去年奉赴美考察研究一般社会福利行政，特别注意美国生产重建工作，深感彼邦对于生产者的优待，可谓无微不至，不论政府或社会人士，都认为伤残救济，不是一种怜恤，而是一种责任，基于人本主义，人类绝不因身体上部分有些缺点而减低他们生命的价值。所以美国伤残重建工作才有今天这样发达，据称每年国家要花三〔分〕之一经费，办理此项工作。至于办理方法，大体可分三种，关于人民伤残重建工作，由联邦政府安全部人民伤残重建署负责办理。关于军人伤残重建工作，由联邦政府退伍军人管理署伤残重建处负责办理。此外尚有社会团体成立之伤残重建医院，办理一切有关伤残人员事工，兹分述如下：

一、人民伤残重建

目的：在使适合工作年龄生产者，获得充分利用体力上、智力上、社会职业上、经济上之机能。

范围：

（1）适合工作年龄者。

（2）因伤残失去就业能力者。

（3）确因重建而能增加或恢复就业能力者。

行政组织：

（1）联邦政府安全部人民伤残重建署——掌理全国人民伤残重建工作，主要任务，在厘定设施准则，并做技术上协助各州推行重建工作，以及审核各州重建计划。署内置（甲）行政标准处，分管理标准组和审计组，（乙）重建处分身体重建组、职业重建组、盲民重建组、调查统计组，此外并设分署于全国各地，为联邦与各州之联系机构。

（2）各州与教育厅下设重建科，主持人民重建工作，并与州政府中各一厅处及其他有关机关密切合作。

联邦政府与各州政府均聘请专家，成立顾问委员会，以协助策划一切方案，并有一专门委员会专司医务工作。

重建之设施与步骤：

（1）来源——伤残人员由有关公司团体之介绍，如职业介绍机关、教育机关、社会福利机关、公共卫生机关、农业机关、劳工机关、红十字会、医院、教会以及市民，或由伤残者亲自申请，但无论来源不同，其重建优待则一。

（2）身体与职业之诊断——经体格检查及特种检查，以确定是否合于重建之标准，并作职业训练之蓝本，此外个别谈话，智力、兴趣、教育、工作经验等测验，以作将来调试职业之参考，但此项诊断，均需取得重建者及其家人之同意与合作。

（3）指导与咨询——在使生产者明了其实际状况与能力，并指导其如何选择适当职业，以适其体力与能力，以完成重建工作。

（4）身体重建——在使恢复其工作能力或减转（轻）其伤残程度，此项重建，包括内外科、精神病科、职业矫治科、牙科、假腿装配等。

（5）职业训练——就其兴趣与体力能胜任之范围内加以选择训练。

（6）生活费与交通——为便利伤残者与重建期间各种交通设备以及生活维持均甚重要。

（7）就业——在不妨碍其身体与善用其技能为原则。

经费：各州伤残重建经费，一半由联邦政府拨给，一半由州政府自行筹划。

二、退伍军人伤残重建

目的：在使退伍军人伤残者得恢复其就业能力与减少其伤残程度，以适应其就业环境。

范围：

（1）凡一九四〇年九月十六日以后或战争期间服役者。

（2）凡已退伍者。

（3）于服役期间致伤残者。

（4）必须重建方得就业者。

行政组织：

（1）联邦政府退伍管理署设置重建处于华府，掌理全国重建政策与方针。

（2）分署——全国分若干区分署，办理督导与管理区内军人伤残重建工作。

（3）支署——各地方分设支署，办理实际重建工作，为使业务推行顺利起见，当与当地有关公私伤残重建机构合作，以节省物资与人力。

（4）医院——普设退伍军人医院，以便退伍军人伤残者就治，此项医院，当与当地支署取得联络。

（5）经费——概由联邦政府负责。

三、私办伤残重建工作

各地社会团体为便利一般不合上二项重建者，特设伤残重建医院。

目的：为便利社区内伤残人员重建起见，特别成立是项设施。

范围：凡该区内伤残者，不分性别年龄，均可享受是项重建设施。

行政组织：

（1）董事会——由社会热心分子组成之为该院最高权力机关，并取决一切政策与预算。

（2）医务委员会——由各种重建专门人员组成之，取决一切医务事项。

（3）主任或院长——执行董事会决案与命令，办理院务，下设医务部、社会服务部、职业训练部，分别办理伤残重建工作。

（4）经费——由捐款及收费。

此种私办重建院，对于人民贡献甚大，且能弥补上两项政府举办者之不足。

自太平洋战事发生以后，美国动员全国人力物力，伤残重建工作，更加特别注意。据调查统计报告，战时美国各机关包括工厂等，聘请重建后之生产者，约占各机关职员总数之半，且其工作能力与精神常较常人为强，其有助于抗战成功当可想见。

（原载《红十字月刊》1947 年第 20 期，第 18、19 页）

伤残重建服务处加入国际协定会

行总拨款协助之上海伤残重建服务促近接国际生产福利协进会来函，邀请该处加入为国际会员，该处已接受邀请，今后将以会员之资格与国际伤残协进会切取联系。

上海伤残服务处自开始登记以来，外部来函请求登记甚多，本市已有十五名残废人民前往登记。本市之登记人经该处调查，切分别按其伤残状况及技能志愿，或送院治疗，或介绍工作，或学习技能。

该处名誉主席顾维钧夫人顷自美来函，谓暑期后将在美开始为该处募集经费，俾创设伤残用具制造厂，造福于伤残人民。

（原载《红十字月刊》1947 年第 20 期，第 19 页）

老 与 死

汤一文

人一到四十岁就容易想："怎么老的这快？"更会贪生怕死！其实"老""死"都是人力不能控制的在象。最近读书读到两篇文章，一关于

"死"，一关于"老"。愿摘要写出以供诸读者之参考。

在纪元前一百多年，一位大哲学家西诺（Cicero 106——43B. C.），他有一篇论老死的文章（《of death and old age》），开门见山，头一句就说，老然后死，是自然现象，毫不可悲。因此他说："青年人的死有如烈火强焰被浇熄，而老年人的死犹如油尽柴罄，微微中的冥火，是很自然的熄了，不如受外力致熄的。前者又如一个青苹果，未到成熟时，而被折下。后者的落地，完全是瓜熟蒂落，毫无痛苦，顺乎自然的。前者是受外力而强使之夭折，死会是痛苦、挣扎的，后者是极自能，毫无痛苦。他说："因此我很平静的从容应死。觉得是已到绿洲（经过很长的海程），可以安静的休息了。"

人生本来如一个长途的海程，或是风平浪静，或海浪滔天，但总有靠岸的一天，不应害怕，反应平安的接受。真可谓哲人至理。

美国一位心理学家劳顿（George Lawton）根据学理，说明你的脑筋和思想可以使你不老。他说："年纪"绝不就是你所过的生日数目。第一生物的时间（Biological time）与钟表上的时间，绝不是同一事物。因为你岁月愈增加，而你的生物的时间反愈缓。那就是说你过的岁月愈多，你老——上年纪——的愈慢。三十到四十岁的时间变化比较少些。我们俗语说，女大十八变，大多指二十五岁以前的事。

再其次，他说：每个人身体各部"老"的时间不同。但凡眼睛过了十岁，目光就会渐渐呈消耗情况，听觉在二十岁时，筋肉在三十岁以后都渐渐有老的趋势。但是脑筋"老"的最迟，在五十岁的时候还可以生气蓬勃，日益发达。有些人到六十岁时，脑筋才能渐入衰老，因此许多人在八十岁时脑筋还可以如三十岁时一样的年青、活跃。上了年纪的人也许记忆力稍微差些，但是创造力毫不受年龄的影响。相反的，年纪大的因见识、阅历深远，创造力更为周到，判断力与日俱增。有时，已有的经验更为宝贵，因为他能替我们解决许多现实的问题。总之，他说：我们需要经验的智慧。因此，许多老医生、退休的律师、有经验的生意人，可以用他们的经验智慧来胜过那些年轻人。

他告诉我们说：使我永远年轻的方法很简单，就是无论何时、何地，使你脑筋清醒活泼。对于任何事物都发生兴趣，培养你正当嗜好——他原文是（Hobby）——精神总是那么轻松。最要紧的是不要使脑筋呆板，他以几十个三十以内的青年人做对象，研究的造（结）果。一些人，他们除了家庭及职业之外，还是旁的兴趣，使他们把生活处理得很活泼，每日看杂志，读书籍，尽量接受新的知识，把自己的生活安排得很紧凑，使手脑并用。另一种人生活虽然很安适，但是呆板的很，每日办公、回家、吃饭、睡觉，书报杂志，只是心不在焉的浏览，无线电虽然开着，可是没有听见。他的太太也只是处理家务，照料小孩，孜孜终日，刻板的很。他说：第一种人，心情轻松愉快，显得总是那么年轻。第二种人，恐怕不到四十五岁，就未老先衰了。

他又告诉我们说：不要顾虑年龄，你随时可以欣赏你的一切，使生命愉快、活泼。随时随地就可以得到新知识。他介绍说：有一位家庭妇女，年已五十，对于工业常识毫无，可是她居然成了一位工厂的设计者。又有一位已退休的电机工程师，他又成为艺术家。另一位七十岁的妇人，她的子孙，想她应该退休了，可是她却领导一个家事班，成绩卓著。永远不要想到自己老了。他还知道一位七十岁的人，开始入医学院学医，他得到学位，而且成为一位名医师。另一九十一岁的妇人，入加利福尼亚大学一年级读历史。另一个七十七年的妇人，八十岁开个人画展，现在八十六岁，仍然是老当益壮。

岁月不居，惟有抱着新希望，有新计划的人才不会衰老，因为你随时使你脑筋活泼清醒。

自认老了，一无作为，坐着等死，那才痛苦，更"老"得快！

（原载《红十字月刊》1947 年第 20 期，第 20 页）

怎样防治疥疮？

萍

一、怎样患了疥疮

"疥疮"是一种动物性寄生虫所致的皮肤传染病。

它不分春夏秋冬，一直在人间横行猖獗，在人体的皮肤表面乱钻，有时会叫你体无完肤。就凭着这一点厉害，也够你伤脑筋了！在夏日它的威力是更大了！

但是怎样来的？如果你在旅行时住了不洁的旅馆，或者起居不慎和有疥疮的病人同居了，或者一时疏忽在团体生活中被传染上疥疮。经过一个相当的时期，等待疥虫繁殖生长，而皮肤的疥疮也就蔓延起来了。

疥疮是一种形似蜘蛛一样的疥虫作祟，它是一种圆形小点状，淡黄白色的物体，长〇·三公分，二五公分，肉眼是不容易看见的，如果用显微镜检查就可以看出它的原形来了。雌虫常常潜伏在隧道的末端，产卵也在隧道内。雄虫较雌虫小，他常常在皮肤表面于交尾时始钻入隧道内。疥虫的繁殖力并不强，每次产卵仅一打，发育期长，六天后卵才变成幼虫，大约二星期后才开始变成"疥虫"。由雌虫的隧道内爬出，与雄虫交尾以后就另觅新巢了，在其他的皮肤上挖掘新的隧道居住。雄虫的寿命并不长，交尾后就魂归西天了。雌虫的寿命大约二三个月，但疥疮从受染到全身发生疥疮症状，大概为时也需要两个月的光景。

传染疥疮的方式有三种：

（1）接触传染：和患疥疮的直接接触而受传染。

（2）共用被褥而传染：这种传染也是常见不浅，尤其在中国社会，朋友与朋友相遇，常喜抵足而眠，共叙友情，所以容易造成传染机会。

（3）动物媒介：这种动物传染的媒介就是由于体虫。

二、有些什么现象

传染疥疮以后有什么现象？

（1）皮肤有剧烈的瘙痒，尤其在晚间在被暖衾温的时候，疥虫就出隧道活动了。因为疥虫是喜欢夜行的，这时候皮肤也痒得更厉害了。

（2）疥疮好发生的部位大都在人体的阴而湿润部，像指尖、手指的侧面、手掌、手腕之关节屈曲部、肘关节前腋□襞皱、阴茎龟头、膝关节屈曲部、足之内侧、足踝部及腰部，但奇怪的绝少发生在颜面部和头部。

（3）在皮肤有长约 216M. M. 弯曲或 S 状灰白色或褐色微隆起一弓状线状盲管，那就是所谓"疥疮隧道"了。

（4）皮肤因瘙痒抓破，常续发其他皮肤病，像脓疱疹啦！毛来炎拉等！若续发急性湿疹，则疥疮的症状就全被遮掩了。

（5）初发粟粒至米粒、大红色或肤色血疹，有时是水泡，亦可发生脓疱，如果是脓疱，就谓之脓性疥疮了。这时候病人感到剧痛，普通多见于小儿和不注意清洁的成人。

如果我们发现有上列的症状，有疥虫、虫卵、虫粪的证明，诊断疥疮是没有疑问了。

三、疥疮防治方法

（1）治疗疥疮使用硫磺药膏这是盖（尽）人将（皆）知的，但用了没有效的道理，是没有知道使用的要诀。自然治疗以住院为佳，可是事实上没有哪一个医院有空床收留疥疮病人，事实上也无法办到。擦硫磺膏以前，应先洗净皮面污垢，通常可以用热水、肥皂水或硫苷（含硫钾）溶液洗涤以后，再用20%硫磺膏涂擦，在患疥的各部逐一用力涂擦各数分钟，务使硫磺膏擦进雌虫产卵的微孔，并使软膏封闭全孔，以使虫卵因被毒窒息而死亡。

（2）如果有脓疱，先将脓疱洗净，继用56%白降汞软膏涂擦，每有佳效。

（3）疥疮的治疗除外擦药膏外，必须注意以下二大原则。

① 一切床单、盖单、枕套与内衣、衬衫、裤袜等与患者接触的衣服等，必须用沸水煎过，使疥虫及虫子烫死灭绝，使无传染能力。

② 成人除面部及头无需擦药外，全身皮肤不论有疥无疥均需满涂药膏，使全身皮上、皮内疥虫，完全死亡灭绝，无再传染蔓延之能力。假若一时疏忽，或因背部不便涂擦药膏，以致一二星期后易再发，所以治疗必须澈（彻）底，否则仍然前功尽弃，是非常可惜的！所以疥药患者应特别对这点加以注意。

四、团体应该怎样办

（1）个人的预防：宜清洁常洗澡，衣袜洗清，不睡他人的被褥，不穿疥病人的衣服，不与疥病人接触。

（2）团体的预防：尤以学校、部队、机关、家庭应大家注意整个团体卫生，如果学校有疥疮患者发现，应该第一步使有疥学生同在住一屋施以治疗，限期肃清，而免蔓延，第二步教导学生注意卫生之道。

（3）设立灭虫灭疥站。

① 凡疥疮与有虫者入站后，须脱洗衣、洗澡。污衣受该站用蒸汽杀疥虫虫子消毒。洗浴之目的，为清洁皮肤，使皮肤浸水发软，治疗涂后，药力易入皮肤。

② 洗浴完毕，施行全身涂药二小时，在此二小时内，污水已经洗清洁，在消毒锅中自行蒸干。

③ 患者涂药二小时完毕，再行沐浴，将身上药膏洗去，可穿洗涤清洁，消毒后无疥疮、无虫之自己的衣服。这种治疗方法，对于团体又经济又迅速，效率也大！如果治疗团体的疥疮，这种办法是值得举办的！

（原载《红十字月刊》1947年第20期，第21、22页）

自己吃药的害处

刘毅孙

很多人生了病，不忙着请医生诊视，却喜欢自己吃药，不惜以身试药。有许多人固然是因为在穷乡僻壤，无法求医；但很多在都市里的人，也喜欢如此做。常常把病弄坏了，后悔莫及！现在把自己服药的害处，提凡来谈谈。

一、药不对病

自己吃药的人，他们自以为知道一些医药常识，实则一知半解，或竟一无所知。他们既不知自己所患何病，更不知药的作用、毒性和服法等详细情形，药不对病，瞎碰一阵，实在危险万分。

二、改变病情

许多人一遇发热头痛就服阿司匹林，因为他们知道阿司匹林是退热止痛的。我们知道，各种热病，有不同的热型。如：疟疾热型，上升下降，均极迅速；伤寒热型，稽留不退。若伤寒病人天天吃退热药，结果上升下降，变为疟疾热型，增加诊断的困难，难免不贻误治疗。

三、疗法不澈（彻）底

很多人知道奎宁可治疟疾，磺胺药物可治肺炎，但是不知道详细的方法。遇到发冷发热，就吃奎宁，咳嗽发烧就吃一二片磺胺药片，使所患的病不能澈（彻）底治疗，实在是和自己开玩笑。

四、中毒

一般人总以为药是有利无弊的东西，其实药品多半是有毒的。我看见有人吃了阿司匹林，出汗太多，几乎虚脱，又见小儿吃打虫成药，以致全身浮肿。现在很多人就吃磺胺药片，从不考虑到中毒的危险，实在是危险得很。

五、加重病情

自己所吃的药，若和病情不合，那就要加重病情。我看见阑尾炎病人因为痛，自己吃了蓖麻油，以致阑尾穿破，发生了腹膜炎。又看见伤寒病人因为便秘自己吃了泻药，结果肠子穿破，发生腹膜炎，不到三天人就死了，后悔莫及。

六、上瘾

许多失眠、胃痛和腹泻的病人，因为常吃安眠药，或舍有雅片止痛止泻药，以致成瘾。他们也明知道这些药不可随便服用，但以所知不多，病未治好，药瘾已成，实在是得不偿失。

七、耽误治疗

有很多人有了病，喜欢找个秘方、小汤头或成药吃吃。他们以为这些药和平，吃了不会出毛病，其实不关痛痒的药又何必去吃呢？像白喉、阑尾炎一类的病，早早诊断，早得治疗，既省事，又安全。前年重庆霍乱流行，有人配了霍乱秘方送人，结果他的朋友就误死了，自己一家也染了霍乱。因为迷信秘方耽误治疗，以致一家枉死，实在可怜。

以上所举，不过是几个普通例子，不懂医药的人随便吃药，结果不是闹笑话，就是出毛病，小的送冤枉钱，大的枉送性命，实在得不偿失。有了病最好请可靠的医生，或到可靠的医院去治，自己随便吃药实在是一种儿戏的事。

（原载《红十字月刊》1947年第20期，第22页）

鲜辣椒宜多吃

（西南人多福）

倪章祺

市上又有鲜辣椒了。若说吃辣椒有益于健康，所以可算是造福居民，为什么独举出西南？西至贵州四川，东至沿海各省，都种植辣椒。南方城市乡村有鲜辣椒，北方也是这样，南方有辣子鸡、辣醋脍鱼等肴，北方各省也不是没有。

西南有几处地方有许多人（或可说是很多居民），不只是肯吃鲜辣椒，而且很喜欢吃。只要他们能买到辣椒，新鲜的果然欢迎，不很新鲜的也不很拒绝，几乎每样菜肴要加辣。江浙、河北、山东虽然也有爱吃辣椒的人，然而此较上不及西南"吃辣椒区"的普遍。人们心理上若受怕辣味的影响，就不敢多吃辣椒。西南吃辣区的很多居民，对于辣味无丝毫畏惧心理，反而十分嗜爱，仿佛孩童之爱糖果，自然愿多吃辣椒，也巴不得每餐吃辣椒。有这样理由，所以独举出西南。

辣椒的有益于健康，不在辣味，辣椒含的有益物质和辣味截然有别。若把辣椒的辣味提去，而保留其维生素等养料，辣椒仍是有益的食物。设法提去辣味，就要耗费人工，耗费金钱，而增加辣椒成本和市价。本来价廉物美、造福平民的辣椒，提炼后就昂贵而难普遍造福平民了，代价昂贵的福，就难普及大众，不能普及的福，犹如锦上添衣，不属大众的福，所以造福大众的食物不是肉类，倒是新鲜"地货"（包括鲜辣椒、鲜菜类、瓜类、豆类等）。这是因为购买力的关系，同时又因肉类的各种维生素反而不多。

有很多人的嗜好，吃辣椒确是爱好辣味，尚未想到维生素之益，他们这样得到大益，竟然是不求而福至，若把辣味提去，他们反而不爱吃辣椒了。很多很多人民起初也怕辣味，后来也有吃辣味的嗜好，反而以辣为美味。所以请大众提倡和推广吃辣椒，确有成功的理由。

况且不辣（或辣味轻微）的天然鲜辣椒也是很有益，也很富于营养，维生素的多寡，不一定跟着辣味成什么比例，富有各类维生素的鲜辣椒，不一定很辣。新鲜"灯笼辣椒"比较就不算辣，然而营养并不因此减色。小孩有时因心理作用，稍具辣味便大惊小怪。若能渐渐养成习惯，就会享受辣椒的利益。

鲜辣椒的丙种维生素含量极富，超过柠檬汁或美国蜜桔的含量九倍至十倍。柠檬鲜橘向来被称为富于丙种维生素食物中的泰斗，今已查得被鲜辣椒超过很多。当然不能每个鲜辣椒的含量一定十倍于鲜橘柠檬，普通鲜辣椒的丙种维生素含量约超过鲜橘四倍左右，稍多者五六倍，再多者七八倍于鲜橘。

每百公分（约三两余，五百公分为一市斤）鲜辣椒在八月约有丙种维生素二百余公丝，九月份鲜辣椒的丙种维生素平均量多于八月。每百公分的长红辣椒的丙种维生素含量有四百余公丝（每千公丝为一公分），这指在树上初达成熟而红，就即采收的新鲜辣椒，若未成熟就采收，储放长久而使变红的辣椒，其丙种维生素的含量稍减或大减，将视其被采收后接触空气日光的久暂而异，储放越久，丙种维生素的损失越多。富于丙种维生素的在树上初红长辣椒，在其青而未熟期每百公分有二百余公丝丙种维生素，在树上刚刚成熟时的含量，几乎加倍。顶高记录每百公分鲜辣椒，有五百六十余公丝丙种维生素之多，而每百公分顶选花旗蜜桔的丙种维生素，约五十公丝至六十公丝，每百公分中国新鲜广橘的丙种维生素含量约六十公丝。

青辣椒与成熟的红辣椒皆是价廉物美的平民食品，从尚未成熟期至全熟期，辣椒总是丙种维生素的很好来源。施费白及忍白二氏研究欧洲辣椒，曾推匈牙利辣椒为丙种维生素的价廉而很好的来源。辣椒干燥之后可久储不坏，然而丙种维生素就因久储而受损失。在日光中曝晒是很简单很普通用的干燥法。若用人工机器干燥法或冷藏法，据云可减少维生素的损失。外国有罐头品辣椒。希望中国有人注重保存天然食物而减少维生素损失的方法。

在有一时期，中欧科学家提制丙种维生素，就利用辣椒为商业上重要来源，后来始改用化学综合法。这可证明辣椒有价廉而丰富的丙种维生素，所以昔年科学家的提制丙种维生素，独选用辣椒，然而辣椒尚含有别样有益养料如甲种维生素原等。单提取丙种维生素而遗弃其他有益养料，也算浪费。数年前吾国萨教授试从文旦柚子之类的皮中提制丙种维生素，闻已成功。

在七月廿五大公报家庭周刊《怎样增加果菜类之维生素》一文，曾说起改良种的苹果，含有很多丙种维生素，可惜这类改良种的苹果尚不普及。幸亏富于丙种维生素的鲜辣椒，各处市上已很普遍了。

丙种维生素的结晶，药粉、药片或针剂，因接触空气（水内也有空气溶解在内）、光、热或玻璃的咸（碱）性而减少功效或全失效，价又昂贵。所以普通大众总以从天然食物获得适量的丙种维生素为合算，同时也比药剂、针剂为可靠而便利。利用食物的维生素又比用药剂、针剂为容易普及而大众化。

患病很重或胃肠吸收有障碍的病人，当然需用针剂。用针药或否，乃看病势和需要而定，打针并不胜过口服。人们所需要一个月费用，若一次凑齐了放在篓中或塞在身上袋中，一天一天地取用，尚不是做不到。若把三十天维生素的需要量，一次注射入静脉血，假使不中毒致死（大量乙种维生素一注入静脉，很危险）。也是"其进锐者其退速"，而不能存储在血中或细胞内（这里只谈丙种维生素），身体只留用短期的需要量之外，过多的丙种维生素大量随尿排弃。身体需要的乃是继续供给的小量丙种维生素，而不是"一曝十寒"地一次大量供给，食物中的丙种维生素，在肠中渐渐被吸收，继续供给，不是突然一次供给太多，比较尚合乎身体的要求。所以既普遍又价廉而又富于丙种维生素的鲜辣椒，看是大众有份的福。

冷米氏研究辣椒的叶红质（又称甲种维生素原）含量。每公分青辣椒约含有三公丝余至九公丝甲种维生素原。青辣椒渐成熟，其甲种维生素原也渐加。每公斤（二市斤为一公斤）新鲜成熟辣椒的甲种维生素原平均含量，为三十四至二百四十六公丝，四两这样富于甲种维生素原，已足供给普通一人一天的需要而有余。

普通成年人每人每天需要丙种维生素约三十至七十五公丝，妊娠期及产乳期宜加多。甲、乙、丙数种维生素，是维持健康所必需，幸亏有数种廉价食物，含有丙种维生素（或他种维生素）很多，平民大众得免因购买力不够而被剥夺健康。鲜辣椒因有辣味需要提倡劝吃，试想西南"吃辣区"的普遍吃辣，可以增加吾们吃辣椒的勇气。（中华营养促进会）

（原载《红十字月刊》1947年第20期，第23、24页）

情感冲动是安全的敌人

一九四〇年在美国，因汽车肇祸，使得四万人丧命，一百五十万人受伤，一百辆汽车损坏。但是这些肇祸的驾驶者，百分之九十八都是老手。多半是在好的天气和干的路上行驶，但为何还会肇祸呢?

经安全委员会的调查，这种祸害多半起因于驾驶者的情感有了激动之故。一个人为了惧怕、忿（愤）怒或忧虑，就会引起情感的冲动，这使驾驶异常的危险。过分的快乐与兴奋，有时也会肇祸的。

情感冲动有几个坏处：第一使你的肌肉紧张，使你动作失调；第二对于你的身体更为劳损，如惧怕后数分钟，就会像经过一天劳力工作后那样的疲乏；第三，强烈的情感冲动会毁灭了你寻常具有的一种谨慎能力，一个发怒的人，他是不顾一切的，随那命运去摆弄他；一个忧虑的人驾驶是很危险的，因他的视力和听觉都已麻木了；一个过分快乐的人，正像喝醉了酒一样，是不惧怕危险的。

你虽是不能阻止你的情感，但是当情感冲动时，你得找出一个安全之道来。当你驾驶时若在发怒，就停止开车，下来走走，或掷石子玩，使你能平息下来。当你开车时遇到惧怕的事，就放缓行驶的速度。若（如）果你是在忧虑，记得你只能看见一半，听到一半，加意的谨慎来驾驶，并不是一件惭愧的事。

为保全你自己的生命，和许多其他人的生命，惟有遵守这个新规条：如果你情感有了冲动，加倍谨慎的去驾驶。（殷文珠译自一九四六年十月份文摘杂志）

（原载《红十字月刊》1947年第21期，第5页）

康乐文勾

吗啡（止痛针）打不得

陈荣殿

吗啡是一种毒品，但是如果应用适当却是一种良药。它主要的作用是止痛和使受困苦的病人安静的休息。但是为什么打不得呢？下面是个说明：

普通最常见而需马上找医生想办法的病症就是肚子痛。所谓"肚子"就是指腹部。肚子痛的原因很多，有严重有不严重的。严重的医学上称为急性腹症，如最普通的阑尾炎（俗称盲肠炎）、胃穿孔、肠穿孔、损伤性内出血、肠阻塞、胆囊炎、胰腺炎和宫外孕破裂出血等，不严重的好像肠胃炎、肠蛔虫病及消化不良。

肚子痛的原因既然这样多，所以鉴别诊断非常重要。因为必先有精确的诊断，方可施以适当的治疗。有许多急性腹症需要立刻实行手术，争取时间极重要。往往半小时或一小时之差就是生和死的交关。治疗固然要快，但是还是居于诊断之后，所以诊断必须迅速而确实。

诊断的方法是凭病情，血、屎、尿之化验检查，爱克司光检视及全身检查。全身检查包括腹部检查，是诊断急性腹症之一种极要紧的步骤，每种急性腹症患者之腹部都有他特色的体征，可用局部检查的方法测知，往往诊断就是凭一两点腹部的体征而确定。

腹部体征的重要性，在急性腹症的诊断上是很明显。它必须存在，然后医生才可检查出来，吗啡打不得的道理就在这里。它可使宝贵的体征成为不明显，甚至消失。这样一来，医生接收这种打过吗啡之肚子痛患者，因为特色体征之消失，而不能确立诊断，因以耽误治疗，甚至发生生命的危险。

腹部之手术必须在设备适当的医院方可施行。普通肚子痛的病人，多半先请就近的医生看过打止痛针，然后送到医院去。肚子痛患者的需要当然是止痛第一，如果在止痛之前，能依据科学的方法，先确立诊断，然后用吗啡，这样才能真正解除患者的痛苦和危险。

（原载《红十字月刊》1947 年第 21 期，第 11 页）

尸体解剖与医学

卢于道

在十六世纪时代，近代解剖学始祖范塞留氏做解剖的时候，其所用的尸体都是私自从野外取来。自从范氏做了人体解剖以后，在欧洲就普遍的知道要学医必须先解剖尸体。从此英国就有一条法律规定，只有犯谋杀人罪者执行死刑后可供解剖之用。因为有这条法律规定，所以还有机会找到少数尸体。自从亨脱氏 William Hunter 专门教授人体解剖以后，英国伦敦在一八二三年习人体解剖者达一千人，只是这些犯人的尸体已供不应求了。为此之故，就有以盗卖尸体为业者出现，每个死尸售价两磅，以后价格由两磅涨至十四磅，惟解剖学教师，即使付了高价，一旦被告发还是有罪，在这样困难情形下，于是一八二八年所用尸体数乃降至四百五十。如果像这样下去，尸体日减，解剖无从，医学教育又何从进步？

由于解剖学的进步，英国在一八一〇年即组织了解剖学会。因为有这个学会的组织，于是向政府提出修正解剖法，政府在一八三二年通过：任何人的尸体，只要没有亲属反对，都可以献作解剖之用。直至今日，百余年来，这条法律还没有什么大的变动。亦由于英国有这种解剖机会，于是一八二八年有 Quain 氏解剖学，一八五八年有 Gray 氏解剖学，一九〇二年有 Cuningham 氏解剖学等标准课本出现。这些课本，虽经增订，但至今仍为一般医学生所习用者，可知尸体解剖对于解剖科学及解剖教学之重要。

在我国封建思想笼罩之下，社会上视死葬之事有甚于生养。哪一个亲属说是允许其家里任何人尸体去解剖，这是闻所未闻的大逆不道，上至要人名流，下至贩夫走卒，以至于被处死行者，没有一个例外。在这样情形之下，我们要找解剖用尸体，除暗中寻找之外，实没有第二个办法。现在社会上是如此，而传统的不长进的中医学亦从来没有这种需要，只有王莽时代，据《资治通鉴》所记，"翟义党王孙庆捕得，莽使太医、尚方与巧屠共剥之，量度五脏，以竹筵导其脉"。（见卷三十八，王莽中）。这是几乎为正史上所仅见，自那以后，从来没有哪一个朝代的政府允许过解剖尸体。直至今日，国内顽固派还要开倒车，那（哪）里会允许解剖尸体之事。

（原载《红十字月刊》1947 年第 21 期，第 16 页）

痨病不足畏
——让我们展开抗痨之战

黎秀石

九月二日本报社评《中国的防痨问题》吁请政府，为民族健康计，切实防痨，并建议卫生当局采用接种 BCG 疫苗的预防办法。巧得很，这份大公报寄到伦敦那天，英国《新闻纪事报》登载一段新闻说，英卫生部即将试行接种 BCG 疫苗的防痨办法。读社评，看新闻，不无所感。我们在这边大声疾呼的，人家在那边已经实行了。其实，英国在这方面已经是时代的落伍者。北欧诸国，尤其是瑞典，已实行多年，收效最著。瑞典本来是欧美各国中被肺痨菌创伤最重的一个国家，但自从实行接种疫苗的防痨计划，肺病人数逐年减少。据瑞典卫生当局估计，到一九六〇年肺痨在瑞典差不多要绝迹了。换言之，瑞典抗痨之战已进入胜利的阶段，十三年后即将完全消灭她的大敌。挪威也是如此。

由此看来，痨病不足畏，现代科学已经发明包围封锁痨病毒菌的有效办法。任何国家只要下决心有行动，都可以步瑞典后尘，征服大敌。

但对于讳疾忌医的民族，痨疾毒菌却是最可怕的侵略者。这侵略者施用惨无人道的细菌战术，正在腐蚀好几个民族。更可怕的是这侵略恶魔有隐身之术，不像有形的日本军阀。它不易惹起被侵害者同仇敌忾的心理，团结起来，和侵略者拼个死活。不但如此，这侵略恶魔绝无人性，毫无良心，被杀害的人如不幡然觉悟，奋起抵抗，它残杀破坏的毒焰不会止息，反而日益蔓延。我们愈不抵抗，它来势也愈凶，被侵害的民族，绝无苟且偷安或忍辱求存的余地。

贵体也许强健得很，无肺病之忧。但整个中华民族来说，痨病的确是我们的大敌。战前统计，国人死于痨病的年达二百万人，因闹病而呻吟床席或不能工作的同胞更不止此数。因痨成疾较比因痨死亡的人数就算多一倍吧，一年已有四百万人。战后生活较战前困苦，一般人营养不足，都是痨菌侵略的对象。今日全国人口的痨病率比较战前高。就按战前的比例来说，我们每年被痨菌残杀和伤害的同胞已有六百万人！第一次世界大战，十六个交战国一切军旅在四年内伤亡总数共计二千一百余万名。我们被痨菌杀害而伤亡的同胞在四年内竟达二千四百万人！世界大战打了几年还有个结束，侵害我们的痨病却没有了期！

我国我族还有第二个更凶恶的敌人吗？更严重的问题吗？

可幸科学发明和若干国家的试验已指出一种生路，只要我们站起来，举步向着这条路走，一二十年内便可从痨菌的殖民地变而为强健的国家，这条路并非崎岖难行。

接种 BCG 疫苗的防疫法类似接种牛豆（痘）预防天花。种牛痘不能医治天花病，但种过牛痘的人身体保有一种抵抗天花的防毒素，很少染上天花。BCG 疫苗不能医治痨病，但接种过 BCG 疫苗的人身体保有一种抵抗痨菌的防毒素，很少染上痨病。牛痘征服了天花，BCG 可以同样预防痨病，最后封锁征服那毒菌。

在今日的瑞典，接种 BCG 疫苗已经像种牛痘的一样普遍。人人种BCG，痨菌无隙可乘，因此肺痨病者日渐减少。母亲患痨病的婴儿，在中国，很难逃出痨菌的魔掌。在瑞典，政府卫生机关把婴儿送到托儿所接种防痨疫苗，两个月后母亲可领回婴儿，因为孩子已保有一种防痨素，不易染到病。

不过世界医学界尚未一致承认 BCG 的功效。战前欧洲某地试行接种防痨疫苗，种苗的百个儿童竟不幸逝世。此中原因何在，尚无定论，也许是疫苗有问题。瑞典对制造 BCG 疫苗很有研究，接种成绩最为显著。

英国医学界素持稳健主义，在试种防痨疫苗期间，只有痨病医院里的医生和护士可以被种疫苗，一般国民尚不能请求接种。英国试种的目标是要解答两个问题：接种 BCG 疫苗有没有后患？接种后预防痨病的可靠性。如果 BCG 在医生和护士身上证明没有后患而防痨可靠，政府才让人民种 BCG 疫苗。

在科学发达的国家中，英国在这方面的确是落后了，但痨病对英国民族的侵害远不如对中华民族之残暴。

我们大概是患痨最深的国族，却最不注意防痨，任由毒菌吸吮国族的鲜血，一年死伤六百万人！我们一般人的体格这样柔弱，也是由于痨病的民族背景。为民族安全计，防痨应不次于防日。

防痨是测验一个政府是否爱国爱民的第一个课题。防痨没有政治意味，不会引起政府不满意的副作用。试种 BCG 不必需要庞大的经费，政府不能推诿责任，拿内战来解嘲。

现政府如果要争取民心，切实防痨是急不容缓的工作。瑞典、挪威可供借镜。

痨病不足畏，所可畏的是我们被它杀害最烈的国族还不奋起抵抗。我们不得不再三呼吁国人重塑觉悟，不要让世界各国都征服了痨病的时候，我们还是痨菌的殖民地。那才是国耻！

（原载《红十字月刊》1947 年第 21 期，第 17、18 页）

营养与痨病

倪章祺

营养在医治痨病时的重要，古代医书已有记载，惟偏于经验及意想，在中国古代是这样，在欧洲古代也然。希腊古代医师推荐人乳，若病人不肯饮人乳，就用初从兽身挤出而尚未冷的乳，肝类、蛋类、海产食物类、白菜类、水果类、草药类等，古医也推为有治痨病的功用。

鱼肝油也列在这类食物。据很古医籍记载，鱼肝油早被视作虚弱人宜用的食物。虽知营养能影响［人］对于传染病的抵抗力，从前尚未有以人类自己为试验对象。在第一次世界大战，丹麦国出卖大量食物给外国，且卖出油脂类食物很多，其时丹人患结核病与眼干燥病的人数大增。有一时期运输困难，很难输出食物，丹人营养转佳，其时结核病（痨病）的死亡率也减低。

在本世纪（20 世纪）初叶，美国人以牛乳和蛋类为痨病人最佳养料。同时劝结核病人多吃以增加体重。近年始悟体重增加，尚不是痨病减轻之证。

平卧休息和充足的佳良食物，为近来通行的治疗法。健康人吃的食物，痨病人宜应有尽有，有数类食物痨病人需要较多。惜卧床休息长久，病人食欲减而不肯多吃，必须设法维持使吃适宜充足的食物量。

据化学或生理学等测验法，可知痨病人屡有缺少丙种维生素、甲种维生素和蛋白质等，重病人又缺少钙质。单独用丙种维生素治疗，很使人失望。痨病正在活动进行中，虽给人大量丙种维生素，很难使病人体内丙种维生素达到饱和度。若要维持痨病人血中丙种维生素量于正常度，每日需进丙种维生素一千公丝之多，这超过普通成年男子需要量的十数倍。单独用甲种维生素治疗同样失望，若每天用十万国际单位（这已二十倍于普通成年男子的每天量）之多，尚须连用长久，始能使病人血中加重维生素达到常度。且痨病扩大的范围是和甲种及丙种维生素缺少的程度成正比例。痨病人的血清"白蛋白"量低于常度，这是缺少蛋白质之证。血清白蛋白的量虽减低，而血清蛋白质的总量照常，所以从前文献，误以为痨病人不缺蛋白质。

食物宜含有适宜的热力总量，使痨病人恢复正常体重，不必求速，每天食物含有二千五百至三千"卡"（这是热量单位，每卡的热量能使一公斤纯水升高摄氏一度），已是渐使恢复身体重量的常度。食物的蛋白类总量宜加多，若血清的钙量稍降低，可用钙剂补充。铁质为血色球蛋白所必需，对于屡次咯血或他种失血病人尤为需要。

痨病人的营养不足，不限于一端。他们需要大量的甲种维生素与丙种维生素。在痨病疗养院中，病人有时显出缺少甲种维生素或丙种维生素的症状，所以他们的营养，不独宜有充足的热量和蛋白类、脂肪类、矿物类，又宜有充足的甲种和丙种维生素。

（原载《红十字月刊》1947年第21期，第18页）

BCG 在中国的进展

刘永纯

BCG 最初见于中国文献，约在民国十七年。当时国民政府新设卫生部，事属初创，当局虚心延揽医界先进和卫生专家组织卫生建设委员会，成为最高专门咨询机关。在委员会的提案里有制 BCG 预防结核一案，文虽不长，而对于 BCG 确能防痨的有效无弊，恺切言之，当时离法国卡默特（CoImette）氏第一次用于人类，不过六年。

可谓得风气之先！但当时英美两国学者对于 BCG 效用表示怀疑，甚至还以为并非完全无害，所以此案就搁置起来。民国十八年来卡默特氏听说中国卫生部有此提案，托人由法带 BCG［菌］种数管到上海震旦大学医学院，该院细菌教授为宋国宾医师。宋先生对于防痨极感兴趣，而在法国时曾得卡氏熏陶。深望 BCG 早日在中国实施。宋氏在保存 BCG 菌种工作以外，于民国十八、十九两年，在《新医与社会》及《医药评论》几度撰文介绍此项防痨菌苗。大声急（疾）呼，可是反应很少，时日蹉跎，菌种萎谢。民国十九年德国吕城（Lübeck）发生失败，中国对于此事有相当详细的报导（道），《医药评论》第四十期中陈方之先生和李赋京先生所撰的文章可代表当时医界的心理。但吕城的祸患，由于德国学者制苗有欠周密，民国二十年吕城惨剧真相大白以后，笔者根据各国学者调查的结果，著文登载于《医药评论》，曾作结论曰："制菌苗之

259

责大矣哉！死苗因不易制，活苗尤欲小心，欲制 BCG，其地位宜隔离，其设备宜完善，其人才宜专门，其检定宜周到，非此则不能制也，如因吕城之祸而限制或停止 BCG 接种，犹制药师误以砒霜代小苏打制剂，而谓小苏打不能用也可乎！"笔者当时服务于西贡巴斯德研究院，与法国 BCG 专家萧思朗（Chaussinand）氏在越南交趾每星期接种该地婴孩八百人左右，确知 BCG 的无害。所以本人当时的立论非人云亦云。

民国二十一年，重庆王良先生震于川省结核病的厉害，特将其历年的些微积蓄，暂时牺牲业务，放洋赴法，途中几遭灭顶！幸亏吉人天相，安抵巴黎，进入卡氏的结核研究部，专攻防痨，对于 BCG 特别注意。民国二十二年回国，随时以私人经费及社会热心人士的帮助，在渝创办试验所，制造 BCG。在同年十月即开始施行 BCG 接种。中国 BCG 接种防痨史，实由王氏开了光荣的第一页！王氏私人力量，抛弃一切，远渡重洋，几以身殉，足庆成功！勇毅很值得敬佩！笔者幸知其详，所以表而出之。王氏在民国二十三年至二十五年于《医药评论》《中华医学杂志》等报著文，一面说明 BCG 的功用，一面报告 BCG 在渝接种的情形。王氏从民国二十二年十月至二十五年六月共接种儿童二百四十八人，其中以婴孩为多数。据其三年接种结果，"接种之孩，概未发生何种不良现象，且均体觉健旺，对于一切时行病症之抵抗力顽强，与其未曾接种之兄或姊相比，其身体发育之充实，显然较优，即使偶染急性病者，其恢复健康亦甚速。"王氏在抗战期间，因环境之故，不能不抛弃其试验室，而参加战时京都的各项医药救济工作。

BCG 接种，就不得不停顿。民国二十五年上海巴斯德研究院成立，特设 BCG 制造部，曾派笔者往巴黎总院专为考察 BCG 制造最新技术。在未实施接种以前，笔者曾在《震旦医刊》详论 BCG 的功用和东亚诸邦应用 BCG 情形，以促上海医界同仁的注意，二十六年三月与广慈医院产科合作，接种婴孩，迄今未曾间断。初试二十个月及三十个月后，吾人曾发表此项实施的成绩，证明在沪使用此苗的有利而无弊。开业医师因此渐渐采用。民国三十年春夏之交，承徐家汇圣母院院长的邀请，吾人起始为育婴堂女孩接种 BCG，六年以来用破肤及皮内两法，接种该院儿童。民国三十二年起与中西疗养院合作，接种该院产科婴孩，继续到现在。民国三十三年在磐石小学，笔者曾用 BCG 由皮内经路接种学童，计至民国三十五年底为止，用上海巴斯德研究院之 BCG 共在本地与各机关及开业医师合作接种五千六百六十一人。其中受着医师监视的，都是身体强健，毫无不良影响。圣母院的儿童本系结核素阴性者，于接种

BCG 七十日后结核素反应变为阳性之百分率为八十四，它的有效价值很显而易见。现在巴斯德研究院应一般社会人士及医界的要求，特于每星期二下午四时至五时在该院为人做结核素反应。反应阴性而愿做 BCG 接种者，都用自制的新鲜 BCG 接种。自实行以来，请求接种者，甚为踊跃。但远道函素者，因为系活菌的原（缘）故，无法供给。以最近将来的情形估量，巴斯德研究院的 BCG 接种范围，当限于本市，但也够繁重了。近年美国及欧洲北部各国皆证明 BCG 的有效无害！我国卫生当局必定不会落在人后。

（原载《红十字月刊》1947 年第 21 期，第 19 页）

一个逃学儿童
——儿童福利个案研究介绍

汤铭新

本文作者：汤铭新先生系金陵女子大学社会学系教授，平日对于儿童行为指导极有研究，她曾调查"问题儿童"多起。下面是一个懒惰逃学儿童的个案研究摘要，可以为今日做父母者及从事儿童福利同志的参考。

一、个案研究摘要

新民，现年十二岁，男性，为家庭长子，生长于某地。衣服不整洁，身体瘦弱，时常咳嗽，读书困难，不满学校生活，常有逃学行为。新民在怀抱之时，即患营养不足，现有肺结核病的嫌疑，父母虽无此病，但祖父于二十六年前确系此病而死。

新民的家，住于电影院附近的一个商业区，全家居屋二间，前一间为卖糖果和雨伞的铺面，后一间为住屋，全家人同睡于此。室内摆有二张床铺，地方狭小，被褥凌乱。

新民家中有父母，两弟一妹。父亲为一位温和中年商人，现经营糖果生意，因为亏本，遂改营雨伞业。父亲曾读私塾五年，父亲的伯伯和叔叔以及兄弟等都比父亲有学问，因此父亲感到自己失学的痛苦，所以对于新民的教育极端重视。当新民在××学校走读书时，父亲常亲自为他补课，并关心新民其它的一切问题，但是缺乏指导儿童的适当常识。

母亲为一位肥胖中年妇人，也曾读书十年，但现在连字都写不出，每日在家忙于烧饭洗衣，对于子女教养不参加任何意见。父亲觉得母亲不爱说话，性情温和，故夫妇间的感情颇笃。

新民个人觉得母亲爱小妹，父亲爱大弟，外祖父爱二弟，外祖母爱他本人，他也最爱外祖母，并且常说，外祖母常唤我至她家吃饭，每顿都有肉。其实父母也很爱新民，不过新民不觉得，新民和弟妹间无浓厚的感情，但亦很少打架之事。

新民在学校有三位同班好友。第一位朋友身体强大，品学兼优，尤其长于算数，买零食吃，常和新民相共，新民对算术如有问题，亦常求教于他。第二位朋友经济能力较强，常请新民吃小馆子，二人也常讨论公民课程，这个朋友平日虽好与人争斗，但是从不与新民吵闹，因为新民常施礼让，所以无冲突的机会。第三位朋友运动能力和家庭经济环境都较好，二人也时常互相研究国文，新民与此三人常是朝夕相随，但是每遇游戏时，新民多半为被动者，讲故事，新民半为旁听，他自己也承认是个玩不到讲不来的人。全班共有七十余〔人〕，都有非正式的小团体的组织，但是除与此三人之外，甚少和其他各组织人来往。

新民不满意学校环境，因为早晨五点多钟就要起床到操场跑步，跑后他总得十分吃力，原不咳嗽，一跑便引起咳嗽的毛病。有一次新民独自一人在教室哭泣，他感到不舒服，但是又不敢离校回家，又怕同学说他借病逃学。新民在校常受同学欺负，同学不准他多吃菜，甚至夜间睡熟，还有人推他起来到厕所去做伴，所以他对学校印象不佳。新民喜欢国文和算术两科，但对算术颇有困难，又喜爱美术，但成绩属于丙等。新民有时感到教室内不安静，或在先生发脾气，或同学在打架时，他则趁机伏桌而睡。

学校训育主任感觉新民有逃学行为，曾与父亲商讨合作的办法，但是没有效果。新民又有说谎习惯，例如有一次，伊回家对父亲说，工作员代（带）他补习算术，其实并无此事。又说国文月考得七十分至八十分，其实只有四十分。

新民在家，可以随便吃糖果，但是母亲从不肯让他携带糖果上学，若带便打。有一次父亲来校看他，也是一块糖果不带。

在小学六年级时，新民不满意班长，因为他自己亦有做班长的欲望，但是无人推举，新民认为读书最好，能写能算，不怕别人欺负。同时他也喜欢口才好，因为父亲常言，口才好，便能做大事。其次愿做商人，因为商人能赚钱。再次则愿做官，因为做官也可以发财。而父亲则希望他将来能以会计为业，因为觉得他算术成绩在班上尚属中等，但是父亲认为新民若实在无什么造就，则令其做学徒。

新民知道家庭经济状况不佳，自己衣服不美，文具缺乏，所以心中常有忧闷。

新民的咳嗽病，经医生检查，有慢性气管炎或肺结核症的嫌疑。用爱克斯光检验证明，新民确患活动性肺结核症，医生嘱其停学半年，尚须服食补品，三个月后须复照爱克斯光一次。新民家中房屋既狭小，而经济能力不充分，不能添食补品，名为在家休养，实则常与弟妹打架，所以父亲不久又送新民到学校。去年新民考入市立中学，现在为初中二年级生，功课勉强及格，肺病仍然未痊，本应再照爱克斯光一次，终以困于经济，医院建议的疗养法未能一一按照实行，所以父母不愿再送新民至医院检查。工作员为他去各医院和肺病疗养院请求办法，但是未能觅得一适宜的肺病疗养地点，也没有任何福利机关能长期免费以供给新民的疗养，故其肺病仍未脱休，因之学业及精神，亦未有显著的进步。

二、个案诊断或问题成因之发现

（一）行为问题的表现

（1）学校方面，级任老师觉得新民上课不留心，好伏桌而睡，懒惰逃学。

（2）家庭方面，功课退步。

（3）儿童指导所方面，懒惰逃学，患肺结核症。

（二）行为问题的成因

（1）新民的父亲开糖果店，新民在家时，可以随便取食糖果，父母不加限制。新民最喜欢吃饼吃糖果，所以不愿上学读书，家庭吸引力之大，可以想见。

（2）外祖母最爱新民，故新民每次去外祖母家时，外祖必买许多东西给他吃，所以新民时常逃学到外祖母家里。外祖不但不责备他逃学，根本就不知道他有逃学这回事，由此可知新民的逃学问题受外祖母的影响颇大。

（3）新民不满意学校生活，因为他在校常受人欺负，吃饭不许多吃菜，夜间睡熟，常被同学唤醒到厕所去作伴，所以对学校印象很坏。

（4）学校对儿童事先又不作详细体格检查，即予规定每个寄宿生需于早晨五时起床，到操场跑步一周，新民每次跑后不但不感到舒畅，反而咳嗽不已，但是又不敢不跑，因为不跑必受罚，所以新民常借逃学以避免此种痛苦的规定。

（5）新民患活动性肺结核症，但是教师只怪新民逃学，从来没有顾到他所患的病症。肺结核病的儿童，身体上自然不能和常人一样有劲，当新民疲劳之时，不愿跑步，或则伏桌而睡，或则偷出校外。此种举动都是为了避免学校跑步规定而起，由此可知新民逃学行为与其患活动性肺结核病有关。

三、个案治疗或处理

（1）活动性肺结核症是新民懒惰、逃学及功课不良的主要原因，则其行为问题的处理方法，自应自病疾治疗而起。工作人员曾将新民身体检查结果以及和他疾病对行为上的影响，报告家庭，希望他父亲能让新民停学，在家静养六个月，同时必须增加营养，深愿新民的病能够早日痊愈。但是经济能力有限，房屋狭窄，既不能为新民增加营养，又没有养病的处所，故工作员的建议无法实现。

（2）工作员曾几次提醒父亲带新民到医院，再做爱克斯光检验，以便查看肺病有无好转，但是父亲为店中事务繁忙，又兼之生意不佳，无经济能力，故始终没有带新民到医院检查身体。

（3）工作员曾数次往访公立医院和肺病疗养院负责人，为新民请求免费或减费住院疗养事，均被拒绝。因为各院负责人都认为此类问题太普遍，而他们经济资源皆属有限，所以不能通融办理。

此个案经工作员多方努力，才把新民的懒惰和逃学等行为问题表现，逐渐消灭，但是卒因受家庭经济压迫及社会资源有限的影响，收效甚少，新民现在就读于市立中学。

该校程度虽低，但是新民所患的肺结核病仍未痊愈，放学回家，又需帮助整理店中生意，情形殊为可悯，故经济困难及社会资源缺乏确为我国目前儿童福利工作员所常碰到的问题。

（原载《红十字月刊》1947 年第 21 期，第 20、21 页）

十二种急病的救护法

莹 译

（此承呈美国麻省医院供给写成）

这种事件是时常可能发生的：乔尼从树上跌下来，折断了脚骨；三岁的珍妮从你的床头柜上误吞了美丽的药片；你的丈夫半夜醒来时，觉时（得）剧烈的腹痛。在每个家庭中，这种意外是时常发生的。

遇到这种事情怎么办呢？有许多人摇首顿足，手足无措地等医生到来，有些人自行采取紧急措施。但是事实上，一般的说，宁愿他手足无措，而不要不经指导的擅自医治。因为你不能对症下药，乱用了错误的方法所引起的后果，那是无法计算的。所以在这里列了十二种我们的家庭中日常可能发生的疾病，一旦发生后，晓得怎样去应付它。

一、腹痛

假使你的家庭中有人突然感到很剧烈的腹痛，应该立刻延请医生，不要延误，不要给他服任何成药，因为医生才晓得病源。这或者是急性盲肠炎，或者是其他腹部的疾病，例如溃疡或胆石病；或者是肠道的毛病，例如肠部的阻塞或扭结，和肠胃的溃破；或者是血脉钳顿的疝气，也可能是一种全身疾病的症候，即使是麻疹，有时竟（也）会发生剧烈的腹痛的。

切不要采用剧烈的方法，假使你不能立刻请到医生，或者他是被耽误了，想办法使病人舒适为原则。给他睡在床上，吃些阿司匹灵，但不能用吗啡，为减少他的痛苦起见，痛的部分可以放一个冰袋。

决（绝）不能服灌肠剂或泻药，没有比这个再危险的了。一种小病，往往因服了灌肠剂或泻药后不可收拾。据最近的纪（记）录，死亡率竟达六倍之多，均因为自作聪明的亲友，因一时权宜，给病人服了灌肠剂或泻药的结果。

二、高热

突然发生高热，是一种症候，应该立刻延请医生，检查病源。当你等候医生的时候，注意病象的变化，热度达到一〇四度时，应给他用凉水或者百分之四十的酒精溶液洗浴。不要给超过这个热度，因为热度太高，可能招致永久的损伤，所以应该用这个简单的方法压低热度，直至医生到来。

三、昏厥

你家中或者有人突然间不省人事，它的起因可能是糖尿病或者尿毒症等，除了你晓得他是中毒、中暑、流血或窒息。最近的方法，你把他很温暖地平卧在沙发或床上，头部略低，看护着他直至医生到来。假使他呕吐，应使他侧卧；假使他脸部红赧，脉息急速，应将头部填高，用冷水揩他的脸和胸部。在任何情况之下，门窗必须敞开，解开他的衣服。

四、流血

体内流血是很可怕的，例如咳嗽吐血、子宫流血、大小便内流血或鼻部流血等都是。假使你家里有人体内流血，应请医生诊治，然后把病人睡在床上，病人脚部的床脚应填高，使血液流入头脑。用冰块或者冰水浸过的衣服，敷在内部似乎有血流出的地方。

大量流鼻血，需用别的方法医治。病人应坐在椅子里，头仰起靠在椅子背上，解开头颈间的扣子或领带，用冷而温的东西压紧鼻部。假如这样仍无效，应延请医生，在他未到之前，用药水棉花或纱布塞住鼻孔，纱布尾端留在孔外，以便取出。

五、割伤流血

因割破而流血，可能很严重，但很多人极少注意它。

假使你在削洋芋时，手指上切了一道创口，不要设法揸去血迹，只要把它放在自来水龙头的下面，让冷水或微温的水冲洗一下。不要用刷子刷它，也不要涂碘酒，因为碘酒太浓，可能损伤肌肉的组织。创口处用冷水洗净之后，就用绷带包扎。

有时创口很深而流血很多，伤口处应压紧，但创口太大，应用一个止血器，你可以用一条手帕和一块蛋形的小石，做一个临时止血器。把这个止血器放在伤口和心房的中间，在伤口上打一个死结，用一只（支）铅笔或小棍旋紧它，直至血停流为止。注意这手帕一定要扎得很紧，因为一条松的止血器，反伤了腿部还是跌碎了脚骨。假使他仅觉局部的疼痛，或某些地方有些畸形，或者你觉得他的皮肤下面的骨头有些不大平匀，你就可以晓得这是断骨。

最好不要移动他，就让他正常的姿势躺着，在医生未到之前，不要给他受凉，这是受伤后最好的方法，伤处不会太痛苦的。

假使有移动的必要，用夹板夹住断骨的地方。你可以临时用洋伞、手杖，或者不妨碍最近关节的短板做成夹板，如果夹板直接托在皮肤上，应用棉布毛巾填衬，夹板应紧托在骨头上，但不要太紧，免阻血液循环。

假使他断骨裂成数片，在断骨附近的肌肉撕破了，应轻轻地用纱布盖复（覆），不要用任何消毒医（药）品。

假使病人伤及脊骨，不要惊扰他，只让他平平地躺着，不要乱动，因为在这种情形之下，极易招致终身瘫痪。

六、心脏衰弱

你家里来客中有一人突然间呼吸短促而气喘起来，你可以猜想到这是心脏衰弱症，这是很怕人的，所以最好就请医生来。然后把他斜倚靠在床上或照他的意思直坐在椅里也可以。但应有充分新鲜的空气，注意他不要受凉，让他静静地休息。不要给他吃任何刺激品，除非曾经处了方的。

七、灼伤

灼伤是很严重的。即使是极小的灼伤，也可能传染到别种病症，而留着永不能消磨的疤痕。而且这种意外，是家庭中最普通的一种病症，乔尼表演给别个孩子看，他在旷地上跳过一堆烟火，烧着了他的衣服；小蓓玩火柴；你在吸烟时烧着了液体燃料。每天有许多意外可能造成大患和灼伤。这里有几种请记住：

用水灭火，最好不要用脏的地毯之类。

不要碰到灼伤的地方。患处盖以纱布，假使手头一时没有纱布之类，一块干净的手巾，或用才经洗净的棉织品盖覆也可以。

把病人的背部应依靠在沙发或椅子上。

给他喝水、果水汁，或其他适口的饮料，因为灼伤的病人失水很多，所以假使他需要血浆或输血，这饮料有临时塞孔的功用。

烧毁的衣服不必操心。

即使是小的灼伤，也会有虚脱的现象，所以病人可能很虚弱，但不必惊慌，把他的头部放低，能吸到新鲜空气。

灼伤的面积较大，应立即送往医院。

八、中毒

有孩子的家庭，对于中毒应特别预为防范，因为一个成人绝不会误食砒粉，或者坐在门窗紧闭的车厢里，机器还在转动。但是小孩可能自己去打开药箱，或走进厕所，看见许多有趣的药水或者流质，而一口吞下，所以最好把一切的杂物都锁藏起来。

小孩中毒的机会最多的是误食阿司匹灵药片及液体燃料等。吃了这些东西都很严重，吃了阿司匹灵可以失去知觉，病状像患了糖尿症的昏迷，气喘而呼吸困难，液体燃料可致严重的肝肾病，火油可导致肺炎。

假使你确定孩子是中了毒（除了火油），用你的手指放在他的喉间，使他做呕，或用芥子粉、温水或其他可以使他呕吐的东西。

误服了火油，绝不能使用这个方法，因为呕吐时的呼吸作用可能使液体燃料流入肺部，酿成肺炎。

在医生到来之前，除了给他穿得暖和休息之外，你只能这样了。医生会决定应否用洗肠器的。

有时一个小孩，即使是成人，开了煤气管，忘了点燃，而中了煤毒。假使事情在你家里发生，马上把病人放在有新鲜空气中。假使他呼吸细弱，可以用人工呼吸法，如果你不懂怎样做，请邻居帮忙，或打电话给警察。

任何由于食物、药品及其他物质的中毒，都应该立刻请医生。

九、中暑及疲热

假使你的孩子在夏日底下玩得太久，他可能中暑，应该立刻移到阴凉的地方，把他放平，睡在枕头上，头部用冰冷却。

中暑的人脸部红赧、炙手和干燥，疲热的病象是皮肤灰白、寒冷和潮湿。救护疲病的人应像虚脱的人一样，第一步应即邀请医生，使病人平卧，头部略低，用毯子或被头盖裹，并须用热水袋使他温暖，解松颈、胸及腹部的衣服。在一定的时间内，给他多喝开水，每一品脱水里面，加一茶匙盐。

十、断骨

我们家庭中常有断骨的事情发生，所以在医生未到之前，采取正确的行动，那是极重要的。

乔尼从楼梯上跌下来，你不能确定他究竟是扭不如没有，每十分钟放松一次，以免损伤肌肉组织，然后再收紧。

这种急救法对于巨大的创口是很重要的，许多血的创伤看起来很怕人，但并不危险，假使偶然割破了动脉，又应另当别论了，一分钟内可能流掉一夸两（等于四分之一加仑）的血。你全身仅有五至六夸两的血，只要流掉一半，就不能保全性命了！

假使你在救护一个流血的病人，应放他平卧，头部略低，使他温暖，并吸到新鲜空气，然后邀请医生。

十一、窒息

家里难免有人吃东西时窒息了。例如你喉间吞了鱼刺，你的小孩想把一个小玩具咽下去，但是不要害怕，有时你可以用手指伸进他的喉咙，把那个东西拿出来，假使不能够，最安全是邀请医生来看看。在医生没有到来之前，先使他镇静，告诉他马上会好的，绝不会死的，医生马上就要到了。

十二、痉挛

假使你的孩子发生痉挛，马上邀请医生。不要采用家庭的治疗方法，也不要听信祖母的话，以为孩子们免不了要痉挛的。痉挛可能感染到热病，也可能导致像脑膜炎和脑肿一类的病。

在医生未到之前，把软的像卷紧的手帕之类的东西塞在他嘴里，以免咬到他的舌头。松开颈部的衣服。

有时痉挛可达三小时之久，但也可能一分钟就恢复了，即使是小小的痉挛，不要不请医生。

家庭中发生任何一种急症，有许多"不要"请你记住。

不要灌任何东西入昏迷的病人的口里。

不要用灌肠剂或泻药。

不要用威士忌酒——这将增加医生的困难。

不要用热水袋烫病人——或者冰袋。

在疑虑不决的时候，不要轻举妄动，不能等候的情形是极少的，只有万分必要，才可以正确地救护他。总之，如果你不能聪明地和疾病的生死关头相抗，还不如摇首顿足。

（原载《红十字月刊》1947 年第 21 期，第 22–24 页）

营养学与公众教育

倪章祺

据施教授之意，这包含家庭教育，不限于学校而泛指有关于社会民众行为。饮食为环境需要最基本的一环，人人必须饮食，吃什么或不吃什么，能改变人的行为。"全世界和平，永无战争"或其他金科玉律，造成合理的世界，为人类所希望而尚未实现者，全靠人类的善意合作，也靠人类的行为，行为又受食物影响。这可悟指教公众使知食物和营养的纲要，很有益于世界和平，长期注重这点，可渐消除国与国间的鸿沟。

关于教育公众使知营养学这问题，施氏建议从儿童和社会着手。儿童包括公立私立小学、初中、高中男女童子军及其他机关，如师范学校等。教师自己先有营养学的基本知识，方能指教儿童。家庭教育关于营养学方面，有赖乎主持家政的人们。

营养教育是卫生教育的一部［分］，适宜的营养是保持身体和精神健康的必要条件。营养教育对于社会科学和社会研究有关系者甚多。

幼年儿童对于食物的经验有兴趣，年龄稍长儿童对于食物的知识有兴趣。在容易养成习惯的年龄，宜使学知各类食物，使学习欣然接受适宜的食物，使在食时愉悦镇静。许多家庭尚不知这事的重要。

有许多儿童在校午膳，他们应有选择适宜饮食的知识，若能引起其兴趣，就容易牢记不忘，且肯实行。家庭和社会若不接受且实行营养教育，尚不能称为成功。有人主张长期注重儿童的营养教育，使将来的国民对于营养学，有健全的学习。

社会给推行营养教育以很好机会，可由各种卫生和福利机关推行。这类工作在美国波士顿有牛顿营养中心和各校及家庭合作进行，对于约七万人服务，其工作包括婴儿福利、牙科、工场、医院等。牛顿营养中心又为当地的医学会及牙医学会特设夜班，又在日报社任编营养周刊。

适宜的食物，适宜的营养，能使身体和精神健康，故营养教育很重要，而报纸和家庭在推进这类教育上能有重要贡献。

（原载《红十字月刊》1947年第21期，第24页）

美国的护士教育

瞿枕流

在美国，有很多妇女，舍去了温暖的家庭，舒适的生活，选择了护病职业，背着十字架，把博爱牺牲的精神表现在生活上，追求南丁格尔女士的灵魂，艰苦奋斗，使护士职业有超越之进步，这种精神，是值得我们敬佩与效法的。

美国现在有一千三百个护士学校，全国毕业的正式护士有十八万一千四百二十八人，假若按人口的统计，四百三十二人有一位护士。护理而在我国，据卫生部的调查，全国仅有七千人，按我国人口比例计算，差不多六万人才能分配到一位护士。这种对比的现象，真使我们愧然久之。尤其是在这二次大战后，美国执政当局，感到护士的重要，不管是救死扶伤或者预防疾病，护士都占了重要的位置。所以在战后，美国的军部为了加强护理工作的组织，特成立了一个"护士部"，训练军护人才。在军部有护士部的独立组织，是美国有史以来的创举。由此，也足以证明美国当局重视妇女职业护士工作了。

这次我因获得美国罗氏基金之助，曾在美研究护士教育，在凡德堡大学（Vanderbilt University School of Nursing）进修。这个大学是在美国南部颇有历史的大学，分有六系，护士系是和医、工、法一样的同等待遇，也是和其他各系同样的独立。使我感到兴趣的事，就是他们的护士教育，由陈旧的腐败的制度中走向以学术的思想和科学的进步，完成近代式的护病教育，这也就是护士职业能有超越进步的一种因素。现在美国护士学校所采用的教学方式均以引起学生兴趣为原则，教授不过仅是领导者。尤其是能有用电化教育，使学生易于了解，因为护理一个病，固然是以病人为主体，但病人的心理、病理以及所能引起的生理变化，均得有一完整澈（彻）底的理解。所以现在的护士教育并不是师授徒式、婆教媳式的教学，美国护士能为社会所承认为独立与崇高的事业，当然，她们的严格的科学训练与优良的教育是有重大的影响。

美国护士教育制度可分三类言之，第一类，为普通者，入学资格须高中毕业，再受三年训练，会考及格后即可执行护士业务。第二类，须在大学预科修毕二年学业，再转入大学护士系读三年课程，毕业后有 BS 学位。第三类，大学毕业后，再入护士系读毕三十个月课程，即授博士学位。由此可以证明美国护士事业能百日竿头，我们不得不归功于这新的进步的护士教育制度。最近，美国因感护理人才的缺乏，为大量训练计，即高中毕业后，再训练一年护理课程，然后，她们就可执行简单的护士工作。在美国，这类的护士很多，美国人叫她们为 Practical Nurse。

美国现在的护士工作，虽由消极的护理，走向积极的预防，再进步至民众的健康导师，就像在各大医院及政府卫生机关中，公共卫生护士是相当的活跃。她们负担着指导、宣传、教育、调查的工作，她们的对象，除病人外还有病人的家属。她们工作的方式，由教育着手，首先解释病的原因，及发生的因素、治疗、预防等，她们工作的最终的目的，就是希望这次生病后，下次再不生这病。因为"病"不仅是个人的事，而是整个社会的问题，所以护士的工作应着重为民众的健康导师，这是护士事业的一种进步转变。在美国，为什么妇女们热烈地参加护士工作呢？我觉得，第一、因为美国人民认识护士职业是伟大、圣洁、崇高、刻苦耐劳的工作，换句话说，美国的社会对护士有比较的正确认识观念；第二、当局能给予护士鼓励、进修及生活的保障。所谓进修，可以带薪受训；所谓鼓励，她们可以参加夜校及选科，只要读完学分就可获得学位；所谓生活保障，即护士到了相当年龄可以退休，政府为她们在风景秀丽地区成了一个家（Home），内部设备舒适，以度天年，她们虽已老迈，白发苍苍，但研究兴趣仍甚浓厚，这些都是促使美国护士事业发达的原因。

我国护士事业已有四十余年的历史，在今天，我们得承认护士人才不够，这是一个很严重的问题，为什么我们的姐妹们不踊跃参加这伟大的工作呢？第一、社会对护士没有正确的认识，就像舞女改业护士，社会将护病工作的真谛予以曲解，这就是对护士的一种毒害。第二、护校招生以初中毕业为限，这在年龄、生理、心理上对护病均难胜任。第三、生活没有保障，年高的没有退休机会，毕业后又没有进修的地方，既无希望进步，又乏生活保障，明哲保身者大都改业另谋出路，这就是阻碍护士事业前途的进步。我们应明了，护士是一种高尚职业，南丁格尔女士曾说过："为国家如此服役，是我生命的目的。"护病是一种艺术，这种艺术的成就，必须有绝对的专心和刻苦的准备。

世界上有比护士更高的事业么？妇女们！有愿得比这个更合于女子的工作么？人能以为最优秀的妇女，不配去做这事么？我想，护士是我们妇女最适宜的工作。

（原载《红十字月刊》1947 年第 21 期，第 25 页）

漫谈四季安全

波 译

春季
各种意外最少的季节

整洁房屋，以安全为目标。

不用椅子或箱子代替活梯。

整理暗角时，不用火柴和洋烛代替电筒。

楼梯上放任何物件，装置扶手。如光线暗淡，每级边缘涂漆白色。

布置家具，不使造成意外。防止小地毯滑动。修补和钉住楼梯地毯。

厨房地面应平整，立即拭净泼翻的油渍和食物。

锐利的菜刀和用具，用后应收藏柜内，浅锅应挂在架上。

电气用具的电线等，均应修整，不使电线在地毯或地板下通过。

电熨斗及其他电器用具，即使你离开仅仅"片刻"，亦应与电流脱离。

浴室及洗衣房应装置墙上开关，湿手拉电线相当危险。

家庭药箱内应移除有毒药品。用过的剃刀刀片应即收藏，购备急救药品，应明了其用法。

夏季
意外事件活跃的最高峰

警告你的孩子，不在无人巡视的海边游泳，切勿饭后立即入水，不上载重逾量的船只。

远避奇特的狗类，你自己尤应注意，切勿逗弄他！

奇热的天气，每日饮水十二至十五杯，服用盐剂及洗温水澡。

不要遗放园艺工具在花园里，锋口向上的耙极为危险。

不使小孩走迈电扇，绝不听任揣拿锋利的物件。

不使小孩取到杀虫剂等药物。

自车房内倒车驶入车道时，注意有无幼孩在旷地上爬上梯子，注意梯脚是否稳固。

指导小孩勿将玩具车、三轮脚踏车、溜冰鞋等遗放在走道及阶梯上。

告诫家中骑自行车者，注意行车规则及标记。

切勿玩"双脱手"并且顾及步行者的权利。

监视小孩的游戏，启发他们的安全感。

秋季
预防冬季意外的季节

在此季内应注意火患。吸烟时切勿大意或乱丢火柴，床上绝不吸烟。

不使小孩取到火柴。请记住，即使是最小的孩子，对于火具有浓厚的兴趣。

烧化枯树叶时应注意，最好在烧弃炉内焚烧，以保四邻安全。

务使垃圾堆积，因可能招致火患。

防止厨房引起火患。

先诫小孩勿食未洗果物。

地板上勿遗留别针、按钉、开听器等物件，尤其注意有小孩在室内时。

清除火炉，溏通烟囱，在严冬来临前，修整损破处。

家庭应举行火警演习：怎样从室内逃出，怎样报警，怎样救火。

除了有可靠的亲友照顾，绝不使幼孩独处。

不使火炉发火太旺：检查火炉的节气闸及通风器。

火炉周围应用一不能颠覆的围屏。

检查电表不使用电逾量。

圣诞树不可靠近火炉。检查树上的小电灯、电线有无损坏。

不用足以引起火患的装饰品及照明器。

不在无盖火盆的（处）焚烧包皮纸和纸盒等。

圣诞树上小电灯移去时应与电流脱离。

地板及楼梯上勿遗留玩具，尤其注意有轮子的玩具。

甬道及台阶处应置路灯。清除步行道及车路积雪。光滑的路面应铺火烬。

幼儿的窒息和灼伤应尽力预防。

（原载《红十字月刊》1947 年第 21 期，第 26 页）

新生婴儿的特性和护理

Housden 著

圣 译

　　婴儿降生后的环境与前九月在母腹内大不相同了。未生以前，他像躺在有水的澡盆内，水的温度恰与自己的体温相同，而且具有防止受创伤和保持温暖的两种作用。一个未生胎儿的生活是没有困难的，维持小生命的东西——食物和氧气——都不必烦心，既不用嘴，又不用肺，消化的机转由母体维持养料，由母亲的血里供给，经过管子型的抽水机——脐带——送入胎儿体内。婴儿生下来后，整个的情形立刻变了，生命继续下去仍旧需要食物和氧气，但是现在不再有抽水机的供给，只得自己供给了。

　　婴儿出生后的第一个动作就是呼吸，这是他第一次利用自己的肺。真奇怪！它经过第一次利用后就开始常常地工作，尤其巧妙的最初利用它做剧烈地哭。当他强有力地哭时，肺里就充满了空气，而正成为全身所需要的。如像肺一样发音的动作也突然开展了，事先都没有什么训练。

这世界，对于新生的婴儿，似乎是个冷地方。他生下来时的感觉是如你离开了澡盆而进入一个极冷的房间。你能自己穿一件温暖的睡衣，而婴儿则全靠你的怜悯，需要小心保持他的温暖，要使他不因这温度的变化而受害。

还有一件最要当心的是婴儿的皮肤。许多时候，洗热水浴对于任何年龄的大人皮肤都没有好处，而婴儿呢，他曾经真真有忍受热的经验，所以对于他倒不会有任何损害。在未生以前，胎儿的皮肤外面有一种类脂体的保护膜遮盖着，保护胎儿皮肤与他所碰的热液体密切接触而不致受伤。普通护理者对婴儿出生后的第一件动作是用水和肥皂洗净残留在婴儿皮肤上的脂肪质，使他第一次被洗时就失去保护。这法子并不聪明，当这个新生孩披着它，并没有什么病，结果仍可以继续留着。

婴儿生下来或洗干净后，皮肤第一次失去热和潮湿的条件，因此，护理者即该用一个温暖的绒毯或披肩包裹婴儿，代替在母体内的类脂体的保护物，及他用的热澡盆，保持身体温暖直到穿上了衣服。当刚生下的几天，皮肤开始常暴露在空气里，应该每天为他洗澡换衣服，还需要注意空气的温暖与通风。

新生婴儿的皮肤需要保护，使不受伤害。因为世界所有居所的每一角落，每一间隙，无处不有微生物和病菌存在，到处密布着各种疾病的病菌，无论多么小心，总不能使婴儿避免与病菌接触，所以必须保护他的皮肤防止病菌侵入。当婴儿皮肤上没有什么损伤时，对于病菌的存在无大妨害。但是假使有一点破皮或损害的话，病菌就得到了侵袭的机会，这就严重了。如果擦破了一小块皮，或指甲尖碰破了一点，就可能引起很严重的病变，所以对于伤口就该特别注意清洁，不让细菌接触。

简而言之，处理新生婴儿的无菌，并不需要把婴儿整个身体包裹，只要用防腐剂防制病菌的外袭即可。假使皮肤有了损伤，再把创伤地方用外科方法处理，使伤口无菌。脐带的伤口也是个病菌进口的重要地方，护理者需要特别留心，保持它"无菌"，隔绝微生物和病菌的侵入。因为脐体很小，可以用外科处置法包裹着。

婴儿的眼睛也是个容易受损害的地方，那种新生婴儿眼睛里的分泌物，应该常常洗净。可能由于病菌的侵入而引起严重的发炎，那比别的地方更严重，应该请医生诊治。

并不是只有从皮肤的破口细菌才能侵入婴儿体内，许多病菌更能随空气吸入呼吸器官，侵害鼻道喉咽或肺。新生婴儿在前几个月还是母体内的一部分，生下来时就对传染病带有很好的抵抗力，再从热的环境转变到冷的环境时，更能使他增加抵抗细菌侵犯的能力。所以对于几种病菌，婴儿体内很有抵抗力，尤其是新来侵入的病菌，像伤风咳嗽等。普通母亲吻婴儿的嘴，从没想到它的危险，可能就带给婴儿病菌，就是多一个使婴儿与病菌接触的机会。对于别人带给的细菌，婴儿就很少有抵抗力了，所以新生儿不可以让客人吻的，不论是嘴、脸或手。假使有一个鼻黏膜炎的客人进入婴儿的卧室，就能把房间里充满了病菌，婴儿呼吸得就会吸入到体内。还有些客人看上去是完全健康的，他们的喉头仍旧能带有致病的细菌，这些客人就叫"带菌者"。他们能带病菌，威胁别人，而自己并无病痛。你不能断定谁是带菌者，谁不是带菌者，最安全的办法是婴儿刚生下的最初十天内拒绝客人探视，禁止接吻，注意清洁。

新生婴儿进入了一个新的世界后，必须要用肺呼吸空气，用嘴摄取食物，身体像一部蒸器（汽）机，食物（炭）由氧化火炉燃烧产生二氧化碳（烟）和排泄物（灰），由肺、肠及膀胱输送出去。于是，像未生由脐带输送到胎儿的胃和肺一样的营养得到了，就有排泄物造成，所以婴儿生下后肠子里就有大量的粪便。因为我们晓得胎儿的营养是由母体血液里输入已经制就的营养，他的营养方法与投入世界后的营养方法大有不同了。因此，肠里粪便的性质与生下后用嘴吃乳时的粪便也大有不同。婴儿生下来时肠里满是黑色的粪便，是累积几星期的排泄，而且存在肠里已经几星期，所以很硬，但是并不需要帮助就能排泄出来（给些蓖麻油出清黑粪便是不合理的）。婴儿最初时候的粪便都是黑色，几天后，黑色粪便排完了，才是黄色的稀大便。

我们应该记得，婴儿肚里因为有大量黑粪便排泄，起初几天补充的食物又很少，几乎不吃乳，当黑粪便快排泄完时，婴儿的体重比生下时减轻是一定的。这些重量很快地又由食物补足，所以护理的人发觉婴儿生下一星期内减轻了体重不要发奇。

婴儿呈于世界的第一个印象，就起一种不屈服的反应，因此发出几声极响的哭声表示反抗，立刻很快地睡着了。后来，他觉得世界并不那样坏了，原因是起初只有一个渴望，就是睡觉，很少哭，哭的作用只在于扩展肺和增加血液循环，并不希望吃东西，因为他生下时带来的营养很好，到第二天或第三天时，开始觉到饿了，同时妈妈的乳房也开始有奶。这真是最巧的联合——饥饿与食物同时到达。婴儿有饥饿的感觉时就不再昏睡，不停地用嘴作吸吮工作，主要的给奶头放在他嘴里，也可以给少量的糖水或牛乳代替。我们知道促进乳汁产生的是婴儿的吸吮，而刺激婴儿吸吮的是饥饿，所以婴儿醒后放奶头在他嘴里几分钟以刺激乳汁分泌，但是在生下后的四十八小时内并不需要，因为婴儿还没感觉到饥饿也不喜爱吸吮。

最初我们发现婴儿能很自然地呼吸和哭，现在我们更发现了他能吸吮。从第三天起，婴儿的兴趣就在吃东西和睡觉两样上，他的智慧都在嘴唇上表现。因为现在还不能笑或者看，所利用的仅仅是吸吮。所以婴儿最发达的肌肉是嘴和颊，就是那最有用而最结实的肌肉，用来从乳头吸吮乳汁的。一个很小的婴儿并不希望笑，他只要吸吮，除掉吸吮以外就是睡觉，也不想玩。所以不要做啧啧声，逗他笑或引他玩，越让婴儿安静越好。这里我们学习到的更需要记得的是，不要把婴儿所合适的事与母亲所悦意的事混乱了。

一个新生婴儿还不能看东西，他的眼睛只是为了调节光线而用，在暗淡的光线下睁开眼睛，较强的光线下紧闭起来，不要打扰他或要他看东西。到第二第三星期时，婴儿常常睁眼睛了，当母亲发现时一定很恐怖，因为他是斜视的。婴儿的眼睛都是斜视的，为什么成人能不斜视呢？譬如说你看书，两个眼睛的肌肉照准视力在同一个字上，虽然每只眼睛看到一个字，可是所有的只是同一个字。婴儿就不同了，他的眼睛还没学会集中两个眼睛在同一个视点，各个眼睛所看的地方不同，因此形成斜视，这时婴儿要是用起眼睛来该多笨拙呵！事实上他还没有用眼睛，他并不能看见两个母亲，而是看不见母亲。还有可以发现婴儿假装的哭，逗（逗）他妈妈，其实那哭是因风吹而发的痛苦的痉挛，这时的婴儿还只会用他最发达的肌肉——嘴和颊。

还附带有几点也是早期护理所需要注意的：

（1）婴儿的头皮上常生皮屑，看上去呈鳞状，很脏，紧紧地黏附在头皮上，常常母亲不敢洗掉它，怕碰破婴儿的头顶。只要给婴儿头上先涂些橄榄油，再轻轻地用梳子一边边地洗，就不至使婴儿的头颅受伤了。

（2）预防婴儿的臀部生疮。需要保持臀部清洁，尿布要软而常洗，不要用刚从火上烤干的东西。

（3）新生男婴儿的阴茎表皮常常很紧，因此小便出来比较困难，最主要的应该注意阴茎末梢的清洁，再由医生看情形决定需要常常推阴茎，使阴茎表皮推长或割去阴茎的表皮。

总而言之，照顾婴儿在开始几星期中，只要注意温暖、柔和清洁，不要给他任何刺激，越少抚摸婴儿越好。

（原载《红十字月刊》1947 年第 22 期，第 11–12 页）

癌症诊断新法

程知义

生物化学之新贡献，该法用以测知早期癌症之存在，其准确率达百分之九十以上，诚为治疗癌症之前奏曲。

人类之死于癌症者，其为数之众多，并不在传染病之下，而一般传染病症之病原、病理、预防以及治疗方法等等，时至今日，均已先后为科学家所逐一探知，然对于癌症之病原、病理等所知尚少。惟远在相当年前就早为科学家们已知，癌症若在早期发现并进行治疗，多半是可获得痊愈的。可是治疗癌症之最大困难在于大部分较为严重之癌症，例如胃癌或其他内脏癌，非临医药罔效之最后关头，不表现任何病象。体验及此，科学家无时无刻不在想研究出一个方法来测知早期癌症的存在，俾使顽抗的癌症早日就擒。

近据美国科学进展协会之机关杂志《科学》上，支（芝）加哥医学院生物化学系之皮尔德、赫浦林及李贝特（Dra. Beard, haiperim and libert）诸医师综合各国科学家对于癌症早期工作发表一报告谓，早期癌症，所谓早期者，系指乃能为光学或外科手术治疗之癌症，现有一新的诊断方法可以测知其存在于否。该方法与测定妊娠之方法相似，用法极为简易，实为克服癌症之唯一利器，该文继谓此一新的诊断方法将负责行将死仁而现仍活着的无数人的生命。

动物试验

在科学研究的领域中偶然的发现，实属惯见，不足为奇。此次这群生物化学家在研究癌症上的收获亦即其中一例。开始的时候，他们从已确知患癌症之病人的尿中用醇和醚提炼出一种化学物质，而立即将它应用到动物体中。他们以八十只耗子分为两组，每组为四十只。他们将第一组耗子注射以少量之前述提炼物，而另一组则不做任何注射用为对照。他们做此试验之目的在于测定此种提炼物若注射到耗子体内是否有产生癌症的可能，结果使他们感到非常惊异的就是其受注射的一组耗子于注射后的二天至四天内，它们的脾或性腺或两者均因之而产生增大现象，其未经注射作为对照的一组自无此等变化。受注射组动物之体重和此等器官（脾和性腺）重量之比率与对照组即未经注射之一组动物相较，前者为一比五，而后者则达一比二十。以此毒性提炼物注射之结果，于四十之耗子中产生脾和性腺增大现象者达三十九只之多。其准确率为百分之九十七点五。

报告中续称该四十只动物试验其器官重量增加以及其器官有增大现象者，计有：脾三九，雄性性腺五五，雌性性腺七二。除此现象外，脾内尚有强烈溢性充血，睾丸内有增生性过长（即细胞异常增多）以及强烈性精子发生。

这一群支（芝）加哥的生物化学家又利用无癌之健康者之尿做同一样之试验，经过二十六次之试验，其结果均为阴性。据报告，谓其中数例，其体重与脾和性癌（腺）重量之比率虽略降低，然较之对照群者，其低降不超过百分之二十。

临床试验

由于动物试验成绩之优良，他们继之将此方法应用至人体。这群科学家将三十二位病人之尿中提炼物作为试验。当试验之先，他们对此等病人之病情与诊断均毫无所知。试验之结果，其中六位呈阳性反应，其余二十六位病人则均为正常或无毒性，其试验结果亦全阴性，由此得知所有癌症对此试验均产生反应。

该毒性提炼物若存放于冰箱内，相当时间后其效价逐渐消失。

学　理

根据前述试验，皮尔德、赫浦林及李贝特三氏认为癌症患者之血液与尿中含有一名"X"者而属于固醇簇之化学物质，此化学物质并可与蛋白质化合。其特性且能刺激耗子之脑下垂体而产生更多量之另一物质"Y"，该"Y"物质可能为一刺激性腺之荷尔蒙，而被认为负责人体毒素之生物试验者。

假使该试验果如此等早期结果所示，成为镭和 X 光发现以来癌症之一大致命打击，或有过之而无不及。该试验之应用方法既简且易，将成为体格检查时之必行程序。若每隔一定时期行此检查一次，定可测定任何早期或仍可治疗时期之癌症，而癌症亦将因之而逐渐消声敛迹。故此试验之成功，无疑将成为治疗癌症之前奏曲。

（原载《红十字月刊》1947 年第 22 期，第 13 页）

内外动态

中国红十字会新闻（一）

壹　会务

（一）复员期间本会第三次理事会议，于五月二十八日上午十时在上海新生活俱乐部举行，出席理事于斌、徐国懋、钱大钧、谷正纲、徐寄庼、蒋梦麟、刘鸿生、杜月笙等八人……主要讨论提案为筹募本会事业基金，讨论结果，决定筹募基金国币五十亿元，（向政府请拨五亿元，在国内各大都市劝募三十三亿元，义卖二亿元，向友邦红十字会及旅外侨胞募捐十亿元），时间暂定为三个月，自三十六年八月一日起至十月底止。

（二）分会组织工作，近一月来，经调整或新设者，分志如下：

（1）河南省　潢川　临颍；

（2）四川省　渠县；

（3）浙江省　建德；

（4）陕西省　延安；

（5）湖北省　黄冈；

（6）安徽省　凤台；

复员以来，截至本年五月底止，各地分会经调整或新设者共一五七处。

（三）本会为办理接收东北九省敌伪赤十字社事业及资产，特在沈阳设立"中华民国红十字会总会接管东北敌伪赤十字社事业资产委员会"，设委员二十五人，由本会聘东北各省地方行政长官及本会各地分会会长充任，该委员会已于五月二十八日正式成立。

（四）本年度征募会员运动，各地分会已络（陆）续开始办理，兹分志如下：

（1）上海市分会本年度征募运动，于六月一日开始，聘请前本会会长王正廷博士及国民党上海市党部主任委员方治为正副主任委员，上海市市长吴国桢为名誉总队长，上海市参议会议长潘公展为总队长，征募时间以一个月为期，预定征求会员十万人，收入会费六亿元。

（2）天津市分会本年度征募会员运动于五月二十八日开始，以两个月为期，预定征求会员二万人，由天津市参议会时子周担任征募总队长。

（3）铁岭县分会本年度征募运动定于六月份开始，以三个月为期，预定征求会员三万七千人。

（4）青浦县分会本年度征募会员运动于四月二十日开始，预定征求会员一千人。

（五）长春市分会四月份共征得特别会员三人，普通会员三三二人，青年会员四人。

（六）五月份本会即墨县分会的十分会征得会员人数总计如下：

名誉会员　二人

特别会员　一一二人

普通会员　三〇三人

青年会员　八一人

以上共计征得会员四九八人。

贰　服务

（一）救灾恤邻，为人类同情心之最高表现。中国社会团体救济日本中南部地震灾民情形，前已略志本刊，兹于五月二十九日复在本会会议室举行第五次会议，决议，除由本会捐赠救济药品二十五箱外，并由世界红卍字会、新运妇女指导委员会、商联会、新生活运动促进会四社团各赠国币五十万元，另外政府方面由政院拨赠一亿元，以上捐款均由本会收集，交中国驻日代表团转赠。

（二）妇女运动，我国倡之已久，然妇女训练，尤未多见。本会为利用时机发动妇女训练工作，曾于三月初旬通令京沪一带分会于三月八日妇女节组织妇女训练班，以为妇女运动之实验。现南京市分会已经遵令组织"妇女卫生训练班"，于五月十五日下午六时半举行开学典礼，计有报名参加受训之合格妇女二十五人，上课时间为每星期一、四下午六时至七时，由该分会职员及诊疗所医师充任教师，讲授妇女卫生常识。

（三）挽近各界对儿童福利工作，渐趋积极。本会各地分会对儿童工作，亦至尽功能。兹将各分会活动情形分志如下：

（1）平凉县分会办有恤孤育幼院一处，原已收有弃婴十名，四月份续收弃婴二名。

（2）重庆市分会与基督教青年会合办之儿童福利社，于四月份选收贫苦儿童十七人就学，并每人赠给美国红十字会捐赠之童衣一套。

（3）临汝县分会于四月四日与该县教育局合并举行儿童健康比赛，参加儿童二百七十人，比赛后，各儿童均得有糖果及其他奖品。

（4）邹城县分会于四月四日为该县各学校儿童点种牛痘，共点种五八七人，并集合失学儿童四七人，举行失学儿童联欢会，从事各种游戏。

（四）营养站工作动态：

（1）南京市分会第五营养站五月份共有食奶者一一、八五八人，供应淡奶九、八七四听。第二十七营养站五月份共有饮奶者一五、六五五人，供应淡奶六、四一六听。

（2）鄞城县分会儿童营养站四月份每日有饮奶者一七五人，全月共计五、一四〇人，消耗奶粉五七三磅。

（五）救济灾害，为本会社会服务工作最重要之一环，因应各地方之需要，各地分会对是项工作，无时不在推进，兹将近月来所得情况，分志如下：

（1）灌县分会四月份发出难民赈米共三石七斗五升，计大口十一名，每名得米八升，小口五十三名，每名得米五升。

又该分会，因灌县东门外于四月十一日发生大火灾，被焚房舍计三百五十五户，该分会乃发动劝捐赈济，共募款三、九〇五、〇〇〇元，每户发款一万一千元。

（2）丰顺县分会为救济难民，特发动暹罗华侨寄米回乡运动，寄回之米，由该分会代运，从中抽出百分之三十赈济灾民，该项办法，业已征得暹罗各侨领之同意，订有实行简章，现已开始办理。

（3）邕宁县分会设有消防队一队，四月十四日下午八时该县模范镇发生火灾，该分会即派消防队抢救，因抢救工作迅速，仅焚毁房舍五间，事后该分会并为灾民设法住处施粥赈济三日。

（4）亳县分会呈报四月份施送棺木七具，内有二具系为国军八十七师野战医药病故之士兵所用。

（5）绥中县分会四月十五日至十八日共调查登记贫苦难民一七〇〇

人，每人发东北流通券二百元，共发流通券三十四万元。

（6）安庆市分会于四月十六日因该市吴樾街发生火灾，焚烧商店多家，曾出动消防队抢救，因抢救迅速，致未酿成巨灾，事后深得社会人士好评，并登报鸣谢。

（六）南京市分会玄武湖服务站自五月四日至五月三十一日均由南京市中学借作童子军露营及野餐之处，颇为热闹。

又该分会青年服务团于五月十一日在分会集合，请陈如一先生讲模范青年的条件。五月二十五日在金陵中学集合，请刘光炳先生讲体育卫生常识。

（七）本会图书阅览室五月份上半月有阅览人数一、六三六人，五月份下半月有阅览人数一、六九一人。

流通图书供应站五月份阅览人数，计中央医院一五七人，鼓楼医院一四九人。

叁 医务

（一）本会沙眼防治所学校卫生组五月份办理南京市教育试验区所辖鼓楼等七国民小学卫生工作，综计如左：

（1）霍乱防疫注射：第一次注射六、五三〇人；第二次注射六、三六九人。

（2）举行卫生常识讲话十四次。

（3）矫治：沙眼治疗二、四二七人；皮肤病治疗一〇三人；其他，一三八人。

（4）访视鼓楼小学等四校环境卫生一〇次。

（5）办理琅琊路小学学生X光透视二〇一人。（由本会于每日上午七时派卡车一辆接该校学生至南京分会诊所透视，九时送返。）

（6）举行工作检讨会四次，并召集鼓楼小学等七校负责卫生人员座谈会一次。

（二）各地分会诊所设立情形及工作动态：

（1）重庆市分会诊疗所自五月份起添设牙科，由该分会与牙科医师卓著及邓光伟二人订立合约，每日由该两医师前来应诊。

（2）邹城县分会诊疗所于四月二十日成立，分内外科、产科、儿科等之科。

（3）昌邑县分会诊疗所于五月十五日成立。

（4）孝感县分会救护训练班于四月一日成立，考录学生三十七名，四月十六日正式开课。

（5）北平市分会救护训练班第一期已于四月底结业考试及格者十八人。（男女各半）

（6）莆田县分会以鼠疫为该县连年发生之传染病，尤以夏秋两季为最盛，近为预防发生，特向福建省卫生处购买该处出品之鼠疫预防苗六万CC，在该县四乡设临时服务站四处，聘请当地医师为民众免费注射，现已注射二千三百人。

（三）本月份本会配发各单位药品统计：

配发机关	药品名称	数量	配发机关	药品名称	数量
天主教南京公署	奎宁等药品	六七种	国立戏剧学校	药品	十一种
遗族学校	药品	十五种	联动总部军械总库	药品	十三种
鼓楼小学	药品及器械	一〇种	上海市分会	药品	十九种
宝应县分会	药品	五四种	大竹县分会	药品	二一种
仙游县分会	药品	二三种	砀山县分会	霍乱疫苗	六〇瓶

（四）本月份本会收到南京市分会等三十一个分会三月十一日至三月三十一日两旬医疗统计表，总计诊疗人数，初诊一、八一七人，复诊一、八八九人。

肆　总务

复员以来，各地分会经整设完成之重要人员名单，分志如次：（每期陆续发表）

固始县分会：会长　祝宗丙
　　　　　　副会长　吴紫英　张遒麟
邕宁县分会：会长　陈丽南
　　　　　　副会长　李炽荣
　　　　　　总干事　陈佳

（原载《红十字月刊》1947年第17期，第38—40页）

中国红十字会新闻（二）

壹　会务

（一）分会组织工作：近一月来，呈报筹备恢复者，计有河北省沧县分会一处，该分会前因……负责人多数逃往陕西平凉，本会现已电令从速迁回沧县办理会务。自复员以来，截至本月三十日止，各地分会经调整或新设者共一五八处。

（二）本会前为整理恢复东北各地分会及接收伪满洲国赤十字社事业资产，于本年一月九日派视导于恩德赴东北督导办理，兹查该员业已工作完毕，于六月二十四日返会，据报各项情形如左：

（1）伪满赤十字社所存物资已由本会接管东北敌伪赤十字社事业资产委员会接收，列册交长春分会暂行保管。该项物资多为卫生及救护材料，其中有内外科器械二、八二三件，其余药品种类，数量亦甚繁多，拟俟东北各地分会会长需要该项材料时再行分配。

（2）沈阳、锦州、安东三地分会，现均由原任人员与地方人士进行恢复，惟安东县……该分会负责筹备人已撤退沈阳，一时尚无法工作。

（3）沈阳、锦州两分会医院现由联合勤务总司令部第九十一及第六十五两后方医院占用，经本会交涉已收回房图及产权，并允于适当时期内退还房屋。

（4）长春市分会因由伪满赤十字社长春总社改组而成，各项事业，尚称发达。现有医院一所，诊疗所二所，聋哑学校一所，成绩均甚优异。目前虽受时局影响，经费困难，但仍设法坚持。

（三）自本会第二次常务理事会通过于分会下设立支会，拟订支会组织规程颁发各分会后，现请求成立支会者已有信阳东支河镇及孝感花园镇二处。

（四）六月份本会黄陂县分会等十五个分会征得会员人数总计如下：

团体会员　一〇人

名誉会员　三〇人

特别会员　七一七人

普通会员　一一五人

青年会员　一一人

以上计征得会员八八三人。溯自复员以来，截至目前为止，共征得团体会员二六一人，名誉会员一、五五七人，特别会员一二、四七四人，普通会员一〇六、九九〇人，青年会员一三八、三三〇人，合计二五九、六一二人。

（四）邕宁县分会为筹募医院基金，发起募捐运动，自六月十八日开始，据报至二十六日已收到捐款二亿余元，预定至六月三十日结束，定有更惊人数字出现。是亦可见该分会平素工作之努力与地方人士之热爱红十字事业。

贰　服务

（一）中国社会团体救济日本中南部地震灾民捐款及行政院拨赠之捐款共二亿〇一百五十万元，连同本会捐赠之药品二十五箱，本会已于本月十三日上午派人送往中国驻日代表团驻京通讯处，请代运日本，转赠地震灾民。

（二）美国红十字会顷赠送南京平民衣物四十一箱，由本会代为分发。本会为求分配允妥，经于本月十六日派员分赴各公立学校及孤儿院、儿童福利站等社会团体，调查人数及实际情形。兹根据调查结果，分配如下：

分配机关	分配数量
1. 新运妇女指委会下关儿童福利站	七三二件
2. 社会部儿童福利实验区第一儿童福利站	四七六件
3. 金陵女子大学儿童福利实验所	一九九件
4. 天主教圣心孤儿院	七三件
5. 南京市立救济院	四五三件
6. 教育部特设盲哑学校	四二件
7. 首都盲哑学校	四二件
8. 国民教育实验区	五八三件
9. 南京市立第一女中	三一五件
10. 南京市立第二女中	二二一件
11. 南京市立第一职业学校	一六九件
12. 中央大学附属中学	四〇一件
13. 社会教育学院附属中学	一四九件
14. 新运妇女会江宁县板桥镇农民福利实验区	七四件
15. 南京市女青年会	一〇〇件

以上共已发出四、〇二九件，尚存六一六件，留待以后再行配发。

（三）各地分会灾难救济及其他服务工作概述：

（1）固始县分会鉴于高利贷之苛烈，于本年四月一日成立平民借贷所一处。贷款办法：每五月放款一次，每人贷借三千元，以十人为限。偿还办法：自借款之日起，每隔五日还五百元，一个月还清。便利平民不少。

（2）砀山县分会于五月十六日，在该县崇教乡设立服务站一所，现正开始举办以下各项工作：办理会员及一般人民防疫、保健。设会员医药及法律咨询处并代为写信。组织青年会员联谊会。征求会员。办理灾害救济。

又该分会副会长阚炯光向徐州绥靖区难民急赈大队，领来赈款一〇、三六〇、〇〇〇元，大米一一五包，豆粉十五袋，统粉十二袋，于五月十六日发放当地难民，计救济难民二、三三二人。

（3）武进县分会于本月份设立服务站两处：湟里服务站，六月一日成立，到站参加成立典礼民众三四〇人；寨桥服务站，六月七日成立。

（4）灌县分会五月份发放赈米，计分成人十一名，每名得米八升六合，（约合市斤十二斤半），小孩五十三名，每名得米五升二合（约合市斤七斤），共发赈米三石七斗三升。

又该分会五月份施给贫苦病亡者棺木两具。

自三十五年迄今，共施棺木五十具，该项棺木均系慈善人士所捐赠。

（5）武清县分会为便利四乡农民点种牛痘，五月份特在城南门关设立临时施种牛痘处一处，共点种一、〇七五人。

（6）镇远县分会五月份施棺木六具，掩埋尸体七具，散发国药一千四百包。

（7）亳县分会难童教养站于五月十三日开幕，收容难童六十名，由善后救济总署安徽分署拨给面粉一、一一六斤四两，豆粉五三六斤十二两，牛奶一、二三五品脱水，肉类罐头一、八五二听，又毛衣六六件，裙子七二条，手套八〇双，现已分发难童。

（8）绥中县分会五月份组织简单掩埋队一队，分组巡视，扫除市街内之污秽，并掩埋市郊死畜及露天尸骨。

（9）洛阳县分会五月份协助洛阳救济协会调查春荒情形，实施救济，计赴（一）□东乡发放黄谷三零〇六斗，红薯一万零二百斤，共赈一〇二人，（二）翠峰乡发放玉蜀黍二五石八斗，黄谷二〇石四斗，红薯一万八千一百斤，共赈一九三人，（三）金溪乡发放黄谷一百石，红薯五千斤，共赈一百人。

（10）邕宁县分会四五两月工作情形如下：

① 赠送儿童节各项竞赛优胜儿童习字簿一百刀，赠送邕宁县国民中学体育竞赛奖品英文练习簿二百本，又赠送南宁高级中学运动会奖品信笺三千张。

② 南宁模范镇四月十四日夜发生火灾，该分会于［是］派救护队及消防人员二十人驰赴抢救后，调查共有灾民七十三名，乃即借商界华明善堂及该镇中心学校为收容所，并自十五日上午起发粥赈济三天。

③ 派出救护队赴街头急救十一次，免费接种牛痘一、三一〇人，防疫注射一三八人。

（11）息县分会四月份派医师护士赴各乡镇免费施种牛痘三六二人，五月份注射防疫针四三一人。

（四）本会图书馆阅览室六月份上半月有阅览人数一、三八五人，下半月有阅览人数一、二八四人，总计自本年元月一日至本月三十日止，共有阅览人数一七、一一六人。

又流动图书供应站六月九日至二十三日阅览人数，计中央医院一一三人，内男性八七人，女性二六人，鼓楼医院三七人，内男性三二人，女性五人。

叁 医务

（一）本会南京沙眼防治所六月份办理工作如下：

（1）门诊部于六月十一日正式成立，十二日开始应诊至十五日共计初诊一九八人，初（复）诊二一〇人，自十六日至三十日共计初诊五一五人，复诊一、三六七人，内第一期沙眼七六人，二期沙眼五六八人，三期沙眼一三九人，其他眼病四一三人，又施行手术六人。

（2）学校卫生组办理鼓楼国民小学等七校沙眼治疗一四、三二三人，其他疾病治疗六〇六人，卫生讲话七十五次，视察各校环境卫生二十三次。工作座谈会四次，X 光透视一、〇四六人，又举行学生家属座谈会三次，共到学生家属一〇六人，座谈题目为《沙眼防治问题》。

（二）北平沙眼防治所于六月一日成立，分学校、教育机关、教育团体及市民四方面进行工作。工作地点：北平分会医院、北平分会诊疗所、市立第一卫生所、市立第二卫生所、市立第三卫生所、市立第四卫生所、市立第一医院等七处。

该所现又成立一委员会，以北平市分会王会长正黻为主任委员，北平市卫生局韩局长为副主任委员，［北］平市各眼科医师及医药机关负责人为委员，共计二十八人，并推美红会杜乐文、行总白乐夫为顾问。

（三）各地分会医疗事业设施情况：

（1）绥中县分会救护训练班于六月十日成立，共有学员四〇人，全系本会青年会员，班主任由该分会马会长兼任，另设教员六人。

（2）杞县分会诊疗所于五月二十日成立。

（3）武清县分会救护队于六月八日成立，由该分会杨副会长任队长，下设三个分队，以义务医师为分队长，共有队员三十二名。

（4）莆田县分会于该县各乡镇设立临时服务站四处，为民众免费注射鼠疫疫苗，四月份共注射三万四千人。

（5）仙游县分会医院成立已二十五年，本月曾举行二十五周年纪念，本会特颁奖状一份。

（四）本月份配发各单位药品统计：

配发机关	药品名称	数量	配发机关	药品名称	数量
万县分会	药品	二二种	琅琊路小学	药品	七种
上海办事处	药品	七种	阴阳营小学	药品	二五种
固始县分会	药品	一种	江宁师范学校	药品	九种
南京市分会	药品	六〇种	南京市救济院	药品	四种
上海市分会	药品器材	一二种	盲哑学校	药品	一种
重庆市分会	药品	二五种	圣心孤儿院	药品	二种
武进县分会	霍乱疫苗	五〇种	金陵大学儿童福利实验所	药品	三种
上海市分会	DDT	一〇磅	社会部第一儿童福利站	药品	四种
新运妇女会下关儿童福利站	药品	七种			

（五）本月份本会收到南京市分会等三十一个分会四月一日至二十日两旬医疗统计表，总计诊疗人数，初诊一七、九九八人，复诊二六、九一〇人。

肆　总务

复员以来，各地分会经整设完成之重要人员名单，分志如次：（每期陆续发表）

江陵县分会：会长　汪润之
副会长　萧松立　周汝铎
砀山县分会：会长　汪　湘
副会长　陈登庸　阚炯光
总干事　许晦鸣

（原载《红十字月刊》1947 年第 18 期，第 35–37 页）

中国红十字会新闻（三）

壹　会务

（一）分会组设工作，近一月来，呈报筹备恢复会务者，计有四川省什邡县分会一处，呈请新设者计有江苏省丹阳县分会及湖北省郧西县分会二处。自复员以来，截至本月三十一日止，共有分会一六一处。

（二）吉林省德惠县于民国十七年七月即已成立分会，"九一八"事变后，因地方环境困难，乃停止分会名义之活动，加入德惠县博济慈善会，协办救济事务。二十年以来，救济东北人民，成绩异常卓著。现该分会以前负责人，为继续秉承红十字会之精神发挥工作，顷曾呈请恢复会务，本会已检发规章表册，今按规定之办理复员。

（三）前日本赤十字社台湾支部自抗战胜利、日本投降后，其事业及资产，本会即奉行政院令由本会接管。第以台湾情形特殊，复生事变，虽经订定接收及整理改组办法，迄未实施，兹以台湾已改省制，政情渐入正规，红十字会事业亟须推进，乃于本月底派视导于恩德前往台湾联络当地各界热心本会事业人士，先行组织资产接管委员会，并设立台北市分会，借以树立该省会务中心。

（四）征募会员情形：

（1）上海市分会三十五年度征募会员至上年十二月底止，共计五〇、二九〇人，兹据呈报于今年春季，续征青年会员一六、三五二人，普通会员二二四人，特别会员九六人，名誉会员七人，团体会员二个，共计一六、六八一人。

（2）南京市分会三十六年二月至六月底征得团体会员二个，名誉会员一〇人，特别会员五六人，普通会员一、二三二人，青年会员一三人，共计一、三一三人。

（3）本月份各地分会征得会员统计如次：

团体会员　一个

名誉会员　二四人

特别会员　三九五人

普通会员　一、二二二人

青年会员　二二九人

共计征得会员一、八七一人。

（4）邕宁县分会筹募医院基金自六月十八日开始至六月三十日结束，共计募得捐款二亿三千万元，地方人士响应之热烈，成为空前之盛事，其中个人捐款五百万元者有黄弈动、陈丽南二人，本会拟俟捐册送到，即予分别发给奖状，以资鼓励。

贰　服务

（一）总会方面：

（1）赓续分发美国红十字会所赠救济衣物：

中央医院	婴儿包一个
金陵女子文理学院家政班	婴儿包一个
女青年会失学儿童教育班	衣物一〇〇件
金陵女子大学淳化乡农村服务站	衣物二〇七件
红卍字会	衣物一〇〇件
新运妇女指导委员会板桥乡村服务站	衣物七四件

共计发出衣物四八一件，婴儿包二个。

（2）本会为举办妇女职业训练，特向善后救济总署苏宁分署请拨缝纫机六架，以四架拨给南京分会，以二架拨给郾城分会，并指定举办妇女缝纫班，现该分会等正计划开办。

又上海市分会于七月十九日开办妇女缝纫班一班，每期召收妇女二〇名。本会据报后，已将库存旧缝纫机拨给两架，以供使用。

（3）本年入夏以后，两广及四川西部均遭受严重水灾，人民流离困顿，亟须救济。本会除拨出药品一批，急电广州市分会及灌县分会先行办理医药救济外，并在京沪各大报筹请各界人士慷慨捐款，兹计自七月廿四日起至本月底止，已收到大陆银行等捐款六、四六五、〇〇〇元。

本会又于七月廿六日，派人向善后救济总署交涉，请拨棉花布匹，以充川粤灾民救济之用。交涉结果，该署下拨布匹二十捆，棉花五包，针一盒，扣子五盒。一俟领到，即分发灾民应用。

（4）本会为增进工作同人对社会事业之认识，特组织"同人读书会"，于每星期五下午集合，由与会同人，轮流做读书报告。本月十一日特请金陵女子文理学院社会学系教授汤铭新先生讲演，题为《介绍社会服务之概要》。

（5）本会图书阅览室七月份上半月有阅览者，男性一、〇八五人，女性五七人，新购期刊四十三册，画报一本。下半月有阅览者一、〇三四人，新购期刊四十二册，画报一册。

流动图书供应站自六月廿四日至七月三十一日，阅览人数，计中央医院三二二人，鼓楼医院一四二人。

（二）分会方面：

（1）南京市分会七月份工作概况：

第二十七营养站六月份全月有领奶及饮奶者一四、八二〇人，供应淡奶五、九九七听。七月份全月有领奶及饮奶者九、六六三人，供应淡奶八八一听，奶粉一四六磅。

第五儿童营养站六月份全月有领奶及饮奶者一二、五七五人，供应淡奶一〇、一三三听，奶粉一、四三〇磅。该站于七月十三日结束，自七月一日至十三日共有领奶及饮奶者四、五一三人，供应淡奶一、〇六六听，奶粉三四一磅。

诊疗所社会服务部六月份免费发给病人鱼肝油二四五磅，共二三六人。七月份免费发给病人鱼肝油一一五磅，共四一〇九人。

玄武湖服务站，经过一番修缮整理，栽植花木，室内室外均焕然一新，六月份该站活动节目计有六月一日中央大学附中女童军七三名在该站露营，六月九日及十三日公共汽车管理处假该站举行售票员精神训练两次共一一九人。

六月二十九日与社会部南京市社会服务处合办首都划船比赛，参加者为一般市民及中大学学生，本会红十字青年服务团团员有十八人参加服务。

七月五日召开母亲会，到有产妇及婴儿七〇人，每人发给婴儿衣服一包及婴儿饮食指南一本。

七月七日至九日，三天内均慰劳荣军及抗敌军人家属，共致送衣服二五〇套，脚气粉二五〇盒，免费诊疗证二五〇张。

七月廿三日及廿四日为国立中央工业专科学校检查学生体格，计检查四六二人。

（2）苍梧县分会呈报，该县于六月中旬河水暴涨，全城尽成泽国，被灾难民，人数近万。该分会一面发动募捐，一面联合当地慈善会堂，施粥振济。派出会员八〇人，分六处施粥，自六月十九日起至六月三十日止，每天平均施粥一五〇担，每日就食灾民约六千人。

（3）丰顺县呈报，该县遭受水灾，十分严重，人民生活困顿，急需振（赈）救，乃将代暹罗华侨运米回乡所得捐余之米一八二石发放灾户。六月二十日廿一、三四七户，廿一日赈一、六三八户，廿七日赈一、八四八户，每户发米三升五升不等，共计赈济四、八三四户。

（4）灌县分会呈报该县于六月中旬连遭大雨十余日，河堤冲毁，大水泛滥，人畜淹没甚多。该分会除救出受危灾民十二人，并进行募款救济。又该分会六月份发放赈米三石七斗三升（约合市斤四四五斤），受赈者六三人。

（5）平度县分会呈报该县灾民因迫于战争，逃至青岛之难民甚多，该分会为办理救济，特发每人国币一万元，计发国币一三一万元。

（6）临汝县分会六月中设立儿童阅览室一所，全月有阅览者二五一人。

（7）泸县分会儿童阅览室于儿童节开始筹备，六月一日正式成立，由该县教育用品社代为捐募图书三五〇册，杂志二十四册，六月份有阅览儿童五一二名。

（8）北平市分会图书阅览室，六月份有阅览人数一、〇九三人。

（9）上海市分会设有会员交谊室一处，内置有乒乓球、书报、弈棋等游乐玩具，六月份开放二十五天，参加活动一〇八〇人。又该分会儿童营养站六月份发放牛奶一、〇九六听，供应人数四、三九九。

叁　医　务

（一）本会南京市沙眼防治所七月份初诊一、二五五人，复诊五、八四五人，计第一期沙眼二、七七二人，第二期沙眼二、七八二人，第三期沙眼五八七人，其他眼病一、〇〇四人，并施行手术五〇次。

（二）西京市沙眼防治所由西京市分会医院筹备于六月十五日成立，地点在该分会西院。

（三）昆明市分会医院为防治沙眼，特与基督教锡安圣堂及扶轮社诊所合作，代为免费施行沙眼手术。并与昆明中央日报及云南省社会处员工福利社订定特约治疗办法，并经常派医师轮流往本市各中小学校，为学生检查体格，诊治沙眼。

又于四月份曾派救护队出动五次，为乞丐收容所诊治一二五人，为留昆南洋侨胞注射防疫针五二人。

（四）各地分会医疗工作概况：

（1）大冶县分会因感夏令时疫最易流行，除医院经常应诊并施发药品外，并自五月份起增聘医师二人，每日分赴附近乡村，施救贫病人民。

（2）绥中县分会为预防夏令疫病，特于六月初旬联络各机关，举行夏令卫生座谈会，实行室内清洁运动及各种预防工作。又六月份医治军人二八三人，儿童一七五人。

（3）平凉县分会六月中旬派医师一人赴该县高平中学检查学生体格，共检查一九八人。

（4）郾城县分会诊疗所六月内收到各界捐来防疫苗及救济药品一批，乃自六月二十五日开始为一般民众免费注射防疫针。并协助中医公会成立施诊所，分十一组轮流应诊。

（5）镇远县分会六月份注射防疫针七十六人，施种牛痘三人。

（6）昌邑县分会六月份曾派医护人员赴青岛市难胞管理所慰问并授予卫生常识及防疫之道。又为难童补习学校治疗病患难童一四四人。

（7）洛阳县分会设立防疫处一处，七月一日起扩大注射运动，并印制防疫证同时分发。

（8）永嘉县分会七月一日筹设时疫医院及三、四、六区急救站三处，办理时疫急救工作。

（9）上海市分会七月成立巡回防疫注射队一队，备有汽车载乘医护人员巡回注射。

（10）南京市分会七月初与新生活运动委员会合组巡回防疫注射队一队，备有汽车及扩音机，于注射前先作简单之宣传。

（11）万县分会电报该县发现流行性脑脊髓膜炎病例，本会已电令速即联合当地卫生机关加紧防治。

（12）章丘县分会因该县城沦陷，退至大辛庄，为适应环境，工作便利，特将全分会工作人员编为四组，担任巡回治疗及接种工作。自三月份起共施种重牛痘三、一五六人。

（13）平度县分会因青岛外围战事不断发生，特派救护队分队长徐墨林、吴德宽率领救护队员随军救护负伤军民。六月份共救护伤兵二七名，伤民四一名，诊治受伤军民六八名，患病军民九二名，并在前线予以敷药绷扎后即输送安全地点治疗。又于六月份注射防疫针一、六二五人。

（14）邕宁县分会因该县市区及平民房舍多为水淹，自六月十一日派出救护队员分乘小艇（艇）赴水淹区域救治，计救出吸（灾）民三七人，医疗一七人，并注射防疫针二三五人。

（五）各地分会医疗事业设施情形：

（1）杞县分会诊疗所自七月份起扩大改为医院。

（2）长泾分会诊疗所七月一日成立，先设内外二科，七月十五日开始防疫注射。

（3）绥中县分会救护训练班六月二十八日成立，并即开始训练。

（4）汉口市分会医院近已加以整顿，改聘前本会救护总队部第九三中队长朱文俊为院长并增加病床二十张。

（六）药品器材配发情形：

（1）两广及四川水灾严重，本会特拨灌县分会药品四十二种令就近举办救济。又向国防救济协会洽借药品一吨，交广州分会联合附近分会举办救济。

（2）本月份配发各分会一般药品统计：

分会名称	药品数量
汉口市分会	显微镜二座 X光机一架
武昌市分会	显微镜一架
孝感县分会	药品五　种
砀山县分会	药品二　种
南京市分会	药品三九种
昌邑县分会	药品五四种
武进县分会	药品二三种
武清县分会	药品二种
长泾县分会	药品三种
泸县分会	药品五八种
遂宁县分会	药品四九种
上海市分会	药品二九种
内江县分会	药品一五种

（3）本月份配发会外机关药品统计：

机关名称	药品数量
赣南广济博爱院	药品一〇种
惠中医院	药品一四种
江南汽车公司	药品三八种
南京市公共汽车管理处	药品一三种
江苏省立教育学院	药品一五种
中央训练团	药品一种
女青年会	药品一种
红卍字会	药品一种
金陵女子文理学院	药品一种
中央医院	药品一种

（七）本月份本会收到南京市分会等四〇个分会四月二十日至五月三十一日四旬医疗统计表，总计诊疗人数：初诊三九、三九〇人；复诊六四、三三七人。

肆　总务

复员以来，各地分会经整设完成之重要人员名单，分志如次：（每期陆续发表）

邛崃县分会：会长　方瀛西
　　　　　　副会长　张涧如　高重铭
　　　　　　总干事　高重铭（兼）
洛阳县分会：会长　何学纯
　　　　　　副会长　李春祥　何维谦
　　　　　　总干事　王芙塘
永嘉县分会：会长　翁来科
　　　　　　副会长　吴百亨　朱胜千
　　　　　　总干事　邵尧夫

（原载《红十字月刊》1947 年第 19 期，第 31–34 页）

中国红十字会新闻（四）

壹 会务

（一）本会为扩展社会服务，办理永久事业，经第三次理事会决定筹募事业基金五十亿元，分在全国各地及向海外侨胞劝募，自八月一日起由总会印制捐册、标语及征募特辑，分发各地分会办理筹募。南京、上海两地于八月二十日同时举行筹募大会，由总会及上海办事处主办，分别组织筹募委员会及筹募总队，南京区筹募委员会由沈怡市长担任主任委员兼总队长，马副市长元放及参议会陈裕光议长担任副总队长，社会局谢征孚局长担任总干事，党政金融及各业公会领袖为劝募队长共一百五十余人，八月二十日上午十时假本市洪武路介寿堂举行茶会，招待劝募队及新闻记者，共到七十余人，由沈市长主席，总会胡秘书长兰生及南京市分会沈会长慧莲亲自招待，情况至为热烈。上海区筹募委员会由吴市长国桢任主任委员，潘议长公展、徐副议长寄顾为副主任委员，工商金融各界领袖为委员，八月二十日下午三时假新生活俱乐部举行茶会，招待各界人士，到方治、吴蕴初、王晓籁等百余人，由本会蒋会长亲自主持。上海区募捐数额预定为十亿元，南京区预定为三亿元，预计当可达到目标。

（二）分会组设工作，近一月来呈报筹组新分会者，计有湖北省应山县及江西省上饶县两处，连同前有之分会共一百六十三处。

（三）本会于上月底派往台湾接管前日本赤十字社事业资产之视察于恩德，于八月廿八日返会，兹据呈报各项情形如下：

（1）前日本赤十字社台湾支部下共设五个州部，即台南、台中、台北、高雄、新竹五处，台北、台南、高雄三州部各有会所一所，台北州部有医院一所，该三处会所于胜利后均为政府机关占用。台北医院为台湾大学医学院接收，现本会已组织接管委员会办理接管手续。

（2）前日本赤十字社台湾支部共有社员五十万人（内永久社员十万人）。该批社员拟俟台湾分会正式成立后，即予办理重新入会手续。

（3）台湾虽经改省，但社会政治情形仍与国内省份不同。前日本赤十字社台湾支部系为全台赤十字社领导机构，本会现据于视导调查结果及地方人士建议，为求适应环境推进会务，仍依原制设一台湾分会，下于各县市分设支会，刻正由地方人士发起组织中。

（四）征求会员情形：

（1）上海市分会三十六年度征求会员运动于六月一日开始，至七月底业已得特别会员三百九十一人。

（2）天津市分会三十六年度征求会员运动第一批征得特别会员一五〇人。

（3）八月份各地分会征得各级会员统计如左：

名誉会员　三三人

特别会员　四五三人

遍（普）通会员　四四三人

青年会员　二〇六人

以上共计九三五人。

贰　服务

一、灾难救济

（1）总会为拯救两广及川省水灾，除已拨发广州市分会药品一吨及拨发灌县分会药品一批就近办理医药救济外，近复发动缝制救济难民衣服三千套，于八月二十八日开工，由南京市女青年会缝纫部承制，一俟制成，即可配发各灾区人民穿用。惟灾区辽阔，难民至伙，为普遍救济，又向善后救济总署请拨衣服五万套，以惠灾黎。

（2）邕宁县分会呈报七月中曾派总干事率领救护队员携带药物赴遭受水灾各乡镇施行救济，工作十四日，救济一、二一五人。又该分会会长陈丽南因办理水灾救济工作，被选为广西省救灾委员会邕宁县分会副主任委员。

（3）灌县分会呈报该县于八月十三日因大雨冲击，城墙崩塌十余丈，压毁附近贫民房屋四家，压毙住民二人。该分会除雇人抬土殓埋死者外，并募捐三十八万五千元，作为被灾贫民安养费用。

（4）丰顺县分会为办理该县水灾救济，特发起募集名人书画义卖，除经呈有本会蒋会长梦麟题字一幅外，中枢于院长右任、居院长正均赐有亲笔题字，现该项工作尚在进行中。

又该分会呈报水灾严重，毁屋二千余间，溺死一百余人，本会据报已先拨给棉衣三百套，以资救济。

（5）荥阳县分会呈报该县于七月十三日，天空突降冰雹，又起暴风，冰雹大者重三十五斤二两，以致击死人民五十五名，击死牲畜二十八头，毁塌房屋三、八五四间，受灾地区达七七、八五八亩，灾民九二、一二九人，该分会现正发动救灾募捐。

（6）绥中县分会因东北冰灾频起，人民备受灾难，乃协助当地机关办理赈济，业已捐得流通券三十万元（每元折合国币十二元五角）。

二、营养补助

（1）南京市分会儿童营养站因所存奶粉减少，不能普遍供应，自八月份起重新办理登记，凡营养确为不良或有病征者始可领得。八月份供应奶粉二百六十五磅，领奶者二〇二人。

与苏宁分署合办之第二十七营养站，仍继续供应，八月份共发奶粉二十四箱二听，领奶者七、九〇四人。

又诊所社会服务部八月份免费发给贫病者鱼肝油三磅。

三、妇女训练

（1）南京市分会家庭妇女卫生训练班于五月十五日开始上课，训练三月，于八月十五日结束毕业三人，由分会分别授给奖品，以资鼓励。

（2）郾城县分会计划成立妇女缝纫训练班三班，每班暂定二十人，以会员家属为限，现本会已发给缝纫机二架，短期内即可开班。

四、儿童教育

（1）南京市分会于玄武湖服务站举办儿童暑假补习班一班，八月一日举行开学典礼，共有学生四十三人（男二十一人，女二十二人）。八月二日正式上课，二十八日考试，三十一日举行结业典礼，成绩优良者并分别发给奖品一份。又八月二十四日招待上海童子军第一七七团到该站露营。

（2）郾城县分会计划筹设儿童教育班一班，教师已聘定，俟经费筹足，即开始上课。

（3）邻水县分会为灌输青年"和平"与"博爱"教育，特由名誉副会长每月轮流赴本县各中小学校讲演一次。

五、书报服务

（1）总会图书阅览室八月份共有阅览人数一、八六七人，内男性一、七七九人，女性八八人，新购书刊八四册，画报五本，赠来期刊一一册。

流动图书供应站办理以来，极为病人需要，尤以画报及文艺小说，供不应求。八月份中央医院阅览人数男性一六〇人，女性五六人，鼓楼医院阅览人数男性五八人，女性三九人。

（2）邻水县分会于会内设书报室一间，每日开放，供民众及会员阅览。

（3）临汝县分会儿童阅览室，七月份共有阅览者二百三十三人。

（4）南京市分会八月一日设立会员交谊室一间，内置书报及游乐玩具多种，每日开放供会员游览。

叁　医务

一、沙眼防治

（1）南京市沙眼防治所八月份初诊一、〇二三人，复诊五、六二四人，合计六、六四七人，另外施行手术三十六次。

（2）昆明市分会协助盲目福利协会施行沙眼手术十五次。

二、检查与救护

（1）砀山县分会七月份派救护队员十人赴各区检查壮丁体格，共计检验一、六八九人。

（2）昆明市分会于七月十五日至十七日派干事五人会同夏令卫生运动会检查组，检查本市各商店住户及娱乐场所清洁。

（3）即墨县分会于五月三十一日夜间……派救护队出发救护，计运回伤兵四名，由分会诊疗所收容整治，月余始愈返防。

（4）商丘县分会因地近战区，特组织救护队五个中队担任救护工作。

三、医疗服务

（1）南京市分会于八月份联合金陵大学社会服务组，在下关四所村贫民区组设诊疗所一所，以便该区难民与贫民疾病治疗，并注意于家庭访视及家庭护理与环境卫生工作。

（2）昆明市分会于六月份组织流动医疗队十队，分在市区免费为贫民病兵治疗。自六月十四日开始至八月三十一日结束，同时在平政街及武成路，各设医药站一处，以便市民诊病。

（3）凤台县分会于七月三十日成立医院一所，即日开始门诊。

（4）上海市分会组织流动诊疗车为贫民巡回施诊。

（5）灌县分会为办理成都水灾救济，特组织巡回医疗队一队前往工作。

（6）黄陂县分会诊所于七月中旬成立，开始施诊。

（7）郾城县分会于八月一日在城内北大街成立第二诊疗所办理医疗工作。

四、药品配发

（1）配发分会者：

南京市分会　药品器械五十三种

重庆市分会　药品器械廿四种

凤台县分会　药品器械三八种

平凉县分会　药品器械一五种

嘉定县分会　药品器械六五种

揭阳县分会　药品器械九八种

黄陂县分会　药品器械五三种

上海市分会　药品器械二四种

杞县分会　药品器械四〇种。

（2）配发会外机关者：

当涂农民医院　药品二九种

中国盲民福利协会　药品八种

首都尊师运动筹备会　鱼肝油一〇〇磅

童子军一七七团　药品三种

中央大学医院　药品十九种

江苏省保安司令部　药品三九种

中国毛纺织厂　药品一种

五、医疗工作统计

自六月一日至六月二十日，各地分会各科诊疗人数，计初诊一九、八三九人，复诊三二、五三八人。

肆　总务

复员以来，各地分会经整设完成之重要人员名单，分志如次：

章丘县分会：会长　姜来宾

　　　　　　副会长　董君佐、高焕章

　　　　　　总干事　时延儒

汲　县分会：会长　李昇海

　　　　　　副会长　李太荣、周继曾

　　　　　　总干事　赵德选

永城县分会：会长　苏大印

　　　　　　副会长　曹心润、赵子平

　　　　　　总干事　苏子安

长春市分会：会长　赵魁武
　　　　　　　副会长　王玉堂
　　　　　　　总干事　王贵春
商丘县分会：会长　张书明
　　　　　　　副会长　贾腾霄、魏子昂
　　　　　　　总干事　李香山
郾城县分会：会长　杨靖宇
　　　　　　　副会长　李颂岑、关子寅
　　　　　　　总干事　骆鹏九
襄阳县分会：会长　龙哲甫
　　　　　　　副会长　冯子固、娄协平
　　　　　　　总干事　朱亚贤
荥阳县分会：会长　傅天义
　　　　　　　副会长　傅冠三、尚钦尧
　　　　　　　总干事　傅清廉

（原载《红十字月刊》1947 年第 20 期，第 40-42 页）

中国红十字会新闻（五）

壹　会务

一、分会组设工作

近一月来呈报组设新分会者计有广西省百色县一处。呈报复员者计有河南省信阳县及江苏省松江县两处。

二、征求会员情形

（1）西京市分会自去年举行第五届红十字周开始征求会员以来，至本年二月底止，共计征得团体会员八个，名誉会员二〇人，特别会员八三八人，普通会员八二五人，青年会员一一〇人。

（2）南昌市分会自去年举行第五届红十字周开始征求会员以来，至本年四月底止，共计征得团体会员五个，名誉会员四〇人，特别会员二六七人，普通会员五四〇人，青年会员二七人。

（3）天津市分会呈报本年第二三四五六批征得特别会员五七〇人。

（4）邕宁县分会呈报自本年元旦举行征募运动后至本年八月，共征得团体会员五个，名誉会员七二人，特别会员五三三人，普通会员一七五四人，青年会员二〇四人。

（5）当涂县分会呈报自三十五年第五届红十字周举行以来，至本年三月底止，续征特别会员七三人，普通会员三六人，青年会员七五人。

（6）本月份各地分会征得会员统计如左：

团体会员　一个

名誉会员　四七人

特别会员　一、一七九人

普通会员　九七〇人

青年会员　一八七人

贰　服务

一、灾难救济

（1）总会为救济两广及川省水灾灾民，经将行总拨发本会之草绿色布二十捆（每捆平均约五八〇码）交南京女青年会缝制单衣二、七一九套（内女子成人衣一二三五套，男子成人衣一九八四套，十五岁左右儿童衣二八〇套，十二岁以下儿童衣二二〇套），计分发两广各水灾区分会一、二〇〇套（广川分会三〇〇套，丰顺分会三〇〇套，江门分会一〇〇套，揭阳分会一〇〇套，邕宁分会二〇〇套，苍梧分会二〇〇套）；分发四川各水灾区分会一、三〇〇套（灌县分会二〇〇套，成都分会二〇〇套，卭崃分会二〇〇套，遂宁分会一〇〇套，安岳分会一〇〇套，内江分会一〇〇套，射洪分会一〇〇套，荣昌分会一〇〇套，邻水分会一〇〇套，渠县分会一〇〇套），并均已分别运出，尚存二一九套衣服俟其他地方发生灾难再行分发。至全部缝纫费及运费消耗二四、九六五、四五〇元，皆由总会拨捐。

又总会在京沪两地登报呼吁捐款救灾，计自七月二十四日至九月三十日止，经收到捐款一一、八一一、〇〇〇元，计拨广州分会救济款九百万元，拨灌县分会二百八十万元，至此川粤水灾救济告一段落。

（2）邕宁县分会呈报该县自五月至九月连遭水灾五次，低□房屋，尽被大水淹没。该分会除派医师为灾民疗病，联络当地机关社团推行救济工作外，并拨会中一部分房屋为灾民住所，共计收容灾民二千六百余人。

（3）济宁县分会为办理救济工作，经设立一急赈委员会于九月十八日开始调查难民，共登记七百人，发放赈款七千四百万元（系向当地人士捐得及省政府发下者），赈粮三万斤。

（4）砀山县分会因该地临近战区，苏北鲁西难民甚多，特于该县东门外设立临时负伤军民收容所一处，置有病床，以备收容住治之用。

（5）荥阳县分会前次呈报该县遭受风雹巨灾，请予救济。总会特于最近就行总拨给本会之市区棉花中，拨发该分会布匹一捆（约五八〇码）、棉花三百斤，以备制成棉衣分发受灾难民。

（6）绥中县分会为协助当地政府救济四平难民，前已募集流通券三十万元交县府赈发，兹续募得十五万元交县参议会一并汇解灾区发放。

二、营养补助

（1）南京市分会与苏宁分署合办之第二十七营养站，因该署所发之全部物资均已发罄，故该站乃于九月十五日全部结束，该站自本年三月一日开办至九月十五日结束，共计供应人数为八一八、三一〇人，发出淡奶一九、五三八斤，奶粉二八、一九五磅。

（2）南京市分会自办之营养站九月份供应人数二八四人，发出奶粉四二三磅。

（3）南京市分会诊疗所社会服务部九月份发给营养不良及患有肺病者，维他命丸（多种）三、二七〇粒（一〇九人）。

三、妇女训练

南京市分会继家庭妇女卫生训练班结业之后，本月份又联络新运总会、南京民众教育馆、南京市妇女会等之机关举办妇女生活训练班，招收歌女、女侍加以训练，由南京市分会担任卫生课程及生活指导，现正准备开班及一切先决事宜。

四、儿童教养

平凉县分会恤孤育婴院，收有孤贫婴儿十二人，每月经费消耗三十万元，购牛乳五十磅，鸡蛋一百个，工作人员均为义务。总会以该分会办理教养甚有成绩，特于本月份拨发该院补助费国币一百万元，予以补助与鼓励。

五、书报服务

（1）总会图书阅览室九月份共有阅览人数二、二〇九人，内男性二、一二九人，女性三八人，儿童四二人，新购图书八册，期刊三十六册，画报五本。

流动图书供应站九月份阅览人数：（一）中央医院二一六人，内男性一六〇人，女性五六人；（二）中央大学附属医院六五人，内男性四五人，女性二〇人。

又供应南京下关过境士兵招待所期刊画报四〇本，联助总部流动图书室画报四〇本。

（2）南京市分会自八月一日起设立会员交谊室一所，由总会发给书刊四〇本，向各书局捐收图书六六本，八月份共有阅览人数四七一人。

（3）临汝县分会儿童阅览室九月份共有阅览人数二三三人。

（4）灌县分会设有儿童阅览室一所，开办以来甚得社会人士协助，七月份消耗经费六十七万元，收得社会各界捐赠图书三五〇册，刊物三〇册，物品四四件。八月份消耗经费六十七万元，共有阅览者三五七人，收到各界捐赠图书三十五册，刊物三〇册。九月份消耗经费一百万元，共有阅览者五六四人，收到各界捐赠图书一〇〇册，刊物八〇册。

六、国际通讯

国际通讯为红十字会工作之一，本会于抗战时期即已办理。复员以后，接转各国人民寄来探访亲属函件甚多，平均每月有数十起。本月份共转寄红十字服务函件计二七六件，多系寄台湾及东北两地。

又为沟通各国红十字友谊关系，本月份本会寄给意大利红十字会国际通讯纪念册一本，寄给美国红十字会纪念册二二六本。

叁 医务

一、沙眼防治

（1）南京沙眼防治所九月份诊治人数，计初诊一、二二三人，复诊六、一五六人，共计七、三七九人，另外施行手术一九次。

（2）郾城县分会第一诊疗所聘请眼科医师一人，自八月一日起开始诊视眼疾及沙眼防治工作，前往就诊者，每日均甚拥挤。

二、救护设施

（1）绥中县分会救护训练班，训练学生四〇人，两个月期满，于八月二十八日举行毕业典礼，出发工作。

（2）潢川县分会因该县战事不断发生，特组织伤兵救护站，聘请义务医师十四人，担任医疗工作，现该站收容伤兵（国军及俘虏）二百余人。

（3）孝感县分会救护训练班于本年四月一日设立，招收学生三十七人，训练课程，计分生理、药物、治疗、护理、急救、担架、绷带、花柳、防毒、国文、英文、军事常识等科，训练三个月，于七月一日结束，三日举行毕业典礼。

三、医疗服务

（1）南京市分会因鉴南京四所村难民麕集，乃在该处设立诊疗所一所，派公共卫生护士一人，助理员一人，负责工作，现正筹备开诊。

（2）上海市分会因感上海市贫苦人民诊病不易，特与沪市民营广播电台同业公会，发起筹办流动诊疗车，嘉惠贫病。由十八家民营广播电台，自九月中旬起向各界作义务广播，劝募捐助基金，目标为五亿元，现已募得一亿二千万元，并蒙美国红十字会赞助，捐给救护车一辆，连同该分会原有之中型吉普改装后，两辆救护车现已开始工作，并在沪市东南西北四区分设诊疗站，为贫民诊治。

（3）南京市分会自九月份起协助南京过境军人招待所担任医药补助工作，又参加民族健康运动周，担任义诊及健康检查工作。

（4）砀山县分会于八月份选派救护队员赴该县第四区、第五区受水灾区域救治灾民，并注射霍乱疫苗三、五六九人。

（5）洛阳县分会于八月份因洛阳外围军事紧张，特在郊区设立临时治疗所、绷扎所各一处，以便救护负伤军民并分派医师参加各野战医院，协助治疗受伤军人。

（6）邕宁县分会八月份派出救护队在街头办理急救二十七次，救治伤患者二十七人，并施放棺木两具。

（7）砀山县分会因住居鲁西、苏北之间，不时有战事波及之虞，特在该县东门内设立临时负伤居民收容所一处，内置病床二十张，以备收容负伤军民。

（8）平凉县分会于八月份成立服务队一队，派赴陇东收复区，办理简易治疗防疫及掩埋工作。

（9）孝感县分会为推进乡村卫生及医疗工作，特自四月份起组织巡回医疗队，经常携带药品赴各乡村医疗病人并指示打扫清洁，注意卫生，甚受乡民欢迎。

（10）南京市分会九月份免收挂号费予以诊病者共一三五人，救护车出动服务五次。

（11）海盐县分会于九月中旬成立医疗所一所，开始应诊。

四、药械配发

（1）本会前救护总队部所属之□队卫生器材，本拨给行总浙江分署应用，兹因该署不日结束，该项器材，乃转拨赠杭州浙江省立医院。

（2）配发各分会者：

武进县分会　五六种

南京市分会　一一五种

洛阳县分会　六五种

梁山县分会　五种

永嘉县分会　二五种

安庆市分会　二〇种

上海市分会　二二九种

重庆市分会　九九种

凤台县分会　一种

南昌市分会　二种

潢三（川）县分会　六三种

平度县分会　四四种

于潜县分会　三四种

海盐县分会　七七种

孝感县分会　二一种

宝应县分会　二六种

五、医药教育

本会为加强医药之知识，特编印卫生小丛书，其第一种斑疹伤寒防治概要，业已印刷五百本，分发各分会参考。

六、医疗人数统计

自六月二十一日至七月十日，各地分会各科诊疗人数，计初诊二一、五四五人，复诊三八、三九八人。

肆　总务

复员以来，各地分会经整设完成之重要人员名单，分志各次：

于潜县分会：会长　邵展成

　　　　　　副会长　高德馨、黄伯动

　　　　　　总干事　黄士豪

莆田县分会：会长　林介山

　　　　　　副会长　徐少康、陈希忠

　　　　　　总干事　卢洪涛

孝感县分会：会长　胡信之

　　　　　　副会长　徐印侯、邓云樵

　　　　　总干事　王善普

会同县分会：会长　吴克成

　　　　　副会长　申清涛、杨元炳

　　　　　总干事　潘鼎宣

宿松县分会：会长　罗炳文

　　　　　副会长　洪澄清、黄业彤

柳江县分会：会长　覃连芳

　　　　　副会长　高伯伦、朱午迟

　　（原载《红十字月刊》1947年第21期，第36—38页）

中国红十字会新闻（六）

总会
筹募事业基金定期结束
海外捐募领馆复函允助

　　本会此次筹募事业基金国币五十亿元，原定筹募期间为三个月。捐额之分配：

　　（1）政府——五亿元。

　　（2）各大城市——三十三亿元：计"上海"十亿元，"南京"三亿元，"东北""台湾""广州""昆明"各二亿元，"北平""天津""西安""汉口""重庆"各一亿元，其余各省市县各一千万、五百万、一百万元不等

　　（3）义卖——二亿元。

　　（4）国外募捐——十亿元。

　　上述四项捐募，除政府补助五亿元已由行政院拨发到会外，关于国内筹募工作自八月二十日开始筹募以来，已逾两月，兹为如期结束，公告征信，业经通电各地分会并于京沪两地登报宣布于十一月二十日一律结束。至筹募成绩，除中原各地因受军事影响未能及时办理外，各大都市均组织筹募委员会及劝募总队展开工作，其已收得捐款者（十月底止）南京区——二〇八、六六六、〇〇〇元，上海区——二〇四、七〇〇、〇〇〇元，各地分会——五、五〇〇、〇〇〇元。此外军中劝募

队及中央政府荣誉劝募队（由总会直接聘请）亦已送到捐款三〇、六七九、〇〇〇元，共计四四九、五四五、〇〇〇元。

义卖工作现分两种方式进行，一为书画展览，一为红十字襟章义售。书画展览由总会通令各大都市分会募集当地名书画家精品三十件送会，先在上海举行展览义卖，再后依次运至南京等大都市举行展览，现拟俟书画集有成数，即着手办理展览。售卖红十字襟章工作已开始，由总会同仁及分会同仁先行以友谊方式试售，该项襟章本会原存有三万五千余枚，现拟就此存数分发京沪两地各中西药房代为义售，每枚售国币壹万元，如全部售完，可得三亿五千万元。此项工作，欧美各国红十字会多在街头举行，其成绩并常超出预定目标，因其人民素重社会观念，对红十字会认识甚深，故推行顺利。本会此次义卖募捐，虽为首次，但一般说来，推行尚无太大困难，足征国人对红十字会之认识亦已渐进，是为吾人颇可引慰之事。

关于国外捐募，在抗战初期原为本会经费之最大来源，因系协助国家抗战并从事人道之救护，故各地侨胞无不竭力捐输。此次筹募事业经费，系为发展更大的社会事业，故仍寄望于海外侨胞之捐助。惟以大战之后，侨胞亦须生息，乃仅选请各地较为重要之侨团代为筹募，并经函请各地使节，协助进行，顷准驻槟榔屿领事馆复以事关社会救济事业，自当竭力协助云云。

孤苦儿童之福音
美红会赠款救济

美国红十字会前准已故罗尔先生遗产保管会指拨美金二、七七五元救济中国儿童，请本会代为分配。本会跟即电令各地分会，调查所在地孤苦儿童之人数，以经救济机关收容者为限及当地缝制棉衣之全部费用以备决定分配。兹据徐州等九个分会之报告，共有救济机关单位十八个，收有孤苦儿童一、六五五人，缝制棉衣一、六五五套，本会刻正将是项统计寄送美国红十字会，一俟该项赠款收到，即可分拨各分会赶办冬衣救济。

又据本会第三处调查，社会部现拟成立联合国儿童福利会中国分会，将邀请具有全国性之社团及外人在华救济机关共同组成，刻正向行政院请示中，并拟定于明年一月十日至二月十日之期间内，发动全国各界职工捐赠一日所得作为儿童福利费用。

加强精神食粮供应
为文化服务辟一角
（总会阅览室之速写）

兵乱年荒，物价加速度的往上涨，订一份报，买几本新书，在贫困阶级的公教人员是一种奢侈的开支，许多好读书的公教人员和大中学生，都把阅读的空间从家庭学校转移到书籍和公共阅览的场所，然而书局是以卖书为目的，不能常（长）久让人很消闲的去享受这种便利，而且能让人阅读的又只是那些不三不四的作品。公共阅览的场所呢？在南京尚不易多见。以南京之大，知识分子之多，精神食粮之供应是件很要紧的工作，然而这项工作尚为人所忽视。

本会阅览室成立于三十五年九月十七日，当时库内藏书仅三百册，报纸七种，医学杂志一种，西文杂志六种，国内杂志二十四种。虽然它的面积可以斗室来形容，然而在以鼓楼为中心的整个城北，这还是唯一供给众人阅览的场所，所以在它成立没有多［少］天，就被很多人发觉，蜂拥而来，日夜都挤满了人。在精神食粮稀贵的今天，或者是饥者易为食吧：因为我们所备的书报，实在是不够多。

光阴是前进的，我们的事业也应该跟着跑。当我们发觉这小小的阅览室对于人们有了这样大的诱惑，我们非常的高兴，同时也很警惕，因为人们都是喜欢新鲜，一件事开始的时候，往往也就是效果最高的时候，假使不能日益求进的话。所以我们应该努力的去充实，这间阅览室的内容是阅读者，对它所发生的兴趣是渐进不已的。

算算日子，阅览室之诞生，已经满了一周岁了，检讨过去，我们觉得这是一种值得展开的服务事业。

（一）阅览人数：自三十五年九月十七日开始以来，至本年十月底止，共计三六、三八四人，除星期及例假外，平均每日有一一〇人：在最初数月每月阅览人数约二千六七百人，至今年六月间已超过三千二百余人，阅览人数之逐月增加，使我们对于此项服务更增信心。

（二）书报添进：至现在为止，库内存书共有一千四百九十五册，文艺及科学杂志六十八种，医学杂志百种，西文杂志十二种，报纸十二种，画报六种（报纸、期刊画报均系常年订阅）。比之初成立时，书籍已超增四倍，杂志画报亦已超出一二倍不等，至（之）所以有此成绩之原因，固因本会对此一项工作之极端重视，并应感谢美国红十字会之捐助。最近添置之大量书籍，全由美红会捐助国币一千三百万元购来。

（三）流动供应：为了补救阅览室之狭小，不能容留更多的人都有阅读的机会，我们想出了另一个服务的办法，这就是流动供应。这项工作形式虽很简单，然而做来却极不容易，因为需要供应的地方实在太多了，不是在同一时间所可流动得周的，那么我们先从何地何人开始供应呢？谁都知道，患病的人，是最缺乏营养的，精神营养尤其重要——这当然指知识分子而言，但是在目前的中国，有几个医院备有此项供应呢？所以我们乃先选定中央医院和鼓楼医院试办这项工作，并暂以住院之外科病人为对象，供应的书籍以小说、画报、杂志、期刊为主。供应方式，由本会每两周送给书报一次，每次六十册。计自本年四月十五日开始以来，中央医院至十月底止，共有阅读者一、二二一人，鼓楼医院至八月底止共有阅读者四八八八人。鼓楼医院自八月以后因缺乏保管人员乃停止供应，本会转将此项书报供应中央大学附属医院，自九月开始至十月底止，共有阅读者一五〇人。

（四）图书捐赠：由于流动供应成绩之良好，使我们更进一步想到不为疾病而为贫穷所困，享受不到精神营养的人们，这种人是远比患病者为多，而其需要精神营养的程度也不在病人之下，于是我们又开始捐赠书刊，到目前为止，已受我们捐赠的，有（一）南京市第六区区公所，计捐赠书籍三〇册，杂志二〇本，（二）南京市分会会员交谊室，计捐赠书刊四〇本，（三）下关过境士兵招待所，计捐赠杂志画报四〇本，（四）联动总部特勤处流动图书馆，总计捐赠书刊四〇本。

当前中国社会的文化，因受战乱与战乱后的经济的侵蚀，患了很严重的贫血症，但在另一方面，廿世纪五十年代的文明是在高速度的前进，所以站在中国这一个角度来说，文化食粮的供应是远不济人们的需求，而一般人民在物质生活困乏之下，对于精神食粮之需要，较平时尤强。目前一般文化服务机关及文化工作者虽见及此，加强文化的供应和扩大供应的范围，但限于人力物力，仍难减低文化饥荒的程度。本会自胜利以后，即揭图书供应服务为工作之一目，综观一年来服务之概况，我们不仅可以推论图书服务对于饥馑的社会是如何的重要，由此亦可相信文化服务是社会服务中最富有精神营养的一项活动。

红十字为红十字会专用
医师药房改用绿蓝色
（本会函医师公会采用）

红是代表仁爱的象征，十字是具有牺牲救人的精神。不论红十字的定义是否如此解说，在一般人的心理上确是如此的反映。但红十字这个为全世界人类所崇敬的标识，系为全世界红十字会所公有，除一九二九年国际红十字公约规定，凡与军队随行之救护队及用于搬运、诊视、看护伤病以及从事管理救护队、救护场所之人员，随军之牧师等，暨经本国政府承认及允许救护协会之人员，以及救护器材，均受该公约之保护，并有使用白地（底）红十字特别符号之权外，其他个人或协会等，不得使用，更不得假冒此项红十字之符号及名称为商业或其他目的之用途。国内各地卫生机构、开业医师及药房等，普遍应用白地（底）红十字符号已有数十年之历史，揆其动机，似袭本会博爱服务之旨，未可厚非，然对条约信守，实属大悖。本会前于抗战时期，业已呈请政府取缔，政府亦经三令五申饬禁有案。复员之后，一方面再行呈请行政院通令各省市并函请卫生署通令各省市卫生主管当局转饬所属机关会同严加取缔，一方面函请中央通讯社及京沪各大报纸发布新闻，警醒各界改正。惟医药各界习用红十字已久，骤予取消，实难澈（彻）底，除又函请经济部商标局禁止用红十字为货品之商标或标记，并得其函复告以商标法第二条第三款，已明定相同或近于红十字章不得作为商标，此后如有此项红十字章商标，无论相同或近似来局申请注册，自当依法予以取缔外，本会近以世界各国医师以绿十字，药房以蓝十字为符号，战前上海医师公会且已用绿十字为会员证章，乃经函请全国医师公会联合会仿照各国先例通知全国医师采用。兹悉南京中山路三四三号戴盛熙医师首先响应，将来各地一致改用，定可蔚成新的风气。

分会
筹募基金，征求会员
会长热忱，贤达襄助

大竹县分会自奉本会电令征募基金及征求会员后，已于十月二十四日，柬请各地方长官首长及社会贤达多人，吁请襄助征募事宜。据该县

《太（大）竹三日刊》记载，该分会办理征募工作情形如次：

二十四日太（大）竹县红十字会分会举行征募典礼，记者被邀观光，当步入该分会礼堂前花圃，"筹募事业基金征求各级会员"红纸楷书大字，首即映入眼帘，并书"敬请各长官各首长各贤达襄助筹募总会基金暨征求会员"横额一巨幅，礼堂内部，四壁焕然，在严肃庄穆中，极具华丽，陈列有关图书多种，该分会工作照片极艺术地悬于礼堂右壁正中，各项工作统计数字，显明地填在工整而美丽的图表上，尤以大福（幅）标语，设计巧妙，极尽艺术之能事。记者就便询问该分会会长游炳文氏，承谈该会情形如次："本会成立于民七年，由县人黄化廷等发起组织，当时基金仅数百元，而中心工作又仅限于医疗一种，中经历届会长惨淡经营，煞费苦心，一面劝募基金，购置田产，以为永久之计；一面扩大医疗工作，建立小型医院，救济贫病同胞。民二十五六年间，承县中乐善同济三义公三慈善团体移增租田，共约三百石，本会经济基础，于此稍见稳定。但社会救济事项，却因需要，必须办理，本会责无旁贷，每月额定施发孤老米一百一十三人，每人〔每〕月各一市斗，酌情施发中药，并购置棺材，以备施给无资敛（殓）葬者。施发棉衣，亦曾办理，抗战时期，所组空袭救护队，渠县被炸，驰往救护，颇著成效。客岁奉总会电令，照新规定调整组织，经呈奉核准并奉总会颁发立案证书，故本会现为调整后之首届。刻下除加强医疗工作外，并仍照旧办理各项赈济工作。今春奉总会电令征求会员，以限于环境，未即举办，延至本月初，复奉总会令代募事业基金，现乃合并办理，广为宣传，使人人明了本会对社会所负任务，而博得各界人士更多之同情与捐助，本会救济事业，得而发扬光大。现在拟增设社会服务多项，均限于财力人力，难底于成。此次幸蒙各界赐予倡导，热烈赞襄，概予捐助，实感谢无既。"游氏为人稳重，态度祥和，虽年过六旬，犹健强如壮，末承告知，该会员原有会员人数，计团体会员三个，特别会员四十二人，正会员二、六六七人，普通会员三九二人，纪念会员一、四五八人，合计四、八六九人。

灾难饥馑到处有
救恤工作在丰顺

本会丰顺县分会诞生于烽烟炮火之中，于民国二十六年首创办事处组织救护大队，自发轫之始，即展开救护及医疗工作。过去在抗战期间，丰顺县属受敌机轰炸，大小数十次。继之汤坑二次沦陷，地方遭敌蹂躏。处此时难年荒，骨肉流流之际，该会会址被迫多次迁移。惟该会同仁，在艰巨期间，栉风沐雨，无时不在救护及医疗之中。

胜利以还，理事会一度改组，开始社会服务工作。暹罗闻侨余作舟先生，首托该会办理施粥放赈，并于三十五年十二月由汤坑旅暹同乡会发动捐米救乡运动，由该会丁会长季彬配发，丰顺三区侨眷赈米二百八十余包。又暹侨无名氏捐米三十大包，托该会办理施粥，本年复得"暹侨个人托运赈米临时理事会"，托运赈米八百四十大包，配发各侨胞家属，及放赈各贫户。自去年夏月至本年夏月，于一年期间，赈救人救（数），达二万七千余人，又四千八百余户，赈米及代运米，一千余大包。社会服务之展开，聊尽救恤职志。又以丰顺旱潦连年，该会发动书画义卖赈灾，得总会蒋会长梦麟，国民政府孙副主席科，监察院于院长右任，司法院居院长正，及各部各省、市首长均赐予亲笔题字，现寄到者七十余幅，刻正在筹划进行中，又领到韩江水灾救济会配发赈米二十九大包，麦片三大包，分赈各灾户等。

举办第六届红十字周
南京市分会十日活动

十月一日：发展业务

该分会与金陵大学友邻社合办之四所村分诊所，筹备有日，于本日下午三时在该所（圣公会内）开幕，除该分会沈会长，各部门有关人员，总会马处长等，友邻社陈文仙博士等到会外，来宾有金大倪院长及教授二人，善后救济总署邱科长以及当地区保甲长等三十人。当由沈会长、马处长及陈、倪两教授分别说明成立诊所之意义及其使命，马处长特别强调分诊所将特别注意公共卫生及家庭访视工作，并与市立传染病医院及市卫生局之诊所互相合作，为四所村居民促进健康，防治各种疾病。

二日：慰劳过境军人

挹江门过境军人招待所成立后，该分会常派员前往服务，如代写书信、代编壁报等，并曾以游艇四只及娱乐用具多种转赠应用。本日青年服务团团员，特整队前往，参与各种慰劳娱乐工作，至晚方归。

三日：防痨运动

本日免费 X 光透视共六七人，经透视检查有肺结核者二二人，其中有卫斯理堂贫弱儿童十五人。

四日：健康检查

本日免费体格检查六七人，结果患肺病者二人，患沙眼者四五人，另卫思（斯）理堂贫苦儿童五〇人，患沙眼者占百分之九十强。

五日：康乐活动

该分会组织排球队参加京市公开排球锦标赛。

六日：营养补助

本日发给经该分会 X 光检查发现已患肺病者奶粉与维他命丸，共二四人，并定以后每半月续发一次。

七日：母婴保健

本日下午三时在该分会交谊室开母亲会，到母亲八四人，连同来宾大小共二百余人，发衣物八四包，并为各婴儿磅体重，由该分会王大夫及助产士答复产家关于婴儿健康等询问。

八日：广播宣传

本日下午八时该分会沈会长在中央广播电台播讲"南京分会一年来之工作"。

九日：会员联谊

本日在玄武湖服务站举行会员联谊会，有掷杯、掷标、掷彩、边高等游戏。

十日：国庆日

本日放假，该分会同仁及青年服务团团员分别参加国节典礼，救护车出动服务。

人人有加入红十字会的义务
本月份征求会员统计

（一）天津市分会征得特别会员六百人。

（二）其他各分会征得各级会员计：

团　　体　四二个

名誉会员　一五七人

特别会员　一七○五人

普通会员　八四一人

青年会员　二九八人

凡有灾难发生之处
都有红十字旗

（一）郾城县分会，因豫东战局吃紧，淮阳等地逃来难民甚多，特觅定空房一处，设立收容所，办理救济事宜。

（二）镇远县分会因出狱犯人往往因衣食住宿问题无法解决，多流入困乏饥寒之途，甚或重入囹圄，特在该分会内设立出狱犯人保护会，以为出狱犯人解决居食问题。

（三）邕宁县分会于十月份续发该县城区水灾救济米二六四六市斤，计赈灾民二六四六人，又施赠棺木两具。

图书阅览与营养补助

（一）章邱县分会为增进社会大众接受文化的机会及加深对本会的认识，特新开一书报阅览室，陈列多种报纸书刊，供人阅览，最近阅览人数平均每日在三十人以上。

（二）临汝县分会儿童阅览室开办以来，情形尚好，八月份有阅览者一九七人，九月份有阅览者一二五人。

（三）南京市分会主办之第二十七营养站，因苏宁分署配给之牛奶用罄，遂于九月十五日结束，自开办迄结束共计供应人数八一八、三一〇人，用去淡奶一九、五三八听，奶粉二、八一九磅半。

又该分会营养站九月份供应人数二八四人，用去奶粉四二三磅；十月份供应人数四一四人，用去奶粉五五三磅。

又该分会诊疗所社会服务部十月份补助贫苦病者三四七人，多种维他命丸一〇、一八六粒。

英访华团访视南京分会

英国议会访华团于到达首都之后，该团 Lord Amulree 爵士于十月十三日莅临南京市分会访视，并参观该分会所设四所村诊疗所工作，对该分会各部门工作备加赞扬，印象至佳。并云其本人原系医师出身，现担任英国红十字会伦敦郡分会会长云。

救护设施与医药服务

一、救护设施

（一）上海市分会为便利沪市平民治疗疾病，业经与各民营广播电台合作，举办流动诊疗车，详情已志上期本刊。兹悉该项诊疗车已装备完成，于十月十日开始为市民服务。

（二）凤台县分会因地处皖北，军事频起，特组织救护队四队，第一队有救护队员十一人，第二队有救护队员十二人，第三队、第四队有救护队员各十人，以备相机办理军民救护工作。

（三）绥中县分会……，该会［会］长马书麟、副会长王宝恒，率同总干事、医师及救护队员四十人，于九月七日清晨出发救护，工作一周，经过兴城、大寨、汤上、黎树、沟门、凉水、泉子、二道沟、三道沟等地，救护伤兵二十八人，掩埋死亡尸体六具。

二、医药服务

（一）南京市沙眼防治所学校卫生组本月份办理新生体格检查二一七五人，内沙眼患者一〇七一人，牙病三五三人，扁桃腺肿一五四人，皮肤病一三九人，其他一五一人，疾病者五〇五人。

又该组本月份在学校卫生讲话十六次，听讲者二九一一人，举行工作座谈会五次，缺点矫治五六九八次，内沙眼矫治五五三九次。

（二）南京市沙眼防治所治疗组本月份初诊患者一〇五八人，复诊六一六四人，手术三十次。

（三）重庆市分会于和平路一九一号开设第二诊疗所，于十月一日开始施诊，便利市民不少。

（四）西安沙眼防治所刻正积极准备开幕，所需器械药品已购装十三箱，于十月二十二日交中航公司运往西安。

（五）亳县分会因该县迭遭兵燹水灾，情况严重，特组织临时诊疗所一所，服务站一处，办理救济工作。

（六）凤台县分会为推进乡村医疗工作，经在该县新庐乡、行署乡、东石峡乡各分设诊疗所一处，由分会业务组长及医务主任指导，于十月一日开始工作。

材料供应与工作统计

一、材料供应

分会名称	供应数量	分会名称	供应数量
泸县分会	四十九种	涡阳县分会	三十三种
南京市分会	五十种	江都县分会	五十九种
重庆市分会	一二〇种	固始县分会	六十四种
武进县分会	二十三种	凤台县分会	三十四种
宝应县分会	十五种		

二、工作统计

自本年七月十一日至八月三十一日之五十日中，各分会医疗工作统计如后：

科别	出诊人数	复诊人数	备注
内科	二七、八四〇人	四五、九二七人	
外科	二二、〇七七人	五一、七六七人	
妇产儿科	一四、八一〇人	二〇、〇〇三人	
其他科	二七、七〇三人	三七、九三九人	
疫苗注射	七四、三五七人		包括霍乱伤寒鼠疫
X光透视	三、四六二人		
X光照像	三〇五人		
种痘	八、八七三人		
接生	七七九人		
体格检查	四、七一九人		

（原载《红十字月刊》1947 年第 22 期，第 19-24 页）

中国红十字会新闻（七）

召开第四次理事会议
确定红十字会法原则

复员以后，本会理事会议已举行三次，近日为各项重要会务须待商讨，乃于十一月十三日假南京交通银行二楼会议室举行第四次理事会议，出席理事周诒春（陈郁代）、杜月笙（郭兰馨代）、张蔼真、关颂声、蒋梦麟、马超俊、谷正纲（张鸿钧代）、金宝善（汤蠡舟代）、徐国懋（王文山代）、于斌（郭鸿群代）、钱大钧（胡兰生代）、徐寄顾（马超俊代）等十二人，本会秘书长胡兰生，副秘书长曾大钧、汤蠡舟及各处室主管均列席参加，由蒋会长主席首先报告：

"本人九月赴英出席太平洋学会，曾顺道转赴瑞士访问国际红十字委员会及红十字会国际联合会。经与联合会负责人说明本会此次筹募事业基金之经过，及请国外（海外）侨胞捐助之情形，并作意见之交换。"

"此次理事会之主要目的在于确定本会体制，良以本会目前之组织，系根据行政院颁布《复员期间管理红十字会办法》之规定。现值复员终了，国家动员戡乱，本会体制自不宜受军事影响随时变更。盖工作可因平时战时而变，体制未可常变，似须策及久远，俾与各国一致。兹特拟具制定《红十字会法》之重要原则，提请讨论，并请各抒宏见，务使本会独特性能得以发扬，蔚为国光。至于原则确定，再请会章起草委员会根据起草，转请政府核定颁行，倘能于明春召开会员代表大会，实施大法，想亦同为诸先生所欣企。"

次即讨论提案，最主要者为确定本会地位，保障并发展事业，应请政府颁布红十字会法以崇体制案，经议决照修正通过，提交本会会章起草委员会根据所拟原则起草草案，转请政府颁行。兹将该项提案理由及所拟办法录志如次。

一、理由

各国红十字会均由政府颁布红十字会法，确定红十字会地位，保障及发展人道博爱事业，如美国于一九〇五年一月由国会颁布红十字会法（Congressional Charter），该法已于去年修正，英国于一九〇八年九月及一九一九年十二月由国王颁布红十字会法（Charter of incorporation）及其补充法（Supplementary charter），日本于明治二十年颁布赤十字社定款，最近成立之红十字会，如一九四六年菲列滨（菲律宾）、叙利亚等国，亦均有红十字会法之颁布，虽因各国国情不同，红十字会地位及体制亦参差不一，但其政府遵守日内瓦条约之规定，重视红十字会，推进博爱人道事业，符合国际舆论要求则一。据红十字会国际联合会之研究，第二次世界大战前，除德国红十字会其地位几等于政府机关，日本红十字会受制于军部，奥（澳）大利、巴西、挪威各国红十字极具民主社团之特性外，大多数国家红十字会均与政府或皇室维持适当之联系，惟此种联系，政府控制管理性少，保护促进性多。故红十字会国际联合会于综合分析之后表示如此之意见："各国规定虽如此之参差，惟下列三项则应予顾及，一、红十字会之管理机构，须以会员为大多数构成分子，俾红十字会得以自行管理其业务。二、红十字会与政府之间必须维持联系，政府有关各部之代表应参加一种管理机构，并有投票权。三、会长必须为红十字会会员，其选任须经国家元首之承认。"返顾本国自一九〇四年成立，一九一二年一月获得国际红十字委员会认可，一九一九年七月加入红十字会国际联合会为会员，一九四五年且被选为副会长之一，四十余年来，章程条例数易，而根本大法，至今阙如。今存国际红十字会之本会章程，尚系民国十一年（一九二二）六月第二次会员大会所通过之修正章程，而自民国二十二年以还，政府已数更条例，二十二年首颁本会管理条例，二十五年又颁修正管理条例，民国三十二年四月复有战时组织条例及国民政府军事委员会战时监督红十字会暂时办法，至胜利复员，遂改由行政院另颁复员时期管理办法，亟宜审慎研究本会应具之体制，草拟红十字会法，呈请政府采择颁布，以具规模而垂久远。

二、办法

兹拟具本会体制主要原则如次：

（一）本会组织

（1）本会设名誉会长一人，名誉副会长若干人，除名誉会长由国家元首担任外，副会长由理事会提请国民政府聘任之。

（2）本会以全国会员代表大会为最高权力机构，每两年在首都举行一次，但得于全国其他各地举行，闭会期间授权理事会执行一切事务。

（3）本会设会长一人，副会长一人至三人，由理事会提请全国会员代表大会通过，提请行政院转请国民政府聘任之。会长副会长任期均四年。

（4）本会设理事廿一人，七人由国民政府指派有关部门主管人员担任，其中国防、卫生、社会、外交、财政各部至少一人，七人由全国会员代表大会选任，其他理事由上述十四名理事就全国社团领袖中推选。除政府代表由国民政府通知变更外，其他理事任期四年。会长副会长为当然出席人，并以会长为主席，理事会得设各种顾问委员会，设计指导各种业务之进行。理事会每半年召开一次。

（5）本会设常务理事会，由理事会互推常务理事五至七人组织之，会长副会长为当然出席人，并以会长为主席。常务理事会每三个月开一次，于必要时得临时召集之。

（6）本会设秘书长一人承会长之命办理日常事务，秘书长之下得设副秘书长并得分处室办事。

（7）本会得于全国设立分区办事处，协助指导区内各分会工作。

（8）分会设会长一人副会长一人，由分会理事会提请全体会员代表大会通过，由总会聘任之，设理事十一人，均由会员代表大会选出报请总会核聘。会长副会长及理事任期均四年。

（二）本会职权

（1）辅助政府办理战时军事卫生勤务，俘虏及平民救济。

（2）国内外灾变之救护与振（赈）济。

（3）辅助政府有关当局办理防止疾病，促进健康，减免灾难之人道服务事宜。

（三）本会权利及义务①

（1）本会在不悖红十字精神及国际协定之原则下，得接受各级政府之委托及补助。本会各地分会得本会理事会或会长之同意，接受当地政府之委托履行协议事项。

（2）本会得享受政府给予之特权及豁免赋税之权利，接收外捐物资，亦得豁免赋税。

（3）本会为法人，得置备产业并设置业务所需之机构及设备。

（4）本会得举行单独募捐并将基金作正当之投资。

（四）本会会员拟分下列七种

名誉会员

团体会员

基本会员

特别会员

赞助会员

常年会员

青年会员

以上各种会员之权利与义务另订之。

（五）红十字标帜

本会在本国主权内享用白底红十字纪（记）章，暨红十字及日内瓦十字补号之特权，上项红十字记章及标帜，除政府军医得于战时根据日内瓦公约应用外，其他公私机关及社团，非得本会同意，不得利用。滥用及冒用红十字标帜，应另订法令禁止。

筹募事业基金初期揭晓
荣誉队南京区同时公布

本会此次举行全国性筹募事业基金，南京区原定目标国币三亿元，承南京市沈市长及社会局谢局长热心倡导，组织筹募委员会及劝募总队，于八月二十日在介寿堂举行筹募大会，呼吁各界捐助以来，各劝募队长及各界热心红十字会事众人士，踊跃捐输，成绩至佳，迄十一月底止，共收捐款国币三亿零二百四十万九千五百元，除已分别换给正式收据，捐款由专户保管，俟筹募全部结束，一并送请潘序伦会计师审查，并定于十二月六日在南京中央日报刊登启事公布各队捐款数字，略致谢

---

① 注：原文缺少，编者补充。

忧外，兹先于本刊郑重发表，以昭征信。

各劝幕队经募数额：

张兴之队二千万元，吴琢之队一千三百二十万元，彭湖队一千〇七十八万元，薛瑞安队一千万元，陶桂林队一千万元，区联总处一亿元（中央京分行二千万元中国、交通京分行各一千四百万元、中农京分行、中信局、南京邮汇局、中央合作金库各一千三百万元），关颂声队四百四十万元，王杰仪队三百四十一万元，吴杭勉队三百三十万元，庄祥麟队三百二十五万元，雍家源队三百一十四万一千元，黎□尘队三百一十二万元，龙伯炎队三百〇三万元，计舜廷队三百〇二万元，冯子裁、徐薇圃、刘芬资、有恒面粉厂等四队各三百万元，改复初队二百八十二万元，冯鲁瞻队二百八十一万元，陈祖平队二百六十九万元，王仲卿队二百三十五万元，徐鸿栋队二百二十六万元，吴荩臣队二百一十九万元，许淑珍队二百一十万元，许灵毓队二百〇八万五千元，陈鑫智队二百〇六万元，穆华轩队二百〇四万元，南京市银行业同业公会三千五百四十五万五千元（陈裕华队二百七十六万五千元、刘新锐队一百三十三万五千元、黄梓材、周励庸、章崐、冯子裁、曹天受、马雄文、杨谦五、史惠康、周延鼎、孙柏森、仲芙江、童一平、饶定基、潘树藩、劳高龄、张忻康、温广□、张德立、胡彦尊、梁节之、张雪宾、王文山、蔡永宁等廿三队各一百二十六万五千元，韩仲达队一百万元，杨天铎、龙剑书等二队各六十三万元），南京市钱商业同业公会一千万元（计由长和、厚康、通和、怡康、震丰、正中、同和、华夏、祥丰、京康、金陵、庚源、坤大、万利、成元、民康、京华、泰祥、保余、普利、荣和廿一单位统筹认募），叶公超队一百七十万元，傅曼云队一百四十九万五千元，王淑敏队一百四十八万九千元，陈熙仁队一百四十七万九千五百元，梅成章队一百三十万〇五千元，姚克方队一百三十万元，韩文焕、孙秀德、杨成一等三队各一百二十六万五千元，杨树信队一百一十七万元，沈慧莲队一百一十五万元，陈启明队一百一十二万元，龙鸿达、黄少谷、杨清心、余仲瑶、胡兰生、张简齐、陈越梅、徐观余、黄文锦等九队各一百万元，孙酉山队七十六万五千元，何百年队七十三万元，倪亮队六十六万元，项学儒队六十五万元，马星野、陈铭德等二队各五十万元，王国鸿队四十六万元，黄厚璞队三十五万元，王春青队三十二万元，梁其林［队］三十万元，许少卿队二十六万元，殷秀峰、傅况鳞等二队各二十万元。以上共计三亿零二百四十万元九千五百元正（整）

又本会此次筹募事业基金，除在各地发动社会人士广泛捐输外，并聘请全国军政首长担任荣誉队长，渥承各首长赞襄慷慨捐助，自八月二十日起至十一月底已收到捐款三千五百四十三万三千〇一十元，兹将各荣誉队长台衔公布于后以昭征信并致谢忱：

龙云队八百万元，李惟果队五百万元，缪秋杰队三百二十五万元，阎锡山队三百万元，胡宗南、黄杰等二队各二百万元，刘翼峰队一百八十一万四千〇一十元，曹日辉队一百二十万〇四千元，白崇禧、陈诚、郭懺、吴鼎昌、余汉谋、朱家骅等六队各一百万元，保定第六兵站总监部卫生处六十九万元，廖耀湘队五十七万五千元，桂永清、董其武等二队各五十万元，朱绍良、马超俊等二队各三十万元，薛岳队二十万元，周至柔队十万元。

谁说人间无温暖
毛衣赒（周）济难里人

红十字会员以救济人类痛苦为任务，二次大战以后，各国红十字会都本人道立场，协助政府及救济机关办理大战后的善后救济工作，本会自胜利复员以来即协助善后救济总署组织医疗队从事医疗救济工作，并在各分会举办儿童营养站，由行总供给牛奶，办理儿童营养补助工作。

天寒地冻，大雪纷飞，灾难中之人民，除了饥饿之外，复受寒冷的侵凌，本会除于两月前已制就大量的冬衣散发各灾区的人民外，最近复将行总拨来的毛线等物配发各灾区分会，就近发动女学生义务编织毛衣，分发难民，以度严寒的冬季。此项物资已决定以苏皖豫三省难民为对象，交由徐州、江都及安庆三个分会，联络附近各地分会共同办理。并以儿童重于成人，流亡重于安居为救济的［指］南针。因为儿童是下一代的主人，他们所受灾害的痛苦更深，而流亡难民其困苦之情况，亦自比安居平民更为深重，此次配发各分会之救济物资，数量虽不太多，然我们非常希望办理此项分发［的］分会，能直接对这寒冷之社会投送一点温暖，表示这人类的社会毕竟尚存有高洁的同情。兹将配发各分会物资列表于后：

	所属分会名称	物品名称	数量	单位
徐州区	徐州分会	毛绳	六七	磅
		羊毛衣	一〇	件
		男袜	一五〇	双
		女袜	五〇	双

	所属分会名称	物品名称	数量	单位
徐州区	砀山分会	毛绳	五〇	磅
		羊毛衣	八	件
		男袜	一五〇	双
		女袜	四〇	双
	亳县分会	毛绳	五〇	磅
		羊毛衣	八	件
		男袜	一五〇	双
		女袜	四〇	双
	涡阳分会	毛绳	五〇	磅
		羊毛衣	八	件
		男袜	一五〇	双
		女袜	四〇	双
	蚌埠分会	毛绳	五〇	磅
		羊毛衣	八	件
		男袜	一五〇	双
		女袜	四〇	双
	固始分会	毛绳	五〇	磅
		羊毛衣	八	件
		男袜	一五〇	双
		女袜	四〇	双
	洛阳分会	毛绳	五〇	磅
		羊毛衣	八	件
		男袜	一五〇	双
		女袜	四〇	双
	潢川分会	毛绳	五〇	磅
		羊毛衣	八	件
		男袜	一五〇	双
		女袜	四〇	双

内外动态

	所属分会名称	物品名称	数量	单位
徐州区	商邱分会	毛绳	四〇	磅
		羊毛衣	六	件
		男袜	一〇〇	双
		女袜	二五	双
	凤台分会	毛绳	四〇	磅
		羊毛衣	六	件
		男袜	一〇〇	双
		女袜	二五	双
	太和分会	毛绳	四〇	磅
		羊毛衣	八	件
		男袜	一〇〇	双
		女袜	二五	双
合计		毛绳	五三七	磅
		羊毛衣	八六	件
		女袜	四〇五	双
		男袜	一五〇〇	双
江都区	江都分会	毛绳	六七	磅
		羊毛衣	一〇	件
		男袜	一五〇	双
		女袜	五〇	双
	宝应分会	毛绳	四〇	磅
		羊毛衣	八	件
		男袜	一〇〇	双
		女袜	二五	双
	东台分会	毛绳	四〇	磅
		羊毛衣	六	件
		男袜	一〇〇	双
		女袜	二五	双

	所属分会名称	物品名称	数量	单位
江都区	泰县分会	毛绳	四〇	磅
		羊毛衣	六	件
		男袜	一〇〇	双
		女袜	二五	双
合计		毛绳	一八七	磅
		羊毛衣	三〇	件
		男袜	四五〇	双
		女袜	一二五	双
安庆区	安庆分会	毛绳	六六	磅
		羊毛衣	一〇	件
		男袜	一五〇	双
		女袜	五〇	双
	宿县分会	毛绳	四〇	磅
		羊毛衣	六	件
		男袜	一〇〇	双
		女袜	二五	双
	九江分会	毛绳	四〇	磅
		羊毛衣	六	件
		男袜	一〇〇	双
		女袜	二五	双
	潜山分会	毛绳	四〇	磅
		羊毛衣	六	件
		男袜	一〇〇	双
		女袜	二五	双
合计		毛绳	一八六	磅
		羊毛衣	二八	件
		男袜	四五〇	双
		女袜	一二五	双
总计		毛绳	九一〇	磅
		羊毛衣	一四四	件
		男袜	二四〇〇	双
		女袜	六五五	双

内外动态

327

幼吾幼以及人之幼
罗尔捐款分配确定

本会前准美国红十字会拨来已故罗尔先生遗产美金二、七七五元，作为救济中国孤苦儿童之用后，业经通知各地分会调查当地孤苦儿童之人数，详情已志上期本刊，兹悉该项美金折合国币一五六、七二七、四七五元，根据各地分会所报当地受战事影响之失依失养孤儿的人数及当地制作棉衣一套工料两项所需的价款，足够每一孤儿制发棉衣壹套，乃于本月中旬将该款分配定妥，并汇发各分会即日赶制，分发各救济机关内之儿童。兹将各分会所报孤儿人数及实发款数分列于后。

分会名称	收容孤儿机关名称	孤儿人数	每套棉衣工料价格	汇发款数
徐州市分会	徐州市立救济院	五〇	一五九、〇〇〇元	七、九五〇、〇〇〇元
济南市分会	济南市立救济院	一五三	一六九、〇〇〇元	二五、八五七、〇〇〇元
安庆市分会	私立忆然育幼所	一〇五	一五六、〇〇〇元	一六、三八〇、〇〇〇元
平凉县分会	1. 平凉分会恤孤育幼院 2. 平凉天主堂难民所	三八	一八三、〇〇〇元	六、九五四、〇〇〇元
苍梧县分会	苍梧县育幼所	一一四	一三一、〇〇〇元	一四、九五四、〇〇〇元
南阳县分会	南阳县救济院	三二八	一五五、〇〇〇元	三九、八六〇、四七五元
砀山县分会	儿童习艺所	七一	二三〇、〇〇〇元	一六、三三〇、〇〇〇元
江都县分会	江都县救济院育幼所	一〇七	二六六、〇〇〇元	二八、四六二、〇〇〇元
合计		九六六		一五六、七二七、四七五元

据以上八个分会所报的孤儿人数九六六人，在这灾难遍地的中国，当是微乎其微的一个数字，不知还有多少无人过问的孤苦儿童在寒风中颠慄，在饥饿线上呻吟，急待社会上的救济。但今日的世界，利害超过

了一切，而遥远的友邦捐出这一笔款项，给我们的孤儿增加一些温暖，这不仅蕴藏着至高的敬意，圣洁的同情，更代表着人类的仁爱，象征这个世界毕竟不是冷酷的理智所可操持的。

成都大水本会拨款救济
灌县分会办理巡回医疗

四川是天府之国，一向以富足称名，虽然在十多年以前，尚苦于军阀们的榨取、剥削、供应无穷，但这仍无损于先天之富，八年抗战之经济基础，多半是建立在这"天府之国"的富源上。然而人为之灾害毕竟是有限止而且有所防御，只有天灾才是灭绝生产而且广泛无涯的。今年夏初，川西一带大雨倾盆，延十余日不止，川北各县均为水溢，加以泯沱江上游山洪暴发，水势尤为洶洶（汹汹），沿河圮汛，田地卢舍，冲毁无数，桥梁折毁，交通断绝，如是者三十余县，而成都系属盆地，泛滥之重，为四川近数十年所未有。

总会于得讯后，连同粤桂水灾一并发动募捐赈济，因成都分会尚未正式恢复，乃电令灌县分会就近办理救济工作，并以本会目前服务仍以医疗为中心，故于汇发账款三百八十万元之外，复拨药品一批由灌县分会组织巡回医疗队办理水灾后疫患之救济。

灌县分会接令后，迅即开会公推该分会医院院长欧阳塈担任巡回医疗队队长，筹备进行，并转托董仲涵君赴重庆高滩岩总会材料库代领总会所拨的药品材料。

及药品领得后，巡回医疗队决定于九月十六日出发，先由队长欧阳塈赴蓉，部署工作前所必需之准备，如登报发布消息及请有关机关协助等等事宜。至十七日全队人员到达后乃开始工作。

为使社会人士明了本队的任务及便利灾疫人民就诊起见，事前制有大量的宣传文件及标语，普遍散发并制红十字旗一大面为本队的标记。

诊疗时间定为每日午前九时至十二时，午后二时至五时。诊疗方式，分家庭访视与巡回分区诊疗两种。家庭访视系由队中派队员数人分往受灾之户，探视是否有生病之人，如有即施药诊治，并对其家庭卫生加以指示。分区诊疗系利用各公共场所作为临时诊疗处，每到一处，即雇更夫鸣锣传知，不论贫富，凡患有疾病者均一律予以施诊，及此处患疾病者均经诊治处再移驻别处，如是由城北移至城东，由城东再移城南，红十字旗帜巡遍四城驻所共移五处。

关于病例之分别，来队就诊者以患腹泻、疟疾、赤痢为多，而流行性感冒亦至不少，此皆因营养不足复受潮湿寒冷所致。

在蓉施诊期限，原定为八日，从九月十七日起至二十四日止，后接准成都市第七保保长来函挽留，乃至二十五日转赴该保施诊，计施诊九日，医治二千八百一一四人，预防接种七十五人。

在蓉施诊期间，得各方协助甚多，其最著者系与省立医院社会服务部洽定，如本队诊断时发现有必需住院者，即由本队具条送往该院免费住院医治，九日中共计送去四人。

此次在蓉巡回诊疗，除去药物消耗不计外，共计用去国币七百八十六万一千七百元，此款均系总会拨给。

由于此次巡回医疗之实施及总会以后拨发之一千三百套单衣，不仅对水灾后之人民发挥了救济之效果，且将红十字的博爱人类的精神，永留在成都人们的心里。

救灾点滴

（1）丰顺县分会九月下旬向韩江水灾救济会领到赈米二十九大包，计重四千六百五十二磅，及麦片三百磅，以赈灾黎。该分会于十月上旬即制发米证，于该县金权乡、埔头乡、颖美乡、龙田乡、同岭乡、埔三乡各灾区发放，每户发米（或麦片）五磅，共赈九百九十户，赈米四千六百五十二磅，麦片三百磅。

（2）镇远县城内四牌正街于十一月初发生大火，受灾户口甚多，均无家可栖，嗷嗷待哺，镇远县分会协同县政府发动劝募，共捐国币九百余万元，赈济灾户，并由县府与分会分呈贵州省政府及总会设法救济。

（3）新蔡县于八九月份……疮痍满目，民不聊生，新蔡县分会协同县政府召集各界人士发动赈灾筹备会议，并由该分会负调查灾民任务，共组调查组三组，分三区十二乡镇调查灾情及灾民人数，以便赈济。

（4）邕宁县城内西关街北一里于十月七日下午发生火警，邕宁县分会闻讯后，立即派消防队、救护队携带灭火器具、卫生药囊驰赴抢救，当场救护被火灼伤灾民梁李氏等六人，当晚由该会收容住宿并施粥三天，用米三五〇斤，用款八十五万三千元，救济一六三人。

又邕宁县分会于九月份赈发南宁城区水灾救济米二千六百四十六市斤，计赈灾民二千六百四十六人，该项赈米系由邕宁县政府救灾委员会拨给赈款四百万元所购。

（5）郾城县分会因豫东局势紧张，难民逃往郾城者络绎不绝，餐风露宿，情形至为凄苦，经向善后救济总署河南分署商借帐篷多顶，以资难民临时住宿。

（6）洛阳县分会因豫西战事吃紧，难民逃至洛阳者甚多，乃于十月内设立临时妇孺避难所，收容会所附近之难民前来住宿，十月份共收容难民一五二人。

会务杂缀

一、组织情形

（1）十、十一两月份呈请组设新分会者，计有四川省乐山县，安徽省歙县、潜山县，江苏省崇明县，河北省天津县，湖北省麻城县等六处。

（2）十、十一两月份呈报恢复会务者计有浙江省杭州市，贵州省贵阳市，广东省潮安县等三处。

（3）本会第二次常务理事会议决定于分会下设立支会，以资推进乡村服务以后，各地分会遵照成立支会者，计信阳县分会成立支会一处：东双河支会；连城县分会成立支会一处：龙湖乡支会；凤台县分会成立支会三处：东石峡支会、展沟乡支会、行署乡支会；孝感县分会成立支会一处：花园支会。以上共计六个支会。

二、征募会员

（1）南京市分会本年度征募会员运动十一月份共计征得团体会员二个，名誉会员二四人，特别会员二○五人，普通会员八九六人，青年会员四二、九九九人。收得捐款一千三百万元。

（2）十一月份各地分会征得各种会员统计如次：

名　誉　会　员　九五人

特　别　会　员　一五五九人

普通会员人　五○人。

青年会员人　四○人。

三、奖励

正定县分会已故会长娄云鹤，自民国十七年接长（掌）该分会会务后，创立医院举办救济事业，颇著成绩，不幸"七七"事变，二十六年九月六日晨敌骑侵至正定县城，娄故会长目视异族，破我山河，忧愤于心，乃联络国军守城，并亲率担架队营救负伤军民，卒以守城兵力单弱，为敌攻陷，高桥克己队大肆屠杀，该故会长身中七刺刀，壮烈殉国，其子家骥任救护队长亦同时遇难，本会以其志行壮烈，乃经呈请行政院题颁"忠烈成仁"匾额一份，以资矜式。

图书阅览与营养补助

（1）总会阅览室十一月份开放二十六天，前来阅览者，男性二、一二八人，女性五六人，儿童五八人，借出书籍三四四册，收到新订及赠来书刊七〇册。

流动图书供应站本月份调换图书杂志两次，阅览人数，计中央医院男性一六五人，女性三五人，中大附属医院男［性］四一人，女性三七人。

（2）章邱县分会阅报室本月供应人数三十人。

（3）□县分会儿童阅览室本月阅览人数一百人。

（4）临汝县分会阅览室本月阅览人数一二五人。

（5）郾城县分会于本月二十日成立会员交谊室，设置各种书报及本会刊物等以供会员阅览。

（6）南京市分会于本月十六十八及二十九日派员赴挹江门新兵招待所慰劳过境新兵，代写书信三千五百五十八封。

（7）南京市分会营养站十一月份饮奶人数二五〇人，发奶粉三二二磅，淡奶一、四五四听。

又诊所社会服务处十一月份发给贫弱病人多种维他命丸一三、九二〇粒，共四六二人。

救护设施与医药供应

一、救护设施

（一）洛阳分会二三事：

（1）该分会以豫西发生激战后，伤亡军队甚多，乃就该分会医院成立伤兵治疗站，并在郊外设立伤兵治疗所，为伤兵服务。

（2）该分会以战争伤亡甚多，军医缺乏，乃发动义务医师为伤亡服务，以十区公立医院院长为队长，该分会会长为副队长，成立医务人员战时服务队，每日出发至野战医院担任伤兵治疗工作。

（3）该分会复以战区负伤民众甚多，亦待治疗，乃于每日派出救护队巡回治疗。

（二）郏县分会于县城收复后，邀同中西医师捐助药品组织救护队，以王尚德、李光照为正副队长，率同队员四十人出发救护，计治疗伤兵三百一十九人，救出难民及重伤军民一千五百余人，掩埋尸体一二九具。

（三）南昌市分会参加南昌市医药界人士组织救护大队。该分会担任第三中队组训等项工作。

二、医药服务

（一）南京沙眼防治所治疗组，本月份初诊一、〇六四人，复诊七、四七四人，施行手术三十四次。

又该所学校卫生组本月份举行卫生讲话，参加听讲学生三、二八九人，改善环境卫生八次，矫治沙眼一八、〇一六次，矫治其他三三三次。

（二）本会上海第一医院需要深透性 X 光治疗机，本会已予函请联总发给。

（三）长春市分会呈请拟将前伪满赤十字社哈尔滨医学院在长恢复，改为该分会附属医学院，本会已代函教育部洽商。

（四）江都县分会为推进医药服务及筹募医药基金，发动健康券义售，每张券售一万元，推行成绩良好，预定之一万张已售出十分之七以上。

（五）新蔡县分会诊疗所九月十一日成立，共有医务人员八人。

（六）永嘉县分会沙眼防治所于本月成立。已开始应诊。

材料供应与工作统计

一、材料供应

分会名称	供应数量	分会名称	供应数量
上海市分会	二十五种	青浦县分会	六十四种
南京市分会	三十种	江都县分会	二十一种
南昌市分会	三十八种	北平分会	六十六种
重庆市分会	六十五种	永嘉县分会	二十九种
沈阳市分会	一二八种		

此外又发遗族学校、传染病院等十二机关药品共一百〇六种。

二、工作统计

自本年九月一日至九月三十一日之三旬中，各分会医疗工作统计如后：

科别	初诊人数	复诊人数
内科	一五、一四七人	一九、九四二人
外科	一〇、二七六人	二一、五四一人
妇产儿科	六、三七六人	八、八六四人
其他科	一六、九三六人	二〇、三九七人
疫苗注射	一〇、七七八人	
X 光透视	一、三〇七人	
X 光照相	七五人	
种痘	四〇一人	
接生		
体格检查	二四八人	

（原载《红十字月刊》1947 年第 23 期，第 17—24 页）

中国红十字会新闻（八）

白色诊疗车流动服务
陈范我先生编赠歌词

　　本会上海市分会鉴于贫病同胞之痛苦暨社会大众之需要，特联络上海民营广播电台中华自由、金都、亚美、麟记、大中华、大陆、东方、华美、元昌、鹤鸣、合众、福音、亚洲、合作、民声、九九、新声、大中国、新沪、大同、中国文化、建成等廿二家合办流动诊疗车，由上列廿二家电台于九月十七日至十九日三天，联合播送特别节目，举行空中劝募。三日所得，计国币一亿二千七百余万元，并蒙美国红十字会等慨助药品及救护车一辆，经多方之努力筹划并将救护车迅速改装为第一辆诊疗车。经过改装之后，车身披上洁白的颜色，车外漆有鲜红的红十字标记，并注明"中国红十字会上海市分会"及"上海市民营广播电台工会"合办"流动诊疗车"，左右首分别载明"美国红十字会捐赠"及捐款满一百万元以上之热心人士台衔。第一日开幕典礼，在"双十"国庆纪念日下午二时，假新闻路上海分会举行，到有诊疗事业委员会委员王显廷、苏祖国、汪涵万、周汝杰、张元贤、郭兰馨、殷新甫诸君暨各界代表，并请卫生局长张维揭幕，名票隽鸿英女士剪彩，情绪热烈，银剪一刀，诊疗车就开始他的生命，在东南西北四个诊疗站上轮流服务，服务详情，已送志本刊。兹闻陈范我先生，为鼓励热心人士，赞助此项事业，普遍为民众服务，曾编赠歌词一阕，题为"穷人的救星开篇"，词句剀切动人，特录之以飨读者。原词如下：

朔风凛凛近黄昏，秋尽冬来夜色沉，小楼一角声寂寂，独对寒灯闷黄昏，想我是，药炉茶社相依命，无端一病到如今，（可怜我）骨立形消成病态，面黄肌瘦误青春，可怜我，胃口全无胸膈闷，一盂薄粥过黄昏，（可怜我）咳嗽频来气又急，鲜红吐血沾衣襟，（可怜我）小鹿心头如烈火，肢酸足软苦呻吟，（可怜我）白发双亲来看护，劬劳未报不安心，（可怜我）家无财产身沾病，典质无门两袖清，（可怜我）出门劳碌求医苦，来去奔波怨煞人。（如今是）忽来喜信传消息，确是穷人好救星，电台公会多提倡，红十字会诸公自赞成，（合办那）流动诊疗车一辆，施医给药好良心，内外各科多预备，更将药品送穷人，不须跋涉多行路，（仿佛那）出诊医生到我门，此中功德令人敬，永留印象好声名，（但是那）经费还须多劝募，（方能够）左右逢源事业成，诸君怜惜穷人苦，慷慨捐款表同情，集腋成裘从古道，聚沙为塔不虚文，（将来是）扩充内部范围大，毕竟穷人有救星，保佑（你）诸君多子孙。

红十字旗到学校
温暖赠给苦学生
（江都分会配发毛衣纪实）

江都县分会领到总会拨发的绒线毛衣后，即本照总会指示的原则，以学行优良、家境清寒的中学生为配发的对象，后因中学生人数太多，限于数量，乃以初中同学为限，江都共有初中十四校，每校决定配发十份，使每校清寒同学都有得到温暖的机会。

先是遵照总会规定，必须将物质变成制成品，使受赠者直接受惠，所以在领到物资的两个礼拜内，即发动本会女会员每人编织绒线背心一件，她们虽都是大家的主妇，或功课正忙的学生，平素自己衣服都无暇裁制的人，这次却都十分热心，甚至夜以继日手不停的赶做，所以在一周内即织成二十件近一磅重的绒衫，这是值得我们深深的钦佩的。

毛衣织好以后，即和各校约定散发的时间，从十二月十二日开始，每日由分会总干事及干事诸人分头工作。

但是到各学校，不仅是赠发毛衣，还做了两项附带的工作，一是巡回演讲，二是征求会员，同时还散发一些宣传品，如总会出版的廿一、廿二两期《红十字月刊》，和分会编印的一周年纪念特刊。讲演的大意是毛衣的来源、红十字会的性质与任务、如何加入红十字会和分会目前所办工作情形。

关于每校应得毛衣的十个学生名单，是请由各校当局事先调查开列送给分会的，分会根据名单，将毛衣送到各校直接发给名单上有名的学生，自廿二日起到廿七日止，共发十校，其余五校均考试延搁，拟于考试后补发。

虽然我们是输给别人的温暖，但我们仍须各校老师的热情协助，给予我们许多工作上的方便，使我们附带的两项任务，都能做到。而引以为歉的就是我们目睹到许多老师和同学都希望得到这种"温暖"的赠予，只可惜物资太少，没有达成他们的希望。

因为许多清苦同学得到这种稀有的温暖，以而一般同学都向我们倾注了他们的热烈的感情，在正谊中学里就有不少同学嚷到教务处要加入本会为青年会员。这是因为本会"博爱人类"的伟大精神，感动了他们的心弦，所以我们在散发毛衣之后，同时也就收回了许多青年会员。而尤其值得庆慰的，是有很多老师都"以身作教"的率先加入本会为特别会员。

会务杂志

一、组织情形

十二月份呈请组设新分会者，计有江苏省丰县、无锡县，山东省莱阳县，河南省开封市等四处。

溯自复员以来，至目前为止，共有分会一百七十八处。三十六年成立及恢复者共四十六处。

又自复员以后至目前为止已成立之支会共有六处，已成立之乡村服务站共一处。

二、征募运动

（一）本会前为统一征募运动，曾于上月通令各分会自三十七年度起，各分会征求会员及筹募基金，均于每年十月一日至十日举行红十字宣传周时，合并办理，其有特殊需要须提前或迟后办理者，亦须事前呈报总会核准。

（二）本会此次筹募事业基金系分区办理，除南京区劝募队经募款额及捐款人台衔已于上期本刊公布外，兹将至目前为止，各区筹募款额分列于后：

中央及中区　　七一、九九三、〇一〇元
南京区　　　　三一三、六五四、五〇〇元
上海区　　　　八三一、三四四、〇〇〇元
各地分会　　　一三三、五一〇、〇〇〇元
总会同仁　　　一七、三九二、〇〇〇元
义卖　　　　　一九三、二〇〇、〇〇〇元

以上七项共计收入国币一五六一、〇九三、五一〇元

又此次各区劝募队劝募成绩，最高纪录为前保定绥靖公署主任孙连仲将军共捐二千三百五十万元。

十二月份各地分会征得各种会员统计如下：

团体会员　四人
名誉会员　七七人
特别会员　一、六九七人
普通会员　二〇一人
青年会员　六一人
共　　计　二、〇四〇人

三十六年度全年征得各种会员共计如下：

团体会员　一二六人
名誉会员　九二八人
特别会员　一七、二七五人
普通会员　二九、〇六六人
青年会员　三二、九〇六人
总　　计　八〇、三〇一人

自复员以后至三十六年十二月月底止征得各种会员共计如下：

团体会员　三五〇人
名誉会员　二、四九〇人
特别会员　二四、二五〇人
普通会员　九六、六二九人
青年会员　一五四、〇四三人
总　　计　二七七、六七二人，外加尚未分类之会员三二、六六六人，共为三一〇、三三八人。

（三）本会各种会员纳费标准，自本年三月一日调整以来，迄未增加，兹以物价高涨，会员章证成本已超所纳会费，为弥补章证成本，特定自三十七年二月十五日起调整如下：

团体会员　一次缴纳会费国币五十万元以上

名誉会员　一次缴纳会费国币三十万元以上

特别会员　一次缴纳会费十万元以上

普通会员　每年缴纳会费二万元

青年会员　每年缴纳会费一万元

以上增加会费规定除另行文各分会一律遵照外，特于本刊公布，以资周知。

服务汇报

（一）遂宁县分会因该县城区镇于十一月上旬发生火灾，被毁房屋二十余间，受灾者多属贫民，情至惨恻，乃发起紧急募捐运动，计募得捐款二百二十四万元，按灾情轻重发放赈款，灾重者每人发四万元，灾轻者每人发两万元，于十二月一日会同当地保甲长发放竣事，计轻灾十六人，共发三十二万元，重灾四十八人，共发一百九十二万元。

（二）固始县分会因该县迭遭兵火，灾情惨重，逐日经过伤患军民，异常众多，除于会所内设立过境伤患医疗站外，并于九十月间，由该分会代理会长吴紫英自捐棺木十具，每具七万元，捐赠伤兵慰劳品一百份，每份有毛巾一条，茶点四两，香烟二包，火柴一盒，代价六千元，共计用款一百三十万元。

（三）南京市分会十二月份派出工作人员赴挹江门新兵招待所慰劳过境新兵三次，代写书信三、五五八封，（多致其家中者，以后并收到很多回信，可惜新兵驻地不定，转送困难，本会现正代谋投递中）并向京市各大酒店捐募茶点及音乐演奏，以为娱慰。

（四）武清县分会于本年十一月十二日……救护负重伤之守城自卫队兵二十三人，并于十三日清早由会长亲率救护队，分赴县城附近各村医治轻伤军民五十六人，掩埋死亡八名。

（五）平度县分会因鉴于青岛难民收容所医药之缺乏，乃自十二月起派全体救护队员，携带药品，每日按时前往各难民收容所，免费为患病难民医治，治愈难民甚多。

又该分会于七、八、九、十四个月在平度、即墨及青岛外围等处诊治病伤军民，共达六千三百二十人之多。

（六）砀山县分会于十一月八日夜十时……派救护队四分队分在四门裹伤所，救护军民，并在东门内设收容所一处，在西门设收容所二处，东门外西门外，各设收容所一处，收容负伤军民。综计此次战役，掩埋死尸四百四十一具，马尸三匹，治疗负伤民众三百六十人，收容负伤官兵六十一人。

（七）平凉县分会恤孤育婴院于十一月份收养孤儿十名，消耗物资牛乳三百磅，鸡蛋三百枚，及国币二百万元。

（八）绥中县分会十一月份资送难民赵王氏归里，发给东北流通券二千元正（整），救济伤兵一人出院旅费东北流通券四千元。

又举行阵亡军民慰灵大祭一次，各机关学校参加人数共一千五百三十人。

（九）连城县分会十一月份赠送潮安过境难民旧衣六件，布鞋一双，国币四万五千元。

（十）南京市分会牛奶站十二月份领奶人数二五〇人，供应奶粉三二二磅，淡奶一、四五〇听。

又社会服务部发出多种维他命丸九一三、九二〇粒，请领者四六二人。又核准免费诊病者一六一人，救护车出动服务五次。

（十一）总会阅览室，十二月份共有阅览人数，男性二二三人，女性一二二人，儿童五五人，合计四〇〇人，借出书刊六三四册，新购图书六册，期刊八四册，画报四册。

流动图书供应情形：中央医院供应男性一六七人，女性三九人；中大医院供应人数男性六一人，女性三〇人。

（十二）自本年十月一日至十月三十一日之三旬中，各分会医疗工作统计如后：

科别	初诊人数	复诊人数
内科	一一、九二三人	一六、〇二四人
外科	七、一六六人	一六、七四五人
妇产儿科	五、一四一人	七、六一九人
其他科	一二、七四七人	一五、一〇六人
疫苗注射	二七、七八五人	
X光透视	一、〇三〇人	
X光照相	一〇五人	

科别	初诊人数	复诊人数
种痘	九一七人	
接生	六三人	
体格检查	一、三一六人	

（原载《红十字月刊》1947年第24期，第22-25页）

国际红十字会动态（一）

汤副秘书长出席国际会议续志

本会汤副秘书长赴日内瓦出席修改日内瓦公约政府专家会议，已于四月二十六日会议完毕，汤副秘书长于会后分访国际红十字委员会及国际儿童福利协会，即返回巴黎，于五月十九、二十两日在巴黎参加红联之特别小组会议（加强国际红十字会之设计研究会议）。该会议讨论决定由国际红十字委员会及红联各推代表两人，国际红十字会常设委员会推代表一人，共同组织联络机构，并请各国红十字会提供意见，预备提出国际红十字大会讨论。五月二十一至二十三日，仍在巴黎出席红联之执行委员会会议。二十一［日］上午开会，由奥康纳致开会词，罗格等报告红联半年来之工作。二十二日上午讨论区域会议、红联法规及新成立红会申请加入红联等问题，均有热烈讨论。红联本年预算为八○○、○○○瑞士法郎，明年拟增一、二○○、○○○瑞士法郎一案，照原案通过，并以新红十字公约行将于明年四月以前由各国外交会议签订，此次讨论主张在各国政府签订以前，先召开国际红十字大会共同予以商讨云。

匈牙利红会的社会服务部

匈牙利红十字会社会服务部于一九四四年以前即已自行举办社会服务工作人员及义务协助者之训练班，该部设有图书馆，搜藏有关社会服务之书籍，以供受训人员及红会会员阅读之用。该部事业计设立小规模之颐养院一所（七个病床）推进医药社会服务工作，托儿所（日夜托儿）十四个，学徒保护组设有学徒留养院三个，贫民栖留所三个，残疾教养所数个，并于监狱社会工作及战争罹难者协助，均有推进。

国际红十字委员会新任代理主席

国际红十字委员会名誉主席马克斯休伯氏，自一九四二年以来，即任该会代理主席，现已辞去兼职，代理主席一席改由副主席葛罗尔及波美氏两人□任云。查休伯氏自一九二三年即为国际红十字委员会之委员，自一九二八年任委员会主席，本任教于 Zurich 大学担任国际法课程，一九二五年至一九二七年任海牙国际法庭庭长。因其睿知（智）之领导，使国际红十字委员会于两次世界大战及其中间时期，声誉地位均为大增。所著书籍如一九四二年出版之《红十字会——原则与问题》及本年出版之《国际法中红十字会之原则工作及其问题》，对于红十字会性质及地位，均有极深湛之阐发。

红联青年部新设施

红联青年部自本年一月起出版红十字青年通信一种，按月出版，特开"读者心声"一栏，希望读者投书，公（共）同讨论有关红十字青年问题。又据该刊报导（道），红联于去年召开执行委员会时（去年十一月二十九至三十在巴黎举行）议决组设红十字青年顾问委员会，以比利时、加拿大、捷克、法国、英国、巴拿马、瑞典、土耳其、美国、苏联等国之红十字青年部代表为委员，并推美国代表为该会主席。

加拿大红十字青年残废儿童医院

加拿大红十字青年所设之残废儿童医院两处，办理已有多年，治疗残废儿童一〇、二二七人，院中为卧床病童请有专门教师，协助儿童继续读书，学习各种手艺，其他儿童则仍送之学校求学或赴工作场所操作，或参加音乐会等社交生活，当地民众及社团并时时举行音乐会，开映电影，举行野餐，以娱儿童。该会最近行将第三个儿童医院成立，并于雷琴那医院中增加七十五个病床之儿童病院一所。

红十字会消息汇志

古巴红十字会原计划自购飞机，推行救护服务，以经费困难，乃改与私有飞机之主人商定，组织救护飞机服务队，俾于灾难中运送伤病、医生护士、药品。急救器材、济救海上失事之船舶及人员暨水灾中孤立之民云。

法国红十字会总会于一九四二年成立护士图书馆一所，藏有历史文学社会科学及传记等书甚多，最近又增加医药护理及红十字会有关书籍，并添设借书部及售书部，凡各地分会需购书籍，该馆均可代办云。

（原载《红十字月刊》1947 年第 17 期，第 41 页）

国际红十字会动态（二）

（蒋会长出国参加国际会议）

金常务理事宝善赴美出席世界卫生组织会议
汤副秘书长畅游美国访问美红会各地分会

自复员以来，本会国际地位，日渐隆著，除胡秘书长、曾副秘书长先后出国访问并参加各次国际会议，已见本刊以往各期报导（道）外，本会常务理事卫生部金次长宝善，已于本月上旬赴美，出席世界卫生组织会议，行前携带本会工作资料以便宣传。汤副秘书长于七月三日抵纽约后，即拟访问美国各地之红十字会及卫生机关，故于十六日转华盛顿。美红会热烈招待，排定日程，参观访问，备极辛劳，复于百忙之中代表政府参加国际第五次产科会议，并与美红会各主管部门讨论各项问题，兹已于八月廿四日赴芝加哥。闻将于九月中离旧金山返国云。本会蒋会长梦麟于上月底赴英出席九月五日在伦敦举行之第十届太平洋学会，蒋会长于该会开幕典礼中演说，强调目前太平洋所发生的各种问题，是西方文化与东方文化接触后激荡摩擦的结果，建议在会议中东方供给材料，西方供给讨论方法，并主张各代表以历史的眼光，加上同情的谅解，来讨论远东问题，博得很久的掌声。会后蒋会长拟赴日内瓦访问红十字会国际联合会，并顺便参加红联之执行委员会会议。查蒋会长为红联之一副主席，此系第一次亲临日内瓦参加，届时招待，必有一番盛况，可预卜也。

（下略）

（原载《红十字月刊》1947 年第 20 期，第 43 页）

国际红十字会动态（三）

蒋会长汤副秘书长先后返国

蒋会长梦麟自伦敦太平洋学会闭幕，曾便赴日内瓦访问红十字会联合会秘书处，即于本月初搭乘飞机首途返国，十二日抵港，十四日返沪，十六日接见记者，畅谈太平洋学会会议经过，略谓："本届大会远东国家除印尼、安南、日本三国外，其余各国均有代表出席。会间对各国工业经济文化教育民主主义等问题，均曾广泛交换意见。对于日本问题，各国代表咸感再教育工作之重要，对于我国国内政治，则未予讨论。大会因限于交换意见，并无决议，故一切意见，记录后仅供各国参考。"蒋会长并谓"留英期间，考察英国社会之各方面，深感英国今日之经济情况，实至严重。目前英国至少有一千万人，其食物必需仰赖国外输入。市场上猪肉极为少见，鸡蛋竟告绝迹。因此英国政府对物资之统制，较战时尤为严厉。一方面人民所需均受配给，国王首相亦无例外；另一方面所有物资政府强制必须出售，以防囤积。余友家中养猪，欲求自食竟不获准，所生鸡蛋，亦必须在市场公开出售。惟英国物资虽极缺乏，但无黑市存在，此盖英人习于守法，宁愿个人忍受困难，不愿增加国家之危难。此种精神值得吾人之钦敬与学习"云。

汤副秘书长蠡舟于本月四日搭轮离旧金山返国，已于二十七日平安抵沪，本会上海办事处、东南医学院师友等多人，前往欢迎。汤副秘书长此行携有红十字文献不少，其中一部分系自书坊中购来，已属现时罕见之书籍。又汤副秘书长因鉴于训练工作之重要，故此次携回资料中，特多训练教材，以便本会今后训练工作，有所参考云。

（下略）

（原载《红十字月刊》1947 年第 22 期，第 25 页）

本会国际关系杂志

本会一九四七年应缴国际红十字协会会费一七、二六九、八〇瑞士法郎，早经购备英金一千磅待缴，因欧洲外汇兑换之困难，几经周折，始于本年十二月经托美红会以瑞士法郎缴到国际红十字协会。明年度会费增至二万五千瑞士法郎，本会亦已函复承允照缴。

本会会长蒋梦麟博士为国际红十字协会副主席之一，国际红十字协会各种小组委员会，本会被推参加者计有下列三个：

（1）加强国际红十字委员会之研究委员会（Commission to study ways and means of reinforcing the International Committee of the Red Cross）

（2）研究国际红十字新公约草案委员会（Commission to examine the text of draft Conventions to be submitted to the International Red Cross conference Stockholm 1948）

（3）和平问题研究委员会（Peace Commission）

关于前两个委员会之报告，已拟提出明年八月第十七次国际红十字大会讨论，和平问题研究会则拟于明年三月开第一次会议云。

新西兰红十字会前于七月间托国际红十字协会转赠二八八、九五瑞士法郎，作儿童救济及医药救济之用，兹复于本月捐赠儿童救济金二五七、六〇瑞士法郎，本会除函复志谢外，已拟定救济计划，一月份即将实施。

（原载《红十字月刊》1947 年第 24 期，第 25 页）

杂　　俎

编余（一）

江晦明

很多的读者，接受一本杂志或是一张报纸，很少有人从头到尾，把一本杂志或是一张报纸看个一字不留，像"如剃僧发，如折袜线"那般仔细的。如果真是有的话，那位读者一定是间极无聊，因为每人爱好有偏，选择所爱好一读的兴趣，便不可篇篇强同了。

本刊选载的文稿，虽然很想具有统一完整的意志与情思，所谓分门别类，仍不失组于纲领，统干主旨，而自为浑成之作。可是，读者批阅之际，仍然难得"如剃僧发，如折袜线"那样字斟句酌的。也许看过完了，也许翻过完了，也许放过完了。

这不是假想，也不是推敲，因为每一本杂志，每一张报纸命运皆同，又何独于本刊特异？在一般人想来，该是失去编辑之趣了。其实不然。细加追索，更是增加编辑之趣。不管是看过完了，或是翻过完了，或是放过完了，甚而就算是嗅过完了；要是看一看便值一看，翻一翻便值一翻，甚或嗅一嗅便值一嗅，那就成了。至少这本杂志，已有适合人的偏爱之处，已有满足人的投视之点，正须有好文笔，还须有好资料，更须有好图照，才足以当之所谓惊鸿一瞥，要是蓦地不惊，怎好逗回一盼呢？

这不是编者聊自慰情于无的想法，由于接自四面八方不同偏好的读者来书，我发觉了这反应的真实性。所以特于这一期敬向作者致意，心血一点没有白花，贡献一点没有落空，凡是刊载于本刊的文字和图画，在读者一看、一翻、一放、一嗅之间，都是通过了读者爱好的。所以这一期特向作者致敬！

（原载《红十字月刊》1947 年第 17 期，第 26 页）

345

编余（二）

江晦鸣

战争的祸害，谁忍卒视？这年头，兵连祸结，还不算数，人为的灾难——像黄堤停修，天然的荒歉——像粤桂旱涝，都是民命堪虞！红十字会的责任艰巨——救灾恤兵，义无反顾，然而为了无钱，叹一声"有心无力"，难道就此罢了？

历史是一面镜子，战乱的惨象，在城市是："居无尺椽，人无烟□，萧条凄惨，兽游鬼哭"，今天的四平街，小小的城市已被战火吞没了。

看拉锯地区，不论是苏北、鲁南、晋、陕、豫、冀、绥、察……真个是"自经寇难，百姓凋残，地阔人稀，多有盗贼，漕运商旅，万分艰虞。"

不看农村也罢，要看也是："百姓质乞，田畴荒秽"，农人各个愁眉，谷菽粒粒未种，受到极重的摧残，跟着来的何处不是普遍的饥荒？

就算幸运地隔离了炮火，可是新承兵戈之后，又受内乱的影响，"物价腾贵"，把生活指数扶上天去，恐怕家家无兼时之积！除了豪门富贵，谁也就说不上生活，尤其是公务员和军队都大闹生活问题了。

这样地下去，明智的政治家，当然有他的明快抉择，可是放在眼前的灾难，逼迫的马上不能活的，和呻吟待救的，我们不能不见事不救呀！红十字会为了扩展它的救恤事业，发起筹募事业基金运动，意义很简单，我们自信能争得到国际同情的救恤物资，我们却不能不自我地争取"自己同情自己的行动"——"救人等于自救"，"助人等于自助"，这年头，需要我们赶快自己同情自己，也要有个明快的抉择了。

（原载《红十字月刊》1947 年第 18 期，不著页码。）

南丁格尔誓言

我很谨慎地在上帝和会众前宣誓，愿我的一生，纯洁忠诚服务，勿为有损无益的事，勿取（屈）服或被用有害的医物，当尽我的力，以增高我职业的程度，凡在服务时所知道的所听到的个人私事和一切家务，都应严守秘密，我将竭我的忠诚，帮助医师做事，并且专心一志的注意，爱护我病者的幸福。

（原载《红十字月刊》1947 年第 19 期，第 21 页）

编余（三）

江晦鸣

诵少陵"乾坤含疮痍，忧虞何时毕"之句，只觉中国人民太不幸了！不然，古人感时慨世的诗句，到今天只会叫人欣赏，不会叫人伤戚的。

多灾多难的中国，尤其是今年，真个是天灾人祸，纷至沓来！举其大者，河北的旱灾为六十年来所未有，两广的水灾以及川西平原的水灾均为百年来所未有，而黄泛区域、长江中游也都岌岌可危，随时感受水灾的威胁。天灾之外，人祸惨烈，八年烽火余生，谁不心悸肉颤，抚髀与悲？

苦难，折磨了成千累万的同胞，外于苦难的，谁都表示同情，可是同情不是镜花水月，同情要有实际行动。这"行动"是什么？当然就是从事灾害救济。

救济工作不是临渴掘井，也不是枝节应付，就那样时而拨一点款子，时而拨一点衣物，没有全盘的计划，也没有一个根本的办法，所能济事。救济不忘效率，要能够对于挣扎在饥饿线上、死亡线上的同胞免于"饥饿"和"死亡"，还要能够"克善其后"，才是真正救济的目的。

红十字会是全世界富有"救灾恤邻"之使命的一个团体，虽然，它的工作是处于辅助的地位，然而它的工作唯一的特点就是讲求效率。本期选刊《灾害专辑》，从文献上就可以说明，红十字会的救灾工作是值得外于苦难的人们帮助，去帮助那些痛灼苦难的人们的。

最后，借此寸幅，谨为已故的潘前秘书长默哀，从转载他乘机遇难的文章里，又知道这时代还有如许的意外，谁能保证自己无灾无难呢？

（原载《红十字月刊》1947 年第 19 期，第 26 页）

中华民国红十字会总会筹募事业基金南京区筹募委员会负责人台衔

筹 募 委 员	沈 怡	马元放	薛次莘	陈裕光	谢徵孚	沈慧莲
	程觉民	彭 湖	韩文焕	王绎齐	穆华轩	陈祖平
	周一夔	汪祖华	王祖祥	张丹如	刘君颐	萧同兹
	萧赞育	沈祖懋	马星野	陈铭德	黄少谷	雍家源
	陶曾毂	吴贻芳	张蔼真	倪 亮	刘蘅静	周励庸
	李嘉隆	王文山	陈勉修	周炜方	吴琢之	王宜声
	郭绍裘	陈越梅	黎剑虹	熊 芷	金诵盘	姚克方
	陶桂林	叶公超				

劝募总队长 沈 怡

副 总 队 长 马元放　陈裕光

总 参 谋 薛次莘

参 谋 杜章甫　张志新　黄早阳

法 律 顾 问 傅况鳞

会 计 顾 问 潘序伦

总 干 事 谢徵孚

副 总 干 事 曹锡骐　吴耀麟

（原载《红十字月刊》1947年第20期，第4页）

编余（四）

江晦鸣

"仁者寿"。本期出版，欣逢本会杜副会长六十华诞，又值本会发动筹募事业基金，想到杜先生一生急功好义，济困扶危，河润九里，泽被万家，皆为仁寿之征。当此日热心赞助红十字会事业的仁人，慕子文之风，媲弦高之美，亦必仰杜先生的高风，而觉得轻才重义之有意义了。

红十字会的财源，无论哪一个国家，都是"取之于众，用之于众"的。说的明白点，就是要"以个人同情心，加入红十字会组织；集万人同情心，表现红十字会工作。"那末（么），什么才是红十字会的工作呢？我想，大家早有了一个概括的认识，那就是"凡是有痛苦的地方——战争、灾害、时疫、饥馑，都有红十字会的工作"。因此，无论从哪一方面赞助红十字会，最有力是以义粟仁浆，输之于红十字会，正是发展红十字会工作的不二法门。

所以，我们中国红十字会发动筹募事业基金，并不是偶然，而是必然，并不是为自己，而是为旁人。我们标榜的"红十字会有帮助人人之义务，人人有帮助红十字会之义务"，这个因果律，闭一下眼睛便想得通。人生修短不过数十年，活着有什么意义？最难得的无过于涵煦覆育之于庶类，不负行世一遭。一个人有这样的力量吗？就必须通过一个组织，发挥一个组织的力量，力便从心了。再补充说明一下，不过是"人人帮助红十字会有限"，而"红十字会帮助人人无穷"。该想得通了。

这一期，我们特刊杜先生祝寿专页，介绍杜先生的生平，其意义可获深长思矣。

（原载《红十字月刊》1947年第20期，第24页）

南京区劝募队长名单

陈祖平	沈慧莲	彭　湖	韩文焕	王绎肃	傅况麟	王祖祥
马星野	穆华轩	汪祖华	周励庸	王文山	李嘉隆	陈勉修
周炜方	吴琢之	倪　亮	刘蘅静	王宜声	郭绍裘	陶桂林
陈铭德	陈越梅	金诵盘	姚克方	黄少谷	雍家源	黎建虹
熊　芷	叶公超					

（以上筹募委员兼任）

杨树信	龙鸿德	齐尊周	吴杭勉	计舜廷	翼伯炎	梅成章
梁节之	冯子裁	陆法会	徐薇圃	杨谦五	王宝康	马雄文
杨成一	童致桢	史惠康	陈裕华	周延鼎	黄梓材	黄君度
曹天受	余仲瑶	刘新锐	仲芙江	杨先铎	霍耀屏	倪慎铺
张树人	韩仲达	蔡永宁	张兴之	吴郎西	陈耀东	郑汝□
林瑞霭	李　棠	陈熙仁	刘芬资	徐元璞	王淑敏	张蕙生
孙秀德	许淑珍	王春菁	项学儒	徐观徐	黎离尘	孙亢会

王国鸿	王 龙	张简□	张绍揆	庄祥麟	周炳生	胡笛声
王子兴	沈玉鸿	陈启明	桂仲昂	盛绍华	沈铸臣	杨世杰
汪伯绳	孙酉由	施复昌	张云树	王仲乡	焦让之	何百年
冯鲁瞻	宁聘卿	吴苌臣	陈鑫智	徐鸿栋	改复初	郝家驹
王诚彰	陈振纲	穆庆禄	汪月秋	孙武卿	柴励吾	王葆龢
孙祭如	梁其林	杨清心	陈杏容	许灵毓	许少卿	王咏仪
王先生	长 和	厚 康	通 和	怡 康	灵 丰	正 中
同 和	华 夏	祥 丰	京 康	金 陵	庚 源	坤 大
万 利	成 元	民 康	京 华	泰 祥	保 馀	普 利
荣 和						

（以上系廿一钱庄）

有恒　长江　盖丰　新安
（以上系公司纱厂）

中央复兴　永安　建康
（以上系四大商场）

基泰工程司　永利化学公司　中国水泥公司

（原载《红十字月刊》1947年第20期，第29页）

防 疬 情 报

联合国卫生组以防疬为该组四大中心防疫工作之一（疬病、花柳病、疟疾、流行性感冒），协助中国的步骤，为补助设备训练人才，调查病情，推行防疬技术，尤其侧重疫苗的制造供应。现有中国专家四人，正由该组资送丹麦研习 BCG 的制造技术。卫生部防疬设计委员会，近承联合国卫生组织赠送大型 X 光机十九部，即将分配于各地装置应用。全国已有疬病防治中心七八处，尚拟增设十数处。各地防疬团体，现有十一单位，筹备中亦十余个，正拟组织全国联合防疬委员会。又据中华医学会防疬委员会的调查，全国需要四百八十万张病床来治疗疬病，现在仅有三千多张。

（原载《红十字月刊》1947年第21期，第28页）

编余（五）

江晦鸣

这里想泄露红十字月刊的一点秘密，Y 和 K 同是负责编辑的，然而他们之间有过下面一段谈话：

K："Y，时间快两年了，你一直保持着双重身份，又编又作，我单独以编者的眼光来看，你对于红十字文献的整理，是有了系统的贡献的。讨厌的物价依然如无疆（缰）之马，天天飞奔，这本月刊，势须从纸张和印刷上节约，你的计划要受影响了，你感觉怎样？"

空气显得沉寂了，然而 Y 的意见，和 K 的见解，并不是完全相同的。

Y："K，诚然，我们一切被逼得要节约，我以为，这本月刊的编辑体例，是根本值得检讨的。我同意你平常说的，这本月刊的性质缺少了一个定型，我希望能借一个机会，从头刷新一次，节约怕什么呢？如果能做到精编精选，而且性质是赢得读者所需要的，也未尝不是个好的转变。"

好的转变，自然需要好的开始，好的准备。于是 K 接受了 Y 的意见。

K："Y，我们从下一期——二十二期起，我们决定开始转变，我一直在计算着，只好把原订的四十页缩为二十四页，量是开始少了，质呢？只应该从好的方面想，必须精编精选，你是否有双重任务的，祝你精选一些好资料，从（重）新予人以更新的感觉。"

沉寂的空气，又转轻松了。

Y："K，这是我们没办法中的新办法！"

从这段经过中，我愿红十字月刊新生。

（原载《红十字月刊》1947 年第 21 期，第 35 页）

征集会史资料办法

本会前为整理本会会史，曾订征集史料办法于十二月十五日以京总二（三六）分京第四一七二号代电通知各分会在案。兹为周之起见，特将该项办法刊登本刊，并希各分会从速搜集呈报以便汇编。

征集会史资料办法：

（一）史料之时期：自民国十三年至七七抗战为第一期，自抗战开始至胜利止为第二期，自胜利复员至三十六年年底为第三期。

（二）史料之范围：包括人事变迁，事业设施，服务工作，经费收支，资产置备，以及属于本会工作范围内之各项文存档案出版物及图表照片等文献。

（三）史料之编写：采分别纲目编年纪目之实录体裁。

（原载《红十字月刊》1947 年第 24 期，第 24 页）